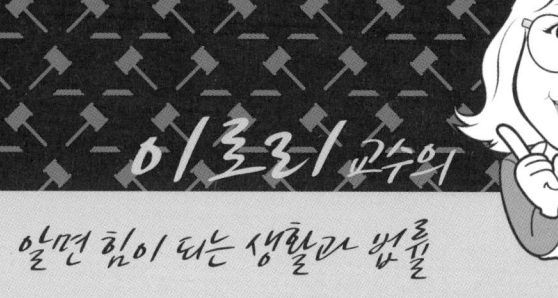

이로리 교수의

알면 힘이 되는 생활과 법률

생활과 법률 사례연구

개정3판

세연북스

『생활과 법률 사례연구, 개정 3판』

서 문

「생활과 법률 사례연구」 개정 3판은 2022년 6월 본서의 전면 개정판 출간 이후 개정된 다수 법률의 내용을 반영하여 본문의 관련 내용을 최신화하고, 추가 설명이 필요한 부분에 대한 보완과 교정 작업을 거쳐 제공되었다. 특히, 본서 제1편, 제2편, 제4편, 제5편에 주로 법률 개정사항이 반영되었는데, 주요 내용은 다음과 같다.

제1편. 가정생활 관련 법률 중 「민법」 주요 개정사항으로 법적 나이를 만 나이로 통일하는 제158조(나이의 계산과 표시) 개정과 피상속인의 직계존속으로서 상속인이 될 사람이 부양의무를 중대하게 위반하는 등 일정 요건에 해당하는 경우 피상속인의 유언에 따른 의사 또는 공동상속인의 청구에 의해 가정법원이 상속권 상실을 선고할 수 있도록 하는 제1004조의 2(상속권 상실 선고) 신설(2026년 1월 1일부터 시행), 제1019조(승인, 포기의 기간), 제1030조(한정승인의 방식)의 개정 등이 있었다. 이 외에도 민법 일부 규정에 대한 헌법재판소의 위헌 결정, 헌법 불합치 결정에 따른 개정내용이 있었는데, 주요 내용을 살펴보면 제815조 제2호 8촌 이내 혈족 사이의 혼인을 무효로 하는 규정의 헌법 불합치 결정[2022. 10. 27. 2018헌바115]에 따라 제2호가 삭제되었고, 제1112조(유류분의 권리자와 유류분) 제4호(유류분권리자인 피상속인의 형제자매에 관한 규정)가 2024년 4월 25일 헌법재판소에서 위헌 결정으로 삭제되었으며, 동조의 제1호 ~ 3호 및 제1118조(준용규정)에 대하여 헌법재판소가 헌법불합치 결정[2024.4.25. 2020헌가4]을 내림에 따라 2025년 12월 31일을 시한으로 국회가 개정할 때까지 동 조항을 계속 적용하는 내용 등이 있었다.

「민법」 외에도 직계혈족, 배우자, 동거 친족, 동거가족 또는 그 배우자 간 벌어진 절도·사기·횡령·배임 등 재산범죄(「형법」 제323조)의 형을 면제한다고 규정한 「형법」 제328조 제1항 친족상도례 규정의 헌법 불합치 결정[2024. 6. 27. 2020헌마468, 2020헌바341, 2021헌바420, 2024헌마146(병합)]에 따른 해당 조항 적용 정지, 2022년 12월 14일 개정된 「가정폭력범죄의 처벌 등에 관한 특례법」 제40조(보호처분의 결정 등), 2025년 10월 22일부터 시행될 「가정폭력범죄의 처벌 등에 관한 특례법(약칭: 가정폭력특별법)」 제4조(신고의무 등) 등의 개정사항을 반영하였다.

제2편. 경제생활에서는 「이제제한법」, 「은행법」, 「대부업법」상 법정 최고이자율, 「주택임대차보호법 시행령」 제10조(보증금 중 일정금액 범위 등), 제11조(우선변제를 받을 임차인의 범위) 개정에 따른 지역별 소액보증금 최우선변제권 행사 기준 보증금 중 일정 보증금액 및 임차인의 범위, 채무자 대리인 및 소송변호사 무료지원제도 지원 기준, 착오송금 반환지원제도 기준 등과 같은 개정사항을 2025년 8월 기준으로 수정, 반영하였다.

제4편. 근로생활에서는 「최저임금법」에 따른 2025년 및 2026년 최저임금 기준, 「산업재해보상보험법」 제63조(유족보상연금 수급자격자의 범위) 제1항 제2의2호 손자녀 나이 기준 상향(25세 미만인 사람) 및 동법 시행령 제35조의2(출퇴근 재해 적용 직종 등) 제3호(퀵서비스업[소화물의 집화(集貨)·수송 과정 없이 그 배송만을 업무로 하는 사업]) 개정, 「근로기준법」 제74조(임산부의 보호), 동법 시행령 제43조(유산·사산휴가의 청구), 「남녀고용평등법과 일·가정 양립 지원에 관한 법률」 제18조(출산전후휴가 등에 관한 지원), 제18조의2(배우자 출산휴가), 제18조의3(난임치료휴가), 「고용보험법」 제40조(구직급여의 수급 요건) 등의 개정사항 등을 반영하였다.

제5편 공동체 생활: 범죄와 형벌에서는 「교통사고처리특례법」 제3조(처벌의 특례), 「특정범죄 가중처벌 등에 관한 법률」 제5조의3(도주차량 운전자의 가중처벌), 「도로교통법」 제44조(술에 취한 상태에서의 운전 금지), 제148조의2(벌칙) 개정, 「아동학대범죄의 처벌 등에 관한 특례법」 제2조(정의), 제10조(아동학대범죄 신고의무와 절차), 제11조의2(조사), 제12조(피해아동 등에 대한 응급조치), 제15조(응급조치·긴급임시조치 후 임시조치의 청구) 개정사항 등을 반영하였다.

한국 사회의 비약적인 사회구조적 변화, 가정, 경제, 사회 분야의 다양한 변화에 따른 사회적 필요, 국민의 권리의식 강화 등으로 법은 끊임없이 개정되고, 새로운 법률이 제정되며, 기존 법률에 대한 헌법재판소의 위헌 결정, 헌법불합치 결정 등이 내려지고 있다. 본서 초판이 2018년 6월 출간된 이래 세 차례의 개정(2019년, 2022년, 2025년)을 통해 생활과 법률 사례 100개에서 제시된 관련 개별 법률의 최신 사항을 가능한 한 최대한 반영하고자 노력하였는데, 그 과정에서 저자가 근무하는 계명대학교에서 오랫동안 생활과 법률 강의 분반을 담당해 온 손미정 박사의 꼼꼼한 검토가 큰 도움이 되었다. 지면을 빌어 특별히 감사의 마음을 전한다. 촉박한 일정에도 본서 개정판 출판을 위해 애써주신 세연북스 신현철 대표님, 정현주 디자이너를 포함한 출판팀에게도 깊은 감사를 드린다. 모쪼록 본서가 독자들이 생활 속의 법에 대해 친숙하게 다가가는데 유용한 길잡이가 될 수 있기를 바란다.

2025년 8월, 이로리

『생활과 법률 사례연구, 전면개정판』

서 문

2022년에 출간하는 「생활과 법률 사례연구」 전면개정판은 형식적인 측면에서 2018년 본서 초판, 2019년 개정판의 주제구성(제1편. 가정생활, 제2편. 사회생활)을 새롭게 개편하여, '제1편. 가정생활, 제2편. 경제생활, 제3편. 소비생활, 제4편. 근로생활, 제5편. 공동체 생활: 범죄와 형벌'로 세분화하여 재구성하였다. 특히, '제5편 공동체 생활: 범죄와 형벌'은 새로 추가된 대주제로 주로 보이스피싱 관련 범죄, 교통 관련 범죄, 아동학대 그리고 디지털 성범죄, 인터넷(사이버) 명예훼손, 사이버 스토킹과 같이 사이버 공간에서 발생하는 범죄 등 최근에 사회적으로 많이 접하게 되는 범죄 사례로 편성하였다. 또한 사례와 관련된 주요 법률들을 직접 참고할 수 있도록 관련 부분을 발췌하여 수록하였다.

내용적인 측면에서 본서는 전체적으로 사례 100개의 틀을 유지하면서 지난 개정판 제1편. 가정생활에서 다루었던 출생에서 사망까지의 관련 법률 주제 60개를 40개로 통합·조정하여 각 편의 사례 수와 주제를 다양하게 배분하고, 그간의 세월의 흐름에 따라 다소 어색하게 느껴질 수 있는 사례들을 각색하거나 최신의 사례들로 대체하였다. 전면개정판에서 추가된 새로운 주제들로는 가정폭력과 대처, 양육비 관련 이행지원, 양육비 미지급자에 대한 제재, 자녀면접교섭 사전처분제도(면접교섭권), 치매공공후견제도(성년후견제도), 금융소비자의 금리인하요구권, 착오 송금, 채무자대리제도, 상가건물 임차인의 대항력과 우선변제권, 임차주택의 화재로 인한 임차인의 책임, 불공정 약관, 의료계약, 의료사고, 의료과실로 인한 손해배상청구, 의료분쟁, 기간제 근로계약, 배달 앱 종사자의 근로자성, 임금명세서 교부의무 등과 앞서 언급한 제5편의 범죄와 형벌에서 다루는 보이스피싱 범죄, 심부름 알바와 보이스피싱, 교통사고와 운전자의 법적 책임, 비접촉 교통사고와 뺑소니, 음주운전, 아동학대, 디지털 성범죄, 인터넷 명예훼손, 스토킹 범죄 등이 있다.

또한 이번 전면개정판에서는 2022년 상반기까지의 사례 관련 법률의 개정 및 제정 사항을 최대한 반영하려고 노력하였는데, 예를 들면, 친권의 내용 중 징계권 삭제, 친권남용과 관련된 친권자의 이해상반 행위 등을 포함한 「민법」 개정사항, 임금명세서 교부 의무, 대지급금(구 체당금), 간이대지급금 제도 신설, 직장 내 괴롭힘 관련 사용자 조치 의무 강화, 사용자에 대한 제재 신설 등이 반영된 등이 반영된 「근로기준법」 개정사항, 임차인의 계약갱신권, 전월세 상한제 등을 반영한 「주택임대차보호법」 개정사항, 기존 「보험업법」에서 다루던 금융소비자의 보호에 관한 「금융소비자 보호 등에 관한 법률」 제정, 「가정폭력처벌법」, 「가정폭력방지법」, 「치매관리법」 제정·개정 관련 내용 등이 있다.

  매 개정판에서 새로운 주제를 발굴하여 반영하는 것이 힘든 일이긴 하지만 저자에게는 나름 재미있고, 유익한 작업이었다. 본서를 읽는 독자들도 그랬으면 좋겠다. 본서를 준비하는 데 있어 계명대학교에서 생활과 법률 강의를 함께하는 황원재 교수님과 손미정 박사의 조언이 큰 도움이 되었다. 두 분께 감사드린다. 또한 늘 촉박한 일정에도 출간이 제대로 이루어질 수 있도록 진행해 준 세연북스 이영근 실장님과 차별화된 표지 기획과 디자인을 해 주신 폴리곤 박인수 대표님에게도 고마운 마음을 전한다. 본서의 집필과 출판에 이르는 전 과정에서 세연북스 신현철 대표님의 응원과 전폭적인 지원이 있었다. 늘 고맙고, 이번에는 특별히 더 고맙다.

2022년 6월, 이로리

『생활과 법률 사례연구, 개정판』

서 문

『생활과 법률 사례연구』는 저자가 2005년부터 대학에서 교양과목으로서의 생활과 법률 수업을 하면서 법률관계 및 법률의 내용에 관한 학생들의 이해를 돕기 위해 활용했던 사례들을 모아 주제별로 정리하고, 관련 법률 및 판례들을 근거로 해설을 제시한 책이다. 2018년 6월 출간된 초판에 이어 1년 만에 『생활과 법률 사례연구 개정판』을 출간하게 된 이유는 2019년 4월 11일 헌법재판소의 낙태죄 처벌규정 헌법불합치 결정이나 분만중인 태아에게 피보험자 적격을 인정한 대법원 판결, 성년자의 아버지 명의 도용 카카오뱅크 비대면 인증을 통한 대출계약의 효력을 다룬 서울중앙지방법원 판결 등 시의성 있는 주요 판결들과 2019년부터 시행되었거나 시행될 개정법률, 예컨대 2019년 3월 28일부터 시행된 개정 「호스피스·완화의료 및 임종과정에 있는 환자의 연명의료결정에 관한 법률·시행령·시행규칙」, 2019년 7월 16일부터 시행될 예정인 직장 내 괴롭힘 금지규정이 포함된 「근로기준법」 등 우리 생활에 중요한 영향을 미치는 법률의 개정사항을 반영하기 위해서다.

법은 사회적, 정치적 필요에 의해 제정, 개정, 폐기되기도 하며, 성문법에 관한 법원의 해석 및 적용 또한 사회적 변화를 반영하여 계속적으로 발전한다. 그러한 측면에서 본서는 우리 사회에 새로이 제기되는 법적 문제들이나 법률 개정, 최신 판결들을 계속적으로 충분히 다뤄야 할 필요와 책무를 가지고 있다. 다만, 본서가 일차적으로 한 학기 대학 교양수업의 교재로 활용되는 목적을 고려하여 일단 2019년 개정판은 초판과 마찬가지로 자연인의 출생에서 사망까지의 생활관계를 기본으로 제1편 가정생활, 제2편 사회생활의 총 100개의 생활 속 법률사례의 구성 틀을 유지하면서 관련 참고법률, 법률 개정사항, 최신 판례들에 관한 소개를 추가하였는데, 앞으로는 일반인을 위한 교양서로서의 사이버 공간에서의 법률문제 등을 포함하여 보다 확대된 생활 밀착형 주제들로 구성을 넓혀갈 예정이다. 저자로서 본서가 독자들이 자연스럽게 생활 속의 법에 친숙함을 느끼고, 민주주의 국가의 건전한 시민으로서의 법적 소양을 갖추는데 도움이 되기를 바란다.

2019년 6월, 이로리

『생활과 법률 사례연구, 초판』

서 문

생활관계의 대부분은 법의 규율을 받는 법률관계지만 우리가 일상적으로 존재하는 법을 인지하는 경우는 우리의 삶 속에 어떤 사건과 조우하게 될 때이다. 예를 들어, 교통사고를 당해서 상대방의 과실여부 또는 과실비율을 따질 때, 전세기간이 만료되었음에도 집주인(임대인)이 전세보증금을 돌려주지 않을 때, 근로계약에 따라 근로를 제공하였으나 임금을 제때 받지 못하거나 임금을 떼였을 때, 부당해고를 당했을 때, 가족이 의료사고를 당했을 때, 부모나 배우자의 사망으로 상속문제를 처리해야 할 때 등 어떠한 문제에 직면했을 때 법의 존재를 인식하게 된다.

법치주의 국가의 운영원리로서의 법을 적극적으로 인식하여 법률관계 속의 자신의 권리, 의무를 제대로 알고, 분쟁을 예방하며, 분쟁해결의 기준으로서 법을 활용할 수 있도록 생활과 법률을 주제로 한 다수의 책들이 출판되었다. 출판된 대부분의 책들은 주로 민법, 형법, 소비자보호 관련 법 등 저자가 선별한 법률의 일부 주요 내용을 소개하고, 관련 사례 및 해설을 제시하는 형태로 저술되어 있는데 비해, 본서 『생활과 법률 사례연구』는 법률 전문서로서 권리능력이 발생하는 출생부터 그 능력이 소멸되는 사망까지 자연인의 일생에서 직면할 수 있는 다양한 사건들을 중심으로 순차적으로 사례를 배열하고, 관련 법적 내용들을 설명함으로써 법적으로 의미 있는 사건의 맥락과 관련 법률을 보다 체계적으로 제시하고 있다.

본서가 다루는 생활분야는 제1편, 가정생활과 제2편, 사회생활로 구별된다. 제1편 가정생활은 제1장. 출생, 친권, 후견인 제2장. 약혼 및 파혼, 제3장. 혼인 및 이혼, 제4장. 입양 및 파양, 제5장. 사망, 유언, 상속 등 5개의 장으로 구성되며, 출생에서 사망까지 자연인이 가정생활 관계에서 경험하게 되는 주요 사건들을 중심으로 구체적인 사례와 법률문제를 다룬다. 제2편 사회생활은 제1장. 금전거래, 제2장. 부동산거래, 제3장. 상품매매 및 서비스 이용, 제4장. 근로관계, 제5장. 해고와 실업급여로 구성되는데, 주요 사회생활 관계인 경제생활, 소비생활, 근로생활 관계를 중심으로 관련 사례와 법률문제를 다룬다.

본서에서 다뤄지는 법률은 민법(가정생활, 소비생활), 금전소비대차관련 법률, 주택임대차보호법, 상가임대차보호법(경제생활), 소비자기본법, 전자상거래, 통신판매, 할부거래, 방문판매 관련 법률, 의료사고 피해구제 및 의료분쟁조정에 관한 법률, 제조물책임법(소비생활), 근로기준법, 최저임금법, 남녀고용평등과 일·가정 양립지원에 관한 법률, 양성평등기본법, 산업재해보상보험법, 고용보험법(근로생활) 등을 포함한다.

『생활과 법률 사례연구』는 전통적으로 다루어지는 생활과 법률 주제들에서 한발 더 나아가 사회 환경 및 국민들의 의식변화, 다양한 기술의 발전에 따라 제기되는 법적 이슈들과 사회적 관심을 반영하는 사례들을 선정하였으며, 법적 해설에 있어 가장 최신의 법률과 판례의 내용을 반영코자 노력하였다. 그럼에도 불구하고, 저자 개인의 입장에서 허락된 시간과 능력의 한계로 본서에 반영하지 못한 주제들을 남겨 놓아 아쉽다. 조만간 후속연구를 통해 보다 나은 사례연구의 결과물로 돌아올 것을 기약한다. 빠듯한 일정에도 본서의 출간을 위하여 그 동안 물심양면으로 지원해준 세연북스의 신현철 대표님, 권주희 편집자와 자료정리에 도움을 준 장은정 박사에게 특별히 감사의 마음을 전한다. 마지막으로, 늘 부족한 딸이자, 며느리임에도 학자의 길을 가는데 아낌없는 지지와 격려를 보내주시는 부모님들께도 사랑의 마음을 전하고 싶다.

2018년 6월, 이로리

목 차

제1편. 가정생활

1. 태아의 상속권 · 14
2. 출생신고 · 17
3. 미혼부의 출생신고 · 21
4. 대리모계약 · 24
5. 친권과 친권의 남용 · 28
6. 미성년후견인 · 37
7. 미성년자의 법률행위와 취소 · 42
8. 혼인한 미성년자의 법률행위 · 46
9. 약혼 · 48
10. 파혼과 손해배상 · 50
11. 혼인의 법적 요건 · 53
12. 혼인의 성립과 혼인의 무효 · 56
13. 동거와 사실혼 · 58
14. 사실혼 관계 배우자의 혼인신고 · 61
15. 외국인과의 혼인 · 63
16. 근친혼 금지와 혼인의 취소 · 65
17. 사기에 의한 혼인과 혼인취소청구권 · 68
18. 부부재산 · 70
19. 일상 가사로 인한 채무의 연대책임 · 72
20. 가정폭력과 대처 · 75
21. 협의상 이혼 · 88
22. 재판상 이혼 · 95
23. 유책배우자의 이혼청구 · 98
24. 이혼과 재산분할 · 102
25. 양육비 · 105
26. 면접교섭권 · 109

27. 비혼주의자의 입양 · 112
28. 재혼과 친양자입양 · 119
29. 부양청구권 · 122
30. 부양의무자의 순위 · 125
31. 한정후견제도 · 127
32. 성년후견제도 · 130
33. 연명의료 중단 · 135
34. 법적 사망 시점 · 146
35. 상속 · 148
36. 대습상속 · 151
37. 기여분 · 155
38. 유류분 · 157
39. 한정승인과 상속 포기 · 161
40. 유언의 방식과 집행 · 166

제2편. 경제생활

41. 개인 간의 금전거래와 이자 · 170
42. 차용증과 영수증 · 172
43. 금리인하요구권 · 174
44. 보증과 연대보증 · 177
45. 불법대부업 · 180
46. 채권의 소멸시효 · 184
47. 착오 송금 · 188
48. 부동산매매계약의 해제와 해약금 · 192
49. 부동산 임대차 대리계약 · 195
50. 주택임차인의 대항력과 우선변제권 · 198
51. 상가건물 임차인의 대항력과 우선변제권 · 206
52. 임대차계약의 묵시적 갱신 · 215
53. 차임 등의 증감청구권 · 220
54. 필요비와 유익비 · 224
55. 임차인의 원상회복의무 · 228
56. 임대차계약 만료 후 보증금 미반환과 월세 지급 의무 · 230
57. 임대차계약의 승계와 반려동물 · 233
58. 임차주택의 화재와 임차인의 법적 책임 · 236

제3편. 소비생활

59. 전자상거래와 소비자의 청약철회권 · 240
60. 할부계약 소비자의 항변권 · 248
61. 판매자의 착오에 의한 계약취소 · 258
62. 전화권유판매 · 261
63. 해외직구 · 267
64. 불공정 약관 · 270
65. 보험계약자의 청약 철회 · 277
66. 보험계약 당사자의 권리 · 의무 · 280
67. 여행계약의 취소 · 282
68. 의료계약 · 286
69. 의료사고 · 293
70. 의료과실로 인한 손해배상청구 · 298
71. 의료분쟁과 대처 · 300
72. 제조물책임 · 303

제4편. 근로생활

73. 근로계약서 교부 의무 · 310
74. 미성년자의 근로계약 · 318
75. 기간제 근로계약 · 324
76. 알바와 퇴직금 · 328
77. 배달 앱 종사자의 근로자성 · 331
78. 근로계약과 위약금 예정 금지 · 334
79. 임금명세서 교부 의무 · 337
80. 임금체불 · 341
81. 업무상 재해의 요건 · 349
82. 출퇴근 중 교통사고와 업무상 재해 · 361
83. 직장 내 성희롱 금지 · 363
84. 직장 내 괴롭힘 금지 · 377
85. 출산전후휴가 및 배우자의 출산휴가 · 383
86. 사직의사표시의 철회 · 389
87. 정당한 해고와 부당해고 · 392
88. 정리해고 · 394
89. 실업급여 · 398
90. 부당노동행위 · 403

제5편. 공동체 생활 : 범죄와 형벌

- 91. 보이스피싱 범죄 · 410
- 92. 심부름 알바와 보이스피싱 · 414
- 93. 교통사고 운전자의 법적 책임 · 417
- 94. 비접촉사고와 교통사고 뺑소니 · 421
- 95. 음주운전 · 426
- 96. 아동학대 · 432
- 97. 디지털 성범죄 · 444
- 98. 인터넷 명예훼손(사이버 명예훼손) · 449
- 99. 온라인 험담 · 욕설과 모욕죄 · 460
- 100. 스토킹 범죄 · 463

제 1 편

>>> 가정생활

제1편 가정생활

1 태아의 상속권

결혼 10년 차 부부인 A와 B는 오랫동안 기다렸던 아이를 갖게 되어 매우 행복한 나날을 보내고 있었다. 남편 A는 임신 3개월로 접어든 아내(B)의 정기 검진을 위해 아내를 병원에 데려갔다가 집으로 돌아오는 길에 그만 교통사고로 사망하게 되었다. 유족으로는 A의 임신한 아내(B), 안동에 사시는 부모님(C, D)과 여동생(E) 한 명이 있다. A는 생명보험을 들어 두었는데, 5억 원의 사망보험금의 수익자는 법정상속인으로 되어 있다.

 질문

1. A의 사망보험금의 수익자인 법정상속인은 누구인가?
2. A가 사망할 당시 B가 임신 중인 태아에게도 상속권이 있는가?
3. A의 장례를 치르고 온 A의 부모(C, D)는 B에게 나이도 젊으니 임신한 아이를 지우고, 새 출발을 하라고 하는데, B가 낙태하면 보험금을 상속할 상속인은 누가 되는가?

사망자가 유언으로 상속인을 지정하지 않았다면 「민법」 제1000조의 법정상속인의 순위에 따라 법정상속인이 정해진다. 법정상속인의 순위는 피상속인(사망자)의 ① 직계비속, ② 직계존속, ③ 형제자매, ④ 4촌 이내 방계혈족 순이다. 배우자의 경우 1순위인 피상속인(사망자)의 직계비속이 있는 경우 그 상속인과 동순위로 공동상속인이 되고, 1순위 상속인이 없는 경우 2순위 상속인(피상속인의 직계존속)과 공동상속인이 된다. 1순위와 2순위 상속인이 없는 때에는 피상속인의 배우자는 단독상속인이 된다. 태아는 상속순위에 관하여는 이미 출생한 것으로 본다.

태아는 임신 후 자연적인 분만기까지의 생명체를 말한다. 「민법」 제3조에 따르면, 사람은 생존한 동안 권리능력[1]을 갖는다. 즉, 사람은 출생과 동시에 권리능력을 향유하고, 사망과 동시에 권리능력을 상실하게 된다.[2] 그런데, 출생이 예정된 태아에게 아무런 권리능력을 인정하지 않는다면 출생 시기라는 우연한 사정으로 이미 출생하였더라면 인정되었을 당연한 권리가 배제되는 불합리한 결과가 생길 수 있다. 따라서 민법은 특히 중요하다고 생각되는 네 가지 법률관계에 한정하여 태아가 이미 출생한 것으로 보는데, ① 손해배상청구권,[3] ② 인지,[4] ③ 상속,[5] ④ 유증[6]이 그에 해당한다. 이 네 가지 법률관계는 모두 태아가 살아서 출생할 것을 요건으로 한다.

위 사례의 경우 태아는 살아서 출생하는 것을 조건으로 태아는 A의 직계비속으로서 B와 공동상속인이 된다. 그런데 B가 시부모(C, D)의 권유로 낙태를 하면 태아는 살아서 태어나지 못하여 법정상속인이 될 수 없고, B는 「민법」 제1004조의 상속인의 결격사유 중 "고의로 상속의 동 순위에 있는 자를 살해한 자"가 되어 법정상속인의 지위가 박탈된다. 그렇게 되면, A의 사망보험금에 대한 법정상속인은 A의 직계존속인 부모 C, D가 된다.

---

[1] 권리능력은 권리와 의무의 주체가 될 수 있는 능력을 말한다.
[2] 민법상 출생의 시점은 진통이 시작된 시점(진통설), 태아의 신체가 모체 밖으로 일부 노출된 시점(일부 노출설) 또는 전부 노출된 시점(전부 노출설)으로 볼 것인지 아니면 태아가 모체로부터 분리되어 독립 호흡을 한 시점(독립 호흡설)으로 볼 것인지에 대하여 논란이 있으나 민법에서의 통설(通說)은 출생의 시점을 명확하게 확정할 수 있는 전부 노출설을 따른다.
[3] 「민법」 제762조(손해배상청구권에 있어서의 태아의 지위) 태아는 손해배상의 청구권에 관하여는 이미 출생한 것으로 본다.
[4] 「민법」 제858조(포태중인 자의 인지) 부는 포태 중에 있는 자에 대하여도 이를 인지할 수 있다.
[5] 「민법」 제1000조(상속의 순위) ③ 태아는 상속순위에 관하여는 이미 출생한 것으로 본다.
[6] 「민법」 제1064조(유언과 태아, 상속결격자) 제1000조제3항, 제1004조의 규정은 수증자에 준용한다.

※ 관련 법률: 「민법」

제3조(권리능력의 존속기간) 사람은 생존한 동안 권리와 의무의 주체가 된다.

제2절 상속인 〈개정 1990. 1. 13.〉

제1000조(상속의 순위) ①상속에 있어서는 다음 순위로 상속인이 된다. 〈개정 1990. 1. 13.〉
 1. 피상속인의 직계비속
 2. 피상속인의 직계존속
 3. 피상속인의 형제자매
 4. 피상속인의 4촌 이내의 방계혈족
②전항의 경우에 동순위의 상속인이 수인인 때에는 최근친을 선순위로 하고 동친등의 상속인이 수인인 때에는 공동상속인이 된다.
③태아는 상속순위에 관하여는 이미 출생한 것으로 본다. 〈개정 1990. 1. 13.〉
[제목개정 1990. 1. 13.]

제1003조(배우자의 상속순위) ①피상속인의 배우자는 제1000조제1항제1호와 제2호의 규정에 의한 상속인이 있는 경우에는 그 상속인과 동순위로 공동상속인이 되고 그 상속인이 없는 때에는 단독상속인이 된다. 〈개정 1990. 1. 13.〉
②제1001조의 경우에 상속개시전에 사망 또는 결격된 자의 배우자는 동조의 규정에 의한 상속인과 동순위로 공동상속인이 되고 그 상속인이 없는 때에는 단독상속인이 된다. 〈개정 1990. 1. 13.〉
[제목개정 1990. 1. 13.]

제1004조(상속인의 결격사유) 다음 각 호의 어느 하나에 해당한 자는 상속인이 되지 못한다. 〈개정 1990. 1. 13., 2005. 3. 31.〉
 1. 고의로 직계존속, 피상속인, 그 배우자 또는 상속의 선순위나 동순위에 있는 자를 살해하거나 살해하려는 자
 2. 고의로 직계존속, 피상속인과 그 배우자에게 상해를 가하여 사망에 이르게 한 자
 3. 사기 또는 강박으로 피상속인의 상속에 관한 유언 또는 유언의 철회를 방해한 자
 4. 사기 또는 강박으로 피상속인의 상속에 관한 유언을 하게 한 자
 5. 피상속인의 상속에 관한 유언서를 위조 · 변조 · 파기 또는 은닉한 자

2 출생신고

> 19살 베트남 여성 A는 목수인 한국 남성 B와 국제결혼을 하여 2023년 4월 10일 경북 의성에서 첫 딸 C를 출산하였다. B는 아내가 건강하게 출산한 것을 보고 바로 일을 하러 다른 지방으로 떠났다. 한국말이 서툰 A는 출생신고를 해야 하는지 알지 못했고, 남편 B도 사는 게 바빠 C의 출생신고를 하지 못한 채 시간이 지나 어느덧 딸이 두 살이 되었다. 일의 성격상 전국 방방곡곡을 다니는 B는 집에 한 달에 한 번 들리는 것도 어려울 정도로 생계를 위해 열심히 살았는데, 그만 건설 현장에서 불의의 사고로 사망하게 되었다.

질문

1. C의 출생신고는 법적으로 누가 해야 하는가?
2. B가 사망할 당시 출생신고가 되어 있지 않은 자녀 C(24개월)는 B의 법정상속인이 될 수 있는가?

「가족관계의 등록 등에 관한 법률(이하 '가족관계등록법'이라 함)」에 따르면, 혼인 중 출생자의 출생신고는 부 또는 모가 하여야 하며, 혼인 외 출생자의 신고는 모가 하여야 한다. 출생신고는 출생 후 1개월 이내에 하여야 하며, 그 기간 내에 신고하지 않으면 5만 원 이하의 과태료가 부과된다.[7] 출생신고는 출생지에서 할 수 있는데,[8] 국내에서 출생한 경우, 주소지 동주민센터나 가족관계등록관서(시청, 구청, 읍·면 사무소)에서 할 수 있다.

---

7) 「가족관계등록법」 제46조제1항~제2항, 제44조제1항 및 제122조.
8) 「가족관계등록법」 제45조제1항.

B의 유가족 중 1순위의 법정상속인은 B의 직계비속과 배우자로 위 사례의 경우 출생신고가 되어 있지 않은 직계비속인 C와 배우자 A가 그에 해당한다. 다만, B가 사망 할 당시 출생신고가 되어 있지 않은 자녀 C도 법정상속인이 될 수 있는가의 문제와 관련하여, 출생신고의 법적 성격을 볼 필요가 있다.

출생신고는 혼인신고나 입양 신고와 같이 신고로 인하여 그 법적 효력이 발생하는 창설적 신고가 아니라 보고적 신고로서의 성격을 갖는다. 따라서 출생신고는 자연인의 출생 사실을 행정관청에 보고하는 것일 뿐 출생신고를 해야만 그 사람의 권리능력이 생기는 것은 아니다. 사람은 출생과 동시에 권리능력을 가지므로 출생신고가 되어 있지 않은 자녀라 하더라도 친자라면 사망한 아버지의 유산에 대한 상속권이 인정된다. 다만, 상속권을 실현하기 위해 출생신고를 포함한 일정한 법적 절차가 필요할 뿐이다. 따라서 위 사례의 C도 B의 법정상속인이 될 수 있다.

출생 사실은 출생의 연월일 등 가족관계등록부의 기재대로 출생한 것으로 일단 추정되지만, 조산사, 의사, 기타의 증거에 의해 진정한 출생 시기를 확정할 수 있다. 신고 의무자가 신고 기간 내에 출생신고를 하지 않아 자녀의 복리가 위태롭게 될 우려가 있는 경우에는 검사, 지방자치단체장이 아동을 위해 출생신고를 할 수 있다.

※ 관련 법률: 「가족관계의 등록 등에 관한 법률(약칭: 가족관계등록법)」

제44조(출생신고의 기재사항) ① 출생의 신고는 출생 후 1개월 이내에 하여야 한다.
② 신고서에는 다음 사항을 기재하여야 한다. 〈개정 2010. 5. 4.〉
1. 자녀의 성명·본·성별 및 등록기준지
2. 자녀의 혼인 중 또는 혼인 외의 출생자의 구별
3. 출생의 연월일시 및 장소
4. 부모의 성명·본·등록기준지 및 주민등록번호(부 또는 모가 외국인인 때에는 그 성명·출생연월일·국적 및 외국인등록번호)

5. 「민법」 제781조제1항 단서에 따른 협의가 있는 경우 그 사실
6. 자녀가 복수국적자(複數國籍者)인 경우 그 사실 및 취득한 외국 국적

③ 자녀의 이름에는 한글 또는 통상 사용되는 한자를 사용하여야 한다. 통상 사용되는 한자의 범위는 대법원규칙으로 정한다.

④ 출생신고서에는 의사나 조산사가 작성한 출생증명서를 첨부하여야 한다. 다만, 다음 각 호의 어느 하나에 해당하는 서면을 첨부하는 경우에는 그러하지 아니하다. 〈개정 2016. 5. 29.〉

1. 분만에 직접 관여한 자가 모의 출산사실을 증명할 수 있는 자료 등을 첨부하여 작성한 출생사실을 증명하는 서면
2. 국내 또는 외국의 권한 있는 기관에서 발행한 출생사실을 증명하는 서면

⑤ 제4항 단서에 따라 첨부하는 서면에 관한 구체적인 사항은 대법원규칙으로 정한다. 〈신설 2016. 5. 29.〉

제44조의2(출생증명서가 없는 경우의 출생신고) ① 제44조제4항에 따른 출생증명서 또는 서면을 첨부할 수 없는 경우에는 가정법원의 출생확인을 받고 그 확인서를 받은 날부터 1개월 이내에 출생의 신고를 하여야 한다.

② 가정법원은 제1항의 출생확인을 위하여 필요한 경우에는 직권으로 사실을 조사할 수 있으며, 지방자치단체의 장, 국가경찰관서의 장 등 행정기관이나 그 밖에 상당하다고 인정되는 단체 또는 개인에게 필요한 사항을 보고하게 하거나 자료의 제출을 요청할 수 있다.

③ 가정법원의 출생확인 절차와 신고에 필요한 사항은 대법원규칙으로 정한다.
[본조신설 2016. 5. 29.]

제45조(출생신고의 장소) ① 출생의 신고는 출생지에서 할 수 있다.

② 기차나 그 밖의 교통기관 안에서 출생한 때에는 모가 교통기관에서 내린 곳, 항해일지가 비치되지 아니한 선박 안에서 출생한 때에는 그 선박이 최초로 입항한 곳에서 신고할 수 있다.

제46조(신고의무자) ① 혼인 중 출생자의 출생의 신고는 부 또는 모가 하여야 한다.

② 혼인 외 출생자의 신고는 모가 하여야 한다.

③ 제1항 및 제2항에 따라 신고를 하여야 할 사람이 신고를 할 수 없는 경우에는 다음 각 호의 어느 하나에 해당하는 사람이 각 호의 순위에 따라 신고를 하여야 한다.

1. 동거하는 친족
2. 분만에 관여한 의사·조산사 또는 그 밖의 사람

④ 신고의무자가 제44조제1항에 따른 기간 내에 신고를 하지 아니하여 자녀의 복리가 위태롭게 될 우려가 있는 경우에는 검사 또는 지방자치단체의 장이 출생의 신고를 할 수 있다. 〈신설 2016. 5. 29.〉

제47조(친생부인의 소를 제기한 때) 친생부인의 소를 제기한 때에도 출생신고를 하여야 한다.

제48조(법원이 부를 정하는 때) ① 「민법」 제845조에 따라 법원이 부(父)를 정하여야 할 때에는 출생의 신고는 모가 하여야 한다.
② 제46조제3항은 제1항의 경우에 준용한다.

제49조(항해 중의 출생) ① 항해 중에 출생이 있는 때에는 선장은 24시간 이내에 제44조제2항에서 정한 사항을 항해일지에 기재하고 서명 또는 기명날인하여야 한다.
② 제1항의 절차를 밟은 후 선박이 대한민국의 항구에 도착하였을 때에는 선장은 지체 없이 출생에 관한 항해일지의 등본을 그 곳의 시·읍·면의 장 또는 재외국민 가족관계등록사무소의 가족관계등록관에게 발송하여야 한다. 〈개정 2015. 2. 3.〉
③ 선박이 외국의 항구에 도착하였을 때에는 선장은 지체 없이 제2항의 등본을 그 지역을 관할하는 재외공관의 장에게 발송하고 재외공관의 장은 지체 없이 외교부장관을 경유하여 재외국민 가족관계등록사무소의 가족관계등록관에게 발송하여야 한다. 〈개정 2013. 3. 23., 2015. 2. 3.〉
④ 제3항에 따른 서류의 송부는 대법원규칙으로 정하는 바에 따라 전산정보처리조직을 이용하여 할 수 있다. 이 경우 해당 서류 원본의 보존, 그 밖에 필요한 사항은 대법원규칙으로 정한다. 〈신설 2015. 2. 3.〉

제50조(공공시설에서의 출생) 병원, 교도소, 그 밖의 시설에서 출생이 있었을 경우에 부모가 신고할 수 없는 때에는 당해 시설의 장 또는 관리인이 신고를 하여야 한다.

제51조(출생신고 전에 사망한 때) 출생의 신고 전에 자녀가 사망한 때에는 출생의 신고와 동시에 사망의 신고를 하여야 한다.

제122조(과태료) 이 법에 따른 신고의 의무가 있는 사람이 정당한 사유 없이 기간 내에 하여야 할 신고 또는 신청을 하지 아니한 때에는 5만원 이하의 과태료를 부과한다.

3 미혼부의 출생신고

S와 잠깐 동거하였던 여성은 S의 집에서 딸을 출산한 직후 바로 집을 나가버렸다. S는 딸의 출생신고를 하려고 했으나 주민센터에서는 혼외 출생자의 경우 모가 신고해야 한다고 하여 S의 출생신고를 받아 주지 않았다. S는 그 여성의 이름만 알 뿐 그 외 인적 정보는 전혀 알지 못한다. 아기 엄마를 백방 수소문하여 찾아봤지만 찾을 길이 없었다. 아기를 돌봐 줄 다른 가족도 없어 S는 다니던 직장도 그만두고 집에서 딸을 돌보며 할 수 있는 일로만 생계를 유지하다 보니 경제적으로도 매우 어려운 상황이다. 더구나 딸의 출생신고가 되어 있지 않아 의료보험 혜택은 물론 국가나 지자체에서 제공하는 양육비 지원을 포함한 사회보장프로그램의 혜택을 전혀 받을 수 없어 혼자의 힘으로는 딸 아이를 제대로 양육할 수 없다.

질문

1. 혼인외 출생자의 출생신고는 누가 해야 하는가?
2. S가 딸의 출생신고를 하려면 어떻게 해야 하는가?

「가족관계등록법」 제46조에 따르면, 혼인 외 출생자의 신고는 모가 하여야 한다. 모가 출생신고를 하지 않은 경우, 동거하는 친족, 분만에 관여한 의사·조산사 또는 그 밖의 사람 순으로 출생신고 의무를 갖는다. 위 사례의 경우 동거하는 친족도 없고, 집에서 출산하였으므로 분만에 관여한 자도 없는데, 같은 법에 따르면 혼인외 출생자의 부는 출생신고 의무자가 아니다.

종전에는 미혼부가 출생신고를 하여도 생모의 이름이나 주민등록기준지, 주민등록번호 등의 인적 사항을 모르면 특별대리인을 선임하여 성과 본을 창설하는 소송을 제기하는 등 4차례의 복잡한 소송절차를 거쳐야 했고, 기간도 1년 이상이 걸렸다. 그로 인해 미혼부가 가족관계등록을 포기하고 아이를 보육원에 보냈다가 다시 입양하는 식의 편법이 동원되기도 하였다. 2015년 11월 19일부터 일명 '사랑이법'[9]이 시행됨에 따라 친모의 인적 사항을 알 수 없는 경우에도 친부가 법원에 '친생자 출생신고를 위한 확인 신청'을 요청하고, DNA 검사 확인서를 제출해 가정법원의 허가를 받으면 자신의 친생자를 가족관계등록부에 올릴 수 있다. 그러나 친부가 친모의 이름만 알아도 직접 친모를 찾아 출생신고를 해야 한다는 것이 법원의 해석이라 진술서에 친모의 이름을 적었다는 이유로 신청이 기각되는 사례가 종종 보도되었다.[10] 그러한 사례들로 모가 특정되는 경우 부의 혼인외 출생자의 출생신고에 있어 엄격성을 완화할 필요가 있다는 여론이 제기되었다.

2020년 6월 8일 대법원은 중국인인 어머니의 여권 효력이 정지되어 출생신고에 필요한 서류를 갖출 수 없는 경우에도 「가족관계등록법」 제57조 제2항을 적용할 수 있다고 판단하여 해석의 엄격성을 일부 완화하였다. 이 판결에 의하면 "외국인인 모의 인적 사항은 알지만, 자신이 책임질 수 없는 사유로 출생신고에 필요한 서류를 갖출 수 없는 경우 또는 모의 소재 불명이나 모가 정당한 사유 없이 출생신고에 필요한 서류 발급에 협조하지 않는 경우 등"에도 해당 조문을 적용할 수 있다고 하였다.[11] 부가 혼인 외의 자녀에 대하여 친생자출생 신고를 한 때에는 그 신고는 인지의 효력이 있다.[12]

---

9) 일명 '사랑이 법'은 2013년 생모의 인적 사항을 몰라 출생신고를 하지 못하는 미혼부 사랑이 아빠의 사연이 한 방송을 통해 세상에 알려지면서 미혼부의 출생신고 절차를 개선하기 위해 발의된 법으로 2014년 4월 가족관계의 등록 등에 관한 법률 개정안이 국회 본회의에서 통과되어 2015년 11월 19일부터 시행되었다. 사랑이는 출생 직후 생모의 가출로 출생신고를 할 수 없다가 15개월 만에 소송을 통해 출생신고를 할 수 있게 되었다. 법률신문. "미혼부, 생모 인적사항 몰라도 출생신고...'사랑이 법' 시행" (2015년 11월 20일 인터넷판 기사).
10) 법률신문, ibid., 여성신문, '미혼부 출생신고 쉬워졌다...'사랑이법' 내일부터 시행 (2015년 11월 18일 인터넷판 기사).
11) 대법원 2020. 6. 8. 자 2020스575 결정.
12) 「가족관계등록법」 제57조제1항.

※ 관련 법률: 「가족관계등록법」

제46조(신고의무자) ① 혼인 중 출생자의 출생의 신고는 부 또는 모가 하여야 한다.

② 혼인 외 출생자의 신고는 모가 하여야 한다.

③ 제1항 및 제2항에 따라 신고를 하여야 할 사람이 신고를 할 수 없는 경우에는 다음 각 호의 어느 하나에 해당하는 사람이 각 호의 순위에 따라 신고를 하여야 한다.

1. 동거하는 친족
2. 분만에 관여한 의사·조산사 또는 그 밖의 사람

④ 신고의무자가 제44조제1항에 따른 기간 내에 신고를 하지 아니하여 자녀의 복리가 위태롭게 될 우려가 있는 경우에는 검사 또는 지방자치단체의 장이 출생의 신고를 할 수 있다. 〈신설 2016. 5. 29.〉

제57조(친생자출생의 신고에 의한 인지) ① 부가 혼인 외의 자녀에 대하여 친생자출생의 신고를 한 때에는 그 신고는 인지의 효력이 있다. 다만, 모가 특정됨에도 불구하고 부가 본문에 따른 신고를 함에 있어 모의 소재불명 또는 모가 정당한 사유 없이 출생신고에 필요한 서류 제출에 협조하지 아니하는 등의 장애가 있는 경우에는 부의 등록기준지 또는 주소지를 관할하는 가정법원의 확인을 받아 신고를 할 수 있다. 〈개정 2015. 5. 18., 2021. 3. 16.〉

② 모의 성명·등록기준지 및 주민등록번호의 전부 또는 일부를 알 수 없어 모를 특정할 수 없는 경우 또는 모가 공적 서류·증명서·장부 등에 의하여 특정될 수 없는 경우에는 부의 등록기준지 또는 주소지를 관할하는 가정법원의 확인을 받아 제1항에 따른 신고를 할 수 있다. 〈신설 2015. 5. 18., 2021. 3. 16.〉

③ 가정법원은 제1항 단서 및 제2항에 따른 확인을 위하여 필요한 사항을 직권으로 조사할 수 있고, 지방자치단체, 국가경찰관서 및 행정기관이나 그 밖의 단체 또는 개인에게 필요한 사항을 보고하게 하거나 자료의 제출을 요구할 수 있다. 〈신설 2015. 5. 18., 2021. 3. 16.〉

④ 다음 각 호의 어느 하나에 해당하는 경우에는 신고의무자가 1개월 이내에 출생의 신고를 하고 등록부의 정정을 신청하여야 한다. 이 경우 시·읍·면의 장이 확인하여야 한다. 〈신설 2015. 5. 18.〉

1. 출생자가 제3자로부터 「민법」 제844조의 친생자 추정을 받고 있음이 밝혀진 경우
2. 그 밖에 대법원규칙으로 정하는 사유에 해당하는 경우

⑤ 확인절차 및 신고에 필요한 사항은 대법원규칙으로 정한다. 〈신설 2015. 5. 18.〉

4 대리모계약

결혼한 지 10년 차 부부인 A와 B는 아이를 갖고 싶어 하지만 아내(B)의 자궁이 선천적으로 약하여 임신하더라도 임신을 유지할 수 없다는 진단을 받았다. 이들 부부는 고민 끝에 자신들의 정자와 난자를 체외 수정하여 대리모에게 이식하는 시험관 시술을 통하여 아이를 갖기로 하였다. 인터넷 카페를 통하여 자궁을 빌려줄 대리모를 물색하던 중 카드빚으로 경제적 어려움을 겪고 있는 25살 여성 직장인 C를 알게 되었다. 이들 부부는 C에게 상당한 사례를 약속하고 대리모계약을 체결하였다. 시험관 시술로 이들 부부의 수정란을 대리모(C)의 자궁에 착상시켜 C는 임신하게 되었다. 대리모계약에 따르면 대리모(C)는 출산 즉시 이들 의뢰인 부부에게 아기를 인도하여야 하지만 막상 자신이 출산한 아기를 보니 마음이 바뀌어 아기를 줄 수 없다고 한다.

 질문

1. 위 사례와 같이 돈을 받고 타인의 임신과 출산을 대리하는 대리모계약은 불법인가?
2. 대리모가 출산한 아기의 법적 엄마는 누구인가?

　대리모 출산이란 의뢰인 부부 중 여성(아내)의 자궁에 문제가 있어 임신할 수 없는 경우 남편의 정자와 아내의 난자를 체외 수정하여 대리모의 자궁에 이식하여 출산하는 것을 말한다. 자궁을 빌려주는 제3자 여성을 대리모라 한다. 대리모 출산의 경우 과거의 씨받이와 달리 직접적인 성적 교섭 없이 인공적인 방식으로 임신하게 된다. 자궁만 빌려주는 대리모와 관련한 문제는 윤리적인 문제보다는 모권(母權) 분쟁과 대리모계약의 합법성 문제와 관련된다.
　우리나라에서는 대리모와 대리출산을 금지하는 규정은 없으므로 금전적 거래를 목적으로 하는 대리모 출산이라도 그 자체가 불법은 아니다. 현행 「생명 윤리 및 안전에 관한 법률」은 난자 또는 정자를 사고파는 행위를 금지하고 있으나 대리모에 대한 언급은 없다. 같은 법에 따르면, 금전, 재산상의 이익 또는 그 밖의 반대급부를 조건으로 배아나 난자 또는 정자를 제공 또는 이용하거나 이를 유인하거나 알선한 사람은 3년 이하의 징역에 처한다. 다만, 대한의사협회의 의사윤리지침에서만 "금전적 거래관계에 있는 대리모에게 인공수정이나 수정란 착상 등의 시술을 시행해서는 안 된다"고 규정하고 있다. 따라서 위 사례와 같이 돈을 받고 난자를 매매한 행위가 수반되지 않은 대리모계약은 그 자체로 불법은 아니다.

그러나 법원이 그 대리모계약을 「민법」 제103조[13]의 선량한 풍속 기타 사회질서에 반하는 사항을 내용으로 하는 계약으로 판단한다면 그러한 대리모계약은 법적으로 무효이므로 C가 출산한 아이를 의뢰인 부부에게 인도하지 않아 대리모계약을 이행하지 않아도 의뢰인 부부는 C에게 그 계약의 이행을 강제하거나 손해배상을 청구하기는 어려울 것이다.

⦿ 참고 판례: 대리모 출산자(子)의 출생신고[14]

2006년 8월 결혼한 갑과 을은 자연적인 임신과 유지가 어려워 아이를 갖지 못하였다. 2016년 7월 국내 한 대학병원을 통해 이들 부부의 정자와 난자로 생성된 수정란을 대리모 병에게 착상시켰는데, 대리모 병은 이듬해 3월 미국의 한 병원에서 딸을 출산하였다. 병이 출산한 딸은 유전자 검사 결과로는 갑과 을 부부의 딸이 맞지만, 당시 미국 병원에서 발행한 출생증명서에는 대리모 병이 엄마로 기재되었다. 병으로부터 딸을 인계받은 갑과 을은 2017년 7월 종로구청에 딸의 출생신고를 하면서 '모(母)'란에 아내의 이름(을)을 기재하였다.

---

13) 「민법」 제103조(반사회질서의 법률행위). 선량한 풍속 기타 사회질서에 위반하는 사항을 내용으로 하는 법률행위는 무효로 한다.
14) 서울가법, 2018.5.9. 선고, 2018브15 결정.

종로구청은 출생신고서에 기재된 모의 이름(을)과 미국 병원이 발생한 출생증명서상의 모의 이름(병)이 일치하지 않은 것을 발견하여, 이들 부부가 제출한 출생신고의 수리를 거부하였다. 이들 부부는 종로구청장을 상대로 가족관계등록사무의 처분에 대하여 불복하는 행정소송을 제기하였다.

이에 대해 서울가정법원은 출생신고서에 기재된 모(을)의 인적 사항과 출생증명서에 기재된 모(병)의 인적 사항이 일치하지 않아 갑의 출생신고를 수리하지 않은 처분은 적법하고, 이른바 '자궁(출산)대리모'는 우리 법령의 해석상 허용되지 않으므로 이러한 대리모를 통한 출산을 내용으로 하는 계약은 선량한 풍속 기타 사회질서에 위반하는 것으로써 「민법」제103조에 따라 무효라고 판결하였다.

이 판결에서 법원은 모자 관계의 결정 기준과 관련하여, 민법상 부모를 결정하는 기준은 모의 출산이라는 자연적 사실이라는 점을 강조하면서, 인공수정 등 과학기술의 발전에 맞추어 법률상 부모에 의한 출산이라는 자연적 사실이 아니라 유전적인 공통성 또는 수정체의 제공자와 출산 모의 의사를 기준으로 결정하여야 한다는 의견이 있을 수 있음을 인정하지만 '출산'이라는 자연적 사실이 다른 기준에 비해 그 판단이 분명하고 쉬운 점, 모자 관계는 단순히 법률관계에 그치는 것이 아니라 수정, 약 40주의 임신기간, 출산의 고통과 수유 등 오랜 시간을 거쳐 형성된 정서적인 부분이 포함되어 있고, 그러한 정서적 유대관계 역시 '모성'으로서 법률상 보호를 받는 것이 타당하다고 지적하였다. 그런데, 유전적 공통성 또는 관계인들의 의사를 기준으로 부모를 결정하면 이러한 모성이 보호받지 못하게 되고, 이것이 결과적으로 출생자의 복리에도 반할 수 있는 점, 또한 유전적인 공통성 또는 수정체의 제공자를 부모로 보면 여성이 출산에만 봉사하게 되거나 형성된 모성을 억제해야 하는 결과를 초래할 수 있고, 그러한 결과는 우리 사회의 가치와 정서에도 맞지 않는 점, 정자나 난자를 제공한 사람은 민법상 '입양', 특히 친양자입양을 통하여 출생자의 친생부모와 같은 지위를 가질 수 있는 점 등에 비추어 보면, 우리 민법상 부모를 결정하는 기준은 그대로 유지되어야 한다고 결정하였다.

※ 관련 법률:「생명윤리 및 안전에 관한 법률 (약칭: 생명윤리법)」

제23조(배아의 생성에 관한 준수사항) ① 누구든지 임신 외의 목적으로 배아를 생성하여서는 아니 된다.

② 누구든지 배아를 생성할 때 다음 각 호의 어느 하나에 해당하는 행위를 하여서는 아니 된다.
1. 특정의 성을 선택할 목적으로 난자와 정자를 선별하여 수정시키는 행위
2. 사망한 사람의 난자 또는 정자로 수정하는 행위
3. 미성년자의 난자 또는 정자로 수정하는 행위. 다만, 혼인한 미성년자가 그 자녀를 얻기 위하여 수정하는 경우는 제외한다.

③ 누구든지 금전, 재산상의 이익 또는 그 밖의 반대급부(反對給付)를 조건으로 배아나 난자 또는 정자를 제공 또는 이용하거나 이를 유인하거나 알선하여서는 아니 된다.

제66조(벌칙) ① 다음 각 호의 어느 하나에 해당하는 사람은 3년 이하의 징역에 처한다.
1. 제20조제2항을 위반하여 체세포복제배아등을 자궁에 착상시키거나 착상된 상태를 유지 또는 출산하도록 유인하거나 알선한 사람
2. 제21조제2항 각 호의 어느 하나에 해당하는 행위를 한 사람
3. 제23조제1항을 위반하여 임신 외의 목적으로 배아를 생성한 사람
4. 제23조제3항을 위반하여 금전, 재산상의 이익 또는 그 밖의 반대급부를 조건으로 배아나 난자 또는 정자를 제공 또는 이용하거나 이를 유인하거나 알선한 사람
5. 제31조제1항을 위반하여 희귀·난치병의 치료를 위한 연구 목적 외의 용도로 체세포핵이식행위 또는 단성생식행위를 한 사람
6. 제63조를 위반하여 비밀을 누설하거나 도용한 사람

② 제29조제1항을 위반하여 잔여배아를 이용한 자는 3년 이하의 징역 또는 5천만원 이하의 벌금에 처한다.

③ 제1항제1호 및 제2호의 경우 미수범도 처벌한다.

5 친권과 친권의 남용

> 천재 가수로 7살 때부터 방송을 탄 O는 현재 고등학교 1학년으로 여전히 가수로 활동하고 있다. O의 아버지는 O가 3살 때 돌아가셔서 O는 어머니와 남동생 한명과 함께 살고 있다. 이들은 전적으로 O의 수입에 의존하여 살고 있다. O는 연예계에서 이미지가 좋은 편이라 각종 광고 출연과 행사로 상당한 수입을 얻고 있었는데, 그 수입은 모두 O의 어머니가 관리하였다. 그런데 O의 어머니는 O가 벌어드린 수입의 상당 부분을 도박, 주식, 사업으로 탕진하였고, 일부는 O의 동의 없이 중학생인 남동생에게 수억 원을 증여하였을 뿐만 아니라, O 명의의 아파트도 O의 동의 없이 남동생에게 증여하였다. O의 어머니는 최근 사업으로 재기하겠다며 지인에게 10억 원을 빌리면서 O의 명의로 연대보증계약도 체결하였다. O 명의로 된 재산은 아무것도 없었다. 옆에서 이를 지켜보던 이모는 O가 안타까워 그 사실을 O에게 말하였는데, O는 큰 충격을 받았다.

 질문

1. 미성년자인 O의 친권자는 누구인가?
2. 친권의 내용은 무엇인가?
3. 친권자가 친권을 남용하는 경우 할 수 있는 법적조치는 무엇인가?

 부모는 미성년인 자녀의 친권자가 된다. 양자의 경우 양부모가 친권자가 된다. 부모가 미성년인 자녀에 대해 갖는 법적인 권리와 의무 일체를 친권(親權)이라고 한다. 부모가 혼인 중에는 부부가 공동으로 친권을 행사하고, 부모 일방이 친권을 행사할 수 없을 때는 다른 일방이 이를 행사한다. 혼인 외의 자녀가 인지된 경우와 부모가 이혼하는 경우, 부모의 협의로 친권자를 정하여야 하고, 협의할 수 없거나 협의가 이루어지지 않으면 가정법원은 직권으로 또는 당사자의 청구에 따라 친권자를 지정하여야 한다. 다만, 부모의 협의가 자(子)의 복리에 반하는 경우, 가정법원은 보정을 명하거나 직권으로 친권자를 정한다. 가정법원은 자의 복리를 위하여 필요하다고 인정되는 경우, 자의 4촌 이내의 친족의 청구에 의하여 정하여진 친권자를 다른 일방으로 변경할 수 있다.[15]

친권자는 미성년자의 법정대리인으로서 법률행위의 동의권, 대리권, 취소권을 갖는다. 친권은 자녀를 보호, 교양할 권리의무, 거소지정권, 자의 특유재산 관리, 제삼자가 무상으로 자에게 수여한 재산의 관리, 자의 재산에 관한 대리권 등을 내용으로 한다.[16] 친권자가 그 자에 대한 법률행위의 대리권 또는 재산관리권을 행사함에는 자기의 재산에 관한 행위와 동일한 주의를 하여야 한다.[17]

친권은 부모의 이익을 위해 행사되는 것이 아니므로 친권을 행사함에 있어서는 자녀의 복리를 위하여 우선적으로 고려하여야 한다.[18] 따라서 친권이 자녀에게 불리하게 남용되는 경우 친권의 상실, 일시 정지 또는 친권의 일부 제한선고를 가정법원에 청구할 수 있다. 가정법원은 부 또는 모가 친권을 남용하여 자녀의 복리를 현저하게 해치거나 해칠 우려가 있는 경우에는 자녀, 자녀의 친족, 검사 또는 지방자치단체의 장의 청구에 의하여 그 친권의 상실 또는 일시 정지를 선고할 수 있다. 친권을 행사하는 부 또는 모가 친권을 상실하면, 친권을 행사하지 않는 모 또는 부가 친권을 행사하고, 단독친권자가 친권을 상실하면 후견인을 선임할 수 있다. 법원이 친권자를 지정함에 있어서는 자의 복리를 우선적으로 고려하여야 하고, 이를 위하여 가정법원은 관련 분야의 전문가나 사회복지기관으로부터 자문을 받을 수 있다.[19]

---

15) 「민법」 제909조(친권자).
16) 「민법」 제913조~제923조 참조.
17) 「민법」 제922조(친권자의 주의의무).
18) 「민법」 제912조제1항.
19) 「민법」 제912조(친권행사와 친권자지정의 기준).

친권을 남용하는 경우는 사회 통념상 친권의 행사로 볼 수 없는 경우로 예를 들어 미성년자의 재산을 자기의 이익을 위하여 사용하는 경우, 자녀를 학대하는 경우, 친권을 자녀의 이익과 명백하게 상반되게 행사하는 경우를 들 수 있다. 특히, 친권자가 그 자녀 사이에 이해상반 행위를 하려는 경우, 또는 친권자가 그 친권에 따르는 수인의 자녀 사이에 이해상반 행위를 하려는 경우에는 친권자는 법원에 그 자녀 또는 그 자녀 일방의 특별대리인을 선임해 줄 것을 청구해야 한다.[20] 이를 위반한 행위는 무권대리가 되어, 본인이 추인하지 않으면 본인에게 효력이 없다.[21]

위의 사례의 경우, O의 친권자인 어머니가 O의 재산을 관리함에 있어 자신의 재산을 관리할 때와 동일한 주의를 기울여야 함에도 친권자 본인을 위한 도박, 주식, 사업 등 부적당한 관리로 재산을 위태롭게 하였고, O의 동의 없이 O를 대리하여 현금과 아파트를 O의 남동생에게 증여하거나 제3자에게 돈을 빌리면서 O를 대리하여 연대보증계약을 체결한 것은 이해상반 행위에 해당할 수 있다.

☞ 친권자의 이해상반 행위

이해상반행위에 관련하여, 법원은 「민법」 제921조의 '이해상반행위'란 행위의 객관적 성질상 친권자와 자 사이 또는 친권에 복종하는 수인의 자 사이에 이해의 대립이 생길 우려가 있는 행위를 가리키는 것으로 친권자의 의도나 그 행위의 결과 실제로 이해의 대립이 생겼는가의 여부는 묻지 아니한다고 하였다.[22] 이해상반행위의 예로 친권자가 자기를 위하여 타인에게 금전을 빌리는 데 있어 이를 담보하기 위해 미성년인 자의 부동산을 담보로 제공하거나 미성년자를 대리하여 보증 계약을 체결하거나 연대보증계약을 체결하는 행위, 부모 중 부가 사망하여 모와 자녀가 공동상속인이 되었는데, 모가 미성년인 자를 대리하여 상속재산분할협의서를 작성하는 행위 등이 있다.[23]

---

20) 「민법」 제921조(친권자와 그 자간 또는 수인의 자간의 이해상반행위).
21) 「민법」 제130조(무권대리). 친권자인 모친이 미성년자의 법정대리인으로서 자녀의 유일한 재산인 부동산을 아무런 대가도 받지 않고 친척에게 증여한 사건에서 상대방이 그 사실을 알고 있었던 경우 그 증여행위는 친권의 남용에 의한 것이므로 그 효과는 자녀에게 미치지 않는다고 하여, 증여행위가 무효라는 취지의 판결이 있었다. 대법원 1997.1.24. 선고 96다43928 판결.
22) 대법원 1993.4.13. 선고 54524 판결.

O의 친권자인 어머니의 이해상반 행위로부터 O를 보호하기 위하여 ① O의 어머니가 친권을 남용하여 자녀의 복리를 현저히 해치거나 해칠 우려가 있는 경우, 자녀, 자녀의 친족, 검사 또는 지방자치단체의 장의 청구에 의해 가정법원이 친권의 상실 또는 일시정지를 선고할 수 있고, ② 법정대리인인 친권자의 부적당한 관리로 인하여 자녀의 재산을 위태롭게 한 경우에는 자녀의 친족, 검사 또는 지방자치단체의 장의 청구에 의하여 가정법원이 그 법률행위의 대리권과 재산관리권의 상실을 선고할 수 있다. 그런데, 친권상실의 선고는 친권의 일시정지, 친권의 일부 제한, 대리권 재산권리권의 상실 선고 또는 그 밖의 다른 조치에 의해서는 자녀의 복리를 충분히 보호할 수 없는 경우에만 할 수 있고, 친권의 일시정지, 일부 제한 또는 대리권 재산관리권의 상실 선고는 「민법」 제922조의2에 따른 동의를 갈음하는 재판 또는 그 밖의 다른 조치에 의해서는 자녀의 복리를 충분히 보호할 수 없는 경우에만 할 수 있다.[24]

한편, 헌법재판소는 2024년 6월 27일 직계혈족, 배우자, 동거 친족, 동거가족 또는 그 배우자 간 벌어진 절도·사기·횡령·배임 등 재산범죄(제323조)의 형을 면제한다고 규정한 형법 제328조 제1항에 대한 헌법소원 심판 청구 사건에서 재판관 전원일치 의견으로 헌법불합치 결정을 하여(2020마468) 이 조항의 친족상도례 적용은 즉시 중지되었다. 2025년 12월 31일을 시한으로 국회가 개정할 때까지 동 조항의 적용은 중지된다. 따라서 직계혈족, 배우자, 동거 친족, 동거가족 또는 그 배우자 간 벌어진 절도·사기·횡령·배임 등 재산범죄에 대해서도 형사 조치가 가능하다.

---

23) 김준호, 「민법강의: 이론 사례 판례(제26판)」, 법문사(2020.1), p.80.; 이데일리, "[김용일의 상속톡] 친권자의 재산관리권·대리권 남용·이해상반행위", (2019.10.19. 인터넷판 기사) 참조.
24) 「민법」 제925조의2(친권 상실 선고 등의 판단 기준).

※ **관련 법률:** 「민법」

제3절 친권

제1관 총칙

제909조(친권자) ①부모는 미성년자인 자의 친권자가 된다. 양자의 경우에는 양부모(養父母)가 친권자가 된다. 〈개정 2005. 3. 31.〉
②친권은 부모가 혼인중인 때에는 부모가 공동으로 이를 행사한다. 그러나 부모의 의견이 일치하지 아니하는 경우에는 당사자의 청구에 의하여 가정법원이 이를 정한다.
③부모의 일방이 친권을 행사할 수 없을 때에는 다른 일방이 이를 행사한다.
④혼인외의 자가 인지된 경우와 부모가 이혼하는 경우에는 부모의 협의로 친권자를 정하여야 하고, 협의할 수 없거나 협의가 이루어지지 아니하는 경우에는 가정법원은 직권으로 또는 당사자의 청구에 따라 친권자를 지정하여야 한다. 다만, 부모의 협의가 자(子)의 복리에 반하는 경우에는 가정법원은 보정을 명하거나 직권으로 친권자를 정한다. 〈개정 2005. 3. 31., 2007. 12. 21.〉
⑤가정법원은 혼인의 취소, 재판상 이혼 또는 인지청구의 소의 경우에는 직권으로 친권자를 정한다. 〈개정 2005. 3. 31.〉
⑥가정법원은 자의 복리를 위하여 필요하다고 인정되는 경우에는 자의 4촌 이내의 친족의 청구에 의하여 정하여진 친권자를 다른 일방으로 변경할 수 있다. 〈신설 2005. 3. 31.〉
[전문개정 1990. 1. 13.]

제912조(친권 행사와 친권자 지정의 기준) ①친권을 행사함에 있어서는 자의 복리를 우선적으로 고려하여야 한다. 〈개정 2011. 5. 19.〉
② 가정법원이 친권자를 지정함에 있어서는 자(子)의 복리를 우선적으로 고려하여야 한다. 이를 위하여 가정법원은 관련 분야의 전문가나 사회복지기관으로부터 자문을 받을 수 있다. 〈신설 2011. 5. 19.〉
[본조신설 2005. 3. 31.]
[제목개정 2011. 5. 19.]

제2관 친권의 효력

제913조(보호, 교양의 권리의무) 친권자는 자를 보호하고 교양할 권리의무가 있다.

제914조(거소지정권) 자는 친권자의 지정한 장소에 거주하여야 한다.

제915조 삭제 〈2021. 1. 26.〉

제916조(자의 특유재산과 그 관리) 자가 자기의 명의로 취득한 재산은 그 특유재산으로 하고 법정대리인인 친권자가 이를 관리한다.

제917조 삭제 〈1990. 1. 13.〉

제918조(제삼자가 무상으로 자에게 수여한 재산의 관리) ①무상으로 자에게 재산을 수여한 제삼자가 친권자의 관리에 반대하는 의사를 표시한 때에는 친권자는 그 재산을 관리하지 못한다.
②전항의 경우에 제삼자가 그 재산관리인을 지정하지 아니한 때에는 법원은 재산의 수여를 받은 자 또는 제777조의 규정에 의한 친족의 청구에 의하여 관리인을 선임한다.
③제삼자의 지정한 관리인의 권한이 소멸하거나 관리인을 개임할 필요있는 경우에 제삼자가 다시 관리인을 지정하지 아니한 때에도 전항과 같다.
④제24조제1항, 제2항, 제4항, 제25조 전단 및 제26조제1항, 제2항의 규정은 전2항의 경우에 준용한다.

제919조(위임에 관한 규정의 준용) 제691조, 제692조의 규정은 전3조의 재산관리에 준용한다.

제920조(자의 재산에 관한 친권자의 대리권) 법정대리인인 친권자는 자의 재산에 관한 법률행위에 대하여 그 자를 대리한다. 그러나 그 자의 행위를 목적으로 하는 채무를 부담할 경우에는 본인의 동의를 얻어야 한다.

제920조의2(공동친권자의 일방이 공동명의로 한 행위의 효력) 부모가 공동으로 친권을 행사하는 경우 부모의 일방이 공동명의로 자를 대리하거나 자의 법률행위에 동의한 때에는 다른 일방의 의사에 반하는 때에도 그 효력이 있다. 그러나 상대방이 악의인 때에는 그러하지 아니한다.
[본조신설 1990. 1. 13.]

제921조(친권자와 그 자간 또는 수인의 자간의 이해상반행위) ①법정대리인인 친권자와 그 자 사이에 이해상반되는 행위를 함에는 친권자는 법원에 그 자의 특별대리인의 선임을 청구하여야 한다.
②법정대리인인 친권자가 그 친권에 따르는 수인의 자 사이에 이해상반되는 행위를 함에는 법원에 그 자 일방의 특별대리인의 선임을 청구하여야 한다. 〈개정 2005. 3. 31.〉

제922조(친권자의 주의의무) 친권자가 그 자에 대한 법률행위의 대리권 또는 재산관리권을 행

사함에는 자기의 재산에 관한 행위와 동일한 주의를 하여야 한다.

제922조의2(친권자의 동의를 갈음하는 재판) 가정법원은 친권자의 동의가 필요한 행위에 대하여 친권자가 정당한 이유 없이 동의하지 아니함으로써 자녀의 생명, 신체 또는 재산에 중대한 손해가 발생할 위험이 있는 경우에는 자녀, 자녀의 친족, 검사 또는 지방자치단체의 장의 청구에 의하여 친권자의 동의를 갈음하는 재판을 할 수 있다.

[본조신설 2014. 10. 15.]

제923조(재산관리의 계산) ①법정대리인인 친권자의 권한이 소멸한 때에는 그 자의 재산에 대한 관리의 계산을 하여야 한다.

②전항의 경우에 그 자의 재산으로부터 수취한 과실은 그 자의 양육, 재산관리의 비용과 상계한 것으로 본다. 그러나 무상으로 자에게 재산을 수여한 제삼자가 반대의 의사를 표시한 때에는 그 재산에 관하여는 그러하지 아니하다.

제3관 친권의 상실, 일시 정지 및 일부 제한 〈개정 2014. 10. 15.〉

제924조(친권의 상실 또는 일시 정지의 선고) ① 가정법원은 부 또는 모가 친권을 남용하여 자녀의 복리를 현저히 해치거나 해칠 우려가 있는 경우에는 자녀, 자녀의 친족, 검사 또는 지방자치단체의 장의 청구에 의하여 그 친권의 상실 또는 일시 정지를 선고할 수 있다.

② 가정법원은 친권의 일시 정지를 선고할 때에는 자녀의 상태, 양육상황, 그 밖의 사정을 고려하여 그 기간을 정하여야 한다. 이 경우 그 기간은 2년을 넘을 수 없다.

③ 가정법원은 자녀의 복리를 위하여 친권의 일시 정지 기간의 연장이 필요하다고 인정하는 경우에는 자녀, 자녀의 친족, 검사, 지방자치단체의 장, 미성년후견인 또는 미성년후견감독인의 청구에 의하여 2년의 범위에서 그 기간을 한 차례만 연장할 수 있다.

[전문개정 2014. 10. 15.]

제924조의2(친권의 일부 제한의 선고) 가정법원은 거소의 지정이나 그 밖의 신상에 관한 결정 등 특정한 사항에 관하여 친권자가 친권을 행사하는 것이 곤란하거나 부적당한 사유가 있어 자녀의 복리를 해치거나 해칠 우려가 있는 경우에는 자녀, 자녀의 친족, 검사 또는 지방자치단체의 장의 청구에 의하여 구체적인 범위를 정하여 친권의 일부 제한을 선고할 수 있다. 〈개정 2021. 1. 26.〉

[본조신설 2014. 10. 15.]

제925조(대리권, 재산관리권 상실의 선고) 가정법원은 법정대리인인 친권자가 부적당한 관리로 인하여 자녀의 재산을 위태롭게 한 경우에는 자녀의 친족, 검사 또는 지방자치단체의 장의 청구에 의하여 그 법률행위의 대리권과 재산관리권의 상실을 선고할 수 있다. 〈개정 2014. 10. 15.〉

[전문개정 2012. 2. 10.]

제925조의2(친권 상실 선고 등의 판단 기준) ① 제924조에 따른 친권 상실의 선고는 같은 조에 따른 친권의 일시 정지, 제924조의2에 따른 친권의 일부 제한, 제925조에 따른 대리권·재산관리권의 상실 선고 또는 그 밖의 다른 조치에 의해서는 자녀의 복리를 충분히 보호할 수 없는 경우에만 할 수 있다.

② 제924조에 따른 친권의 일시 정지, 제924조의2에 따른 친권의 일부 제한 또는 제925조에 따른 대리권·재산관리권의 상실 선고는 제922조의2에 따른 동의를 갈음하는 재판 또는 그 밖의 다른 조치에 의해서는 자녀의 복리를 충분히 보호할 수 없는 경우에만 할 수 있다.

[본조신설 2014. 10. 15.]

제925조의3(부모의 권리와 의무) 제924조와 제924조의2, 제925조에 따라 친권의 상실, 일시 정지, 일부 제한 또는 대리권과 재산관리권의 상실이 선고된 경우에도 부모의 자녀에 대한 그 밖의 권리와 의무는 변경되지 아니한다.

[본조신설 2014. 10. 15.]

제926조(실권 회복의 선고) 가정법원은 제924조, 제924조의2 또는 제925조에 따른 선고의 원인이 소멸된 경우에는 본인, 자녀, 자녀의 친족, 검사 또는 지방자치단체의 장의 청구에 의하여 실권(失權)의 회복을 선고할 수 있다.

[전문개정 2014. 10. 15.]

제927조(대리권, 관리권의 사퇴와 회복) ①법정대리인인 친권자는 정당한 사유가 있는 때에는 법원의 허가를 얻어 그 법률행위의 대리권과 재산관리권을 사퇴할 수 있다.

②전항의 사유가 소멸한 때에는 그 친권자는 법원의 허가를 얻어 사퇴한 권리를 회복할 수 있다.

제927조의2(친권의 상실, 일시 정지 또는 일부 제한과 친권자의 지정 등) ① 제909조제4항부터 제6항까지의 규정에 따라 단독 친권자가 된 부 또는 모, 양부모(친양자의 양부모를 제외한다) 쌍방에게 다음 각 호의 어느 하나에 해당하는 사유가 있는 경우에는 제909조의2제1항

및 제3항부터 제5항까지의 규정을 준용한다. 다만, 제1호의3·제2호 및 제3호의 경우 새로 정하여진 친권자 또는 미성년후견인의 임무는 제한된 친권의 범위에 속하는 행위에 한정된다. 〈개정 2014. 10. 15.〉

1. 제924조에 따른 친권상실의 선고가 있는 경우
1의2. 제924조에 따른 친권 일시 정지의 선고가 있는 경우
1의3. 제924조의2에 따른 친권 일부 제한의 선고가 있는 경우
2. 제925조에 따른 대리권과 재산관리권 상실의 선고가 있는 경우
3. 제927조제1항에 따라 대리권과 재산관리권을 사퇴한 경우
4. 소재불명 등 친권을 행사할 수 없는 중대한 사유가 있는 경우

② 가정법원은 제1항에 따라 친권자가 지정되거나 미성년후견인이 선임된 후 단독 친권자이었던 부 또는 모, 양부모 일방 또는 쌍방에게 다음 각 호의 어느 하나에 해당하는 사유가 있는 경우에는 그 부모 일방 또는 쌍방, 미성년자, 미성년자의 친족의 청구에 의하여 친권자를 새로 지정할 수 있다.

1. 제926조에 따라 실권의 회복이 선고된 경우
2. 제927조제2항에 따라 사퇴한 권리를 회복한 경우
3. 소재불명이던 부 또는 모가 발견되는 등 친권을 행사할 수 있게 된 경우

[본조신설 2011. 5. 19.]
[제목개정 2014. 10. 15.]

6 미성년후견인

서울에 사는 K는 5년 전 아내 P와 이혼하면서 미성년자인 두 아들에 대한 친권을 자신이 갖기로 협의하였다. 이혼 후 5년이 되던 해 K가 췌장암으로 사망하여 아이들(10살, 8살)이 홀로 남겨지게 되었다. P는 이혼 후 곧 재혼하여 가정을 이루었고, 아이도 한 명 출산하였다. 대구에 사는 P는 K는 물론이고, K와의 사이에 낳은 아이들과는 그동안 어떤 연락이나 왕래를 전혀 하지 않았다. 아이들도 엄마의 존재는 알고 있었지만, 이들의 관계는 매우 서먹한 사이다. 사망한 K의 아버지는 고령이기는 하지만 홀로 남겨진 손주들이 가여워 자신이 농사짓고 사는 강원도로 아이들을 데려와 키우려고 한다.

질문

1. 친권자가 사망하면, 남겨진 아이들에 대한 친권은 누가 행사하는가?
2. 사망한 K의 미성년자 자녀들에 대해 할아버지가 친권을 행사할 수 있는가?

부모는 미성년자인 자(子)의 친권자가 된다. 친권은 부모가 혼인 중인 때에는 부모가 공동으로 이를 행사 하지만 이혼 하는 경우 협의로 친권자를 정하거나 가정법원에 친권자 지정을 청구하여야 한다. 단독친권자로 정하여진 부모의 일방이 사망한 경우, 생존하는 부 또는 모, 미성년자, 미성년자의 친족은 그 사실을 안 날부터 1개월, 사망한 날부터 6개월 내에 가정법원에 생존하는 부 또는 모를 친권자로 지정할 것을 청구할 수 있다. 그 기간 내에 친권자 지정의 청구가 없을 때에는 가정법원은 직권으로 또는 미성년자, 미성년자의 친족, 이해관계인, 검사, 지방자치단체의 장의 청구에 의하여 미성년후견인을 선임할 수 있다. 이 경우 생존하는 부 또는 모, 친생부모 일방 또는 쌍방의 소재를 모르거나 그가 정당한 사

유 없이 소환에 응하지 아니하는 경우를 제외하고 그에게 의견을 진술할 기회를 주어야 한다.[25]

가정법원은 친권자 지정 청구나 후견인 선임 청구가 생존하는 부 또는 모, 친생부모 일방 또는 쌍방의 양육 의사 및 양육 능력, 청구 동기, 미성년자의 의사, 그 밖의 사정을 고려하여 미성년자의 복리를 위하여 적절하지 아니하다고 인정하면 청구를 기각할 수 있다. 이 경우 가정법원은 직권으로 미성년후견인을 선임하거나 생존하는 부 또는 모, 친생부모 일방 또는 쌍방을 친권자로 지정하여야 한다.[26]

위 사례의 경우 단독친권자인 K가 사망하였으므로 생존하는 모인 P가 친권자가 된다. P가 가정법원에 K의 사망 사실을 안 날부터 1개월, 사망한 날부터 6개월 내에 가정법원에 친권자로 지정 청구를 해야 하는데, 그 기간 내에 청구하지 않은 경우 가정법원은 직권 또는 법에서 정한 청구권자(예를 들어 미성년자의 친족인 K의 아버지)에 청구에 의하여 미성년후견인을 선임할 수 있다. P가 친권자 지정을 청구한 경우 K의 아버지는 P를 상대로 미성년후견인 선임심판을 청구할 수 있다.

P가 전남편의 사망 후 아이들과 연락을 하거나 만나고 있지 않고, 이미 재혼하여 아이를 낳아 기르고 있으며, 적극적으로 아이들을 양육할 의사도 밝히지 않는다면 남겨진 아이들에 대한 친권을 행사할 수 없는 중대한 사유가 있는 것으로 판단될 수 있다. 아이들도 할아버지와 살기를 원하고 있으며, 특히 아이들이 어머니에 대해 서먹하게 생각하고, 애착 관계도 형성되어 있지 않다면 모가 생존해 있다 하더라도 아이들의 복리를 위해 할아버지가 미성년후견인으로 선임될 수 있다.[27]

---

25) 「민법」 제909조의2제1항 및 제3항.
26) 「민법」 제909조의2제4항.
27) 최진실법이 시행된 2013년 7월 이후 살아있는 부모 중 한쪽이 아닌 다른 가족을 미성년 후견인으로 선정한 첫 번째 사례로, 제주지방법원, 2015. 6. 6. 2014 느단 513 심판 참조.

☞ 미성년후견인

미성년자에게 친권자가 없거나 친권자가 법률행위의 대리권과 재산관리권을 행사할 수 없는 경우에는 미성년후견인을 두어야 한다.[28] 미성년후견인은 한 명만 둘 수 있고,[29] 피후견인의 법정대리인이 된다.[30] 후견인이 되는 자는 최후로 친권을 행사하는 자가 유언으로 지정한 지정후견인, 그 지정이 없는 때에는 가정법원이 직권 또는 미성년자, 친족, 이해관계인, 검사, 지방자치단체의 장의 청구에 의하여 미성년후견인을 선임한다. 가정법원은 친권상실의 선고나 대리권 및 재산관리권의 상실의 선고에 따라 미성년후견인을 선임할 필요가 있는 경우에는 직권으로 미성년후견인을 선임한다. 친권자가 대리권 및 재산관리권을 사퇴한 경우 지체없이 가정법원에 미성년후견인의 선임을 청구하여야 한다.[31]

미성년자의 법정대리인은 동의권, 대리권, 취소권의 권한을 행사한다.[32] 다만, 미성년자에게 친권자가 없어 후견인이 법정대리인이 된 경우에는 친권자와는 달리 그 권한에 제한을 받는데, ① 후견인이 영업에 관한 행위, ② 금전을 빌리는 행위, ③ 의무만을 부담하는 행위, ④ 부동산이나 중요한 재산에 관한 권리의 취득 상실 변경을 목적으로 하는 행위, ⑤ 소송행위, ⑥ 상속의 승인·한정승인·포기 및 상속재산의 분할에 관한 협의 중 어느 하나에 대해 대리하거나 동의할 때에는 후견감독인의 동의를 받아야 한다. 그 동의를 받지 않은 때에는 피후견인이나 후견감독인이 그 행위를 취소할 수 있다.[33]

---

28) 「민법」 제928조.
29) 「민법」 제930조.
30) 「민법」 제938조제1항.
31) 「민법」 제931조 및 제932조.
32) 법정대리인은 미성년자가 한 법률행위를 완전하게 하기 위하여 동의할 권한이 있다(동의권). 동의는 미성년자가 상대방에 대하여 하면 되고, 특별한 방식을 요하지 않는다. 법정대리인은 미성년자를 대리하여 재산상의 법률행위를 할 권한이 있다(대리권). 법정대리인은 미성년자가 동의를 받지 않고 한 법률행위를 취소할 수 있다(취소권). 김준호, supra note 23, pp.79~80.
33) 「민법」 제950조제1항 및 제3항.

※ 관련 법률: 「민법」

제909조의2(친권자의 지정 등) ① 제909조제4항부터 제6항까지의 규정에 따라 단독 친권자로 정하여진 부모의 일방이 사망한 경우 생존하는 부 또는 모, 미성년자, 미성년자의 친족은 그 사실을 안 날부터 1개월, 사망한 날부터 6개월 내에 가정법원에 생존하는 부 또는 모를 친권자로 지정할 것을 청구할 수 있다.

② 입양이 취소되거나 파양된 경우 또는 양부모가 모두 사망한 경우 친생부모 일방 또는 쌍방, 미성년자, 미성년자의 친족은 그 사실을 안 날부터 1개월, 입양이 취소되거나 파양된 날 또는 양부모가 모두 사망한 날부터 6개월 내에 가정법원에 친생부모 일방 또는 쌍방을 친권자로 지정할 것을 청구할 수 있다. 다만, 친양자의 양부모가 사망한 경우에는 그러하지 아니하다.

③ 제1항 또는 제2항의 기간 내에 친권자 지정의 청구가 없을 때에는 가정법원은 직권으로 또는 미성년자, 미성년자의 친족, 이해관계인, 검사, 지방자치단체의 장의 청구에 의하여 미성년후견인을 선임할 수 있다. 이 경우 생존하는 부 또는 모, 친생부모 일방 또는 쌍방의 소재를 모르거나 그가 정당한 사유 없이 소환에 응하지 아니하는 경우를 제외하고 그에게 의견을 진술할 기회를 주어야 한다.

④ 가정법원은 제1항 또는 제2항에 따른 친권자 지정 청구나 제3항에 따른 후견인 선임 청구가 생존하는 부 또는 모, 친생부모 일방 또는 쌍방의 양육의사 및 양육능력, 청구 동기, 미성년자의 의사, 그 밖의 사정을 고려하여 미성년자의 복리를 위하여 적절하지 아니하다고 인정하면 청구를 기각할 수 있다. 이 경우 가정법원은 직권으로 미성년후견인을 선임하거나 생존하는 부 또는 모, 친생부모 일방 또는 쌍방을 친권자로 지정하여야 한다.

⑤ 가정법원은 다음 각 호의 어느 하나에 해당하는 경우에 직권으로 또는 미성년자, 미성년자의 친족, 이해관계인, 검사, 지방자치단체의 장의 청구에 의하여 제1항부터 제4항까지의 규정에 따라 친권자가 지정되거나 미성년후견인이 선임될 때까지 그 임무를 대행할 사람을 선임할 수 있다. 이 경우 그 임무를 대행할 사람에 대하여는 제25조 및 제954조를 준용한다.

1. 단독 친권자가 사망한 경우
2. 입양이 취소되거나 파양된 경우
3. 양부모가 모두 사망한 경우

⑥ 가정법원은 제3항 또는 제4항에 따라 미성년후견인이 선임된 경우라도 미성년후견인 선임 후 양육상황이나 양육능력의 변동, 미성년자의 의사, 그 밖의 사정을 고려하여 미성년자의 복리를 위하여 필요하면 생존하는 부 또는 모, 친생부모 일방 또는 쌍방, 미성년자의 청

구에 의하여 후견을 종료하고 생존하는 부 또는 모, 친생부모 일방 또는 쌍방을 친권자로 지정할 수 있다.

[본조신설 2011. 5. 19.]

1. 단독 친권자가 사망한 경우
2. 입양이 취소되거나 파양된 경우
3. 양부모가 모두 사망한 경우

⑥ 가정법원은 제3항 또는 제4항에 따라 미성년후견인이 선임된 경우라도 미성년후견인 선임 후 양육상황이나 양육능력의 변동, 미성년자의 의사, 그 밖의 사정을 고려하여 미성년자의 복리를 위하여 필요하면 생존하는 부 또는 모, 친생부모 일방 또는 쌍방, 미성년자의 청구에 의하여 후견을 종료하고 생존하는 부 또는 모, 친생부모 일방 또는 쌍방을 친권자로 지정할 수 있다.

[본조신설 2011. 5. 19.]

제910조(자의 친권의 대행) 친권자는 그 친권에 따르는 자에 갈음하여 그 자에 대한 친권을 행사한다. 〈개정 2005. 3. 31.〉

제911조(미성년자인 자의 법정대리인) 친권을 행사하는 부 또는 모는 미성년자인 자의 법정대리인이 된다.

7 미성년자의 법률행위와 취소

올해 12월 19세가 되는 대학 신입생 Y는 3월에 시내를 지나가다 카드 모집인이 대학생에게도 신용카드를 발급해 준다는 이야기를 듣고, 신용카드 신청서를 작성하였다. 신청서를 작성한 지 일주일 후 신용카드가 집으로 배송되었다. Y는 신용카드 발급 기념으로 당일 친구들과 만나 시내 맛집에서 20만 원을 결제하고, 클럽에 가서 30만 원 상당을 결제하였다. 또 평소에 사고 싶었던 노트북도 80만 원을 주고 장만하였다. 한 달 후 카드 명세서가 집으로 날라 왔는데, 130만 원의 카드 대금이 청구되었다. 카드 대금을 결제할 능력이 없는 Y는 이 사실을 부모에게 알리지 않은 채 계속 대금 지불을 미뤄왔는데, 결국 Y의 어머니가 집으로 배송된 신용카드 대금 연체 사실 통지를 받고 그 사실을 알게 되었다. Y의 어머니는 카드사에 전화를 걸어 Y가 미성년자인데 어떻게 카드를 발급해 줄 수 있냐고 항의하면서, 부모의 동의 없이 체결한 카드발급계약은 무효이므로 카드 대금을 줄 수 없다고 하였다.

 질문

1. Y가 부모의 동의 없이 체결한 신용카드 발급계약은 무효인가?
2. Y가 부모의 동의 없이 발급받은 카드를 사용한 경우, Y나 그 부모는 카드 대금을 신용카드사에 주지 않아도 되는가?

19세에 이르면 성년이 되며, 성년에 이르지 않은 자를 미성년자라 한다. 민법은 19세를 기준으로 획일적으로 행위능력의 유무를 정하고 있다. 연령은 출생일을 산입하여 역(歷)에 따라 계산한다. 예를 들어 1990년 1월 1일에 출생한 자는 2008년 12월 31일의 만료(오후 12시)로써 성년이 된다.[34] 미성년자가 법률행위를 할 때에는 법정대리인의 동의를 받아야 한다. 미성년자가 법정대리인의 동의 없이 법률행위를 한 경우, 그 행위는 일단 법적으로 유효하지만 그 효과를 원하지 않는 때에는 미성년자 본인 또는 그 법정대리인이 법률행위를 취소할 수 있고, 취소된 법률행위는 처음부터 무효인 것으로 본다.[35]

위 사례의 경우, 원칙적으로 미성년자의 법률행위에는 법정대리인의 동의가 필요하므로 부모의 동의 없이 Y가 체결한 신용카드 발급계약에 대하여 Y의 부모가 취소권을 행사하면 그 계약은 무효가 된다. 그러나 Y가 신용카드를 사용하여 구매한 대금은 부당이득에 해당하므로 카드사에 반환하여야 한다.

☞ 법정대리인의 동의권

미성년자의 법률행위에는 그 법정대리인의 동의가 필요하다. 동의는 미성년자의 법률행위가 있기 전에 또는 동시에 하는 것이 원칙이며 사후의 동의는 취소할 수 있는 법률행위의 추인에 해당한다. 동의는 미성년자 또는 그 상대방에게 할 수 있으며, 일정한 형식을 요구하지 않으며, 명시적으로 하여야 하는 것은 아니다. 다만, 법정대리인의 동의가 있었다는 점에 관한 입증책임은 그 행위의 유효를 주장하는 상대방에게 있다.[36]

법정대리인은 미성년자가 법률행위를 하기 전에는 그가 한 동의를 취소할 수 있다.[37] 취소의 의사표시는 미성년자가 그 상대방에게 할 수 있다. 다만, 미성년자에게 동의의 취소에 관한 의사표시를 하였으나 그 사실을 상대방이 모르는 경우 거래의 안전이 위협받을 수 있으므로 선의의 제3자에게는 대항 할 수 없는 것으로 해석한다.[38]

법률적 불이익이 적은 일상적인 계약, 학용품구입, 교통수단의 이용, 영화, 공연 관람과 같은 일상적인 거래에는 법정대리인의 동의가 없었다 하더라도 이를 취소하여 그 법률효과를 부정할 필요가 없고, 권리만을 얻거나 의무만을 면하는 행위, 처분을 허락한 재

---

34) 김준호, supra note 23, p.72.
35) 「민법」 제5조, 제140조 및 제141조.
36) 대법원 1970.2.24. 69다1568 판결.
37) 「민법」 제7조.
38) 김준호, supra note 23, p.74.

산의 처분행위, 영업의 허락을 받은 경우의 그 영업에 관한 행위 등에 대해서는 미성년자 의사능력이 있다는 전제로 법정대리인의 동의 없이 단독으로 유효하게 법률행위를 할 수 있다.[39]

※ **관련 법률:「민법」**

제4조(성년) 사람은 19세로 성년에 이르게 된다.
[전문개정 2011. 3. 7.]

제5조(미성년자의 능력) ①미성년자가 법률행위를 함에는 법정대리인의 동의를 얻어야 한다. 그러나 권리만을 얻거나 의무만을 면하는 행위는 그러하지 아니하다.
②전항의 규정에 위반한 행위는 취소할 수 있다.

제6조(처분을 허락한 재산) 법정대리인이 범위를 정하여 처분을 허락한 재산은 미성년자가 임의로 처분할 수 있다.

제7조(동의와 허락의 취소) 법정대리인은 미성년자가 아직 법률행위를 하기 전에는 전2조의 동의와 허락을 취소할 수 있다.

제8조(영업의 허락) ①미성년자가 법정대리인으로부터 허락을 얻은 특정한 영업에 관하여는 성년자와 동일한 행위능력이 있다.
②법정대리인은 전항의 허락을 취소 또는 제한할 수 있다. 그러나 선의의 제삼자에게 대항하지 못한다.

제17조(제한능력자의 속임수) ① 제한능력자가 속임수로써 자기를 능력자로 믿게 한 경우에는 그 행위를 취소할 수 없다.
② 미성년자나 피한정후견인이 속임수로써 법정대리인의 동의가 있는 것으로 믿게 한 경우에도 제1항과 같다.
[전문개정 2011. 3. 7.]

---

39) 「민법」 제5조~제8조.

제140조(법률행위의 취소권자) 취소할 수 있는 법률행위는 제한능력자, 착오로 인하거나 사기·강박에 의하여 의사표시를 한 자, 그의 대리인 또는 승계인만이 취소할 수 있다.

[전문개정 2011. 3. 7.]

제141조(취소의 효과) 취소된 법률행위는 처음부터 무효인 것으로 본다. 다만, 제한능력자는 그 행위로 인하여 받은 이익이 현존하는 한도에서 상환(償還)할 책임이 있다.

[전문개정 2011. 3. 7.]

8 혼인한 미성년자의 법률행위

18세인 A는 한참 고등학교에서 입시를 준비해야 할 나이지만 자동차 정비소에서 일하고 있다. 중3 때부터 사귀기 시작한 동갑내기 여자친구 B가 작년에 임신하였는데, 두 사람은 아이를 낳아 기르기로 하였다. 부모의 반대에도 불구하고 집을 나와 알바로 생계를 꾸려나가고 있다. A의 부모는 아들의 결정을 반대했지만, 올 초에 손자가 태어나면서 A가 제대로 가정을 꾸려 살아갈 수 있도록 도와주기로 하였다. B는 부모님이 어렸을 때 사고로 돌아가시면서 할머니의 손에 자랐는데 할머니는 치매증세가 있어 이 상황을 잘 알지 못한다. A와 B는 결혼식은 올리지 않았지만, 출산 직전에 혼인신고를 하였다.

A의 부모는 아들이 안정적으로 살 수 있도록 동네에 1억 원짜리 작은 빌라를 아들 명의로 장만해 주었다. 그런데, 어느 날 B의 할머니가 치매증세가 심각해져 요양원으로 모셔야 하는데 비용이 없어 곤란을 겪는 B를 위해 A가 거주하고 있던 자신의 빌라를 처분하여 월세 집으로 옮기기로 하였다. 급전이 필요했던 A는 C와 7천만 원에 빌라 매매계약을 체결하여 중도금까지 받은 상태이다. A의 부모는 나중에 이 사실을 알고 노발대발하여 두 사람을 크게 야단쳤고, C에게 빌라 매매계약을 취소하겠다고 일방적으로 통보하였다.

 질문

1. 혼인한 미성년자인 A는 빌라 매매계약을 체결할 때 부모의 동의를 받아야 하는가?
2. 부모의 동의 없이 체결한 빌라 매매계약을 A의 부모가 일방적으로 취소할 수 있는가?

19세 미만의 미성년자는 원칙적으로 법정대리인의 동의 없이 단독으로 법률행위를 할 수 없다. 미성년자의 법정대리인은 친권자 또는 후견인으로 미성년자의 재산에 관한 법률행위에 대하여 미성년자를 대리한다. 법으로 그러한 대리권이 부여되므로 이들을 법정대리인이라고 한다. 법정대리인의 동의는 일정한 형식을 요구하지 않으며, 반드시 명시적으로 행해질 필요도 없다. 일반적으로 법정대리인은 동의서와 신분증 사본으로 동의한다는 의사를 표현할 수 있다. 미성년자가 법정대리인의 동의 없이 법률행위를 한 경우, 그 법률행위는 일단 유효하지만, 그 효과를 원하지 않는 경우 미성년자 본인 또는 법정대리인이 그 법률행위를 취소할 수 있다.

　그런데 혼인 한 미성년자의 경우 「민법」 제826조의2(성년의제)[40]에 따라 성년으로 간주 되므로, 법정대리인의 동의 없이 법률행위를 할 수 있다. 혼인한 미성년자를 성년으로 간주하는 이유는 혼인으로 미성년자는 새로운 경제단위의 부담자로서 법률행위를 해야 하고, 또 혼인의 독립성을 보호하기 위해서다. 위 사례의 경우 A는 빌라매매계약을 체결할 당시 미성년자였지만 혼인으로 인하여 성년으로 의제 되므로 A가 부모의 동의 없이 C와 빌라매매계약을 체결할 수 있으며, 부모의 동의가 없었더라도 A의 부모가 일방적으로 A와 C가 체결한 빌라매매계약을 취소할 수 없다.

---

40) 「민법」 제826조의2(성년의제) 미성년자가 혼인을 한 때에는 성년자로 본다.

9 약혼

중학교 2학년 때부터 이성 교제를 한 동갑인 A와 B(16세)는 고등학교 입학하면서 졸업 후 바로 결혼하기로 약속하였다. 그 징표로 두 사람은 커플링을 사서 나눠 끼었다. 친구들 사이에서도 이들 커플의 연애는 꽤 유명하였다. 이들의 부모는 그 사실을 알지 못하였는데, 그러던 중 B(18세)가 고3 여름방학에 임신하였다. 겁이 난 A는 B에게 아이를 지우고, 헤어지자고 하였다. 그러나 B는 아이를 낳을 것이라며, A에게 결혼하겠다는 약속을 지키라고 하였다. 결국 A와 B의 부모 모두 이 사실을 알고 노발대발하였는데, A의 부모도 이 결혼은 시킬 수 없으니 B에게 아이를 지우라고 종용하였다. B의 부모는 B의 생각을 존중하여 두 사람이 약혼하였으니 A에게 결혼하여 아이를 책임지라고 요구하고 있다.

 질문

1. 약혼은 어떻게 성립하는가?
2. 약혼하면 어떤 법적 효과가 발생하는가?
3. A와 B가 16세 때 했던 약혼은 법적으로 효력이 있는가?
4. 약혼 후 일방이 변심하여 혼인할 생각이 없는 경우 약혼계약에 근거하여 혼인을 강제할 수 있는가?

약혼은 장래에 혼인하고자 하는 남녀 당사자 간의 계약으로 장래의 혼인에 대한 의사표시의 합치로 성립한다. 약혼은 법률상으로는 '혼인의 예약'이라고 한다. 성년에 달한 자는 자유로이 약혼할 수 있다. 18세가 된 사람은 부모나 미성년후견인의 동의를 받아 약혼할 수 있다.[41]

당사자 간의 장래에 혼인에 대한 의사표시의 합치만으로 약혼이 성립한다. 약혼은 법률행위로서 법적 의무를 발생시키는데, 약혼에 따른 법적 의무는 성실한 교제 의무, 가까운 시기에 혼인을 성립시킬 의무다. 약혼이 혼인의 예약이지 혼인은 아니므로 혼인의 경우와 같은 동거의 의무는 없으며, 혼인과 달리 약혼으로 인한 법률상 친족관계는 발생하지 않는다.

구두로 한 약혼도 엄연한 계약이므로, 약혼계약의 내용인 혼인의 이행을 법으로 강제할 수 있는가의 문제가 발생하는데, 「민법」제803조(약혼의 강제이행금지)에 따르면 약혼은 강제이행을 청구하지 못한다. 혼인과 같은 신분법적 행위는 특히 당사자의 진정한 의사가 중요하므로 법으로 당사자의 의사에 반하여 혼인을 강제할 수 없다. 다만, 정당한 이유 없이 약혼계약에 따른 혼인의 의무를 이행하지 않은 경우, 그 상대방에 대하여 약혼의 불이행으로 인한 손해배상을 청구할 수 있다.[42]

위 사례의 경우, A와 B 모두 약혼 당시 16세로 법적 약혼연령에 도달하지 못하였으므로 두 사람이 한 약혼은 법적으로 유효하지 않다. 또한 두 사람 사이에 아이가 생겼다는 이유로 당사자의 의사에 반하여 약혼의 강제이행을 청구할 수도 없다. 만일, A가 마음을 바꿔 B와 혼인을 하는 경우, 두 사람 모두 18세로 법적 혼인연령에 도달하긴 하였으나 여전히 미성년자이므로, 그 혼인에는 법정대리인의 동의가 필요하다. 법정대리인의 동의 없이 혼인하는 경우, 당사자 또는 그 법정대리인이 일방적으로 그 혼인을 취소할 수 있다.[43] 다만, 혼인 당사자인 미성년자가 19세가 되었거나 혼인 중에 임신 한 경우에는 그 혼인을 취소할 수 없다.[44]

혼인하지 않은 상태에서 A와 B 사이의 아이가 태어나면 그 아이는 법적으로 혼인외의 출생자가 되며, 만약 두 사람이 혼인하게 되면 준정(準正)제도에 의하여 그 아이는 혼인 중의 출생자의 지위를 갖게 된다.

---

41) 「민법」제801조(약혼연령). 미성년자가 약혼을 하는 경우에는 부모의 동의를 받아야 하며, 부모 중 한쪽이 동의권을 행사할 수 없을 때에는 다른 한쪽의 동의를 받아야 하고, 부모가 모두 동의권을 행사할 수 없을 때에는 미성년후견인의 동의를 받아야 한다. 「민법」제808조제1항.
42) 「민법」제806조(약혼해제와 손해배상청구권).
43) 「민법」제817조(연령위반혼인등의 취소청구권자).
44) 「민법」제819조(동의 없는 혼인의 취소청구권의 소멸).

10 파혼과 손해배상

유명 대학병원의 의사인 K와 초등학교 선생님인 S는 중매로 6개월 전에 약혼하였다. S의 집에서는 경제적으로 무리가 되었지만, K와 그 부모의 요구로 고급호텔 식당에서 약혼식을 하면서 3억 원 상당의 고급 승용차와 명품 시계, 반지를 약혼예물로 해 주었다. 약혼식 비용 2천만 원도 S가 부담하였다. 그런데, 약혼 후 S는 K가 그 대학 동문들 사이에서 소문난 바람둥이란 사실을 알게 되었다. 심지어 약혼 후에도 여러 명의 여자와 수시로 데이트하고 있으며, 그중 한 명의 여성과 최근 아예 사실혼 관계라는 이야기도 듣게 되었다. 결혼 예정일을 2개월 앞두고 충격을 받은 S는 K에게 그 소문의 진위를 확인하였는데, K는 순순히 그 사실을 인정하면서 자신이 진짜 사랑하는 사람은 S뿐이며, 법적 결혼은 S와 할 것이라고 뻔뻔한 태도를 보였다. S는 신뢰가 무너져 이 결혼을 할 수 없다며 카카오톡으로 K에게 파혼을 통보하였다.

 질문

1. 카카오톡을 통해 일방적으로 전달한 파혼의 의사는 법적으로 효력이 있는가?
2. S가 K의 행위(여러 명의 여성과 교제, 그중 한 명과 사실혼 관계 유지)로 파혼을 할 경우, 정당한 약혼의 해제사유로 인정될 수 있는가?
3. 파혼 시 S가 K에게 해 준 거액의 약혼예물은 반환받을 수 있는가?

약혼의 해제는 상대방에 대한 의사표시로 한다. 그러나 상대방에게 의사표시를 할 수 없는 경우에는 약혼의 해제 원인이 있음을 알게 된 때 해제된 것으로 본다.[45] S가 파혼의 의사를 상대방이 사용하는 카카오톡을 통하여 표시한 것은 약

---

45) 「민법」 제805조(약혼해제의 방법).

혼의 해제에 대한 의사표시로 법적으로 효력이 있다.

당사자 일방에 「민법」 제804조에 규정된 약혼해제의 사유가 존재하는 경우, 상대방은 약혼을 해제할 수 있다. K가 약혼 후 여러 명의 여성과 데이트하고, 그 중 한 명과 사실혼 관계를 유지하는 행위가 「민법」 제804조에 규정된 사유로 인정될 수 있는 수준이라면, 파혼의 정당한 사유로 볼 수 있다. S가 파혼에 이르게 된 책임은 K에게 있으므로, S는 약혼을 해제한 때 과실이 있는 상대방인 K에 대하여 이로 인한 재산상의 손해배상뿐만 아니라 정신상 고통에 대해서도 손해배상 책임을 물을 수 있다.[46]

약혼예물의 법적 성질은 '증여'로, 혼인까지 성립할 것을 예정한 증여이므로 혼인을 하지 않으면 주지 않았을 것이라는 특수성을 갖는다. 약혼이 혼인에 이르지 못한 경우 약혼예물 처리에 대해서 민법은 명시적 규정을 두고 있지 않지만, 통상적으로 파혼 사정에 따라 그 처리가 달라진다. 먼저, ① 쌍방이 합의하여 약혼을 해제한 경우, 받은 예물을 쌍방 반환한다. ② 약혼 당사자 일방의 책임 사유에 의한 파혼인 경우, 유책 당사자에게 준 예물은 반환받을 수 있고, 자기가 받은 예물은 반환하지 않아도 된다. ③ 쌍방의 책임 사유로 파혼에 이루는 경우, 쌍방 반환 의무가 있으나 과실상계의 원리에 따라 약혼예물의 반환범위를 정할 수 있다.

※ 관련 법률: 「민법」

제804조(약혼해제의 사유) 당사자 한쪽에 다음 각 호의 어느 하나에 해당하는 사유가 있는 경우에는 상대방은 약혼을 해제할 수 있다.
1. 약혼 후 자격정지 이상의 형을 선고받은 경우
2. 약혼 후 성년후견개시나 한정후견개시의 심판을 받은 경우
3. 성병, 불치의 정신병, 그 밖의 불치의 병질(病疾)이 있는 경우
4. 약혼 후 다른 사람과 약혼이나 혼인을 한 경우
5. 약혼 후 다른 사람과 간음(姦淫)한 경우

---

46) 「민법」 제806조(약혼해제와 손해배상청구권).

6. 약혼 후 1년 이상 생사(生死)가 불명한 경우

7. 정당한 이유 없이 혼인을 거절하거나 그 시기를 늦추는 경우

8. 그 밖에 중대한 사유가 있는 경우

[전문개정 2011. 3. 7.]

제805조(약혼해제의 방법) 약혼의 해제는 상대방에 대한 의사표시로 한다. 그러나 상대방에 대하여 의사표시를 할 수 없는 때에는 그 해제의 원인있음을 안 때에 해제된 것으로 본다.

제806조(약혼해제와 손해배상청구권) ①약혼을 해제한 때에는 당사자 일방은 과실있는 상대방에 대하여 이로 인한 손해의 배상을 청구할 수 있다.

②전항의 경우에는 재산상 손해외에 정신상 고통에 대하여도 손해배상의 책임이 있다.

③정신상 고통에 대한 배상청구권은 양도 또는 승계하지 못한다. 그러나 당사자간에 이미 그 배상에 관한 계약이 성립되거나 소를 제기한 후에는 그러하지 아니하다.

11 혼인의 법적 요건

같은 회사에서 근무하는 K(여)는 3년 후배 S(남)를 마음속으로 열렬히 짝사랑하였다. K는 3년 넘게 좋아하는 마음을 간직하다 S에게 고백을 하려고 주말 산행을 제안하였다. S는 흔쾌히 그 제안을 수락하였다. 깜짝 이벤트를 하면서 고백을 하려던 K는 산 중턱 어느 지점에서 만나자고 하고, 미리 가서 이벤트를 준비하던 중 그만 발을 헛디뎌 추락사하였다. 사실 S도 K에 대해 깊은 마음을 가지고 있었으나 말하지 못하였는데, 장례식장에서 K의 동료를 통해 그날 K가 하려던 고백에 대하여 알게 되었다. K의 죽음을 슬퍼하던 S는 K의 마음을 헤아려 영혼을 달래주려 절에서 영혼결혼식을 하려고 한다.

 질문

1. 그러한 영혼결혼식은 혼인으로서의 법적으로 효력이 있는가?
2. 만약 이 두 사람이 생전에 약혼한 후 K가 사망한 것이라면, S는 단독으로 혼인신고를 할 수 있는가?

법적으로 혼인이 성립하려면, 혼인 당사자 사이의 혼인 의사의 합치가 있어야 하고,[47] 혼인은 「가족관계등록법」에서 정한 바에 의하여 신고함으로써 그 효력이 생긴다.[48] 혼인 당사자는 「민법」상 혼인적령(남녀 모두 18세)에 도달하여야 한다.[49]

---

47) 「민법」 제815조제1항
48) 「민법」 제812조제1항.
49) 「민법」 제807조(혼인적령).

그런데, 영혼결혼식은 망자와의 결혼이므로 혼인 당사자에 혼인 의사의 합치가 없다. 따라서 영혼결혼식은 법적으로 효력이 없다. 설사 두 사람이 생전에 약혼하였더라도 혼인신고 당시에도 당사자 간의 혼인 의사의 합치가 존재해야 하므로 망자(亡者)가 사망신고가 되어 있다면 혼인신고가 수리되지 않을뿐더러 사망신고 없이 단독으로 혼인신고를 했다 하더라도 그러한 혼인은 법적으로 무효다.

※ 관련 법률: 「민법」

제807조(혼인적령)
18세가 된 사람은 혼인할 수 있다. 〈개정 2022. 12. 27.〉
[전문개정 2007. 12. 21.]

제808조(동의가 필요한 혼인)
①미성년자가 혼인을 하는 경우에는 부모의 동의를 받아야 하며, 부모 중 한쪽이 동의권을 행사할 수 없을 때에는 다른 한쪽의 동의를 받아야 하고, 부모가 모두 동의권을 행사할 수 없을 때에는 미성년후견인의 동의를 받아야 한다.
②피성년후견인은 부모나 성년후견인의 동의를 받아 혼인할 수 있다.
[전문개정 2011. 3. 7.]

제809조(근친혼 등의 금지)
①8촌 이내의 혈족(친양자의 입양 전의 혈족을 포함한다) 사이에서는 혼인하지 못한다.
②6촌 이내의 혈족의 배우자, 배우자의 6촌 이내의 혈족, 배우자의 4촌 이내의 혈족의 배우자인 인척이거나 이러한 인척이었던 자 사이에서는 혼인하지 못한다.
③6촌 이내의 양부모계(養父母系)의 혈족이었던 자와 4촌 이내의 양부모계의 인척이었던 자 사이에서는 혼인하지 못한다.
[전문개정 2005. 3. 31.]

제810조(중혼의 금지)
배우자 있는 자는 다시 혼인하지 못한다.

제811조 삭제 〈2005. 3. 31.〉

제812조(혼인의 성립)

①혼인은 「가족관계의 등록 등에 관한 법률」에 정한 바에 의하여 신고함으로써 그 효력이 생긴다. 〈개정 2007. 5. 17.〉

②전항의 신고는 당사자 쌍방과 성년자인 증인 2인의 연서한 서면으로 하여야 한다.

제813조(혼인신고의 심사)

혼인의 신고는 그 혼인이 제807조 내지 제810조 및 제812조제2항의 규정 기타 법령에 위반함이 없는 때에는 이를 수리하여야 한다. 〈개정 2005. 3. 31.〉

제814조(외국에서의 혼인신고)

①외국에 있는 본국민사이의 혼인은 그 외국에 주재하는 대사, 공사 또는 영사에게 신고할 수 있다.

②제1항의 신고를 수리한 대사, 공사 또는 영사는 지체없이 그 신고서류를 본국의 재외국민가족관계등록사무소에 송부하여야 한다. 〈개정 2005. 3. 31., 2007. 5. 17., 2015. 2. 3.〉

제815조(혼인의 무효) 혼인은 다음 각 호의 어느 하나의 경우에는 무효로 한다. 〈개정 2005. 3. 31.〉

1. 당사자간에 혼인의 합의가 없는 때
2. 혼인이 제809조제1항의 규정을 위반한 때
3. 당사자간에 직계인척관계(直系姻戚關係)가 있거나 있었던 때
4. 당사자간에 양부모계의 직계혈족관계가 있었던 때

[헌법불합치, 2018헌바115, 2022.10.27, 민법(2005. 3. 31. 법률 제7427호로 개정된 것) 제815조 제2호는 헌법에 합치되지 아니한다. 위 법률조항은 2024. 12. 31.을 시한으로 개정될 때까지 계속 적용된다.]

12 혼인의 성립과 혼인의 무효

A의 언니 B는 5년 전 법률상 배우자가 있는 상태에서 교제 중이던 C와 결혼하고 슬하에 자녀 셋을 두었다. 교제 과정 중 두 사람 사이에 아이가 생겼고, B는 출산 직전 동생인 A의 이름을 도용해 C와 혼인신고를 하였다. 이후 B는 3년 전 이혼소송을 통해 전 남편과의 관계를 정리하고, C와 함께 살면서 아이도 둘을 더 낳았다. B와 왕래 없이 지냈던 A는 얼마 전 떼어 본 가족관계등록부에 모르는 남성이 자신의 배우자로 되어 있어 깜짝 놀랐다. 확인해 보니 자신도 모르는 사이에 언니가 자신의 이름을 도용해 새 형부와 혼인신고를 했다는 사실을 알게 되었다.

 질문

1. 5년 전 혼인신고가 된 A와 C의 혼인은 법적으로 효력이 있는가?
2. A는 본인의 의사와 상관없이 이루어진 혼인신고를 바로잡기 위해 무엇을 해야 하는가?

한국에서 법률상 유효한 혼인이 되기 위해서는 형식적 요건(혼인신고)을 갖추어야 한다. 혼인의 외적 형식으로 의식혼주의(儀式婚主義), 법률혼주의(法律婚主義, 또는 신고혼주의), 사실혼주의(事實婚主義)가 있는데, 한국은 법률혼주의를 채택하고 있어 혼인신고를 하여야만 혼인이 성립한다. 혼인을 하려는 두 당사자와 성년자인 증인 2인이 연서한 혼인신고서를 관할 시(구)·읍·면의 사무소에 신고하면 혼인의 법적 효력이 발생한다. 본적지에서는 물론 주소지에서 할 수 있으며, 우송하거나 타인에게 제출을 위임할 수도 있다.

혼인의 실질적 요건은 혼인 의사의 합치인데, 그러한 의사의 합치가 없으면 그 혼인은 그 자체로 무효다.[50] 그러나 일방적인 혼인신고를 바로잡기 위해서는 배우자로 되어 있는 상대방에 대하여 가정법원에 혼인무효소송을 제기하여 법원의 혼인무효판결을 받아야 한다. 이와 동시에 일방적으로 혼인신고를 한 상대방에 대하여 손해배상을 청구할 수 있다.

---

50) 「민법」 제815조제1항.

13 동거와 사실혼

비혼주의자였던 O(女)는 자전거동호회에서 만난 P(男)를 만나 사랑에 빠졌다. 직장인인 두 사람 모두 서울에서 자취하고 있었는데, 5년 전 P는 O가 마련한 오피스텔에 들어와 동거를 시작하게 되었다. P는 주소를 이전하지 않은 채 O와 함께 살았는데, 생활비는 반씩 부담하기로 하였다. 보육원에서 자란 O는 P의 자상함에 비혼을 접고, 이제 가정을 이루고 싶다는 생각에 P와 혼인신고를 하려 했지만, P는 지금 당장은 혼인신고를 하고 싶지 않다고 하였다. 주변의 가까운 지인들은 두 사람의 동거 사실을 알고 있었지만, 두 사람은 가족들에게는 알리지 않았고, 가족 모임이나 친족의 경조사에 함께 가는 일은 없었다. 명절에도 P는 본가로 내려가 자신의 가족들과 따로 시간을 보냈다. 함께 사는 동안 O와 P는 각자의 수입과 재산은 따로 관리하였다. 그런데, 동거 후 1년이 지난 시점부터 P가 약속한 생활비를 주지 않아 두 사람 사이에 그로 인한 다툼이 잦았고, P가 술에 취하면 O를 폭행하는 일이 자주 발생하였다. 최근 O는 P에게 헤어지자고 하면서 집을 나가라고 하였는데, P는 사실혼 관계를 끝내는 대가로 O의 재산분할을 요구하고 있다.

 질문

1. 동거와 사실혼의 차이는 무엇인가?
2. 5년간 동거를 한 O와 P의 관계는 사실혼으로 볼 수 있는가?
3. 사실혼 관계를 해소하는 경우, 재산분할을 청구할 수 있는가?
4. 사실혼 관계를 해소하는 방법은 무엇인가?

　　동거는 부부처럼 공동생활을 하고 있지만, 당사자 간에 혼인의 의사가 없다는 점에서 사실혼과 차이가 있다. 대법원 판례에 따르면,[51] 사실혼이 성립하기 위해서는 그 당사자 사이에 주관적으로 혼인 의사의 합치가 있고, 객관적으로 부부공동생활이라고 인정할만한 혼인 생활의 실체가 있어야 한다. 사실혼과 법률혼의 차이는 혼인신고의 유무의 차이일 뿐 혼인 생활의 실체는 같다. 혼인신고는 하지 않았지만, 결혼식을 하고, 주변 사람들이 두 사람의 관계를 부부라고 인지할 만한 부부공동생활의 실체가 있다면 사실혼 관계로 볼 수 있다.

동거는 사실혼과 달리 법으로 전혀 보호받지 못한다. 예를 들어 사실혼 배우자는 근로기준법, 국민연금법, 공무원연금법 등에서 배우자로 인정되어 유족급여 등의 혜택을 받을 수 있고, 주택임대차보호법에 따라 임차권을 승계할 수 있다. 예를 들어, 「근로기준법」 제61조의 유족의 범위에 1순위로 되어 있는 배우자의 범위에 사실상 혼인 관계에 있던 자를 포함하여 사실혼 관계의 배우자를 법률상 배우자와 같게 취급하고, 「주택임대차보호법」 제9조제1항은 임차인이 상속인 없이 사망한 경우, 그 주택에서 함께 생활하던 사실상의 혼인 관계에 있는 자가 임차인의 권리와 의무를 승계하도록 규정하고 있다. 그와 같은 법률관계에서 사실혼 배우자의 권리를 인정받기 위해서는 사실혼 배우자가 법원에 '사실혼관계존부확인소송'을 통하여 사실혼 관계를 입증해야 한다. 사실혼 또한 법률혼과 같은 완전한 법적 보호를 받지 못하고, 위의 경우와 같이 개별 법률에 근거하여 예외적으로 보호될 뿐이다. 그러나 이 경우에도 이미 사망한 사람의 법률혼 관계 배우자가 있다면 사실혼 배우자는 중혼적 사실혼 관계로서 보호되지 않는다.

사실혼 관계는 원칙적으로 가족관계등록부의 변동이 생기지 않으므로 친족관계가 발생하지 않으며, 사실혼 배우자는 법정상속인이 될 수 없다. 사실혼 관계에 있는 자가 제3자와 혼인하더라도 중혼관계가 되지 않으며, 사실혼 관계에서 태어난 자녀는 혼인외의 출생자가 된다. 사실혼 배우자는 정당한 사유 없이 사실혼 관계를 파기한 유책 상대방에 대하여 손해배상을 청구할 수 있다.

O와 P의 관계가 사실혼 인지 여부를 판단하는 데 있어 당사자 사이에 혼인 의사의 합치, 부부공동생활이라고 인정할만한 혼인 생활 실체의 존재를 확인할 수

---

51) 대법원 2001. 1. 30. 선고 2000도4942 판결.

있는 여러 가지 요소가 종합적으로 검토되며, 사실혼 관계는 공서양속에 반하여서는 안 된다. 이와 유사한 사건에서 법원은 짧지 않은 동거 기간에도 불구하고, P가 주소지를 이전하지 않은 점, 두 사람이 재산과 수입을 각자 관리해 온 점에 비추어 동거 사실 만으로 사실혼 관계에 있다고 보기는 어렵다고 판시하였다.

P의 사실혼 관계 해소에 따른 재산분할 주장과 관련하여, 두 사람의 관계가 사실혼 관계가 아니라면 그 관계를 청산하는 데 있어 P의 재산분할 주장은 법적으로 의미가 없으며, 설사 사실혼 관계가 인정된다 하더라도 분할을 요구하는 재산이 사실혼 기간중 두 사람이 함께 형성한 재산이 아니라면 재산분할의 대상이 되지 않는다. 사실혼 관계를 해소하는 경우, 사실혼 기간에 공동으로 형성한 재산이 있다면 사실혼 배우자 일방은 그 재산의 명의에 상관없이 재산분할을 청구할 수 있다. 그러나 일방의 사망으로 사실혼 관계가 해소되었다면 망자 명의의 재산에 대한 재산분할청구권이 없다. 사실혼 배우자는 법정상속인이 아니므로 유언으로 지정상속을 받지 않는 한 상속권을 갖지 못한다.

사실혼 관계를 해소하는 것은 일방의 의사로 가능하며, 상대방에 대한 의사표시로 충분하다.

14. 사실혼 관계 배우자의 혼인신고

고령의 K는 10년 전 부인과 사별하고 혼자 살다가 3년 전 복지관에서 만난 10살 연하의 P를 만났다. 서로 성격도 잘 맞고, 노년에 의지하며 살기로 하고 살림을 합쳤다. 서로에 대한 사랑과 신뢰가 깊어진 두 사람은 작년에 가족들을 모아 놓고 소박하나마 결혼식도 하고, 혼인신고를 하려 했으나 따로 사는 K의 딸들이 혼인신고 하는 것을 결사반대하여 결국 가까운 친족들이 모여 가족 식사만 하고, 혼인신고를 하지 못했다. 두 사람은 혼인신고만 하지 않았을 뿐 부부로서 모든 일상을 함께 하고 있었고, 주변 지인들도 이 두 사람을 당연히 부부라고 인지하고 있었다.

그러던 중 어느 날 K가 흉통을 호소하여 병원으로 이송되었는데, 치료를 받던 중 급성심근경색으로 사망하게 되었다. K가 숨지기 하루 전 의식불명 상태에 빠지자 P는 마지막임을 직감하고, 구청에 가서 혼자 혼인신고를 하였다. K가 사망하자 나타난 K의 딸들은 K와 P의 혼인신고가 되어 있다는 사실을 알고, 펄쩍 뛰며 이 혼인은 무효라고 주장하고 있다.

 질문

1. 사실혼 관계의 일방 배우자는 단독으로 혼인신고를 할 수 있는가?
2. 위 사례와 같이 K가 의식불명 상태에서 P가 혼인신고를 한 경우, 그 혼인은 법적으로 효력이 있는가?

사실혼 관계의 경우, 당사자 간의 혼인신고에 대한 의사 합치가 있으면 혼인신고를 할 수 있으나 일방 배우자의 동의가 없는 상태에서 단독으로 혼인신고를 할 수 없다. 그러한 경우, 사실혼 배우자는 가정법원에 먼저 '사실혼관계존부확인조정'을 신청하여 사실혼 관계 확인을 위한 조정을 받고, 조정이 성립되지 않은 경우, '사실혼관계존부확인소송'을 제기해야 한다.[52] 소송을 통해 사실혼 관계의 존재 확인 판결이 확정되면 재판 확정일로부터 1개월 이내에 재판서의 등본 및 확정 증명서를 첨부하여 단독으로 혼인신고를 할 수 있다.[53] 사실혼 배우자가 동 소송을 제기하여 사실혼 관계의 존재를 확인받아도 망자를 상대로는 혼인신고를 할 수 없다.

그런데, 위 사례의 경우와 같이 사실혼 관계에 있는 배우자가 위독한 상태에 빠져 그가 사망하기 전 다른 일방이 단독으로 혼인신고를 한 경우 그 혼인이 유효하다고 판단한 대법원 판례에 따르면, 해당 사건의 사실혼 관계의 당사자들이 혼인할 의사가 있었다고 판단하였는데, 재판부는 상대방의 혼인 의사가 불분명한 경우 혼인의 관행과 신의성실의 원칙에 따라 사실혼 관계를 형성시킨 상대방의 행위에 기초해 그 혼인 의사의 존재를 추정할 수 있다고 설명하면서 상대방이 혼인 의사를 명백히 철회했다거나 당사자 사이의 사실혼 관계를 해소하기로 합의했다는 등의 사정이 인정되지 않는 한 혼인 의사는 있었던 것으로 본다고 판시하였다.[54]

---

52) 「가사소송법」 제50조.
53) 「가족관계등록법」 제72조.
54) 대법원, 2012.11.29. 선고 2012므2451판결.

15　외국인과의 혼인

한국대학 3학년 학생인 L은 교환학생 프로그램으로 일본에서 1년 유학하였는데, 일본 대학의 인턴프로그램에 참여하면서 5살 연상 일본인 벤처 사업가 남성 S를 알게 되었다. 한국에 대해 호감이 큰 S는 싹싹하고, 쾌활한 한국 여성 L을 좋아하였고, 이런저런 기회를 만들어 함께 하는 시간을 자주 가졌다. S는 유학 기간이 끝나 한국으로 돌아가려는 L에게 사랑을 고백하였다. L은 귀국하였고, 두 사람은 1년 동안 일본과 한국을 오가며 본격적인 국제연애를 시작하였는데, L이 대학을 졸업할 무렵 S는 청혼하였다. L은 청혼을 받아들여 부모님께 S를 소개하였는데, 부모님은 국제결혼에 반대하면서, 독립운동가 집안에서 일본인 사위는 절대 볼 수 없다고 노발대발이시다.

 질문

1. 한국인 L이 일본인 S와 혼인하려면 부모의 동의가 필요한가?
2. L과 S가 국제결혼을 하면 이들의 혼인은 어느 나라 법에 따라 해야 하는가?

우리나라 「민법」에서 정하는 혼인의 법적 요건은 당사자 간의 혼인 의사의 합치가 있어야 하고, 당사자가 혼인적령에 도달하여야 하며, 중혼이어서는 안 된다. 혼인은 혼인신고를 하여야 법적으로 성립된다. 국적을 달리하는 자 사이의 혼인은 「국제사법(國際私法)」(또는 '섭외사법'(涉外私法)이라 함)의 적용을 받는다. 「국제사법」은 외국적 요소가 있는 법률관계에 관하여 국제재판관할에 관한 원칙과 준거법을 정하는 것을 목적으로 한다. 우리나라 「국제사법」 제36조(혼인의 성립)에 따르면, ① 혼인의 성립요건은 각 당사자에 관하여 그 본국법에 의한다. ② 혼인의 방식은 혼인거행지법 또는 당사자 일방의 본국법에 의한다. 다만, 대한민국에서 혼인을 거행하는 경우에 당사자 일방이 대한민국 국민인 때에는 대한민국법에 의한다.

위 사례의 경우 외국인과의 혼인에 관련되므로 「국제사법」의 규정이 적용되는데, 혼인의 성립요건과 관련하여 각 당사자의 본국법, 즉 L에 대해서는 대한민국법과 S에 대해서는 일본법이 정하는 혼인의 성립요건을 충족하면 된다. L과 S 모두 성인이므로, 이들의 혼인에는 부모의 동의가 필요하지 않다. 대한민국 「민법」에 따른 실체적인 혼인요건이 충족되면, 이들의 혼인은 법적으로 가능하고 L은 대한민국 국민이므로 「가족관계등록법」에서 정한 바에 따라 혼인을 신고하여야 한다. 두 사람의 혼인은 혼인을 신고함으로써 그 효력이 생긴다. 혼인신고는 당사자 쌍방과 성년자 증인 2인이 연서한 서면으로 하여야 한다.[55]

---

55) 「민법」 제812조(혼인의 성립).

16 근친혼 금지와 혼인의 취소

의사인 A는 같은 병원에 근무하던 간호사 B와 결혼하여 두 남매를 낳고, 단란한 가정을 꾸미고 있었다. 그러던 어느 날 아내(B)가 자신의 부탁으로 병원에 나오다가 불운한 뺑소니 사고로 세상을 뜨고 말았다. A는 크나큰 슬픔에 잠겨 아이들도 제대로 돌보지 못하고, 폐인처럼 살고 있다. 아이들은 아이들대로 방치된 채 살게 되자, 이를 보다 못한 B의 미혼 여동생인 C는 형부(A)의 집을 드나들며 집안일과 아이들을 매일 챙기기 시작하였다. 그러는 동안 2년의 세월이 지나고 본래의 한 가족처럼 느끼게 된 A(45세)와 C(41세)는 결혼하여 함께 살기로 하였다. 처가에서는 계모가 들어와 아이를 키우는 것보다 차라리 여동생인 C가 키우는 것이 낫다며 결혼을 허락하였으나, A의 본가에서는 쌍수를 들어 반대하고 있다.

질문

1. 형부인 A와 처제인 C는 혼인할 수 있는 관계인가?
2. 만약, A와 C가 혼인한다면 그 혼인은 법적으로 유효한가?
3. A의 부모는 말도 안 되는 일이라며 A와 C의 혼인을 쌍수를 들어 반대하고 있는데, A의 부모가 그 혼인을 취소할 수 있는가?

형부와 처제는 혼인으로 맺어진 인척 관계로, 법으로 혼인이 금지된 근친혼 관계에 해당한다. 「민법」 제809조제2항의 "배우자의 6촌 이내의 혈족인 인척이거나 이러한 인척이었던 자"에 해당하기 때문이다. A는 배우자와 사별하였으므로 B와 배우자 관계는 소멸하지만, C와는 현재 '배우자의 6촌 이내의 혈족인 인척인 자'가 된다. A가 재혼하지 않는 한 인척 관계는 그대로 유지된다. 만약 A가 B와 이혼한 경우였다면 A와 B의 배우자 관계는 물론 그로 인한 인척 관계도 모두 소멸한다. 그러나 그러한 경우에도 A와 C는 '배우자의 6촌 이내의 혈족인 인척이었던 자'에 해당하므로 이 둘의 혼인을 법으로 금지된 근친혼에 해당한다.

따라서 위 사례의 A와 C의 관계는 민법상 근친혼 금지규정의 적용대상이 되므로 혼인할 수 없는 관계지만, 만약 그럼에도 불구하고 두 사람이 혼인한다면 이들의 혼인은 취소할 수 있는 혼인이 된다.[56] 즉, 「민법」 제817조에 따라 혼인의 취소권자(당사자, 직계존속 또는 4촌 이내 방계혈족)가 법원에 혼인취소소송을 제기하면 당사자의 의사에 상관없이 혼인이 취소되어 혼인취소판결이 내려진 시점부터 그 혼인 관계는 종료된다. 그러나 근친혼 금지규정을 위반한 당사자 간에 혼인 중 포태한 때에는 그 취소를 청구할 수 없다.[57]

> ※ 관련 법률: 「민법」
>
> **제816조(혼인취소의 사유)**
> 혼인은 다음 각 호의 어느 하나의 경우에는 법원에 그 취소를 청구할 수 있다. 〈개정 1990. 1. 13., 2005. 3. 31.〉
> 1. 혼인이 제807조 내지 제809조(제815조의 규정에 의하여 혼인의 무효사유에 해당하는 경우를 제외한다. 이하 제817조 및 제820조에서 같다) 또는 제810조의 규정에 위반한 때
> 2. 혼인당시 당사자 일방에 부부생활을 계속할 수 없는 악질 기타 중대사유있음을 알지 못한 때
> 3. 사기 또는 강박으로 인하여 혼인의 의사표시를 한 때
>
> **제817조(나이위반 혼인 등의 취소청구권자)**
> 혼인이 제807조, 제808조의 규정에 위반한 때에는 당사자 또는 그 법정대리인이 그 취소를 청구할 수 있고 제809조의 규정에 위반한 때에는 당사자, 그 직계존속 또는 4촌 이내의 방계혈족이 그 취소를 청구할 수 있다. [제목개정 2022. 12. 27.]

---

56) 「민법」 제816조제1항.
57) 「민법」 제820조(근친혼등의 취소청구권의 소멸).

제818조(중혼의 취소청구권자)

당사자 및 그 배우자, 직계혈족, 4촌 이내의 방계혈족 또는 검사는 제810조를 위반한 혼인의 취소를 청구할 수 있다.

[전문개정 2012. 2. 10.]

[2012. 2. 10. 법률 제11300호에 의하여 2010. 7. 29. 헌법재판소에서 헌법불합치 결정된 이 조를 개정함.]

제819조(동의 없는 혼인의 취소청구권의 소멸)

제808조를 위반한 혼인은 그 당사자가 19세가 된 후 또는 성년후견종료의 심판이 있은 후 3개월이 지나거나 혼인 중에 임신한 경우에는 그 취소를 청구하지 못한다.

[전문개정 2011. 3. 7.]

제820조(근친혼등의 취소청구권의 소멸)

제809조의 규정에 위반한 혼인은 그 당사자간에 혼인중 포태(胞胎)한 때에는 그 취소를 청구하지 못한다. 〈개정 2005. 3. 31.〉

[제목개정 2005. 3. 31.]

제821조 삭제 〈2005. 3. 31.〉

제822조(악질 등 사유에 의한 혼인취소청구권의 소멸)

제816조제2호의 규정에 해당하는 사유있는 혼인은 상대방이 그 사유있음을 안 날로부터 6월을 경과한 때에는 그 취소를 청구하지 못한다.

제823조(사기, 강박으로 인한 혼인취소청구권의 소멸)

사기 또는 강박으로 인한 혼인은 사기를 안 날 또는 강박을 면한 날로부터 3월을 경과한 때에는 그 취소를 청구하지 못한다.

제824조(혼인취소의 효력)

혼인의 취소의 효력은 기왕에 소급하지 아니한다.

제824조의2(혼인의 취소와 자의 양육 등)

제837조 및 제837조의2의 규정은 혼인의 취소의 경우에 자의 양육책임과 면접교섭권에 관하여 이를 준용한다.

[본조신설 2005. 3. 31.]

제825조(혼인취소와 손해배상청구권)

제806조의 규정은 혼인의 무효 또는 취소의 경우에 준용한다.

17　사기에 의한 혼인과 혼인취소청구권

　　A는 국제결혼 중개업자 소개로 베트남 국적의 여성 B를 알게 되어 베트남에서 결혼식을 올린 후 2012년 국내에서 혼인신고를 마쳤다. 그런데 결혼 후 A는 A의 계부가 B를 강간하고 강제추행을 한 사건에 대한 형사재판 중, B가 만 13세 무렵이던 2003년 베트남에서 소수민족인 타이족 남성으로부터 납치되어 강간당하고 임신했던 경험이 있다는 사실을 우연히 알게 되었다. B는 그 당시 남성의 주취 폭력으로 인해 함께 살 수 없어 친정으로 돌아와 아이를 출산하였는데. 그 남성이 아이를 데려갔다고 주장하였다. A는 B를 상대로 B의 출산 경험을 알았더라면 혼인하지 않았을 것이라며 혼인취소소송을 제기하였다.

 질문

1. 혼인을 취소할 수 있는 사유는 무엇인가?
2. B가 A에게 혼인 전에 아동 성폭력 피해로 임신하고, 출산한 경력을 말하지 않은 것을 사기로 인한 혼인으로 볼 수 있는가?

　「민법」 제816조(혼인의 취소사유)에 따르면, ① 혼인적령(제807조), 동의가 필요한 혼인(제808조), 근친혼 금지(제809조, 혼인무효에 해당하는 8촌 이내 혈족 사이의 혼인 제외), 중혼금지(810조) 규정에 위반한 때, ② 혼인 당시 당사자 일방에 부부생활을 계속할 수 없는 악질 기타 중대사유 있음을 알지 못한 때, ③ 사기 또는 강박으로 인하여 혼인의 의사표시를 한 때 중 어느 하나의 경우에는 법원에 혼인취소를 청구할 수 있다.
　②의 사유가 있는 혼인은 상대방이 그 사유 있음을 안 날로부터 6월을 경과한 때에는 그 취소를 청구하지 못하고,[58] ③ 사기, 강박으로 인한 혼인은 사기를

안 날 또는 강박을 면한 날로부터 3월을 경과한 때에는 그 취소를 청구하지 못한다.[59] 혼인의 취소의 효력은 기왕에 소급하지 않는다.[60]

위 사례와 유사한 사건에서 대법원은 혼인의 당사자 일방 또는 제3자가 적극적으로 허위의 사실을 고지한 경우뿐 아니라 소극적으로 고지하지 않거나 침묵한 경우도 포함된다고 보았다. 그러나 고지하지 않았거나 침묵한 경우에는 법령, 계약, 관습 또는 조리(條里)상 사정을 고지할 의무가 인정돼야 위법하다고 볼 수 있다고 판시하였다. 대법원은 "아동 성폭력 범죄 피해로 임신과 출산을 하고, 상당 기간 자녀와 관계가 단절돼 양육이 이뤄지지 않은 것은 개인의 내밀한 영역이고 사생활 비밀의 본질에 해당한다며 이를 고지하지 않은 것이 신의성실의무에 비추어 비난받을 정도라고 단정할 수도 없으므로, 단순히 출산의 경력을 고지하지 않았다고 하여 그것이 곧바로 「민법」 제816조제3호에서 정한 혼인취소사유에 해당한다고 보아서는 안된다고 설명하고, 이는 국제결혼의 경우에도 마찬가지라고 판시하였다.

대법원은 혼인의 당사자 일방 또는 제3자가 출산의 경력을 고지하지 아니한 경우 그것이 상대방의 혼인의 의사결정에 영향을 미칠 수 있을 것이라는 사정만을 들어 일률적으로 고지의무를 인정하고, 혼인의 취소사유에 해당한다고 해서는 안 되고, 출산의 경위, 출산한 자녀의 생존 여부, 그에 대한 양육책임이나 부양책임의 존부, 실제 양육이나 교류가 이루어졌는지 여부와 그 시기 및 정도, 출산 경력을 고지하지 않은 것이 적극적으로 이뤄졌는지 아니면 소극적인 것에 불과했는지 등을 자세히 살펴봄으로써 출산의 경력이나 경위가 알려질 경우 당사자의 명예 또는 사생활 비밀의 본질적 부분이 침해될 우려가 있는지, 사회통념상 당사자나 제3자에게 그에 대한 고지를 기대할 수 있는지와 이를 고지하지 아니한 것이 신의성실 의무에 비추어 고지의무의 인정 여부와 위반 여부를 판단함으로써 당사자 일방의 명예 또는 사생활 비밀의 보장과 상대방 당사자의 혼인 의사결정의 자유 사이에 균형과 조화를 도모해야 한다고 설명하였다.[61]

---

58) 「민법」 제822조(악질 등 사유에 의한 혼인취소청구권의 소멸).
59) 「민법」 제823조(사기, 강박으로 인한 혼인취소청구권의 소멸).
60) 「민법」 제824조(혼인취소의 효력).
61) 대법원 2016. 2. 18. 선고 2015므654,661 판결.

18 부부재산

A는 5년 전 친정아버지가 돌아가셔서 유산으로 서울 청계천 부근 요지의 상가건물(명성빌딩)을 상속받게 되었다. A가 부동산관리 경험도 없고, 세금 문제도 복잡하니 명의를 자신의 앞으로 해두자는 남편(B)의 말에 따라 명성빌딩은 B의 명의로 등기하였다. B는 그 후로 상가건물의 임대차계약 등을 성실히 관리하여 상가수익률을 꾸준히 상승시켜왔다. 그러나 갑자기 발생한 외환위기로 자신이 운영하던 제조업체가 부도나게 되었고, 남편의 채권자는 이 명성빌딩에 대하여 가압류 하였다. 이 명성빌딩의 등기부등본상의 소유권자는 B이지만, 실소유자는 A이다.

 질문

1. 명성빌딩은 누구의 재산인가?
2. A는 이 건물이 자신의 건물임을 주장하여 상가건물에 대한 채권자의 가압류를 해제할 수 있는가?

민법은 부부의 재산 관계에 있어서 우선 부부간의 합의에 의해 정하게 하고, 그러한 합의가 없는 경우 부부별산제를 일률적으로 적용하고 있다. 부부별산제는 부부 일방이 혼인 전부터 가진 '고유재산'과 혼인 중 자기명의로 취득한 재산을 그 사람의 '특유재산'으로 하여 각자가 관리, 사용, 수익하게 하는 것을 의미한다. 부부 중 누구에게 속한 것인지 분명하지 아니한 재산은 부부의 '공유재산'으로 추정된다.

위 사례의 경우, 상가건물은 A가 혼인 중에 취득한 A의 특유재산으로 부동산등기부[62]상의 소유권자는 B이지만 실 소유자는 A이다. 우리나라에서는 등기부의 공신력[63]이 없으므로 A가 해당 건물이 자신의 재산임을 입증하여 상가건물에 대한 가압류 해제조치를 취할 수 있다.

☞ 이혼 시 재산분할의 대상이 되는 특유재산

혼인 중 부부가 공동으로 협력하여 취득한 재산은 그 명의가 부부 일방의 이름으로 되어 있어도 실질적으로 공유재산에 속하는 재산으로 보아 재산분할의 대상이 된다. 그런데, 위 사례와 같이 아내가 혼인 중에 상속받은 재산은 특유재산이므로 원칙적으로 이혼 시 재산분할의 대상이 되지 않는다. 그러나 남편이 아내의 상속재산을 유지하는 데 적극적으로 협력하여 그 재산이 감소되는 것을 방지하였거나 재산을 증식시켰다면 특유재산이라 하더라도 이혼 시 재산분할의 대상이 될 수 있다.

※ **관련 법률:「민법」**

제830조(특유재산과 귀속불명재산)
①부부의 일방이 혼인전부터 가진 고유재산과 혼인중 자기의 명의로 취득한 재산은 그 특유재산으로 한다.
②부부의 누구에게 속한 것인지 분명하지 아니한 재산은 부부의 공유로 추정한다. 〈개정 1977. 12. 31.〉

제831조(특유재산의 관리 등)
부부는 그 특유재산을 각자 관리, 사용, 수익한다.

---

62) 등기부란 전산정보처리조직에 입력 처리된 등기정보자료를 대법원규칙으로 정하는 바에 따라 편성한 것을 말하고(「부동산등기법」 제2조제1호), 등기관은 등기사무를 전산정보처리조직을 이용하여 등기부에 등기사항을 기록하는 방식으로 처리한다(「부동산등기법」 제11조제2항). 이에 따라 등기부에 부동산의 표시와 권리관계를 기록하는 행위 또는 기록 그 자체를 (부동산)등기라고 말한다. 김준호, *supra* note 23, p. 1383.

63) 등기가 진실한 권리관계에 부합하지 않더라도 그 등기를 진실한 것으로 믿은 경우, 이를 보호하는 것이 등기의 공신력이다. 독일 민법은 일정한 경우에 등기의 공신력을 인정하고 있지만, 우리 민법은 이를 인정하지 않는다. 민법은 등기의 공신력에 관하여 아무런 규정을 두고 있지 않지만, 무권리자로부터 권리를 취득한다는 것은 이례적이어서(동산의 선의취득). 이를 인정하기 위해서는 특별히 명문에 규정을 두어야 하므로, 부동산 등기에 관하여 공신력을 인정하지 않는 것으로 보아야 한다. 판례도 현행 등기제도하에서는 등기의 공신력이 인정되지 않는다고 한다. 김준호, *supra* note 23, p.1407.

19 일상 가사로 인한 채무의 연대책임

남편 A는 7급 공무원이다. 그의 아내 B는 결혼 전에 보습학원 강사로 일했지만 결혼 후에는 가사에만 전념하고 있다. B는 자녀들이 중학교에 진학하자 봉사활동을 시작하였다. 세종시 외곽에 거주하여 교통편도 불편하고, 외출할 때마다 택시 잡기도 어려웠던 B는 남편과 상의 없이 평소 관심 있게 봐 둔 6천만 원짜리 소형 외제 승용차를 자신의 명의로 하여 48개월 할부로 구매하였다. 이자를 포함하여 매월 150만 원의 자동차 할부금을 부어야 한다. A는 가끔 아내가 운전하는 자동차를 타기는 했으나, 상의 없이 구매한 이 자동차에 대해 불만이 많았다. B의 씀씀이가 부쩍 커졌다고 느낀 A는 월급통장 관리를 자신이 하겠다며 B에게 주 단위로 일정 금액의 생활비를 주었다. 상황이 그렇게 되자 B는 자기명의로 구매한 자동차 할부금을 갚지 못하게 되었다.

 질문

1. 이 경우 자동차회사는 B의 남편(A)에게 B가 갚지 못한 자동차 할부금을 대신 갚으라고 요구할 수 있는가?

부부는 생활공동체를 형성하여 공동체 유지에 필요한 법률행위를 할 수 있다. 예컨대, 생필품 또는 서비스 구매, 유지, 보수, 부동산 임대차계약, 대출, 의료비, 교육비 지출 등과 같은 법률행위이다. 모든 법률행위를 공동으로 할 수 없으므로 민법은 부부에게 '일상가사대리권'이 있음을 전제하고,[64] 일상가사로 지게 되는 채무에 대해서는 부부가 연대하여 책임이 있다고 규정하고 있다.[65] 부부가 일상가사에 관하여 대리권이 있다는 것은 배우자가 일일이 대리권을 준다는 의사표시를 하지 않아도 된다는 것을 의미한다. 부부 중 일방과 일상가사에 속하는 법률행위를 하는 거래 상대방은 부부 일방의 대리권을 확인할 필요가 없다. 공동체의 유지와 운영을 위한 대외거래는 필수적이며, 또한 상대방의 신뢰를 보호하기 위하여 일상가사대리권이 인정된다. 일상가사대리권은 법률혼뿐만 아니라 사실혼 관계 부부에게도 해당한다. 그러나 일상가사에 관한 채무라도 이미 다른 일방 배우자가 책임지지 않겠다는 의사표시를 제3자에 대하여 이미 분명하게 밝혔다면 연대책임을 지지 않는다. 참고로 일상가사로 인한 채무는 연대책임이므로 이혼하였다 하여 그 책임이 면제되는 것은 아니다.

일상가사란 '부부의 공동생활에 필요로 하는 통상의 사무'를 말하는데, 그 범위는 부부의 수입, 사회적 지위, 재산, 생활 장소의 관습 등에 의해 구체적으로 판정된다. 학설이나 판례가 인정하는 일상가사의 내용은 식료품, 연료, 보통 의류 구매, 가옥의 임대차, 월세의 수수료, 전기료, 수도료, 전화요금 등의 지급, 가재도구 구입, 가족의 보건비, 자녀의 양육과 교육에 필요한 비용의 지출 등을 포함한다. 부부의 공동생활에 소용되는 비용에 대한 채무는 일상가사로 인하여 생기는 채무에 해당할 수 있을 것이다. 그러나 지나친 고가품의 구매, 부동산 처분, 어음 발행 등은 일상가사의 범위에 해당하지 않는다. 아내가 남편 재산을 처분하거나 남편 명의의 재산에 저당권을 설정해 주고 자금을 빌리는 행위에 대하여 대리권이 있는 것으로 납득할 만한 사정이 있는 경우, 예컨대, 남편이 병으로 장기 입원 중이거나 정신병을 앓고 있어서 생활비, 입원비, 치료비 등을 위하여 처분하는 경우 일상가사대리권이 있다는 것으로 전제로 상대방에게 대리권이 있다고 믿을 만한 정당한 사유로 보아 처분행위의 유효성을 인정한 사례가 있다.

위 사례에서 아내의 채무가 일상가사로 인한 채무에 해당한다면 배우자도 연대책임을 지므로 갚아야 하지만, 그렇지 않다면 남편은 아내의 채무에 대해 법적 책임이 없다. 아내(B)가 6천만 원짜리 외제 승용차를 할부로 구매한 것이 그 가정의 일상가사의 범위에 해당하느냐 여부는 그 가정의 수입, 재산, 사회적 지위 등

---

64) 「민법」 제827조(부부간의 가사대리권).
65) 「민법」 제832조(가사로 인한 채무의 연대책임).

에 비추어 개별적으로 판단되어야 한다. 남편의 7급 공무원 수입에만 의존하며 생활하는 상황이고, 외제 자동차가 가사의 목적이 아니라 아내의 봉사활동 목적으로 구매된 것이라면 외제 자동차 구매는 그 가정의 일상가사의 범위에 해당한다고 보기는 어려울 것이다. 남편이 가끔 아내의 차에 탔다고 하여 자동차 할부금을 갚을 법적 책임은 없다.

20 가정폭력과 대처

의사인 A는 신혼 초부터 부부싸움을 하면 자신의 감정을 이기지 못하고 손에 잡히는 대로 집기를 집어 던지거나 아내 B에게 폭언을 쏟아부었다. 그 때문에 집안의 세간살이가 남아나는 것이 없었다. A는 밖에서는 자상한 의사로 칭찬이 자자하지만, 집에서는 화가 나면 그 화가 풀릴 때까지 심한 욕설과 막말을 하는 이중인격을 보여 왔다. B는 누구에게도 말하지 못한 채 참고 살았지만 최근 중학교 1학년인 아들이 A의 그러한 행동에 항의하며 엄마를 보호하려 하자 아버지인 자신을 무시한다며 아들의 뺨을 때리고, 아들에게 밥도 주지 말라고 하였다. 그날 이후 A는 술에 취해 집에 들어오면 아들에게 정신교육이 필요하다며 몇 시간씩 앉혀놓고, 수시로 아들의 인격을 무시하는 막말을 하였다. A는 가족들에게 자신의 말을 듣지 않으면 학원비며, 생활비를 모두 끊겠다며 협박하고 있다.

질문

1. A의 행위는 가정폭력에 해당하는가?
2. 가정폭력 사건은 어떻게 처리되는가?
3. 가정폭력으로 어려움을 겪는 경우 어디에서 도움을 받을 수 있는가?

가정폭력은 개인의 가장 사적인 공간에서 발생하기 때문에 외부에서 인지하거나 확인하기가 쉽지 않고, 부부싸움이나 자녀 훈육, 가정구성원 간의 사소한 불화 정도로 축소되어 은폐성이 매우 높으며, 하나의 형태로 나타나지 않는 중첩성이 있다. 즉, 언어폭력이 있으면 신체적 폭력과 정서적 폭력 또는 아동학대와 노인학대가 함께 나타나는 중첩성을 보인다. 또한 가정폭력은 지속성·반복성을 보이는데, 친밀한 관계에서 이루어지는 폭력은 가해자와 피해자의 폭력 감수성을 둔화시키며, 그러한 폭력을 일상적인 일로 수용하게 한다. 가해자는 폭력을 일상화함으로써 지속적이고, 반복적으로 가정폭력을 행사한다.[66]

가정폭력은 범죄가 아니고 집안일이라는 잘못된 사회적 인식이 오랜 기간 존재해 왔다. 그러나 가정폭력은 가출, 가정파탄 및 폭력성의 세습 등의 후폭풍을 초래한다. 또한 가정 내에서 음성화된 폭력이 향후 강력범죄로 이어지고, 대대로 인권침해의 악순환을 가져오는 사회적 문제로 인식되어 1997년 「가정폭력범죄의 처벌 등에 관한 특례법 (약칭: 가정폭력처벌법)」, 「가정폭력방지 및 피해자보호 등에 관한 법률(약칭: 가정폭력방지법)」이 제정되었다. 「가정폭력처벌법」에 따르면, "가정폭력"이란 가정구성원 사이의 신체적, 정신적 또는 재산상 피해를 수반하는 행위를 말한다.[67] 이때 가정구성원은 ① 배우자(사실상 혼인관계에 있는 사람 포함) 또는 배우자였던 사람, ② 자기 또는 배우자와 직계존비속관계(사실상의 양친자관계 포함)에 있거나 있었던 사람, ③ 계부모와 자녀의 관계 또는 적모(嫡母)와 서자(庶子)의 관계에 있거나 있었던 사람, ④ 동거하는 친족에 해당하는 사람을 말한다.[68] 가정폭력은 신체적 폭력뿐만 아니라 정서적·언어적 폭력, 경제적 폭력, 성적 폭력을 모두 포함한다.

---

66) 여성가족부·한국양성평등교육진흥원, 「가정폭력예방교육 표준강의안」,(2021), p.11.
67) 「가정폭력처벌법」 제2조제1호.
68) 「가정폭력처벌법」 제2조제2호.

☞ **가정폭력의 개념**[69]

유형	개념	가정폭력범죄 관련 적용법률
가정폭력	가정구성원 사이에서 폭력을 수단으로 상대방을 억압·통제하는 신체적, 정신적 또는 재산상의 피해를 수반하는 모든 학대 행위	「가정폭력범죄의 처벌 등에 관한 특례법」 「가정폭력방지 및 피해자보호 등에 관한 법률」
노인학대	노인에게 신체적·정신적·정서적·성적 폭력 및 경제적 착취 또는 가혹행위를 하거나 유기 또는 방임을 하는 것	「노인복지법」
아동학대	보호자를 포함한 성인이 아동의 건강 또는 복지를 해치거나 정상적인 발달을 저해할 수 있는 신체적·정신적·성적 폭력이나 가혹행위를 하는 것과 보호자가 아동을 유기하거나 방임하는 것	「아동복지법」 「아동학대범죄의 처벌 등에 관한 특례법」 「아동·청소년 성보호에 관한 법률」

가정폭력범죄에 대하여는 「가정폭력처벌법」을 우선 적용하지만 아동학대범죄에 대하여는 「아동학대범죄의 처벌 등에 관한 특례법(아동학대처벌법)」을 우선 적용한다. 가정폭력범죄에는 사자명예훼손, 모욕, 강간, 강제추행, 준강간, 준강제추행, 미성년자간음, 추행, 「성폭력처벌법」상 카메라이용촬영, 「정보통신망법」 위반(불안감 유발), 주거침입, 퇴거불응, 폭행, 존속폭행, 협박, 존속협박, 명예훼손, 출판물 등에 의한 명예훼손, 공갈, 상해, 유기, 학대, 체포, 감금, 강요, 재물손괴 등이 있다.[70]

---

69) 여성가족부, *supra* note 66, p.7.
70) 「가정폭력처벌법」 제2조제3호.

☞ 가정폭력사건 처리 절차[71]

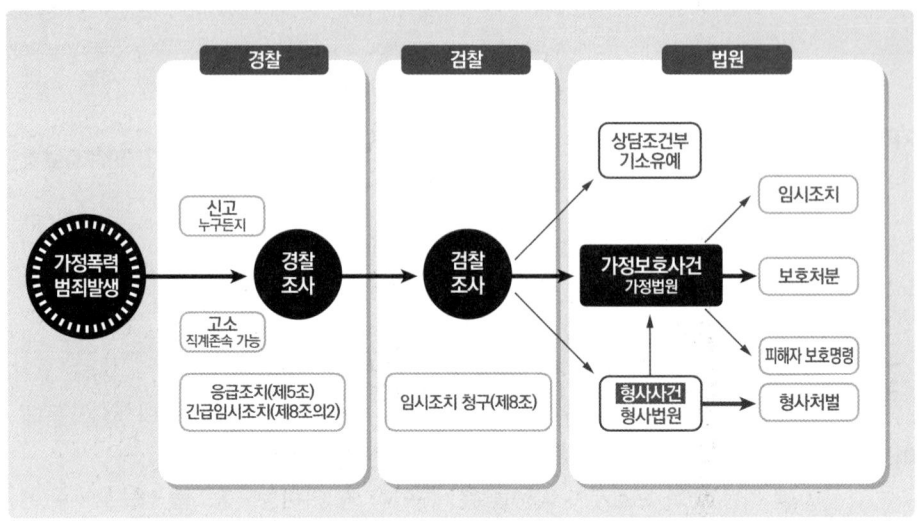

누구든지 가정폭력범죄를 알게 된 경우에는 수사기관에 신고할 수 있다.[72] 가정폭력피해자 또는 그 법정대리인은 가해자가 자기 또는 배우자의 직계존속인 경우에도 고소할 수 있다.[73] 「형사소송법」 제224조는 자기 또는 배우자의 직계존속을 고소하지 못한다고 규정하고 있으나 가정폭력범죄에 대해서는 「가족폭력처벌법」이 우선 적용된다.

「가정폭력처벌법」에 따라 일정한 사람들은 직무를 수행하면서 가정폭력범죄를 알게 된 경우에는 정당한 사유가 없으면 즉시 수사기관에 신고하여야 할 의무를 지는데, 예를 들어, 아동의 교육과 보호를 담당하는 기관의 종사자와 그 기관장, 아동, 60세 이상의 노인, 그 밖에 정상적인 판단 능력이 결여된 사람의 치료 등을 담당하는 의료인 및 의료기관의 장, 노인복지시설, 아동복지시설, 장애인복지시설의 종사자와 그 기관장, 구조대·구급대의 대원, 사회복지 전담공무원, 건강가정지원센터의 종사자와 그 센터의 장 등이 그에 해당한다. 아동상담소, 가정폭력 관련 상담소 및 보호시설, 성폭력피해상담소 및 보호시설에 근무하는 상담원

---

71) 여성가족부, *supra* note 66, p.14.
72) 「가정폭력처벌법」 제4조제1항.
73) 「가정폭력처벌법」 제6조제2항.

과 그 기관장은 피해자 또는 피해자의 법정대리인 등과의 상담을 통하여 가정폭력범죄를 알게 된 경우에는 가정폭력피해자의 명시적인 반대의견이 없으면 즉시 신고하여야 한다. 누구든지 가정폭력범죄를 신고한 사람에게 그 신고행위를 이유로 불이익을 주어서는 아니 된다.[74]

▷ **가정폭력범죄에 대한 응급조치, 임시조치 및 긴급임시조치**

진행 중인 가정폭력범죄에 대하여 신고를 받은 사법경찰관리는 즉시 현장에 나가서 응급조치를 하여야 하는데, 그러한 조치의 유형은 다음과 같다.

---

① 폭력행위의 제지, 가정폭력행위자·피해자의 분리, 「형사소송법」 제212조에 따른 현행범인의 체포 등 현행범인의 체포 등 범죄수사
② 피해자를 가정폭력 관련 상담소 또는 보호시설로 인도(피해자가 동의한 경우만 해당한다)
③ 긴급치료가 필요한 피해자를 의료기관으로 인도
④ 폭력행위 재발 시 「가정폭력처벌법」 제8조[75]에 따라 임시조치를 신청할 수 있음을 통보
⑤ 「가정폭력처벌법」 제55조의2에 따른 피해자보호명령 또는 신변안전조치를 청구할 수 있음을 고지

사법경찰관은 응급조치에도 불구하고 가정폭력범죄가 재발 될 우려가 있고, 긴급을 요하여 법원의 임시조치 결정을 받을 수 없을 때에는 직권 또는 피해자나 그 법정대리인의 신청에 의하여 긴급임시조치를 할 수 있다.[76]

검사는 가정폭력이 재발 될 우려가 있다면 직권으로 또는 사법경찰관리의 신청에 의해 법원의 임시조치를 청구할 수 있다. 피해자 또는 그 법정대리인도 검사 또는 사법경찰관에게 임시조치를 청구할 수 있고, 그에 관하여 의견을 진술할

---

74) 「가정폭력처벌법」 제4조(신고의무 등).
75) 「가정폭력처벌법」 제8조(임시조치의 청구 등).
76) 「가정폭력처벌법」 제29조(임시조치).

수 있다. 임시조치의 내용은 다음과 같다.[77]

> ① 피해자 또는 가정구성원의 주거 또는 점유하는 방실(房室)로부터의 퇴거 등 격리
> ② 피해자 또는 가정구성원이나 그 주거·직장 등에서 100미터 이내의 접근 금지
> ③ 피해자 또는 가정구성원에 대한 「전기통신기본법」 제2조제1호의 전기통신을 이용한 접근 금지
> ④ 의료기관이나 그 밖의 요양소에의 위탁
> ⑤ 국가경찰관서의 유치장 또는 구치소에의 유치
> ⑥ 상담소등에의 상담위탁

▷ **검사의 가정보호사건의 처리**

검사는 가정폭력범죄로서 사건의 성질·동기 및 결과, 가정폭력행위자의 성행 등을 고려하여 가정폭력처벌법에 따른 보호처분을 하는 것이 적절하다고 인정하는 경우에는 가정보호사건으로 처리할 수 있으며, 그 사건을 관할 가정법원이나 지방법원으로 송치한다. 이 경우 검사는 피해자의 의사를 존중하여야 한다.[78] 검사는 가정폭력사건을 수사한 결과 가정폭력행위자의 성행 교정을 위하여 필요하다고 인정하는 경우에는 상담조건부 기소유예를 할 수 있다.[79]

▷ **법원의 심리와 보호처분**

법원은 가정보호사건을 조사·심리할 때에는 의학, 심리학, 사회학, 사회복지학, 그 밖의 전문적인 지식을 활용하여 가정폭력행위자, 피해자, 그 밖의 가정구성원의 성행, 경력, 가정 상황, 가정폭력범죄의 동기·원인 및 실태 등을 밝혀서 이 법의 목적을 달성할 수 있는 적정한 처분이 이루어지도록 노력하여야 한다.[80]

---

77) 「가정폭력처벌법」 제8조(임시조치의 청구 등).
78) 「가정폭력처벌법」 제9조 및 제9조의2.
79) *Ibid.*
80) 「가정폭력처벌법」 제19조(조사·심리의 방향).

판사는 심리의 결과 보호처분이 필요하다고 인정하면 다음 어느 하나에 해당하는 처분을 결정할 수 있으며, 각 처분은 병과(倂科)할 수 있다.

① 가정폭력행위자가 피해자 또는 가정구성원에게 접근하는 행위의 제한
② 가정폭력행위자가 피해자 또는 가정구성원에게 「전기통신기본법」 제2조제1호의 전기통신을 이용하여 접근하는 행위의 제한
③ 가정폭력행위자가 친권자인 경우 피해자에 대한 친권 행사의 제한
④ 「보호관찰 등에 관한 법률」에 따른 사회봉사·수강명령
⑤ 「보호관찰 등에 관한 법률」에 따른 보호관찰
⑥ 「가정폭력방지 및 피해자보호 등에 관한 법률」에서 정하는 보호시설에의 감호위탁
⑦ 의료기관에의 치료위탁
⑧ 상담소등에의 상담위탁

☞ **가정폭력 피해자 지원기관 및 연락처**

- 경찰 112
- 여성긴급전화 1366
- 한국가정법률상담소 1644-7077
- 대한법률구조공단 132

※ 관련 법률: 「가정폭력범죄의 처벌 등에 관한 특례법 (약칭: 가정폭력처벌법)」

제1장 총칙 〈개정 2011. 4. 12.〉

제1조(목적) 이 법은 가정폭력범죄의 형사처벌 절차에 관한 특례를 정하고 가정폭력범죄를 범한 사람에 대하여 환경의 조정과 성행(性行)의 교정을 위한 보호처분을 함으로써 가정폭력범죄로 파괴된 가정의 평화와 안정을 회복하고 건강한 가정을 가꾸며 피해자와 가족구성원의 인권을 보호함을 목적으로 한다.
[전문개정 2011. 4. 12.]

제2조(정의) 이 법에서 사용하는 용어의 뜻은 다음과 같다. 〈개정 2011. 7. 25., 2011. 8. 4., 2012. 1. 17., 2014. 12. 30., 2016. 1. 6., 2020. 10. 20.〉

1. "가정폭력"이란 가정구성원 사이의 신체적, 정신적 또는 재산상 피해를 수반하는 행위를 말한다.
2. "가정구성원"이란 다음 각 목의 어느 하나에 해당하는 사람을 말한다.
    가. 배우자(사실상 혼인관계에 있는 사람을 포함한다. 이하 같다) 또는 배우자였던 사람
    나. 자기 또는 배우자와 직계존비속관계(사실상의 양친자관계를 포함한다. 이하 같다)에 있거나 있었던 사람
    다. 계부모와 자녀의 관계 또는 적모(嫡母)와 서자(庶子)의 관계에 있거나 있었던 사람
    라. 동거하는 친족
3. "가정폭력범죄"란 가정폭력으로서 다음 각 목의 어느 하나에 해당하는 죄를 말한다.
    가. 「형법」 제2편제25장 상해와 폭행의 죄 중 제257조(상해, 존속상해), 제258조(중상해, 존속중상해), 제258조의2(특수상해), 제260조(폭행, 존속폭행)제1항·제2항, 제261조(특수폭행) 및 제264조(상습범)의 죄
    나. 「형법」 제2편제28장 유기와 학대의 죄 중 제271조(유기, 존속유기)제1항·제2항, 제272조(영아유기), 제273조(학대, 존속학대) 및 제274조(아동혹사)의 죄
    다. 「형법」 제2편제29장 체포와 감금의 죄 중 제276조(체포, 감금, 존속체포, 존속감금), 제277조(중체포, 중감금, 존속중체포, 존속중감금), 제278조(특수체포, 특수감금), 제279조(상습범) 및 제280조(미수범)의 죄
    라. 「형법」 제2편제30장 협박의 죄 중 제283조(협박, 존속협박)제1항·제2항, 제284조(특수협박), 제285조(상습범)(제283조의 죄에만 해당한다) 및 제286조(미수범)의 죄
    마. 「형법」 제2편제32장 강간과 추행의 죄 중 제297조(강간), 제297조의2(유사강간), 제298조(강제추행), 제299조(준강간, 준강제추행), 제300조(미수범), 제301조(강간등 상해·치상), 제301조의2(강간등 살인·치사), 제302조(미성년자등에 대한 간음), 제305조(미성년자에 대한 간음, 추행), 제305조의2(상습범)(제297조, 제297조의2, 제298조부터 제300조까지의 죄에 한한다)의 죄
    바. 「형법」 제2편제33장 명예에 관한 죄 중 제307조(명예훼손), 제308조(사자의 명예훼손), 제309조(출판물등에 의한 명예훼손) 및 제311조(모욕)의 죄
    사. 「형법」 제2편제36장 주거침입의 죄
    아. 「형법」 제2편제37장 권리행사를 방해하는 죄 중 제324조(강요) 및 제324조의5(미수범)(제324조의 죄에만 해당한다)의 죄

자. 「형법」 제2편제39장 사기와 공갈의 죄 중 제350조(공갈), 제350조의2(특수공갈) 및 제352조(미수범)(제350조, 제350조의2의 죄에만 해당한다)의 죄

차. 「형법」 제2편제42장 손괴의 죄 중 제366조(재물손괴등) 및 제369조(특수손괴)제1항의 죄

카. 「성폭력범죄의 처벌 등에 관한 특례법」 제14조(카메라 등을 이용한 촬영) 및 제15조(미수범)(제14조의 죄에만 해당한다)의 죄

타. 「정보통신망 이용촉진 및 정보보호 등에 관한 법률」 제74조제1항제3호의 죄

파. 가목부터 타목까지의 죄로서 다른 법률에 따라 가중처벌되는 죄

4. "가정폭력행위자"란 가정폭력범죄를 범한 사람 및 가정구성원인 공범을 말한다.
5. "피해자"란 가정폭력범죄로 인하여 직접적으로 피해를 입은 사람을 말한다.
6. "가정보호사건"이란 가정폭력범죄로 인하여 이 법에 따른 보호처분의 대상이 되는 사건을 말한다.
7. "보호처분"이란 법원이 가정보호사건에 대하여 심리를 거쳐 가정폭력행위자에게 하는 제40조에 따른 처분을 말한다.
7의2. "피해자보호명령사건"이란 가정폭력범죄로 인하여 제55조의2에 따른 피해자보호명령의 대상이 되는 사건을 말한다.
8. "아동"이란 「아동복지법」 제3조제1호에 따른 아동을 말한다.

[전문개정 2011. 4. 12.]

제3조(다른 법률과의 관계) 가정폭력범죄에 대하여는 이 법을 우선 적용한다. 다만, 아동학대범죄에 대하여는 「아동학대범죄의 처벌 등에 관한 특례법」을 우선 적용한다. 〈개정 2014. 1. 28.〉

[전문개정 2011. 4. 12.]

제4조(신고의무 등) ① 누구든지 가정폭력범죄를 알게 된 경우에는 수사기관에 신고할 수 있다.
② 다음 각 호의 어느 하나에 해당하는 사람이 직무를 수행하면서 가정폭력범죄를 알게 된 경우에는 정당한 사유가 없으면 즉시 수사기관에 신고하여야 한다. 〈개정 2012. 1. 17., 2014. 12. 30., 2025. 4. 22.〉
1. 아동의 교육과 보호를 담당하는 기관의 종사자와 그 기관장
2. 아동, 60세 이상의 노인, 그 밖에 정상적인 판단 능력이 결여된 사람의 치료 등을 담당하는 의료인 및 의료기관의 장

3. 「노인복지법」에 따른 노인복지시설, 「아동복지법」에 따른 아동복지시설, 「장애인복지법」에 따른 장애인복지시설의 종사자와 그 기관장
4. 「다문화가족지원법」에 따른 다문화가족지원센터의 전문인력과 그 장
5. 「결혼중개업의 관리에 관한 법률」에 따른 국제결혼중개업자와 그 종사자
6. 「소방기본법」에 따른 구조대·구급대의 대원
7. 「사회복지사업법」에 따른 사회복지 전담공무원
8. 「건강가정기본법」에 따른 건강가정지원센터 및 제35조의2에 따른 가족센터의 종사자와 그 센터의 장

③ 「아동복지법」에 따른 아동상담소, 「가정폭력방지 및 피해자보호 등에 관한 법률」에 따른 가정폭력 관련 상담소 및 보호시설, 「성폭력방지 및 피해자보호 등에 관한 법률」에 따른 성폭력피해상담소 및 보호시설(이하 "상담소등"이라 한다)에 근무하는 상담원과 그 기관장은 피해자 또는 피해자의 법정대리인 등과의 상담을 통하여 가정폭력범죄를 알게 된 경우에는 가정폭력피해자의 명시적인 반대의견이 없으면 즉시 신고하여야 한다. 〈개정 2012. 1. 17., 2017. 10. 31.〉

④ 누구든지 제1항부터 제3항까지의 규정에 따라 가정폭력범죄를 신고한 사람(이하 "신고자"라 한다)에게 그 신고행위를 이유로 불이익을 주어서는 아니 된다.
[전문개정 2011. 4. 12.]
[시행일: 2025. 10. 23.] 제4조

제5조(가정폭력범죄에 대한 응급조치) 진행 중인 가정폭력범죄에 대하여 신고를 받은 사법경찰관리는 즉시 현장에 나가서 다음 각 호의 조치를 하여야 한다. 〈개정 2020. 10. 20.〉
1. 폭력행위의 제지, 가정폭력행위자·피해자의 분리
1의2. 「형사소송법」 제212조에 따른 현행범인의 체포 등 범죄수사
2. 피해자를 가정폭력 관련 상담소 또는 보호시설로 인도(피해자가 동의한 경우만 해당한다)
3. 긴급치료가 필요한 피해자를 의료기관으로 인도
4. 폭력행위 재발 시 제8조에 따라 임시조치를 신청할 수 있음을 통보
5. 제55조의2에 따른 피해자보호명령 또는 신변안전조치를 청구할 수 있음을 고지
[전문개정 2011. 4. 12.]

제6조(고소에 관한 특례) ① 피해자 또는 그 법정대리인은 가정폭력행위자를 고소할 수 있다. 피해자의 법정대리인이 가정폭력행위자인 경우 또는 가정폭력행위자와 공동으로 가정폭력범죄를 범한 경우에는 피해자의 친족이 고소할 수 있다.

② 피해자는 「형사소송법」 제224조에도 불구하고 가정폭력행위자가 자기 또는 배우자의 직계존속인 경우에도 고소할 수 있다. 법정대리인이 고소하는 경우에도 또한 같다.

③ 피해자에게 고소할 법정대리인이나 친족이 없는 경우에 이해관계인이 신청하면 검사는 10일 이내에 고소할 수 있는 사람을 지정하여야 한다.
[전문개정 2011. 4. 12.]

제7조(사법경찰관의 사건 송치) 사법경찰관은 가정폭력범죄를 신속히 수사하여 사건을 검사에게 송치하여야 한다. 이 경우 사법경찰관은 해당 사건을 가정보호사건으로 처리하는 것이 적절한지에 관한 의견을 제시할 수 있다.
[전문개정 2011. 4. 12.]

제8조(임시조치의 청구 등) ① 검사는 가정폭력범죄가 재발될 우려가 있다고 인정하는 경우에는 직권으로 또는 사법경찰관의 신청에 의하여 법원에 제29조제1항제1호·제2호 또는 제3호의 임시조치를 청구할 수 있다.
② 검사는 가정폭력행위자가 제1항의 청구에 의하여 결정된 임시조치를 위반하여 가정폭력범죄가 재발될 우려가 있다고 인정하는 경우에는 직권으로 또는 사법경찰관의 신청에 의하여 법원에 제29조제1항제5호의 임시조치를 청구할 수 있다.
③ 제1항 및 제2항의 경우 피해자 또는 그 법정대리인은 검사 또는 사법경찰관에게 제1항 및 제2항에 따른 임시조치의 청구 또는 그 신청을 요청하거나 이에 관하여 의견을 진술할 수 있다.
④ 제3항에 따른 요청을 받은 사법경찰관은 제1항 및 제2항에 따른 임시조치를 신청하지 아니하는 경우에는 검사에게 그 사유를 보고하여야 한다.
[전문개정 2011. 4. 12.]

제8조의2(긴급임시조치) ① 사법경찰관은 제5조에 따른 응급조치에도 불구하고 가정폭력범죄가 재발될 우려가 있고, 긴급을 요하여 법원의 임시조치 결정을 받을 수 없을 때에는 직권 또는 피해자나 그 법정대리인의 신청에 의하여 제29조제1항제1호부터 제3호까지의 어느 하나에 해당하는 조치(이하 "긴급임시조치"라 한다)를 할 수 있다.
② 사법경찰관은 제1항에 따라 긴급임시조치를 한 경우에는 즉시 긴급임시조치결정서를 작성하여야 한다.
③ 제2항에 따른 긴급임시조치결정서에는 범죄사실의 요지, 긴급임시조치가 필요한 사유 등을 기재하여야 한다.
[본조신설 2011. 7. 25.]

제8조의3(긴급임시조치와 임시조치의 청구) ① 사법경찰관이 제8조의2제1항에 따라 긴급임시조치를 한 때에는 지체 없이 검사에게 제8조에 따른 임시조치를 신청하고, 신청받은 검사는 법원에 임시조치를 청구하여야 한다. 이 경우 임시조치의 청구는 긴급임시조치를 한 때부터 48시간 이내에 청구하여야 하며, 제8조의2제2항에 따른 긴급임시조치결정서를 첨부하여야 한다.

② 제1항에 따라 임시조치를 청구하지 아니하거나 법원이 임시조치의 결정을 하지 아니한 때에는 즉시 긴급임시조치를 취소하여야 한다.

[본조신설 2011. 7. 25.]

제9조(가정보호사건의 처리) ① 검사는 가정폭력범죄로서 사건의 성질·동기 및 결과, 가정폭력행위자의 성행 등을 고려하여 이 법에 따른 보호처분을 하는 것이 적절하다고 인정하는 경우에는 가정보호사건으로 처리할 수 있다. 이 경우 검사는 피해자의 의사를 존중하여야 한다.

② 다음 각 호의 경우에는 제1항을 적용할 수 있다.

1. 피해자의 고소가 있어야 공소를 제기할 수 있는 가정폭력범죄에서 고소가 없거나 취소된 경우
2. 피해자의 명시적인 의사에 반하여 공소를 제기할 수 없는 가정폭력범죄에서 피해자가 처벌을 희망하지 아니한다는 명시적 의사표시를 하였거나 처벌을 희망하는 의사표시를 철회한 경우

[전문개정 2011. 4. 12.]

제9조의2(상담조건부 기소유예) 검사는 가정폭력사건을 수사한 결과 가정폭력행위자의 성행교정을 위하여 필요하다고 인정하는 경우에는 상담조건부 기소유예를 할 수 있다.

[전문개정 2011. 4. 12.]

제11조(검사의 송치) ① 검사는 제9조에 따라 가정보호사건으로 처리하는 경우에는 그 사건을 관할 가정법원 또는 지방법원(이하 "법원"이라 한다)에 송치하여야 한다.

② 검사는 가정폭력범죄와 그 외의 범죄가 경합(競合)하는 경우에는 가정폭력범죄에 대한 사건만을 분리하여 관할 법원에 송치할 수 있다.

[전문개정 2011. 4. 12.]

제12조(법원의 송치) 법원은 가정폭력행위자에 대한 피고사건을 심리한 결과 이 법에 따른 보호처분을 하는 것이 적절하다고 인정하는 경우에는 결정으로 사건을 가정보호사건의 관할 법원에 송치할 수 있다. 이 경우 법원은 피해자의 의사를 존중하여야 한다.

[전문개정 2011. 4. 12.]

제40조(보호처분의 결정 등) ① 판사는 심리의 결과 보호처분이 필요하다고 인정하는 경우에는 결정으로 다음 각 호의 어느 하나에 해당하는 처분을 할 수 있다. 〈개정 2022. 12. 13.〉
1. 가정폭력행위자가 피해자 또는 가정구성원에게 접근하는 행위의 제한
2. 가정폭력행위자가 피해자 또는 가정구성원에게 「전기통신기본법」 제2조제1호의 전기통신을 이용하여 접근하는 행위의 제한
3. 가정폭력행위자가 친권자인 경우 피해자에 대한 친권 행사의 제한
4. 「보호관찰 등에 관한 법률」에 따른 사회봉사·수강명령
5. 「보호관찰 등에 관한 법률」에 따른 보호관찰
6. 법무부장관 소속으로 설치한 감호위탁시설 또는 법무부장관이 정하는 보호시설에의 감호위탁
7. 의료기관에의 치료위탁
8. 상담소등에의 상담위탁

② 제1항 각 호의 처분은 병과(倂科)할 수 있다.
③ 제1항제3호의 처분을 하는 경우에는 피해자를 다른 친권자나 친족 또는 적당한 시설로 인도할 수 있다.
④ 법원은 보호처분의 결정을 한 경우에는 지체 없이 그 사실을 검사, 가정폭력행위자, 피해자, 보호관찰관 및 보호처분을 위탁받아 하는 보호시설, 의료기관 또는 상담소등(이하 "수탁기관"이라 한다)의 장에게 통지하여야 한다. 다만, 수탁기관이 민간에 의하여 운영되는 기관인 경우에는 그 기관의 장으로부터 수탁에 대한 동의를 받아야 한다.
⑤ 제1항제4호부터 제8호까지의 처분을 한 경우에는 가정폭력행위자의 교정에 필요한 참고자료를 보호관찰관 또는 수탁기관의 장에게 보내야 한다.
⑥ 제1항제6호의 감호위탁기관은 가정폭력행위자에 대하여 그 성행을 교정하기 위한 교육을 하여야 한다.
[전문개정 2011. 4. 12.]

제41조(보호처분의 기간) 제40조제1항제1호부터 제3호까지 및 제5호부터 제8호까지의 보호처분의 기간은 6개월을 초과할 수 없으며, 같은 항 제4호의 사회봉사·수강명령의 시간은 200시간을 각각 초과할 수 없다.
[전문개정 2011. 4. 12.]

21 협의상 이혼

> 의사인 남편 A의 가정폭력을 더는 견딜 수 없는 아내 B는 이혼하려 한다. A가 집기를 집어 던지는 등 험악한 분위기를 연출하여 가정폭력으로 몇 번 신고하였으나 별다른 외상이 없었고, 남편은 태도를 바꿔 경찰의 제지에 순응하여 별다른 조치 없이 경찰이 돌아가곤 하였다. A는 가장을 경찰에 신고하였다며 아내(B)에게 생활비를 주지 않았으며, 아내와 아들을 무시하는 태도로 일관했다. B는 남편의 행동이 개선될 여지가 없다고 판단하고, 아들과 자신을 보호하기 위하여 결국 이혼을 결심하였다. B가 A에게 이혼을 요구하자 A는 좋다며 이혼하고 고생을 실컷 해봐야 정신을 차린다며 막말을 퍼부었다.

 질문

1. 협의상 이혼은 어떻게 하는가?
2. 이혼 시 당사자 간에 협의해야 할 사항은 무엇인가?
3. 미성년자녀가 있는 경우 협의해야 할 사항은 무엇인가?
4. 가정법원에서 협의이혼의사를 확인받은 후 당사자가 이혼 의사를 철회할 수 있는가?

당사자 간에 이혼 합의가 있는 경우, 협의상 이혼 절차는 먼저 관할법원에서 부부가 협의이혼 의사를 확인받은 후, 그중 1인이라도 이혼의사확인서등본을 첨부하여 관할가족관계등록관서(시(구)·읍·면사무소)에 이혼신고를 하면 종료되고, 이혼신고를 해야만 이혼의 효력이 발생한다. 절차를 구체적으로 살펴보면 다음과 같다.

① 협의이혼의사확인 신청서 제출

이혼하고자 하는 부부의 등록기준(본적)지 또는 주소지를 관할하는 가정법원에 부부가 함께 출석하여 신청한다.[81] 협의이혼은 변호사 또는 대리인에 의한 신청은 할 수 없다. 부부 중 일방이 외국에 있거나 교도소에 수감 중인 경우에만 다른 일방이 혼자 출석하여 신청서를 제출할 수 있다. 협의이혼을 하려는 부부는 법원으로부터 이혼에 관한 안내를 반드시 받아야 하고, 상담위원의 상담을 받을 것을 권고받을 수 있다.

② 이혼숙려기간

가정법원에서 안내를 받은 날부터 다음의 협의이혼 숙려기간을 갖는데, 숙려기간이 경과 한 후에 이혼의사의 확인을 받을 수 있다.

- 미성년인 자녀(임신 중인 자를 포함)가 있는 경우에는 3개월
- 성년 도달 전 1개월 후 3개월 이내 사이의 미성년인 자녀가 있는 경우에는 성년이 된 날
- 성년 도달 전 1개월 이내의 미성년인 자녀가 있는 경우에는 1개월
- 자녀가 없거나 성년인 자녀만 있는 경우에는 1개월

그러나 가정폭력 등 급박한 사유가 있는 경우 협의이혼 숙려기간의 단축·면제가 가능한데, 가정폭력 등 급박한 사정이 있어 위 기간의 단축 또는 면제가 필요한 사유가 있는 경우 이를 소명하여 사유서를 제출할 수 있고, 특히, 상담위원의 상담을 통하여 사유서를 제출할 수 있다. 사유서 제출 후 7일 이내에 확인기일의 재지정 연락이 없으면 최초에 지정한 확인기일이 유지되며, 이에 대하여는 이의를 할 수 없다.

---

81) 부부의 주소가 각기 다르거나 등록기준지와 주소가 다른 경우에는 그중 편리한 곳에 신청서를 제출하면 된다.

※ 협의이혼의사확인 신청 시 제출하여야 할 서류

- 협의이혼의사확인신청서 1통
  부부가 함께 작성하며, 신청서양식은 법원의 신청서 접수창구에 있음
- 부부 각자의 가족관계증명서, 혼인관계증명서 각 1통
  시(구)·읍·면사무소 또는 동사무소에서 발급받을 수 있음
- 주민등록등본 1통
  주소지 관할 법원에 이혼의사확인신청을 하는 경우에만 필요함
- 부부 중 일방이 외국에 있으면 재외국민등록부등본 1통, 교도소에 수감중이면 재감인증명서 1통이 필요하고, 송달료 2회분(구체적인 금액은 접수담당자에게 문의)도 납부하여야 함
- 미성년인 자녀(임신 중인 자를 포함하되, 법원이 정한 이혼숙려기간 이내에 성년에 도달하는 자녀는 제외)가 있는 부부는 이혼에 관한 안내를 받은 후 그 자녀의 양육과 친권자결정에 관한 협의서 1통과 사본 2통 또는 가정법원의 심판정본 및 확정증명서 3통 제출

③ 법원 출석, 협의이혼의사확인

이혼숙려기간이 경과 한 후 반드시 부부가 함께 본인의 신분증(주민등록증, 운전면허증, 여권 중 하나)과 도장을 가지고 통지받은 확인기일(시간)에 법원에 출석하여야 한다. 첫 번째 확인기일에 불출석하였을 경우에는 두 번째 확인기일에 출석하면 되나, 두 번째 확인기일에도 불출석한 경우에는 확인신청을 취하한 것으로 본다. 협의이혼의사는 판사가 확인한다. 부부 모두 이혼의사가 있음이 확인되면 법원에서 부부에게 확인서등본 1통씩을 교부한다.[82]

④ 이혼의사확인서 등본 교부 및 이혼신고

이혼의사확인서등본을 교부받은 날로부터 3월내에 당사자 일방 또는 쌍방이

---

[82] 부부 중 일방이 외국에 있거나 교도소에 수감중인 경우에만 다른 일방이 혼자 출석하여 신청서를 제출할 수 있다. 부부 중 일방이 외국 또는 교도소에 있는 경우에는 법원에서 그 재외공관 또는 수감된 교도소로 이혼의사확인을 요청하는 촉탁서를 보내 이혼의사가 있다는 회신이 오면, 상대방을 법원에 출석하도록 하여 이혼의사확인을 한다.

등록기준(본적)지 또는 주소지 관할 시(구)·읍·면사무소에 확인서등본을 첨부하여 이혼신고를 하면 된다. 미성년인 자녀가 있는 경우 이혼신고 시에 협의서등본 또는 심판정본 및 그 확정증명서를 첨부하여 친권자지정 신고를 하여야 한다.[83]

법원에서 이혼의사확인을 받았더라도 이혼신고를 하지 않으면 이혼이 안된다. 위 기간 내에 신고하지 않으면, 다시 법원에서 협의이혼절차를 밟아 이혼의사확인을 받아야 한다. 이혼의사확인을 받고 난 후라도 이혼할 의사가 없어졌다면 이혼신고를 하지 않거나, 이혼의사철회표시를 하려는 사람의 등록기준지 주소지 또는 현재지 시(구)·읍·면의 장에게 철회서를 제출해야 한다. 그러나 상대방의 이혼신고서가 본인의 이혼의사철회서보다 먼저 접수되면 이혼이 성립되었으므로 철회서를 제출하였더라도 이혼의 효력이 발생한다.

이혼하려는 당사자는 위자료, 재산분할청구권 등 재산상의 문제와 미성년자녀가 있는 경우 친권자 지정, 양육에 관한 문제(양육자의 지정, 양육비 지급, 면접교섭권의 행사 여부 및 방법 등)를 결정해야 한다. 이혼하면 이혼하는 당사자 간에는 법적으로 배우자 관계가 해소되지만 이혼하는 부모와 자녀와의 혈연관계가 변하는 것은 아니기 때문에 자녀의 신분에는 변화가 없다. 부모는 미성년자인 자의 친권자가 된다. 부모가 혼인 중에는 친권을 공동으로 행사하지만[84] 부모가 이혼하면 부모의 협의로 친권자를 정하여야 하고, 협의할 수 없거나 협의가 이루어지지 않으면 당사자는 가정법원에 그 지정을 청구해야 한다. 단, 부모의 협의가 자(子)의 복리에 반하는 경우 가정법원은 보정을 명하거나 직권으로 친권자를 정한다.[85] 가정법원은 혼인의 취소, 재판상 이혼 또는 인지청구의 소의 경우에는 직권으로 친권자를 정한다. 재판상의 이혼인 경우 직권에 의하여 그 자의 연령, 부모의 재산 상황 기타 사정을 참작하여 양육에 필요한 사항을 정하며, 언제든지 그 사항을 변경, 또는 다른 적당한 처분을 할 수 있다.

---

83) 임신 중인 자녀는 이혼신고 시가 아니라 그 자녀의 출생신고 시에 협의서등본 또는 심판정본 및 그 확정증명서를 첨부하여 친권자지정 신고를 해야 한다.
84) 「민법」 제909조제1항.
85) 「민법」 제909조제4항.

가정법원은 협의이혼 절차에서 당사자가 협의한 미성년 자녀의 양육비 부담에 관한 내용을 확인하는 양육비부담조서를 작성한다. 양육비부담조서에는 확정된 심판에 준하여 집행력이 인정되며, 양육비부담조서상의 양육비지급의무가 이행되지 않는 경우에는 가사소송법상의 이행명령도 할 수 있다.

☞ 위장이혼

법원은 당사자 사이에 이혼의 합의가 없이 협의이혼을 하여 이혼신고를 하는 경우, 이혼의 무효 판결에 신중한 태도를 보이고 있다. 당사자 간에 강제집행의 회피, 기타 목적을 위한 방편으로 일시적으로 이혼신고를 하기로 하는 합의가 있었음을 인정할 증거가 없다면, 일시적으로나마 적법한 이혼을 할 의사가 있었던 이상 이혼신고가 무효라고 볼 수는 없다고 한다. 즉, 당사자 간에 '이혼의 합의'가 아닌, '이혼신고의 합의'만 있었다는 것을 증명하는 경우에만 무효로 판단하고 있다.[86]

> ※ 관련 법률: 「민법」
>
> **제834조(협의상 이혼)** 부부는 협의에 의하여 이혼할 수 있다.
>
> **제835조(성년후견과 협의상 이혼)** 피성년후견인의 협의상 이혼에 관하여는 제808조제2항을 준용한다.
> [전문개정 2011. 3. 7.]
>
> **제836조(이혼의 성립과 신고방식)** ①협의상 이혼은 가정법원의 확인을 받아 「가족관계의 등록 등에 관한 법률」의 정한 바에 의하여 신고함으로써 그 효력이 생긴다. 〈개정 1977. 12. 31., 2007. 5. 17.〉
> ②전항의 신고는 당사자 쌍방과 성년자인 증인 2인의 연서한 서면으로 하여야 한다.

---

86) 법무부·한국법교육센터, 「한국인의 법과 생활 개정판」(2019), pp. 293~294.

제836조의2(이혼의 절차) ① 협의상 이혼을 하려는 자는 가정법원이 제공하는 이혼에 관한 안내를 받아야 하고, 가정법원은 필요한 경우 당사자에게 상담에 관하여 전문적인 지식과 경험을 갖춘 전문상담인의 상담을 받을 것을 권고할 수 있다.

② 가정법원에 이혼의사의 확인을 신청한 당사자는 제1항의 안내를 받은 날부터 다음 각 호의 기간이 지난 후에 이혼의사의 확인을 받을 수 있다.

1. 양육하여야 할 자(포태 중인 자를 포함한다. 이하 이 조에서 같다)가 있는 경우에는 3개월
2. 제1호에 해당하지 아니하는 경우에는 1개월

③ 가정법원은 폭력으로 인하여 당사자 일방에게 참을 수 없는 고통이 예상되는 등 이혼을 하여야 할 급박한 사정이 있는 경우에는 제2항의 기간을 단축 또는 면제할 수 있다.

④ 양육하여야 할 자가 있는 경우 당사자는 제837조에 따른 자(子)의 양육과 제909조제4항에 따른 자(子)의 친권자결정에 관한 협의서 또는 제837조 및 제909조제4항에 따른 가정법원의 심판정본을 제출하여야 한다.

⑤ 가정법원은 당사자가 협의한 양육비부담에 관한 내용을 확인하는 양육비부담조서를 작성하여야 한다. 이 경우 양육비부담조서의 효력에 대하여는 「가사소송법」 제41조를 준용한다. 〈신설 2009. 5. 8.〉

[본조신설 2007. 12. 21.]

제837조(이혼과 자의 양육책임) ① 당사자는 그 자의 양육에 관한 사항을 협의에 의하여 정한다. 〈개정 1990. 1. 13.〉

② 제1항의 협의는 다음의 사항을 포함하여야 한다. 〈개정 2007. 12. 21.〉

1. 양육자의 결정
2. 양육비용의 부담
3. 면접교섭권의 행사 여부 및 그 방법

③ 제1항에 따른 협의가 자(子)의 복리에 반하는 경우에는 가정법원은 보정을 명하거나 직권으로 그 자(子)의 의사(意思)·나이와 부모의 재산상황, 그 밖의 사정을 참작하여 양육에 필요한 사항을 정한다. 〈개정 2007. 12. 21., 2022. 12. 27.〉

④ 양육에 관한 사항의 협의가 이루어지지 아니하거나 협의할 수 없는 때에는 가정법원은 직권으로 또는 당사자의 청구에 따라 이에 관하여 결정한다. 이 경우 가정법원은 제3항의 사정을 참작하여야 한다. 〈신설 2007. 12. 21.〉

⑤ 가정법원은 자(子)의 복리를 위하여 필요하다고 인정하는 경우에는 부·모·자(子) 및 검

사의 청구 또는 직권으로 자(子)의 양육에 관한 사항을 변경하거나 다른 적당한 처분을 할 수 있다. 〈신설 2007. 12. 21.〉

⑥ 제3항부터 제5항까지의 규정은 양육에 관한 사항 외에는 부모의 권리의무에 변경을 가져오지 아니한다. 〈신설 2007. 12. 21.〉

제837조의2(면접교섭권) ① 자(子)를 직접 양육하지 아니하는 부모의 일방과 자(子)는 상호 면접교섭할 수 있는 권리를 가진다. 〈개정 2007. 12. 21.〉

② 자(子)를 직접 양육하지 아니하는 부모 일방의 직계존속은 그 부모 일방이 사망하였거나 질병, 외국거주, 그 밖에 불가피한 사정으로 자(子)를 면접교섭할 수 없는 경우 가정법원에 자(子)와의 면접교섭을 청구할 수 있다. 이 경우 가정법원은 자(子)의 의사(意思), 면접교섭을 청구한 사람과 자(子)의 관계, 청구의 동기, 그 밖의 사정을 참작하여야 한다. 〈신설 2016. 12. 2.〉

③ 가정법원은 자의 복리를 위하여 필요한 때에는 당사자의 청구 또는 직권에 의하여 면접교섭을 제한·배제·변경할 수 있다. 〈개정 2005. 3. 31., 2016. 12. 2.〉

[본조신설 1990. 1. 13.]

제838조(사기, 강박으로 인한 이혼의 취소청구권) 사기 또는 강박으로 인하여 이혼의 의사표시를 한 자는 그 취소를 가정법원에 청구할 수 있다. 〈개정 1990. 1. 13.〉

제839조(준용규정) 제823조의 규정은 협의상 이혼에 준용한다.

22 재판상 이혼

IT기업에 다니는 30대 직장여성 K는 부모의 성화에 선을 보고 경찰인 O와 결혼하였다. K는 아이를 무척 원했지만 결혼한 지 3년이 되도록 아이가 생기지 않아 고민하던 중 남편과 병원을 방문하여 검사를 받았는데, K에게는 임신에 문제 될 수 있는 요인이 발견되지 않았으나 남편(O)의 경우, 성 기능 장애는 아니지만 성염색체 이상으로 무정자증인 것으로 밝혀졌다. 아이를 간절히 원했던 K는 O의 불임으로 아이를 가질 수 없다며, O를 상대로 이혼을 요구하였으나 O는 이혼할 의사가 없다고 한다. K는 O를 상대로 재판상 이혼을 청구하려 한다.

질문

1. O의 불임이 재판상의 이혼 사유가 될 수 있는가?
2. O의 불임은 혼인의 취소사유에 해당하는가?

부부는 협의하여 이혼할 수 있으나, 부부 중 일방이 이혼에 동의하지 않는 경우 다른 일방 배우자는 재판상의 이혼을 청구하여, 법원의 판결로 이혼할 수 있다. 재판상의 이혼을 청구하려면 「민법」 제840조(재판상 이혼원인)에 규정된 재판상의 이혼 사유가 존재하여야 한다. 「민법」 제840조 제6호의 "기타 혼인을 계속하기 어려운 중대한 사유"라는 것은 부부의 공동생활 관계가 회복할 수 없을 정도로 파탄되고, 그 혼인 생활의 계속을 강제하는 것이 일방의 배우자에게 참을 수 없는 고통이 되는 경우를 말한다. 법원에서 인정된 기타 혼인을 계속하기 어려운 중대한 사유는 강간, 강도, 살인 등 범죄를 저지른 경우, 지나친 신앙생활, 불치의 정신병, 상습도박, 성 기능 이상을 알면서도 숨기고 결혼하였고, 결혼생활 기간 계속하여 성생활을 하지 못한 경우 등이 있다. 반면, 인정되지 않은 사유로는 회복 가능한 가벼운 정신병증세, 출산 불능, 무정자증, 과거 한두 번의 이혼 합의 사실의 존재 등이 있다. 따라서 배우자의 불임 그 자체는 재판상 이혼사유로 인정되지 않는다.

O의 불임이 혼인취소 사유에 해당하는 가의 문제와 관련하여, 우리나라 대법원은 1960년에 이미 여성의 임신 불능은 약혼의 해제사유가 아니라고 판결한 바 있다. 대법원은 혼인은 남녀가 일생의 공동생활을 목적으로 하여 도덕 및 풍속상 정당시 되는 결합을 이루는 법률상, 사회생활상 중요한 의미를 갖는 신분상의 계약으로 그 본질은 양성 간의 애정과 신뢰에 바탕을 둔 인격적인 결합에 있다고 할 것이고, 특별한 사정이 없는 한은 임신가능 여부는 「민법」 제816조 제2호의 "부부생활을 계속할 수 없는 악질 기타 중대한 사유"에 해당한다고 볼 수 없다고 판단하였다. 이와 유사한 사건에서 대법원은 불임 사실을 알면서 일부러 숨긴 경우가 아니라면 성염색체 이상으로 인한 불임의 문제가 「민법」 제816조 제2호에서 정한 '부부생활을 계속할 수 없는 악질 기타 중대한 사유'에 해당한다고 보기 어려우므로 혼인의 취소사유에 해당하지 않는다고 판결하였다.[87]

한편, 우리나라에서는 재판상 이혼을 하기 위해서는 가정법원의 조정을 거쳐야 한다. 「가사소송법」 제50조(조정 전치주의)에 따라 재판상 이혼은 이혼소송을 제기하려는 당사자는 먼저 가정법원에 조정을 신청해야 하며, 조정신청이 없는 경우에는 가정법원이 직권으로 조정에 회부하도록 하는 조정전치주의를 채택하고 있다.

---

[87] 대법원 2015.2.26. 선고 2014므4734 판결.

※ 관련 법률: 「민법」

제840조(재판상 이혼원인) 부부의 일방은 다음 각호의 사유가 있는 경우에는 가정법원에 이혼을 청구할 수 있다. 〈개정 1990. 1. 13.〉
1. 배우자에 부정한 행위가 있었을 때
2. 배우자가 악의로 다른 일방을 유기한 때
3. 배우자 또는 그 직계존속으로부터 심히 부당한 대우를 받았을 때
4. 자기의 직계존속이 배우자로부터 심히 부당한 대우를 받았을 때
5. 배우자의 생사가 3년 이상 분명하지 아니한 때
6. 기타 혼인을 계속하기 어려운 중대한 사유가 있을 때

제841조(부정으로 인한 이혼청구권의 소멸) 전조제1호의 사유는 다른 일방이 사전동의나 사후용서를 한 때 또는 이를 안 날로부터 6월, 그 사유있는 날로부터 2년을 경과한 때에는 이혼을 청구하지 못한다.

제842조(기타 원인으로 인한 이혼청구권의 소멸) 제840조제6호의 사유는 다른 일방이 이를 안 날로부터 6월, 그 사유있은 날로부터 2년을 경과하면 이혼을 청구하지 못한다.

제843조(준용규정) 재판상 이혼에 따른 손해배상책임에 관하여는 제806조를 준용하고, 재판상 이혼에 따른 자녀의 양육책임 등에 관하여는 제837조를 준용하며, 재판상 이혼에 따른 면접교섭권에 관하여는 제837조의2를 준용하고, 재판상 이혼에 따른 재산분할청구권에 관하여는 제839조의2를 준용하며, 재판상 이혼에 따른 재산분할청구권 보전을 위한 사해행위취소권에 관하여는 제839조의3을 준용한다.
[전문개정 2012. 2. 10.]

23 유책배우자의 이혼청구

A와 B는 1976년에 결혼하여 세 자녀를 두었는데, A는 1996년부터 다른 여자 C를 만나서 살림을 차렸고, 그 사이에 자녀를 두었다. A는 2000년부터 집을 나와 25년째 C와 동거하였다. 이 기간에 A는 B에게 생활비와 자녀들의 교육비를 보내주었다. 그러던 어느 날 A는 신장병 진단을 받게 되었고, 신장이식이 필요했던 A는 B와 자녀들에게 연락하였으나 매몰차게 거절당하였다. 이에 화가 난 A는 B에게 이혼하자고 하였으나 B는 이혼할 생각이 전혀 없다며 마음대로 하라고 한다. A는 B를 상대로 이혼소송을 제기하려고 한다.

 질문

1. A는 B를 상대로 재판상 이혼을 청구할 수 있는가?

재판상 이혼청구와 관련하여, 유책주의와 파탄주의가 있는데, 유책주의는 부부 공동생활을 파탄시킨 책임 있는 배우자에게 그 책임을 물어 유책배우자의 이혼청구를 허용하지 않는 것을 말한다. 이에 반해, 파탄주의는 이혼청구는 혼인이 파탄되었으면 누구의 잘못인지 묻지 않고, 배우자 누구든 파탄된 혼인 생활의 해소를 청구할 수 있다는 것이다. 유책주의와 파탄주의의 차이는 유책배우자의 이혼청구 허용 여부에 따른 것으로, 세계적인 이혼법의 추세는 유책주의에서 파탄주의로 변화하고 있다. 미국, 유럽 등 상당수 선진국에서는 파탄주의를 채택하고 있는데, 유책배우자에 대해서는 위자료나 재산분할에서 불리하게 취급함으로써 혼인 파탄에 책임을 지도록 한다.

민법에는 이에 관한 아무런 언급이 없으며, 유책배우자의 이혼청구를 금지하는 규정도 없지만, 우리나라는 1965년 첩을 얻은 남편의 이혼청구는 받아들일 수 없다고 한 대법원 판결[88] 이후 유책주의의 기조를 유지해 왔다. 그러한 이혼청구가 수용되면 아무 잘못도 없는 배우자가 가정에서 축출되는 부당한 결과가 초래되기 때문이다.

우리나라 법원은 유책주의를 엄격하게 고수하면서 예외적으로 파탄주의를 병용하여 유책배우자의 이혼청구를 허용하고 있다. 예를 들면, 첫째, 유책배우자의 이혼청구를 당한 배우자도 이혼할 의사가 있고, 그 의사가 소송 중에 표시된 경우다. 혼인 파탄 이후 혼인을 계속할 의사가 없음이 객관적으로 명백함에도 오기나 보복적 감정에서 이혼에 응하지 아니하고 있을 뿐이라는 등의 특별한 사정이 있는 경우,[89] 둘째, 유책배우자의 귀책 사유가 있더라도 다른 원인(예를 들어 성격 차이로 인한 별거, 혼인이 파탄 난 상태에서의 배우자 일방의 부정 등)에 의하여 이미 가정이 파탄 난 경우,[90] 셋째, 부부 쌍방에게 같은 정도의 파탄책임이 있는 경우, 넷째, 파탄의 책임이 같은 정도가 아닌 경우다. 유책 수준이 가벼운 정도의 유책배우자의 이혼청구는 수용될 수 있다.

유책배우자의 이혼청구를 허용할 것인지 여부가 쟁점이 되어 2015년 대법원 전원합의체에 회부된 사건에서 다수의견은 유책배우자의 이혼청구를 원칙적으로 불허하는 종래의 대법원 입장을 유지하면서 그 예외적 허용 사유를 확장하여 기존의 상대방 배우자도 혼인계속의사가 없는 경우 외에도 그 유책성을 상쇄할 정도로 상대방 배우자 및 자녀에 대한 보호와 배려가 이루어진 경우, 세월의 경과로 혼인 파탄 당시 현저하였던 유책배우자의 유책성과 상대방 배우자가 받은 정

---

[88] 대법원 1965. 9. 21. 선고 65므37 판결.
[89] 대법원 1987. 4. 14 선고 86므28 판결, 대법원 2013.11.28. 선고 2010므4095 판결 등.
[90] 원고와 피고의 혼인은 혼인의 본질에 상응하는 부부생활관계가 회복될 수 없을 정도로 파탄되고, 그 혼인 생활의 계속을 강제하는 것이 일방 배우자에게 참을 수 없는 고통이 된다고 할 것이며, 혼인제도가 추구하는 목적과 민법의 지도이념인 신의성실의 원칙에 비추어 보더라도 혼인 관계의 파탄에 대한 원고의 유책성이 반드시 원고의 이혼청구를 배척하지 않으면 아니 될 정도로 중한 것이라고 단정할 수 없으므로, 원고와 피고의 혼인에는 「민법」 제840조 제6호 소정의 '혼인을 계속하기 어려운 중대한 사유가 있을 때'라는 이혼 원인이 존재한다고 할 것이다. 대법원 2009.12.24. 선고 2009므130 판결.

신적 고통이 약화되어 쌍방 책임의 경중을 따지는 것이 더 이상 무의미해진 경우 등과 같이 혼인 생활 파탄의 유책성이 그 이혼청구를 배척해야 할 정도로 남아있지 아니한 특별한 사정이 있는 경우에는 예외적으로 유책배우자의 이혼청구를 허용할 수 있다고 판시하였다. 유책배우자의 이혼청구의 예외적 허용 여부는 유책배우자의 책임의 태양·정도, 상대방 배우자의 혼인계속의사 및 유책배우자에 대한 감정, 당사자의 연령, 혼인생활의 기간과 혼인 후의 구체적인 생활관계, 별거기간, 부부간의 별거 후에 형성된 생활관계, 혼인생활의 파탄 후 여러 사정의 변경 여부, 이혼이 인정될 경우 상대방 배우자의 정신적·사회적·경제적 상태와 생활보장의 정도, 미성년 자녀의 양육·교육·복지의 상황, 그 밖의 혼인관계의 여러 사정을 두루 고려하여 판단하도록 하였다.[91]

☞ 대법원 2015. 9. 15 선고 2013므568 전원합의체 판결요지 다수의견 발췌

1. 판시사항

민법 제840조 제6호 이혼사유에 관하여 유책배우자의 이혼청구를 허용할 것인지 여부(원칙적 소극)/예외적으로 유책배우자의 이혼청구를 허용할 수 있는 경우 및 판단 기준

2. 판결요지 [다수의견]

(가) 이혼에 관하여 파탄주의를 채택하고 있는 여러 나라의 이혼법제는 우리나라와 달리 재판상 이혼만을 인정하고 있을 뿐 협의상 이혼을 인정하지 아니하고 있다. 우리나라에서는 유책배우자라 하더라도 상대방 배우자와 협의를 통하여 이혼을 할 수 있는 길이 열려 있다. 이는 유책배우자라도 진솔한 마음과 충분한 보상으로 상대방을 설득함으로써 이혼할 수 있는 방도가 있음을 뜻하므로, 유책배우자의 행복추구권을 위하여 재판상 이혼원인에 있어서까지 파탄주의를 도입하여야 할 필연적인 이유가 있는 것은 아니다. 우리나라에는 파탄주의의 한계나 기준, 그리고 이혼 후 상대방에 대한 부양적 책임 등에 관해 아무런 법률 조항을 두고 있지 아니하다. 따라서 유책배우자의 상대방을 보호할 입법

---

91) 대법원 2015. 9. 15 선고 2013므568 전원합의체 판결.

적인 조치가 마련되어 있지 아니한 현 단계에서 파탄주의를 취하여 유책배우자의 이혼청구를 널리 인정하는 경우 유책배우자의 행복을 위해 상대방이 일방적으로 희생되는 결과가 될 위험이 크다.

유책배우자의 이혼청구를 허용하지 아니하고 있는 데에는 중혼관계에 처하게 된 법률상 배우자의 축출이혼을 방지하려는 의도도 있는데, 여러 나라에서 간통죄를 폐지하는 대신 중혼에 대한 처벌규정을 두고 있는 것에 비추어 보면 이에 대한 아무런 대책없이 파탄주의를 도입한다면 법률이 금지하는 중혼을 결과적으로 인정하게 될 위험이 있다.

가족과 혼인생활에 관한 우리 사회의 가치관이 크게 변화하였고 여성의 사회 진출이 대폭 증가하였더라도 우리 사회가 취업, 임금, 자녀양육 등 사회경제의 모든 영역에서 양성평등이 실현되었다고 보기에는 아직 미흡한 것이 현실이다.

그리고 우리나라에서 이혼율이 급증하고 이혼에 대한 국민의 인식이 크게 변화한 것이 사실이더라도 이는 역설적으로 혼인과 가정생활에 대한 보호의 필요성이 그만큼 커졌다는 방증이고, 유책배우자의 이혼청구로 인하여 극심한 정신적 고통을 받거나 생계유지가 곤란한 경우가 엄연히 존재하는 현실을 외면해서도 아니 될 것이다.

(나) 이상의 논의를 종합하여 볼 때, 민법 제840조 제6호 이혼사유에 관하여 유책배우자의 이혼청구를 원칙적으로 허용하지 아니하는 종래의 대법원 판례를 변경하는 것이 옳다는 주장은 아직은 받아들이기 어렵다. 유책배우자의 이혼청구를 허용하지 아니하는 것은 혼인제도가 요구하는 도덕성에 배치되고 신의성실의 원칙에 반하는 결과를 방지하려는 데 있으므로, 혼인제도가 추구하는 이상과 신의성실의 원칙에 비추어 보더라도 책임이 반드시 이혼청구를 배척해야 할 정도로 남아 있지 아니한 경우에는 그러한 배우자의 이혼청구는 혼인과 가족제도를 형해화할 우려가 없고 사회의 도덕관·윤리관에도 반하지 아니하므로 허용될 수 있다.

24 이혼과 재산분할

대학 동창인 A와 B는 A가 대학 졸업 후 직업군인으로 임관하면서 바로 결혼하여 15년의 결혼생활을 하였다. 결혼 후 바로 임신한 B는 군인의 월급으로 생활하기 빠듯하여 여러 가지 부업을 하며 생활비와 교육비를 충당하였다. 그런데, 3년 전부터 시작한 유아의류 전문 인터넷 쇼핑몰이 제법 잘 되면서 자금이 모여 일부 대출을 받아 서울에 24평 아파트를 마련할 수 있게 되었다. 아파트는 아내(B)의 명의로 장만하였다. 내 집을 마련하여, 한시름 놓았던 A는 우연히 B의 외도사실을 알게 되었다. 충격을 받은 A는 부부간의 신뢰가 깨어져 더는 B와 함께 살 수 없다고 판단하고 이혼을 결심하였다. 이들 부부의 재산은 아내 명의의 24평 아파트(10억 원 상당)와 1억 원의 대출, 5천만 원의 예금 그리고 중형 자동차 1대가 있다.

 질문

1. A와 B가 이혼할 경우, 재산분할의 대상이 되는 재산은 무엇인가?
2. 이혼 시 유책배우자도 재산분할을 청구할 수 있는가?
3. 이혼 시 재산분할은 어떻게 하는가?
4. 이혼 시 유책배우자에 대한 위자료는 어떻게 청구하는가?

부부가 혼인 중의 취득한 공유재산에 대해서는 이혼 시 재산의 명의에 상관없이 기여한 정도에 따라 재산분할을 청구할 수 있다. 재산분할청구권은 이혼한 당사자 일방이 다른 일방에 대하여 재산의 분할을 청구할 권리로, 이혼과 동시에 또는 그 이후에만 청구할 수 있다. 재산분할청구권은 이혼한 날부터 2년을 경과한 때에는 소멸한다. 재산분할 청구는 혼인 생활 중 공동으로 이룩한 재산에 대하여 청구하는 것으로 위자료와는 그 성격과 목적이 다르다. 따라서 혼인 파탄에 책임이 있는 유책배우자도 재산분할청구권을 갖는다. 판례에 따르면 재산분할은 혼인 중 쌍방의 협력으로 형성된 공동재산의 청산이라는 성격에 상대방에 대한 부양적 성격이 가미된 것이다.

 부부간의 재산분할에 관하여 합의가 있으면 그에 따르고, 합의를 할 수 없을 때 부부 중 일방이 다른 일방을 상대로 가정법원에 재산분할을 청구할 수 있다. 재산분할의 방법은 금전 지급, 현물분할의 형태로 할 수 있는데, 대부분이 금전 지급이고 부동산의 지분을 이전하게 할 수도 있다. 분할대상 재산은 부동산, 예금, 증권, 대여금 등이 모두 포함되고, 금전채무는 그 재산에서 공제된다. 그 외에 변호사, 의사 등 전문직의 자격증도 배우자의 도움을 받아 취득한 경우, 그로 인한 소득도 재산분할의 고려대상이 되고, 퇴직금, 연금 등도 분할대상이 될 수 있다. 특유재산은 원칙적으로 재산분할의 대상이 되지 않는 것이 원칙이지만, 혼인 생활 기간에 배우자 일방이 그 재산의 유지에 적극적으로 기여한 경우에는 재산분할의 대상이 될 수 있다.

 재산분할은 원칙적으로 부부가 혼인 중에 함께 노력하여 형성한 재산에 한정되므로 위 사례의 경우 부부가 혼인 후에 마련한 24평 아파트, 5천만 원 예금, 중형 자동차 1대가 모두 아내 명의의 재산이라 하더라도 실질적으로 공유재산이라면 재산분할의 대상이 된다. 또한 집을 마련하기 위해 대출한 아내 명의의 1억 원의 대출금도 분할의 대상에 포함된다. 부부 일방이 혼인 전부터 가진 고유재산 또는 상속, 증여, 유증을 받은 재산이라도 다른 일방이 혼인 중에 적극적으로 협력하여 그 특유재산의 유지와 증식에 기여하였다고 인정되는 경우, 분할대상 재산이 될 수 있는데, 이때의 협력에는 배우자의 가사노동도 포함된다. 만약 재산이 빚(채무)만 있거나 빚이 재산보다 많은 경우에도 채무 분담 비율을 정하는 방식으로 재산분할 청구가 가능하다.

 이와는 별도로 부부가 이혼하면 유책배우자는 그 상대방에게 위자료를 지급할 책임이 있다. 위자료의 액수는 혼인 파탄의 원인, 잘못의 정도, 재산 상태, 생활 정도, 혼인 기간, 혼인 생활의 내력, 학력, 경력, 직업, 자녀부양 관계 등의 여러 사정을 고려하여 산정한다. 위자료에 관하여 부부간의 협의가 있으면 그에 따르고, 협의가 되지 않으면 법원에 위자료청구소송을 제기하면 된다. 위자료청구소송은 이혼소송과 동시에 제기할 수 있고, 이혼 후 3년 이내에 위자료를 합의하거나 합의가 되지 않는 경우에도 제기할 수 있다.

※ **관련 법률:「민법」**

제839조의2(재산분할청구권) ①협의상 이혼한 자의 일방은 다른 일방에 대하여 재산분할을 청구할 수 있다.
②제1항의 재산분할에 관하여 협의가 되지 아니하거나 협의할 수 없는 때에는 가정법원은 당사자의 청구에 의하여 당사자 쌍방의 협력으로 이룩한 재산의 액수 기타 사정을 참작하여 분할의 액수와 방법을 정한다.
③제1항의 재산분할청구권은 이혼한 날부터 2년을 경과한 때에는 소멸한다.
[본조신설 1990. 1. 13.]

제839조의3(재산분할청구권 보전을 위한 사해행위취소권) ① 부부의 일방이 다른 일방의 재산분할청구권 행사를 해함을 알면서도 재산권을 목적으로 하는 법률행위를 한 때에는 다른 일방은 제406조제1항을 준용하여 그 취소 및 원상회복을 가정법원에 청구할 수 있다.
② 제1항의 소는 제406조제2항의 기간 내에 제기하여야 한다.
[본조신설 2007. 12. 21.]

25 양육비

O와 P는 3년 전 협의상 이혼을 하였다. 이혼 당시 두 사람 사이에는 17살인 고등학생 아들 1명과 16살인 중학생 딸 1명이 있다. 이혼하면서 두 자녀에 대한 친권은 대기업에 다니고 있는 남편(O)이 갖는 것으로 합의하였고, 두 자녀에 대한 양육권은 이들이 성년이 될 때까지 아내(P)가 갖기로 하였다. 아들과 딸 모두 엄마와 함께 살고 있다. 이혼하면서 O는 아이들의 양육비로 매달 25일 300만 원씩 주기로 하는 양육비부담조서를 작성하였다. 그런데, 2년 전부터 양육비가 밀리는 일이 자주 있었는데 급기야 지난 1년간 양육비를 한 푼도 받지 못하였다. P는 문자로 O에게 여러 차례 독촉하였으나 아무런 반응이 없다. 이혼 후 생활비 마련을 위해 마트에서 일하고 있는 P는 자신의 수입만으로는 월세와 생활비를 충당하기에도 빠듯하여 아이들의 교육비를 지인들에게 꾸거나 신용대출로 충당하고 있다.

 질문

1. P가 전남편인 O에게 밀린 양육비를 받기위해 할 수 있는 조치는 무엇인가?
2. 양육비 이행 확보를 위해 P가 도움 받을 수 있는 기관은 어디인가?
3. 양육비 지급의무를 이행하지 않은 P에게 부과될 수 있는 제재조치는 무엇인가?

양육비란 「민법」 제4조에 따른 성년이 아닌 자녀(미성년 자녀)를 보호·양육하는 데 필요한 비용을 말한다.[92] 부 또는 모는 혼인상태 및 양육여부와 관계없이 미성년 자녀가 건강하게 성장할 수 있도록 의식주, 교육 및 건강 등 모든 생활영

---

92) 「양육비 이행확보 및 지원에 관한 법률 (약칭: 양육비이행법)」 제2조제1호.

역에서 최적의 성장환경을 조성하여야 한다. 비양육부·모는 양육부·모와의 합의 또는 법원의 판결 등에 따라 정하여진 양육비를 양육비 채권자에게 성실히 지급하여야 한다.[93]

이혼한 한부모 가정의 경우 양육부·모는 경제활동과 양육을 동시에 홀로 감당해야 하는 상황에서 양육비청구소송을 진행하거나 양육비지급판결을 받아도 강제집행 등 일련의 절차를 밟는데 시간적, 경제적, 정신적 부담이 상당하여 양육비 청구를 아예 포기하는 사례도 많다. 여성가족부가 2022년 5월 발표한 '2021년 한부모가족 실태조사'에 따르면 국내 한부모가족 가운데 80.7%가 양육비를 지급받지 못했고 양육비 지급에 법적조치를 활용한 이들은 9.5%에 불과한 것으로 조사됐다.[94]

비양육부·모의 연락 두절, 주소나 직장변경으로 양육비를 지급 받지 못하는 사유가 계속 발생하자 2015년 3월 25일부터 「양육비 이행확보 및 지원에 관한 법률」이 제정되었다.[95]

☞ **양육비이행관리원, 양육비 이행 지원 서비스**

◎ **양육비이행관리원(www.childsupport.or.kr)**
양육비이행관리원은 미성년 자녀의 양육비 청구와 이행확보 지원 등에 관한 업무를 수행하기 위하여 「건강가정기본법」에 따라 설립된 한국건강가정진흥원에 설치된 기관으로, 다음의 업무를 수행한다.
1. 비양육부·모와 양육부·모의 양육비와 관련한 상담
1의2. 양육비 이행 촉진을 위한 비양육부·모와 미성년 자녀의 면접교섭 지원
2. 양육비 청구 및 이행확보 등을 위한 법률지원
3. 한시적 양육비 긴급지원

---

93) 「양육비이행법」 제2조(미성년 자녀에 대한 양육 책임).
94) 여성가족부, 「2021년 한부모가족실태조사」(2021.2).
95) 이 법은 미성년 자녀를 직접 양육하는 부 또는 모가 미성년 자녀를 양육하지 아니하는 부 또는 모로부터 양육비를 원활히 받을 수 있도록 양육비 이행확보 등을 지원하여 미성년 자녀의 안전한 양육환경을 조성함을 목적으로 한다. 「양육비이행법」 제1조(목적).

4. 합의 또는 법원의 판결에 의하여 확정된 양육비 채권 추심지원 및 양육부·모에게 양육비 이전
5. 양육비 채무 불이행자에 대한 제재조치
6. 양육비 이행의 실효성 확보를 위한 제도 등 연구
7. 자녀양육비 이행과 관련한 교육 및 홍보
8. 그 밖에 양육비 채무 이행확보를 위하여 필요한 업무

◎ **양육비 이행 지원 서비스**

미성년자녀의 양육비 청구 및 이행확보를 위하여 양육비이행관리원의 양육비 이행확보 지원을 신청할 수 있다. 양육비 이행 지원 서비스는 양육부·모의 신청을 받아 비양육 부·모로부터 양육비를 지급받을 수 있도록 당사자 간의 협의 성립, 양육비 관련 소송, 추심, 불이행 시 제재조치 등을 지원하는 서비스다. 양육비 청구 및 이행확보를 위한 단계별로 서비스 제공기관을 일일이 찾아갈 필요가 없이 이행관리원에 1회 신청만으로 위의 종합지원 서비스를 받을 수 있으므로 매우 유용하다.

P는 O에게 ① 내용증명으로 양육비 지급을 청구하고, 그래도 이행하지 않으면 ② 양육비청구소송을 제기하여 양육비지급판결을 받는다. 양육비지급판결을 받고 양육비를 지급하지 않으면 법원에 강제집행을 신청해야 하는데, 양육비 채무자가 근로소득자라면 법원에 ③ 양육비 직접지급명령을 신청할 수 있다. '양육비 직접 지급 명령제도'는 양육비를 지급해야 하는 자가 정당한 사유 없이 2회 이상 양육비를 지급하지 아니한 경우 비양육부·모에게 급여를 지급하는 소득세 원천징수의무자(사용자)로 하여금 양육부·모에게 양육비를 직접 지급하도록 하는 법원의 명령제도를 말한다. 양육비 직접지급명령을 받고도 양육비를 지급하지 않으면 최대 1천만 원의 과태료가 부과된다. 그래도 양육비를 지급하지 않으면 ④ 양육비 담보제공명령을 신청할 수 있고, 그러한 명령도 따르지 않는 경우 ⑤ '일시금지급명령'을 신청할 수 있다. 일시금지급명령을 받고도 양육비를 30일 이내에 지급하지 않으면 법원의 명령으로 최대 30일 동안 구치소에 감치된다.

양육비 채무가 있는 자가 채무를 이행하지 않으면, ① 과태료부과·감치명령, ② 운전면허 정지, ③ 출국금지, ④ 양육비 채무 불이행자 명단 공개, ⑤ 현장지

원반(기동반)[96]의 채무자 현장방문 조치 등의 제재조치가 내려질 수 있다. 다만, 이러한 제재조치는 「양육비 이행확보 및 지원에 관한 법률」 및 「동법 시행령」에 따른 요건과 절차에 따라 취해진다.[97]

---

96) "현장지원반"이란 양육비 이행의 실효성 제고를 위해 직접 양육비 채무자 및 관계인을 찾아가 채무자의 현황 및 제반 사정을 파악하고, 양육비 채무자에게 양육비 채무를 이행하도록 조치하는 기동반을 말한다. 한국건강가정진흥원 홈페이지(https://www.kihf.or.kr). 주요사업-양육비이행지원사업-양육비이행지원 안내-조사지원 및 제재조치-현장지원반 참조.
97) *Ibid*.

26 면접교섭권

A의 아들 B는 2년 전 이혼한 후 올 1월 말에 췌장암으로 사망하였다. B가 이혼할 당시 5살짜리 아들이 있었는데, 그 아들(A의 손자)에 대한 친권은 B가 갖기로 하고, 아이가 성인이 될 때까지 엄마(A의 며느리)가 양육권을 갖기로 하였다. 아들부부가 모두 일을 하고 있었기 때문에, 손자가 태어난 후 상당한 시간 A는 아내와 함께 손자의 양육을 도맡아 했었다. 그래서 손자에 대한 정이 남다른데, B는 이혼 후 2주에 한 번씩 손자를 데리고 와 A의 집에서 자고 가곤 했었다. 그런데, 아들이 사망한 후 며느리에게 연락하여 손자가 보고 싶으니 데리고 오라고 하였는데, 며느리는 어찌 된 일인지 손자도 보여주지 않고, 연락도 피하고 있다.

 질문

1. 조부모도 손자에 대하여 면접교섭권을 갖는가?
2. 조부모가 손자에 대하여 면접교섭권을 행사하려면 어떻게 해야 하는가?
3. 면접교섭권이 있는 자가 면접교섭권을 행사하려 할 때 자녀와의 면접교섭 허용 의무를 지닌 자가 의무를 이행하지 않으면 어떻게 되는가?

면접교섭권이란 자(子)를 직접 양육하지 않는 부모의 일방과 자가 상호 면접교섭할 수 있는 권리를 의미한다. 상호 간에 직접 만나거나 서신교환, 통화, 일정 기간 체류하는 것 등을 포함한다. 면접교섭권의 행사 방법과 범위에 대해서는 부모가 협의하여 정하고, 협의가 되지 않거나 협의할 수 없을 때는 부모중 일방이 가정법원에 청구하거나 가정법원의 직권으로 결정한다.

면접교섭권은 자를 직접 양육하지 않는 부모의 권리이므로, 부모가 아닌 조부모나 형제자매도 독립적인 면접교섭권을 가질 수 있는지에 대해 논란이 있었는데,[98] 2016년 11월 2일 조부모의 면접교섭권을 제한된 범위 내에서 인정하는 민법 개정안이 공포되어 「민법」 제837조의2(면접교섭권) 제2항에 따라 자(子)를 직접 양육하지 아니하는 부모 일방의 직계존속은 그 부모 일방이 사망하였거나 질병, 외국거주, 그밖에 불가피한 사정으로 자(子)를 면접교섭 할 수 없는 경우 가정법원에 자(子)의 면접교섭을 청구할 수 있다. 이 경우 가정법원은 자(子)의 의사(意思), 면접교섭을 청구한 사람과 자(子)의 관계, 청구의 동기, 그 밖의 사정을 참작하여야 한다.

한편, 가정법원은 자녀와의 면접교섭 허용 의무를 지닌 자가 정당한 이유 없이 그 의무를 이행하지 아니하는 경우에는 당사자의 신청에 의하여 일정한 기간 내에 그 의무를 이행할 것을 명할 수 있다.[99] 당사자 또는 관계인이 정당한 이유 없이 그 명령을 위반한 경우에는 가정법원, 조정위원회 또는 조정담당판사는 직권, 또는 권리자의 신청에 의한 결정으로 1천만 원 이하의 과태료를 부과할 수 있다.[100]

☞ **자녀면접교섭 사전처분제도**

가사사건의 소의 제기, 심판청구 또는 조정의 신청이 있는 경우에 가정법원, 조정위원회 또는 조정담당판사는 사건을 해결하기 위하여 특히 필요하다고 인정하면 직권으로 또는 당사자의 신청에 의하여 상대방이나 그 관계인에게 관계인의 감호와 양육을 위한 사전처분 등 적당하다고 인정되는 처분을 할 수 있다.[101] 이에 근거하여, 이혼 당사자는 이혼소송 기간 중 상대방이 보호하고 있는 자녀에 대하여 면접교섭사전처분을 신청할 수 있다.[102]

---

98) 면접교섭권이란 부모와 자식 사이의 혈연관계에서 인정되는 권리이므로 부모 외의 사람들에게 면접교섭권을 함부로 확대할 수 없고, 명문의 법 규정에도 배치된다는 견해가 있었던 반면, 자녀의 행복과 복리를 최우선적으로 고려해 특별한 사정이 있는 경우 면접교섭권의 범위를 확대할 수 있다는 견해도 있었다. 조부모의 면접교섭권과 관련한 민법 개정 전에 가정법원에서 조부모나 형제자매의 면접교섭권이 인정된 사례도 있었다. 김우현, "조부모의 면접교섭권", 법률신문(2016.12월 15일 인터넷판 기사).
99) 「가사소송법」 제64조.
100) 「가사소송법」 제67조제1항.
101) 「가사소송법」 제62조제1항.
102) 허민숙, 「가정폭력 이혼과정에서의 피해자 보호를 위한 입법과제 – 자녀면접교섭을 중심으로」, 국회입법조사처, 입법·정책보고서 제61호(2020.12), p.17.

※ **관련 법률:「민법」**

제837조의2(면접교섭권) ① 자(子)를 직접 양육하지 아니하는 부모의 일방과 자(子)는 상호 면접교섭할 수 있는 권리를 가진다. 〈개정 2007. 12. 21.〉

② 자(子)를 직접 양육하지 아니하는 부모 일방의 직계존속은 그 부모 일방이 사망하였거나 질병, 외국거주, 그 밖에 불가피한 사정으로 자(子)를 면접교섭할 수 없는 경우 가정법원에 자(子)와의 면접교섭을 청구할 수 있다. 이 경우 가정법원은 자(子)의 의사(意思), 면접교섭을 청구한 사람과 자(子)의 관계, 청구의 동기, 그 밖의 사정을 참작하여야 한다. 〈신설 2016. 12. 2.〉

③ 가정법원은 자의 복리를 위하여 필요한 때에는 당사자의 청구 또는 직권에 의하여 면접교섭을 제한·배제·변경할 수 있다. 〈개정 2005. 3. 31., 2016. 12. 2.〉

[본조신설 1990. 1. 13.]

27 비혼주의자의 입양

대구에 사는 40대 초반 여성 M은 웹툰 작가로 활동하는데, 비혼주의자로 결혼할 생각이 없다. 지난 10년간 주말마다 지역의 희망보육원에서 봉사활동을 해 왔는데, 그곳에서 알게 된 7살 여자아이 P를 입양하려 한다. P는 태어난 지 두 달도 안 된 시점에 보육원으로 오게 되었는데, 갓난아기 때부터 봐 온 아이여서 이미 가족 같이 느껴지는 아이였다. P의 부모는 알 수 없고, 보육원의 원장이 P의 후견인이다.

 질문

1. M은 희망보육원의 7세 여아 P를 입양하고 싶은데, 결혼하지 않아도 입양을 할 수 있는가?
2. 미성년자 입양을 위한 법적 요건과 절차는 무엇인가?

입양제도는 부모가 없거나 부모가 있다 하더라도 보호할 수 없는 아동들이 가정을 찾을 수 있도록 지원하는 제도다. 입양은 '일반입양'과 '친양자입양'으로 구별된다. 친양자 입양제도는 양자의 복리를 위하여 양자를 혼인중의 출생자로 본다. 일반입양과 달리 친양자입양이 확정된 때부터 양자는 친생부모와의 친족관계 및 상속 관계는 모두 종료되고, 양부모의 성과 본을 따르게 된다.

성년이 된 사람은 입양을 할 수 있다.[103] 따라서 혼인하지 않아도 성년이라면 입양을 할 수 있다. 입양은 입양하려는 자(양부모)와 입양되는 자(양자) 사이에 입양에 대한 의사 합치(합의)가 있어야 하며, 「가족관계의 등록 등에 관한 법률」

---

103) 「민법」 제866조(입양을 할 능력).

에 따라 입양신고를 해야 입양이 성립된다.[104] 일반입양이 성립되면, 양부모와 양자 사이에는 법적으로 양친자관계가 생긴다. 가족관계등록부에 양자로 기재되며, 양자는 입양된 때 양부모의 친생자와 같은 지위를 가지며, 양부모의 친족들과 친족관계가 생긴다. 그러나 종전에 맺어져 있던 양자의 입양 전의 친족관계는 존속된다.[105]

입양 당사자의 의사표시와 관련하여, 양자가 될 사람이 13세 이상의 미성년자인 경우에는 법정대리인의 동의를 받아 입양을 승낙하고, 양자가 될 사람이 13세 미만인 경우에는 법정대리인이 그를 갈음하여 입양을 승낙한다. 가정법원은 법에서 정한 사유가 있는 경우 법정대리인의 동의 또는 승낙이 없더라도 입양을 허가할 수 있다.[106]

미성년자를 입양하려는 사람은 가정법원의 허가를 받아야 하며, 가정법원은 양자가 될 미성년자의 복리를 위하여 그 양육상황, 입양의 동기, 양부모(養父母)의 양육능력, 그 밖의 사정을 고려하여 입양의 허가를 하지 아니할 수 있다. 가정법원의 허가를 받지 않고 입양을 행한 자는「입양특례법」에 따라 3년 이하의 징역 또는 3천만 원 이하의 벌금에 처한다.[107]

위의 사례에서는 미혼여성 M은 성년이므로 입양을 할 수 있다. 입양의 의사표시와 관련하여, 양자가 될 P가 7세이므로 양자의 입양의 의사표시는 후견인인 보육원 원장이 법정대리인으로서 P를 갈음하여 입양을 승낙한다. M은 미성년자인 P를 입양하려면 가정법원의 허가를 받아야 하고, 가정법원의 허가가 내려진다면, P를 양자로 하여 입양신고 하면 입양 절차가 종료된다. 입양신고는 입양자의 등록기준지 또는 신고인의 주소지나 현재지에서 할 수 있는데, 신고인의 관할 시(구)·읍·면의 사무소에 하면 된다.[108] 보육원에 의뢰된 요보호 아동의 입양에 대해서는「입양특례법」이 적용되는데, 동법에 따라 입양된 아동은「민법」상 친양자와 동일한 지위를 가진다.

---

104)「민법」제878조(입양의 성립).
105)「민법」제882조의2(입양의 효력).
106)「민법」제869조(입양의 의사표시).
107)「입양특례법」제44조제1항제1호.
108)「가족관계등록법」제20조 제1항 본문 및 제3조 제1항·제2항 참조.

※ **관련 법률:** 「민법」, 「입양특례법」

「민법」

제866조(입양을 할 능력) 성년이 된 사람은 입양(入養)을 할 수 있다.
[전문개정 2012. 2. 10.]

제867조(미성년자의 입양에 대한 가정법원의 허가) ① 미성년자를 입양하려는 사람은 가정법원의 허가를 받아야 한다.
② 가정법원은 양자가 될 미성년자의 복리를 위하여 그 양육 상황, 입양의 동기, 양부모(養父母)의 양육능력, 그 밖의 사정을 고려하여 제1항에 따른 입양의 허가를 하지 아니할 수 있다.
[본조신설 2012. 2. 10.]

제868조 삭제 〈1990. 1. 13.〉

제869조(입양의 의사표시) ① 양자가 될 사람이 13세 이상의 미성년자인 경우에는 법정대리인의 동의를 받아 입양을 승낙한다.
② 양자가 될 사람이 13세 미만인 경우에는 법정대리인이 그를 갈음하여 입양을 승낙한다.
③ 가정법원은 다음 각 호의 어느 하나에 해당하는 경우에는 제1항에 따른 동의 또는 제2항에 따른 승낙이 없더라도 제867조제1항에 따른 입양의 허가를 할 수 있다.
1. 법정대리인이 정당한 이유 없이 동의 또는 승낙을 거부하는 경우. 다만, 법정대리인이 친권자인 경우에는 제870조제2항의 사유가 있어야 한다.
2. 법정대리인의 소재를 알 수 없는 등의 사유로 동의 또는 승낙을 받을 수 없는 경우
④ 제3항제1호의 경우 가정법원은 법정대리인을 심문하여야 한다.
⑤ 제1항에 따른 동의 또는 제2항에 따른 승낙은 제867조제1항에 따른 입양의 허가가 있기 전까지 철회할 수 있다.
[전문개정 2012. 2. 10.]

제870조(미성년자 입양에 대한 부모의 동의) ① 양자가 될 미성년자는 부모의 동의를 받아야 한다. 다만, 다음 각 호의 어느 하나에 해당하는 경우에는 그러하지 아니하다.
1. 부모가 제869조제1항에 따른 동의를 하거나 같은 조 제2항에 따른 승낙을 한 경우
2. 부모가 친권상실의 선고를 받은 경우
3. 부모의 소재를 알 수 없는 등의 사유로 동의를 받을 수 없는 경우

② 가정법원은 다음 각 호의 어느 하나에 해당하는 사유가 있는 경우에는 부모가 동의를 거부하더라도 제867조제1항에 따른 입양의 허가를 할 수 있다. 이 경우 가정법원은 부모를 심문하여야 한다.
1. 부모가 3년 이상 자녀에 대한 부양의무를 이행하지 아니한 경우
2. 부모가 자녀를 학대 또는 유기(遺棄)하거나 그 밖에 자녀의 복리를 현저히 해친 경우
③ 제1항에 따른 동의는 제867조제1항에 따른 입양의 허가가 있기 전까지 철회할 수 있다.
[전문개정 2012. 2. 10.]

제871조(성년자 입양에 대한 부모의 동의) ① 양자가 될 사람이 성년인 경우에는 부모의 동의를 받아야 한다. 다만, 부모의 소재를 알 수 없는 등의 사유로 동의를 받을 수 없는 경우에는 그러하지 아니하다.
② 가정법원은 부모가 정당한 이유 없이 동의를 거부하는 경우에 양부모가 될 사람이나 양자가 될 사람의 청구에 따라 부모의 동의를 갈음하는 심판을 할 수 있다. 이 경우 가정법원은 부모를 심문하여야 한다.
[전문개정 2012. 2. 10.]

제872조 삭제 〈2012. 2. 10.〉

제873조(피성년후견인의 입양) ① 피성년후견인은 성년후견인의 동의를 받아 입양을 할 수 있고 양자가 될 수 있다.
② 피성년후견인이 입양을 하거나 양자가 되는 경우에는 제867조를 준용한다.
③ 가정법원은 성년후견인이 정당한 이유 없이 제1항에 따른 동의를 거부하거나 피성년후견인의 부모가 정당한 이유 없이 제871조제1항에 따른 동의를 거부하는 경우에 그 동의가 없어도 입양을 허가할 수 있다. 이 경우 가정법원은 성년후견인 또는 부모를 심문하여야 한다.
[전문개정 2012. 2. 10.]

제874조(부부의 공동 입양 등) ① 배우자가 있는 사람은 배우자와 공동으로 입양하여야 한다.
② 배우자가 있는 사람은 그 배우자의 동의를 받아야만 양자가 될 수 있다.
[전문개정 2012. 2. 10.]

제875조 삭제 〈1990. 1. 13.〉

제876조 삭제 〈1990. 1. 13.〉

제877조(입양의 금지) 존속이나 연장자를 입양할 수 없다.
[전문개정 2012. 2. 10.]

제878조(입양의 성립) 입양은 「가족관계의 등록 등에 관한 법률」에서 정한 바에 따라 신고함으로써 그 효력이 생긴다.

[전문개정 2012. 2. 10.]

제879조 삭제 〈1990. 1. 13.〉

제880조 삭제 〈1990. 1. 13.〉

제881조(입양 신고의 심사) 제866조, 제867조, 제869조부터 제871조까지, 제873조, 제874조, 제877조, 그 밖의 법령을 위반하지 아니한 입양 신고는 수리하여야 한다.

[전문개정 2012. 2. 10.]

제882조(외국에서의 입양 신고) 외국에서 입양 신고를 하는 경우에는 제814조를 준용한다.

[전문개정 2012. 2. 10.]

제882조의2(입양의 효력) ① 양자는 입양된 때부터 양부모의 친생자와 같은 지위를 가진다.
② 양자의 입양 전의 친족관계는 존속한다.

[본조신설 2012. 2. 10.]

「입양특례법」

제9조(양자가 될 자격) 이 법에 따라 양자가 될 사람은 요보호아동으로서 다음 각 호의 어느 하나에 해당하는 사람이어야 한다. 〈개정 2020. 12. 29.〉

1. 보호자로부터 이탈된 사람으로서 특별시장·광역시장·특별자치시장·도지사 및 특별자치도지사(이하 "시·도지사"라 한다) 또는 시장·군수·구청장(자치구의 구청장을 말한다. 이하 같다)이 부양의무자를 확인할 수 없어 「국민기초생활 보장법」에 따른 보장시설(이하 "보장시설"이라 한다)에 보호의뢰한 사람
2. 부모(부모가 사망이나 그 밖의 사유로 동의할 수 없는 경우에는 다른 직계존속을 말한다) 또는 후견인이 입양에 동의하여 보장시설 또는 제20조에 따른 입양기관에 보호의뢰한 사람
3. 법원에 의하여 친권상실의 선고를 받은 사람의 자녀로서 시·도지사 또는 시장·군수·구청장이 보장시설에 보호의뢰한 사람
4. 그 밖에 부양의무자를 알 수 없는 경우로서 시·도지사 또는 시장·군수·구청장이 보장시설에 보호의뢰한 사람

제10조(양친이 될 자격 등) ① 이 법에 따라 양친이 될 사람은 다음 각 호의 요건을 모두 갖추어야 한다.

1. 양자를 부양하기에 충분한 재산이 있을 것
2. 양자에 대하여 종교의 자유를 인정하고 사회의 구성원으로서 그에 상응하는 양육과 교육을 할 수 있을 것
3. 양친이 될 사람이 아동학대·가정폭력·성폭력·마약 등의 범죄나 알코올 등 약물중독의 경력이 없을 것
4. 양친이 될 사람이 대한민국 국민이 아닌 경우 해당 국가의 법에 따라 양친이 될 수 있는 자격이 있을 것
5. 그 밖에 양자가 될 사람의 복지를 위하여 보건복지부령으로 정하는 필요한 요건을 갖출 것

② 양친이 될 사람은 양자가 될 아동이 복리에 반하는 직업이나 그 밖에 인권침해의 우려가 있는 직업에 종사하지 아니하도록 하여야 한다.

③ 양친이 되려는 사람은 입양의 성립 전에 입양기관 등으로부터 보건복지부령으로 정하는 소정의 교육을 마쳐야 한다.

제12조(입양의 동의) ① 제9조 각 호의 어느 하나에 해당하는 아동을 양자로 하려면 친생부모의 동의를 받아야 한다. 다만, 다음 각 호의 어느 하나에 해당하는 경우에는 그러하지 아니한다.

1. 친생부모가 친권상실의 선고를 받은 경우
2. 친생부모의 소재불명 등의 사유로 동의를 받을 수 없는 경우

② 친생부모가 제1항 단서의 사유로 인하여 입양의 동의를 할 수 없는 경우에는 후견인의 동의를 받아야 한다.

③ 제9조제2호에 해당하는 아동을 양자로 하고자 할 경우에는 보호의뢰 시의 입양동의로써 제1항에 따른 입양의 동의를 갈음할 수 있다.

④ 13세 이상인 아동을 입양하고자 할 때에는 제1항 또는 제2항에 따른 동의권자의 동의 외에 입양될 아동의 동의를 받아야 한다.

⑤ 제1항부터 제4항까지의 규정에 따른 동의는 제11조제1항의 허가가 있기 전에는 철회할 수 있다.

⑥ 제1항부터 제4항까지의 규정에 따른 입양의 동의 또는 제5항에 따른 입양동의의 철회는 서면으로 하며, 동의에 필요한 사항은 보건복지부령으로 정한다.

제13조(입양동의의 요건 등) ① 제12조제1항에 따른 입양의 동의는 아동의 출생일부터 1주일이 지난 후에 이루어져야 한다.

② 입양동의의 대가로 금전 또는 재산상의 이익, 그 밖의 반대급부를 주고받거나 주고받을 것을 약속하여서는 아니 된다.

③ 입양기관은 제12조제1항에서 정한 입양동의 전에 친생부모에게 아동을 직접 양육할 경우 지원받을 수 있는 사항 및 입양의 법률적 효력 등에 관한 충분한 상담을 제공하여야 하며, 상담내용 등에 대하여는 보건복지부령으로 정한다.

④ 입양기관은 제12조제4항에서 정한 입양동의 전에 입양될 아동에게 입양동의의 효과 등에 관한 충분한 상담을 제공하여야 하며, 상담내용 등에 대하여는 보건복지부령으로 정한다.

제14조(입양의 효과) 이 법에 따라 입양된 아동은 「민법」상 친양자와 동일한 지위를 가진다.

제15조(입양의 효력발생) 이 법에 따른 입양은 가정법원의 인용심판 확정으로 효력이 발생하고, 양친 또는 양자는 가정법원의 허가서를 첨부하여 「가족관계의 등록 등에 관한 법률」에서 정하는 바에 따라 신고하여야 한다.

28 재혼과 친양자입양

20대 초반에 결혼한 J는 남편 K의 상습적인 폭행으로 인하여 고통을 받았으나 아이를 생각하여 참고 살았다. 그러나 하나뿐인 4살짜리 딸아이가 아버지의 행동으로 인한 스트레스로 심한 신경 불안 증세를 보이자 결국 이혼을 결심하고 재판을 통하여 이혼하였다. 이혼하면서 아이의 친권은 자신이 갖는 것으로 합의하였다. 이혼 후 3년이 지나자 딸아이도 지난날의 상처에서 많이 회복되었고, 둘만의 생활도 점차 안정을 되찾았다. 그러던 중 오래된 친구이자 같은 직장 동료인 S의 청혼을 받고 J는 재혼을 결심하였다. 그런데 내년에 딸아이가 곧 초등학교 입학을 앞두고 있어, 초등학교 입학을 하게 되면 재혼한 아버지의 성과 자신의 성이 달라 아이가 주변의 시선으로 또 한 번 상처를 입지 않을까 걱정이다.

 질문

1. J는 자신의 친자인 딸을 재혼한 배우자와의 자녀로 하여, 딸의 성을 K에서 S로 변경할 수 있을까?
2. 만약, J와 재혼한 배우자 S가 J의 친자인 딸을 친양자입양을 하는 경우, 반드시 K의 승낙을 받아야 하는가?

친양자제도에 따르면, 미성년자인 양자를 입양할 경우 가족관계등록부에 양부모의 친생자로 기재되어 친자녀와 동등한 법적 권리를 행사할 수 있다. 친양자는 법률상 3년 이상 혼인 중의 부부가 가정법원에 청구하여 입양할 수 있다. 2008년 1월 1일 처음 시행된 친양자제도에서는 만 15세 미만인 양자의 입양에 대해서만 친양자입양을 허용하였으나 2013년 7월부터 친양자 입양을 할 수 있는 양자의 나이는 미성년자로 확대되었다.

 2012년 「민법」이 개정 전에는 친양자가 될 자녀의 친생부모가 승낙이나 동의를 거부하는 경우 친생부모에게 친권상실 등의 사유가 없는 한 친양자입양을 할 수 없었다. 그러한 법률을 악용하여 전 배우자를 괴롭힐 목적으로 입양에 대하여 승낙하지 않거나 동의하지 않는 경우도 많았고, 심지어 그 대가로 금전을 요구하는 사례도 있었다. 그러나 「민법」의 개정으로 친생부모가 자신에게 책임이 있는 사유로 3년 이상 자녀에 대한 부양의무를 이행하지 아니하고, 면접교섭을 하지 아니한 경우 또는 친생부모가 자녀를 학대 또는 유기하거나 그 밖의 자녀의 복리를 현저히 해친 경우에는 친생부모의 동의나 승낙이 없어도 가정법원이 친양자입양을 허가 할 수 있도록 하였다.

 미성년 자녀를 양육하는 상황에서 재혼하는 경우 자신이 양육하는 친자와 재혼한 배우자와의 관계가 문제가 되는데, 혼인 기간이 1년 이상이면 재혼한 어머니 또는 아버지를 따라온 자녀를 친양자로 입양할 수 있어 새로 형성된 부부의 자녀들이 모두 동등한 법률상의 자격을 가질 수 있게 되었다. 또한 부, 모 또는 자녀의 청구에 의해 가정법원의 허가를 받아 친양자 입양된 양자가 새아버지의 성을 따를 수 있게 되었다.

※ **관련 법률: 「민법」**

제908조의2(친양자 입양의 요건 등)

① 친양자(親養子)를 입양하려는 사람은 다음 각 호의 요건을 갖추어 가정법원에 친양자 입양을 청구하여야 한다.

1. 3년 이상 혼인 중인 부부로서 공동으로 입양할 것. 다만, 1년 이상 혼인 중인 부부의 한쪽이 그 배우자의 친생자를 친양자로 하는 경우에는 그러하지 아니하다.
2. 친양자가 될 사람이 미성년자일 것
3. 친양자가 될 사람의 친생부모가 친양자 입양에 동의할 것. 다만, 부모가 친권상실의 선고를 받거나 소재를 알 수 없거나 그 밖의 사유로 동의할 수 없는 경우에는 그러하지 아니하다.
4. 친양자가 될 사람이 13세 이상인 경우에는 법정대리인의 동의를 받아 입양을 승낙할 것

5. 친양자가 될 사람이 13세 미만인 경우에는 법정대리인이 그를 갈음하여 입양을 승낙할 것

② 가정법원은 다음 각 호의 어느 하나에 해당하는 경우에는 제1항 제3호·제4호에 따른 동의 또는 같은 항 제5호에 따른 승낙이 없어도 제1항의 청구를 인용할 수 있다. 이 경우 가정법원은 동의권자 또는 승낙권자를 심문하여야 한다.

1. 법정대리인이 정당한 이유 없이 동의 또는 승낙을 거부하는 경우. 다만, 법정대리인이 친권자인 경우에는 제2호 또는 제3호의 사유가 있어야 한다.
2. 친생부모가 자신에게 책임이 있는 사유로 3년 이상 자녀에 대한 부양의무를 이행하지 아니하고 면접교섭을 하지 아니한 경우
3. 친생부모가 자녀를 학대 또는 유기하거나 그 밖에 자녀의 복리를 현저히 해친 경우

③ 가정법원은 친양자가 될 사람의 복리를 위하여 그 양육상황, 친양자 입양의 동기, 양부모의 양육능력, 그 밖의 사정을 고려하여 친양자 입양이 적당하지 아니하다고 인정하는 경우에는 제1항의 청구를 기각할 수 있다.

[전문개정 2012. 2. 10.]

제908조의3(친양자 입양의 효력)

①친양자는 부부의 혼인중 출생자로 본다.

②친양자의 입양 전의 친족관계는 제908조의2제1항의 청구에 의한 친양자 입양이 확정된 때에 종료한다. 다만, 부부의 일방이 그 배우자의 친생자를 단독으로 입양한 경우에 있어서의 배우자 및 그 친족과 친생자간의 친족관계는 그러하지 아니하다.

[본조신설 2005. 3. 31.]

제908조의5(친양자의 파양)

①양친, 친양자, 친생의 부 또는 모나 검사는 다음 각호의 어느 하나의 사유가 있는 경우에는 가정법원에 친양자의 파양(罷養)을 청구할 수 있다.

1. 양친이 친양자를 학대 또는 유기(遺棄)하거나 그 밖에 친양자의 복리를 현저히 해하는 때
2. 친양자의 양친에 대한 패륜(悖倫)행위로 인하여 친양자관계를 유지시킬 수 없게된 때

②제898조 및 제905조의 규정은 친양자의 파양에 관하여 이를 적용하지 아니한다.

[본조신설 2005. 3. 31.]

제908조의7(친양자 입양의 취소·파양의 효력)

①친양자 입양이 취소되거나 파양된 때에는 친양자관계는 소멸하고 입양 전의 친족관계는 부활한다.

②제1항의 경우에 친양자 입양의 취소의 효력은 소급하지 아니한다. [본조신설 2005. 3. 31.]

29 부양청구권

철원에 사는 고령의 부부인 A와 B는 평생을 농사일로 3남 3녀의 자식들을 부양하며 대학까지 공부시켰고, 그나마 가지고 있던 시골 땅 등 재산도 자식들이 도시에서 생활기반을 마련하는 데 도움을 주느라 다 처분하였다. 이들 부부는 자신들의 노후 준비보다 자식들이 어서 기반을 잡기를 바라는 마음에 주변의 만류에도 불구하고 재산을 미리 나눠주었다. 이들 부부는 농사일로 생계를 유지하고, 가끔 명절 때나 자식과 손주들의 얼굴을 볼 뿐인데, 이제 팔순이 넘은 노인들이라 농사일도 버겁다. 그런데, 자식 중 아무도 연로하신 부모를 도시로 모셔올 생각을 하지 않는다. 그러던 중 A가 폐암 말기 진단을 받게 되었고, 덩달아 B도 기력이 쇠하여 A를 간호하기가 힘든 상황이다.

 질문

1. A와 B는 자식들을 상대로 자신들의 부양을 법적으로 청구할 수 있는가?
2. 이들 부부가 부양청구권을 행사한다면 자식 중 누구에게 청구해야 하는가?
3. 부양의 정도와 방법은 어떻게 결정되는가?

　노인부양 문제는 공적부양(公的扶養)과 사적부양(事績扶養) 또는 친족부양(親族扶養)에 의해 해결하고 있다. 공적부양은 「연금보험법」, 「생활보호법」 등에 의해 시행되고 있지만, 아직 충분한 수준의 부양이 되지 않기 때문에 우리나라에서 노인부양은 대체로 사적부양에 의존하고 있다.
　민법은 사적부양으로서 친족부양을 규정하고 있는데, 친족부양은 도덕적인 의무인 동시에 법률상의 의무이다. 직계혈족 및 그 배우자간에는 상호부양의 의무가 있는데,[109] 부양받을 자가 자기의 자력 또는 근로에 의해 생활을 유지할 수 없는 경우에 한하여 부양의무를 이행할 책임이 있다.[110]

위 사례와 같이 고령의 A와 B는 자기의 자력이나 근로에 의해 생활을 유지하기 어려우므로 직계혈족인 자녀들을 상대로 부양청구권을 행사할 수 있다. 부양의무자가 여러 명인 경우, 당사자 간의 협의로 정하고, 협의가 이루어지지 않은 경우, 당사자의 청구에 의해 법원이 정한다. 이 경우, 법원은 여러 명의 부양의무자를 선정할 수 있다.[111] 부양의 정도 또는 방법에 관하여 당사자 간에 협정이 없는 때에는 법원은 당사자의 청구에 의하여 부양을 받을 자의 생활정도와 부양의무자의 자력 기타 제반 사정을 참작하여 이를 정한다.[112] 부양을 할 자 또는 부양을 받을 자의 순위, 부양의 정도 또는 방법에 관한 당사자의 협정이나 법원의 판결이 있은 후 이에 관한 사정변경이 있는 때에는 법원은 당사자의 청구에 의하여 그 협정이나 판결을 취소 또는 변경할 수 있다.[113]

> ※ 관련 법률: 「민법」
>
> **제974조(부양의무)** 다음 각호의 친족은 서로 부양의 의무가 있다.
> 1. 직계혈족 및 그 배우자간
> 2. 삭제 〈1990. 1. 13.〉
> 3. 기타 친족간(生計를 같이 하는 境遇에 限한다.)
>
> **제975조(부양의무와 생활능력)** 부양의 의무는 부양을 받을 자가 자기의 자력 또는 근로에 의하여 생활을 유지할 수 없는 경우에 한하여 이를 이행할 책임이 있다.

---

109) 기타 친족간에는 생계를 같이 하는 경우에 한한다. 「민법」 제974조제3호.
110) 「민법」 제975조(부양의무와 생활능력).
111) 「민법」 제976조(부양의 순위).
112) 「민법」 제977조(부양의 정도, 방법).
113) 「민법」 제978조(부양관계의 변경 또는 취소).

제976조(부양의 순위) ①부양의 의무있는 자가 수인인 경우에 부양을 할 자의 순위에 관하여 당사자간에 협정이 없는 때에는 법원은 당사자의 청구에 의하여 이를 정한다. 부양을 받을 권리자가 수인인 경우에 부양의무자의 자력이 그 전원을 부양할 수 없는 때에도 같다.
②전항의 경우에 법원은 수인의 부양의무자 또는 권리자를 선정할 수 있다.

제977조(부양의 정도, 방법) 부양의 정도 또는 방법에 관하여 당사자간에 협정이 없는 때에는 법원은 당사자의 청구에 의하여 부양을 받을 자의 생활정도와 부양의무자의 자력 기타 제반 사정을 참작하여 이를 정한다.

제978조(부양관계의 변경 또는 취소) 부양을 할 자 또는 부양을 받을 자의 순위, 부양의 정도 또는 방법에 관한 당사자의 협정이나 법원의 판결이 있은 후 이에 관한 사정변경이 있는 때에는 법원은 당사자의 청구에 의하여 그 협정이나 판결을 취소 또는 변경할 수 있다.

제979조(부양청구권처분의 금지) 부양을 받을 권리는 이를 처분하지 못한다.

30　부양의무자의 순위

A는 5년 전 교통사고로 뇌를 크게 다쳤다. A가 혼수상태에서 깨어나지 못하고 사지가 마비된 상태로 오랜 기간 병원에 누워 있었는데, A의 어머니 B는 A의 병원비와 간병비로 1억 6천만 원을 지출했다. 홀로 아들의 병원비와 간병비를 책임져 왔던 B는 A와 별거 중이던 며느리 C에게 며느리가 부담해야 할 병원비 등을 대신 지급했으니 보험금으로 충당한 8천만 원을 제외한 나머지 8천만 원을 지급하라고 청구하고 있다.

 질문

1. 결혼한 성인 A의 부양의무자는 누구인가?
2. 만약 B가 자신이 부담한 아들의 병원비와 간병비 상환을 C에게 요구할 수 있다면, 상환 액수는 어떻게 정해지는가?

「민법」 제974조(부양의무) 제1호에 따르면, 직계혈족 및 그 배우자 간에는 상호 부양의무가 있다. 따라서 위 사례에서 A의 부양의무자는 A의 직계혈족인 B와 배우자인 C가 된다. 부부간의 상호부양의무와 직계혈족 간의 부양의무의 성격과 우선순위를 제시한 2012년 대법원 판결에서, 대법원은 민법에 규정된 부부간의 상호부양의무는 혼인 관계의 본질적 의무로써 부양을 받을 자의 생활을 부양의무자의 생활과 같은 정도로 보장해 부부 공동생활의 유지를 가능하게 하는 것을 내용으로 하는 제1차 부양 의무인 반면, 부모가 성년의 자녀에 대해 직계혈족으로서 부담하는 부양의무는 자기의 사회적 지위에 상응하는 생활을 하면서 생활에 여유가 있음을 전제로 부양을 받을 자가 자력근로로 생활을 유지할 수 없는 경우에 한해 생활을 지원하는 것을 내용을 하는 2차 부양의무라고 밝혔다. 또한 이러한 부양의무는 의무이행의 정도뿐만 아니라 의무이행의 순위를 의미하는 것으로 제2차 부양의무자는 제1차 부양의무자보다 후순위로 부양의무를 이행한다며, 제1차 부양의무자와 제2차 부양의무자가 동시에 존재하는 경우 특별한 사정이 없는 한 1차 부양의무자는 제2차 부양의무자에 우선하여 부양의무를 부담하므로, 제2차 부양의무자가 부양받을 자를 부양한 경우에는 그 소요된 비용을 제1차 부양의무자에 대해 상환청구 할 수 있다고 하였다. 다만, 부부 일방이 제1차 부양의무자로서 제2차 부양의무자인 상대방의 친족에게 상환해야 할 과거 부양료의 액수는 부부 일방이 타방 배우자에게 부담해야 할 부양의무에 한정된다고 판시하였다.[114]

대법원은 상대방의 친족이 부부 일방을 상대로 한 과거의 부양료 상환청구를 심리 판단함에 있어서 다음의 사항을 모두 고려하여 상환의무의 존부 및 범위를 정하여야 한다고 하였다. 부부간의 부양의무의 범위와 관련하여 부양의무자인 부부의 일방에 대한 부양의무 이행청구에도 불구하고 배우자가 부양의무를 이행하지 않아 이행지체에 빠진 후의 것이거나 그렇지 않은 경우에는 부양의무의 성질이나 형평의 관념상 이를 허용해야 할 특별한 사정이 있는 경우에 한하여 이행청구 이전의 과거 부양료를 지급하여야 한다. 그리고 부부 사이의 부양료 액수는 당사자 쌍방의 재산 상태와 수입액, 생활 정도 및 경제적 능력, 사회적 지위 등에 따라 부양이 필요한 정도, 그에 따른 부양의무의 이행 정도, 혼인 생활 파탄의 경위와 정도 등을 종합적으로 고려하고 판단하여야 한다.[115]

---

114) 대법원, 2012. 12. 27. 선고 2011다96932 판결.
115) *Ibid*.

31 한정후견제도

O는 서른 살 지적 장애가 있는 딸 P와 함께 살고 있다. P는 신체가 매우 건강하고, 어느 정도 소통도 가능하여 공장에서 단순조립 일을 하거나 장애인 자립을 돕는 지역의 한 카페에 나가 커피를 내리는 일을 하면서 약간의 돈을 벌어 자립 능력을 키우고 있다. 그런데, P는 경제 관념이 전혀 없고, 수리력이 부족하여 돈 계산을 하지 못한다. 주변 사람들이 딸의 약점을 이용하여 월급날 은행으로 데리고 가 딸에게 돈을 빌리고, 갚지 않거나 필요 없는 중고물품을 고가에 사게 하여 경제적 피해를 보는 일이 자주 발생하였다.

 질문

1. 지적장애인으로 경제 관념이 부족하여 사기 피해를 보는 P를 보호할 수 있는 법적 조치는 무엇인가?

2011년 3월 7일 개정된 민법 규정에 따라 기존의 금치산, 한정치산 제도가 폐지되고, 2013년 7월 1일부터 다양한 후견인제도(미성년후견인, 한정후견인, 성년후견인, 특정후견인, 임의후견인제도)가 도입되었다. 질병, 장애, 노령, 그 밖의 사유로 인한 정신적 제약으로 사무를 처리할 능력이 부족한 성인이 가정법원의 결정으로 선임된 후견인을 통해 재산관리 및 일상생활에 관한 폭넓은 보호와 지원을 받는 제도로 한정후견 제도가 있다.

한정후견 제도를 이용하기 위해서는 질병, 장애, 노령, 그 밖의 사유로 인한 정신적 제약으로 사무를 처리할 능력이 부족한 사람(피한정후견인)에 대하여 본인, 배우자, 4촌 이내의 친족, 미성년후견인, 미성년후견감독인, 성년후견인, 성년후견감독인, 특정후견인, 특정후견감독인, 검사 또는 지방자치단체의 장이 가정법원에 한정후견개시심판을 청구할 수 있다.[116] 한정후견개시심판은 피한정후견인이 될 사람의 주소지 가정법원 및 가정법원 지원에서 관할한다.[117]

가정법원은 한정후견개시의 심판을 할 때 본인의 의사를 고려해야 하며,[118] 피한정후견인이 될 사람의 진술을 들어야 한다.[119] 가정법원은 한정후견 개시의 심판을 하는 경우에는 피한정후견인이 될 사람의 정신상태에 관해 의사에게 감정을 시켜야 한다. 다만, 피한정후견인이 될 사람의 정신상태를 판단할 만한 다른 충분한 자료가 있는 경우에는 그렇지 않다.[120] 가정법원은 한정후견 개시의 심판을 하는 경우 당사자, 절차에 참가한 이해관계인 및 한정후견인(그 심판 및 법률에 따라 임무가 개시되거나 종료될 자 포함) 및 한정후견감독인(그 심판 및 법률에 따라 임무가 개시되거나 종료될 자 포함)에게 심판의 고지를 해야 한다.[121]

가정법원의 한정후견개시심판이 있는 경우에는 그 심판을 받은 사람의 한정후견인을 두어야 하며, 한정후견인은 가정법원이 직권으로 선임한다.[122] 한정후견인은 피한정후견인의 신상과 재산에 관한 모든 사정을 고려하여 여러 명을 둘 수 있다.[123]

가정법원의 한정후견 개시의 심판에 대해 불복을 하는 경우 본인, 배우자, 4촌 이내의 친족, 미성년후견인, 미성년후견감독인, 성년후견인, 성년후견감독인, 특정후견인, 특정후견감독인, 검사 또는 지방자치단체의 장, 임의후견인 및 임의후견감독인은 2주 이내에 즉시항고를 할 수 있다.[124]

---

116) 「민법」 제12조(한정후견개시의 심판).
117) 「가사소송법」 제44조제1항제1호의2.
118) 「민법」 제9조제2항 및 제12조제2항.
119) 「가사소송법」 제45조의3제1항제1호.
120) 「가사소송법」 제45조의2제1항.
121) 「가사소송규칙」 제35조제1항.
122) 「민법」 제959조의2 및 제959조의3제1항.
123) 「민법」 제930조제2항 및 제959조의3제2항.
124) 「가사소송규칙」 제36조제1항제2호가목.

피한정후견인은 원칙적으로 행위능력을 가지며, 가정법원이 피한정후견인이 한정후견인의 동의를 받아야 하는 행위의 범위를 정하는 경우에만 행위능력을 제한받게 된다.[125] 한정후견개시의 원인이 소멸된 경우에는 가정법원은 본인, 배우자, 4촌 이내의 친족, 한정후견인, 한정후견감독인, 검사 또는 지방자치단체의 장의 청구에 의하여 한정후견종료의 심판을 한다.[126]

따라서 위 사례의 경우 O가 딸인 P의 한정후견개시심판을 가정법원에 신청하고, P의 한정후견인으로 선임되면 한정후견인의 동의를 받아야 하는 행위 내에서 성인인 딸(P)의 법률행위의 동의권을 행사하며, 딸이 동의를 받지 않고 한 법률행위를 O가 취소하여 무효로 할 수 있다.

---

[125] 「민법」 제13조(피한정후견인의 행위와 동의).
[126] 「민법」 제14조(한정후견종료의 심판).

32 성년후견제도

시장에서 생선 장사를 하던 O는 알츠하이머 진단을 받아 요양병원에 입원 중이다. 남편과는 10년 전에 사별하였고, 슬하에 3형제를 두었는데, 자식들의 얼굴을 전혀 알아보지 못한다. O의 자녀들을 출가하였으나 다들 겨우 자신의 밥벌이를 할 정도라 생활의 여유가 없는 상황에서 O의 간호를 하며, 병원비를 대기가 쉽지 않다. O의 재산은 가게 보증금 1억과 5억 상당의 소형 아파트, 8천만 원 정도의 예금이 있다. O의 간병은 물론 경제적인 문제로 형제들 간의 다툼이 잦아졌고, 특히 평소에도 도박 빚과 카드빚으로 O를 괴롭혀 왔던 막내가 몰래 O의 재산을 처분할까 다른 형제들은 걱정이 많다.

 질문

1. 알츠하이머 진단을 받은 O는 정신적 제약으로 정상적인 일상의 사무를 처리할 능력이 없는데, O를 보호하기 위해 가족들이 할 수 있는 방법은 무엇인가?
2. 성년후견인은 어떤 권한을 갖는가?
3. 성년후견인이 자신의 이익을 위하여 피성년후견인의 재산을 사용하거나 매각하면 어떻게 되는가?

사고로 인하여 뇌사나 식물인간 상태에 빠져 의식불명 상태이거나 중증 치매인 사람은 일상적인 사무를 처리할 능력이 없으므로 사회생활 관계, 특히 재산관계나 신상에 관한 결정에서 정상적인 판단과 의사결정을 할 수 없어 불이익을 받거나 위험에 처할 수 있다. 질병, 장애, 노령, 그 밖의 사유로 인한 정신적 제약으로 사무를 처리할 능력이 지속적으로 결여된 사람에 대하여 재산관리와 일상생활에 대한 폭넓은 보호와 지원을 제공하는 제도가 성년후견인제도다. 성년후견인 제도를 이용하기 위해서는 가정법원에 성년후견개시심판을 청구하여야 하는데, 성년후견개시심판을 청구할 수 있는 자는 본인, 배우자, 4촌 이내의 친족, 미성년후견인, 미성년후견감독인, 한정후견인, 한정후견감독인, 특정후견인, 특정후견감독인, 검사 또는 지방자치단체의 장이다.[127]

가정법원이 성년후견개시심판이 있는 경우에는 그 심판을 받은 사람의 성년후견인을 두어야 하는데[128], 가정법원이 직권으로 선임한다.[129] 가정법원이 성년후견인을 선임할 때에는 피성년후견인의 의사를 존중하여야 하며, 그 밖에 피성년후견인의 건강, 생활관계, 재산상황, 성년후견인이 될 사람의 직업과 경험, 피성년후견인의 이해관계의 유무(법인이 성년후견인이 될 때에는 사업의 종류와 내용, 법인이나 그 대표자와 피성년후견인 사이의 이해관계의 유무) 등의 사정도 고려해야 한다.[130]

성년후견인은 피성년후견인의 신상과 재산에 관한 모든 사정을 고려하여 여러 명을 둘 수 있고, 법인도 성년후견인이 될 수 있다.[131]

※ 치매공공후견제도

일반적으로 후견인 신청을 하는 대다수가 피후견인의 배우자나 친족 등으로 신청을 하는 사람들 중 후견인이 선임되는 경우가 많다. 그러나 그런 신청을 해 줄 가족이 없는 사람의 경우 보호의 사각지대에 놓일 수 있는데, 「치매관리법」 개정으로 동 법 제12조의3(성년후견제 이용지원)[132]에 근거하여 2018년 치매 어르신들을 위해 치매공공후견제도가 도입되었다. 치매 공공후견제도는 치매로 의사결정 능력이 떨어진 노인이 자력으로 후견인을 선임하기 어려운 경우 지방자치단체의 장이 후견인을 물색해 가정법원에 후견심판을 청구하고 이후 선임된 후견인의 활동을 지원하는 제도다.[133]

---

127) 「민법」 제9조(성년후견개시의 심판).
128) 「민법」 제929조(성년후견개시심판에 의한 후견의 개시).
129) 「민법」 제936조(성년후견인의 선임)제1항.
130) 「민법」 제936조제2항.
131) 「민법」 제930조(후견인의 수와 자격)제2항~제3항.

성년후견인은 피후견인의 법정대리인이 되는데, 가정법원은 성년후견인이 갖는 법정대리권의 범위를 정할 수 있고, 성년후견인이 피성년후견인의 신상에 관하여 결정할 수 있는 권한의 범위를 정할 수 있다.[134] 성년후견인은 원칙적으로 법률행위에 대한 동의권은 없고, 대리권만 갖는다. 그러나 예외적으로 일정한 친족법상의 행위에 대해서는 동의권과 취소권을 갖는다.

법정대리인의 권한의 범위가 적절하지 아니하게 된 경우에 가정법원은 본인, 배우자, 4촌 이내의 친족, 성년후견인, 성년후견감독인, 검사 또는 지방자치단체의 장의 청구에 의하여 그 범위를 변경할 수 있다. 피성년후견인의 법률행위는 취소할 수 있다. 그럼에도 불구하고, 일용품의 구입 등 일상생활에 필요하고, 그 대가가 과도하지 않은 법률행위는 성년후견인이 취소할 수 없다. 또한, 가정법원은 취소할 수 없는 피성년후견인의 법률행위의 범위를 정할 수 있고, 가정법원이 본인, 배우자, 4촌 이내의 친족, 성년후견인, 성년후견감독인, 검사 또는 지방자치단체의 장의 청구에 의하여 그 범위를 변경할 수도 있다.[135]

---

132) 「치매관리법」 제12조의3(성년후견제 이용지원) ① 지방자치단체의 장은 치매환자가 다음 각 호의 어느 하나에 해당하여 후견인을 선임할 필요가 있음에도 불구하고 자력으로 후견인을 선임하기 어렵다고 판단되는 경우에는 그를 위하여 「민법」에 따라 가정법원에 성년후견개시, 한정후견개시 또는 특정후견의 심판을 청구할 수 있다.
  1. 일상생활에서 의사를 결정할 능력이 충분하지 아니하거나 매우 부족하여 의사결정의 대리 또는 지원이 필요하다고 볼 만한 상당한 이유가 있는 경우
  2. 치매환자의 권리를 적절하게 대변하여 줄 가족이 없는 경우
  3. 별도의 조치가 없으면 권리침해의 위험이 상당한 경우
  ② 지방자치단체의 장이 제1항에 따라 성년후견개시, 한정후견개시 또는 특정후견의 심판을 청구할 때에는 대통령령으로 정하는 요건을 갖춘 사람 또는 법인을 후견인 후보자로 하여 그 사람 또는 법인을 후견인으로 선임하여 줄 것을 함께 청구하여야 한다.
  ③ 지방자치단체의 장은 치매환자의 치료·보호 및 관리와 관련된 기관·법인·단체의 장에게 제2항에 따른 후견인 후보자를 추천하여 줄 것을 의뢰할 수 있다.
  ④ 국가와 지방자치단체는 제1항 및 제2항에 따라 선임된 후견인의 후견사무의 수행에 필요한 비용의 일부를 예산의 범위에서 보건복지부령으로 정하는 바에 따라 지원할 수 있다.
  ⑤ 제1항부터 제4항까지의 규정에 따른 후견제 이용지원의 요건, 후견인 후보자의 자격 및 추천 절차, 후견인 후견사무에 필요한 비용 지원 등에 필요한 사항은 보건복지부령으로 정한다.
  [본조신설 2017. 9. 19.]
133) 백세시대, 성년후견제도 "치매 악화 전 후견인 지정해 두면 분쟁 소지 줄어"(2021.3.21. 인터넷판 기사).
134) 「민법」 제938조(후견인의 대리권 등).
135) 「민법」 제10조(피성년후견인의 행위와 취소).

성년후견 개시의 원인이 소멸된 경우에는 가정법원은 본인, 배우자, 4촌 이내의 친족, 성년후견인, 성년후견감독인, 검사 또는 지방자치단체의 장의 청구에 의하여 성년후견종료의 심판을 한다.[136] 성년후견종료의 심판결정이 나면 피성년후견인은 행위능력을 회복한다.

그런데, 성년후견제도하에서 발생하는 문제는 주로 성년후견인으로 선임된 가족이 피성년후견인의 이익에 반하는 형태로 재산을 사용하거나 매도할 때 발생한다. 가정법원에 의해 선임되는 성년후견인의 대다수가 피성년후견인의 가족 또는 친족인데, 성년후견인을 감독하는 후견감독인은 가정법원이 필요하다고 인정하는 경우에 직권으로 또는 피성년후견인, 친족, 성년후견인, 검사, 지방자치단체의 장의 청구에 의하여 선임할 수 있으므로 성년후견인인 친족의 이해상반행위를 통제하는 데 한계가 있다. 가정법원은 피후견인의 복리를 위하여 후견인을 변경할 필요가 있다고 인정하면 직권으로 또는 피후견인, 친족, 후견감독인, 검사, 지방자치단체의 장의 청구에 의하여 후견인을 변경할 수 있다.[137]

성년후견인이 피성년후견인의 거주 부동산을 처분하거나 임대차계약을 해지하는 등의 경우 반드시 가정법원의 허가를 받아야 한다.[138]

☞ **성년후견인의 피성년후견인 소유의 재산처분과 횡령죄**

2017년 2월 16일 제주지검이 교통사고로 뇌 병변 장애로 사지가 마비된 동생의 보험금(1억 4천 454만 원 중 1억 2천만 원)과 자신의 대출금을 합쳐 제주시 연동의 한 아파트를 자신의 명의로 구입한 친형이자 성년후견인을 횡령 혐의로 기소하였다. 제주지법은 형의 행위를 동생의 재산을 횡령한 것으로 보고, 원상회복 또는 부동산 지분 일부를 동생에게 이전할 것을 권고하였으나, 받아들여지지 않자 성년후견인을 고발조치 하였다. 법원은 성년후견인이 피성년후견인의 전반적인 재산관리, 신상 보호를 할 수 있을지라도 재산을 임의로 처분하거나 사용할 수 있는 것은 아니라며 성년후견인이 직무에 소홀하거나 불법행위를 저지를 경우, 법원은 성년후견인의 권한을 박탈하거나 성년후견인을 변경,

---

136) 「민법」 제11조(성년후견종료의 심판).
137) 「민법」 제940조(후견인의 변경).
138) 「민법」 제947조의2(피성년후견인의 신상결정 등)제5항.

또는 형사고발 조처를 할 수 있다고 밝혔다.

위 사건의 성년후견인에 대한 형사재판에서 법원은 징역 8개월을 선고하며, 친족이라고 하더라도 법원에 의해 성년후견인으로 임명되면 법률상 공적인 역할을 부여받은 것이라고 양형 이유를 설명했다.[139]

---

139) 제주지방법원 2017. 11. 8. 선고 2017고단284 판결; 연합뉴스, "제주지검, 장애 동생 보험금으로 아파트 산 성년후견인 형 기소"(2017년 2월 16일 인터넷판 기사); 백세시대, 성년후견제도 "치매 악화 전 후견인 지정해 두면 분쟁 소지 줄어"(2021.3.21. 인터넷판 기사) 참조.

33 연명의료 중단

K는 1997년 12월 술에 취해 화장실에 가던 중 넘어져 머리를 다쳤다. K는 한 종합병원에서 뇌수술을 받아 혈종을 제거했지만, 뇌부종으로 자발호흡이 돌아오지 않아 인공호흡기를 부착하였다. K는 부르르 소리에 눈을 뜨고 통증을 가하면 반응을 하는 등 의식이 회복되는 경향을 보였지만 자발적 호흡을 할 수 없는 상태였다. K의 부인은 남편이 앞으로 남은 세월을 인공호흡에만 의지해 살아간다면 희망이 없고, 늘어나는 치료비도 가정형편 상 도저히 감당할 수 없다며 병원에 퇴원을 요구하였다. 병원에서는 K의 퇴원을 반대하였으나 결국 K의 부인의 계속되는 요구에 못 이겨, 퇴원 후 K의 사망에 대하여 병원에 법적 이의를 제기하지 않겠다는 귀가 서약서를 작성하게 한 후 K를 퇴원시켰다. 의료진은 K가 퇴원하면 사망할 가능성이 있음을 K의 부인에게 여러 차례 설명하였다. K는 자택에 도착하여 인공호흡기를 제거한 지 5분 만에 사망하였다.

 질문

1. K의 부인은 K 본인의 의사와 상관없이 연명치료를 중단할 수 있는가?
2. K가 퇴원하면 사망할 것을 알면서, 부인의 요구로 K를 퇴원시킨 의료진은 K의 사망에 대하여 법적 책임이 있는가?

위 사례는 우리나라에서 처음으로 존엄사 논쟁을 불러일으켰던 1997년 '보라매병원사건'으로 당시 K를 퇴원시켰던 의료진은 살인방조죄 혐의로 형사재판에 넘겨졌고, 결국 대법원까지 가서 살인방조죄 유죄판결을 받았다.

이후 2008년 '김할머니사건'으로 국내에서 존엄사에 대한 본격적인 논의가 이루어졌다. '김할머니사건'은 2008년에 세브란스병원에 입원해 조직검사를 받다가 과다출혈로 인한 뇌 손상으로 식물인간 상태에 빠진 김할머니에 대한 연명치료 중단 소송이 발단이었다. 당시 가족들은 김할머니에 대한 무의미한 연명치료를 중단해 달라고 병원에 요청하였다가 거부당했는데, 1997년 '보라매병원사건' 이후로 병원에서 소생 가능성이 없는 환자의 퇴원을 대부분 거절하고 있었다. 결국 가족들이 연명치료를 중단할 수 있게 해 달라고 법원에 소송을 제기했는데, 2009년 5월 21일 대법원은 존엄사에 대하여 회복 불가능한 사망의 단계에 이른 환자가 인간으로서의 존엄과 가치 및 행복추구권에 기초하여 자기 결정권을 행사하는 것으로 인정되는 경우, 특별한 사정이 없는 한 연명치료 중단이 허용될 수 있다고 판결하였다. 당시 대법원은 판결을 내리면서 연명치료 중단에 대한 법제화를 권고했다.[140] 이 판결에 따라 김할머니에 대한 연명치료가 중단되었고, 김할머니는 인공호흡기가 제거된 2009년 6월 23일부터 자신의 호흡으로 생명을 유지하다가 2010년 1월 10일 사망하였다.[141]

김할머니 사건에 대한 2009년 대법원판결이 계기가 되어 2016년 2월 3일 「호스피스 완화의료 및 임종과정에 있는 환자의 연명의료결정에 관한 법률(연명의료

---

140) 경상일보, "'존엄사'논의 불러 일으켰던 두 사건은? '김할머니사건'과 '보라매사건'"(2017년 10월 23일 인터넷판 기사). 동 대법원판결은 연명의료를 중단할 수 있는 객관적 요건과 주관적 요건을 제기하였는데, 객관적 요건으로는 환자 상태에 관하여 첫째, 의식회복이 불가능해야 한다. 둘째, 생명 관련 생체기능의 회복이 불가능해야 한다. 셋째, 환자가 짧은 시간 내에 사망할 상태여야 한다는 요건을 제시하였다. 주관적 요건으로는 환자가 연명의료의 시행이나 계속을 거부해야 한다. 거부의사는 연명의료를 받지 않겠다는 의사를 미리 의료인에게 밝힌 사전의료지시에서 확인할 수 있지만 그런 문서가 없는 경우 추정을 통해 확인될 수도 있다. 대법원은 사전의료지시가 인정되려면 환자가 의사를 표현할 능력이 있을 때 의사의 설명을 듣고 진지하게 결정한 것이어야 한다고 판시하였다. 환자가 직접 작성했거나 의료인이 환자의 뜻을 받아 적은 서면이어야 한다. 이런 사전의료지시가 없으면 환나가 연명의료를 거부한다고 추정되어야 하는데, 추정은 환자의 평소 가치관이나 신념 등 환자에게 최선의 이익이 되는 방향으로 이루어져야 한다고 설명하였다. 한국경제, "[대한민국을 흔들 판결들] "무의미한 연명치료 중단할 수 있다" 첫 기준 제시"(2017년 12월 11일 인터넷판 기사).
141) 한국경제 ibid.
142) 호스피스·완화의료란 말기환자 또는 임종과정에 있는 환자에게 통증의 완화 등을 위해 신체적·심리사회적으로 치료를 하는 것을 말한다. 연명의료란 임종과정에 있는 환자에게 하는 치료효과 없이 임종과정의 기간만을 연장하는 의료행위를 말한다. "임종과정"이란 회생의 가능성이 없고, 치료에도 불구하고 회복되지 아니하며, 급속도로 증상이 악화되어 사망에 임박한 상태를 말한다. 「호스피스 완화의료 및 임종과정에 있는 환자의 연명의료결정에 관한 법률 (이하 '연명의료결정법'이라 함)」 제2조(정의)

결정법)」142)이 제정되었고, 2017년 8월 4일부터 시행되었다. 호스피스·완화의료란 말기환자 또는 임종과정에 있는 환자에게 통증의 완화 등을 위해 신체적·심리사회적으로 치료를 하는 것을 말한다. 연명의료란 임종과정에 있는 환자에게 하는 치료효과 없이 임종과정의 기간만을 연장하는 의료행위를 말한다.

「연명의료결정법」에 따라 임종과정에 있다는 의학적 판단을 받은 환자는 연명의료를 중단해달라고 의료진에게 요구할 수 있다. 임종과정에 있다는 의학적 판단과 관련하여, 담당의사는 환자에 대한 연명의료중단등결정을 이행하기 전에 해당 환자가 임종과정에 있는지 여부를 해당 분야의 전문의 1명과 함께 판단하고 그 결과를 보건복지부령으로 정하는 바에 따라 기록(전자문서로 된 기록 포함)하여야 한다. 호스피스전문기관에서 호스피스를 이용하는 말기환자가 임종과정에 있는지 여부에 대한 판단은 담당의사의 판단으로 갈음할 수 있다.143)

「연명의료결정법」에 의해 연명의료를 보류하거나 중단하기로 하는 결정이 내려질 수 있는 치료는 심폐소생술, 혈액 투석, 항암제 투여, 인공호흡기 착용 및 그 밖에 대통령령으로 정하는 의학적 시술 등에 한정된다. 대통령령으로 정하는 의학적 시술은 체외생명유지술(ECLS), 수혈, 혈압상승제 투여, 그 밖에 담당의사가 환자의 최선의 이익을 보장하기 위해 시행하지 않거나 중단할 필요가 있고 의학적으로 판단하는 시술을 말한다.144)

'연명의료중단등결정'이란 임종과정에 있는 환자에 대한 연명의료를 시행하지 아니하거나 중단하기로 하는 결정을 말한다. 연명의료 중단·결정이 내려지려면 환자는 회생 가능성이 없고, 치료에도 불구하고 회복되지 아니하며, 급속도로 증상이 악화돼 사망이 임박한 상태여야 한다. 이런 객관적 상태에서 환자가 의사를 표현할 수 없으면 연명치료의 시행을 포기하기 위한 환자의 의사는 ① 사전연명의료의향서, 연명의료계획서 등 사전에 작성된 문서로 부터 추정되거나 ② 19세 이상의 환자가 의사를 표현할 수 없는 의학적 상태인 경우 환자의 '연명의료중단 등에 관한 의사'에 대하여 환자가족(19세 이상인 자로서 배우자, 직계비속, 직계

---

143) 「연명의료결정법」 제16조(환자가 임종과정에 있는지 여부에 대한 판단).
144) 「연명의료결정법」 제2조(정의)제4호 및 「연명의료결정법 시행령」 제2조(연명의료).

존속, 그에 해당하는 사람이 없는 경우 형제자매) 2명 이상의 일치하는 진술(환자 가족이 1명인 경우에는 그 1명의 진술을 말한다)이 있으면 담당의사와 해당 분야의 전문의 1명의 확인을 거쳐 이를 환자의 의사로 본다. 다만, 그 진술과 배치되는 내용의 다른 환자가족의 진술 또는 보건복지부령으로 정하는 객관적인 증거가 있는 경우에는 그러하지 아니하다.[145]

위 두 가지 방법이 가능하지 않은 경우, 환자의 의사를 확인할 수 없고 환자가 의사표현을 할 수 없는 의학적 상태인 경우, ① 미성년자인 환자의 법정대리인(친권자에 한정한다)이 '연명의료중단등결정'의 의사표시를 하고 담당의사와 해당 분야 전문의 1명이 확인한 경우 또는 ② 환자가족(19세 이상의 '배우자, 1촌 이내의 직계존속·비속'이 우선 해당하고, 이에 해당하는 사람이 없는 경우 '2촌 이내의 직계존속·비속'이, 이에 해당하는 사람도 없는 경우 '형제자매') 전원의 합의로 '연명의료중단등결정'의 의사표시를 하고 담당의사와 해당 분야 전문의 1명이 확인한 경우에 해당할 때에는 해당 환자를 위한 '연명의료중단등결정'이 있는 것으로 본다. 다만, 담당의사 또는 해당 분야 전문의 1명이 환자가 '연명의료중단등결정'을 원하지 아니하였다는 사실을 확인한 경우는 제외한다.[146]

호스피스 전문기관을 이용하는 말기환자의 임종과정 여부에 대한 판단은 호스피스 전문기관 담당의사 1명의 판단만으로도 가능하다.

---

145) 「연명의료결정법」 제17조(환자의 의사 확인).
146) 「연명의료결정법」 제18조(환자의 의사를 확인할 수 없는 경우의 연명의료중단등결정).

※ 관련법률: 「호스피스 · 완화의료 및 임종과정에 있는 환자의 연명의료결정에 관한 법률 (약칭: 연명의료결정법)」, 「연명의료결정법 시행령」

「연명의료결정법」

제1조(목적) 이 법은 호스피스 · 완화의료와 임종과정에 있는 환자의 연명의료와 연명의료중단등결정 및 그 이행에 필요한 사항을 규정함으로써 환자의 최선의 이익을 보장하고 자기결정을 존중하여 인간으로서의 존엄과 가치를 보호하는 것을 목적으로 한다.

제2조(정의) 이 법에서 사용하는 용어의 뜻은 다음과 같다. 〈개정 2018. 3. 27.〉

1. "임종과정"이란 회생의 가능성이 없고, 치료에도 불구하고 회복되지 아니하며, 급속도로 증상이 악화되어 사망에 임박한 상태를 말한다.
2. "임종과정에 있는 환자"란 제16조에 따라 담당의사와 해당 분야의 전문의 1명으로부터 임종과정에 있다는 의학적 판단을 받은 자를 말한다.
3. "말기환자(末期患者)"란 적극적인 치료에도 불구하고 근원적인 회복의 가능성이 없고 점차 증상이 악화되어 보건복지부령으로 정하는 절차와 기준에 따라 담당의사와 해당 분야의 전문의 1명으로부터 수개월 이내에 사망할 것으로 예상되는 진단을 받은 환자를 말한다.
    가. 삭제 〈2018. 3. 27.〉
    나. 삭제 〈2018. 3. 27.〉
    다. 삭제 〈2018. 3. 27.〉
    라. 삭제 〈2018. 3. 27.〉
    마. 삭제 〈2018. 3. 27.〉
4. "연명의료"란 임종과정에 있는 환자에게 하는 심폐소생술, 혈액 투석, 항암제 투여, 인공호흡기 착용 및 그 밖에 대통령령으로 정하는 의학적 시술로서 치료효과 없이 임종과정의 기간만을 연장하는 것을 말한다.
5. "연명의료중단등결정"이란 임종과정에 있는 환자에 대한 연명의료를 시행하지 아니하거나 중단하기로 하는 결정을 말한다.
6. "호스피스 · 완화의료"(이하 "호스피스"라 한다)란 다음 각 목의 어느 하나에 해당하는 질환으로 말기환자로 진단을 받은 환자 또는 임종과정에 있는 환자(이하 "호스피스대상환자"라 한다)와 그 가족에게 통증과 증상의 완화 등을 포함한 신체적, 심리사회적, 영적 영역에 대한 종합적인 평가와 치료를 목적으로 하는 의료를 말한다.
    가. 암

나. 후천성면역결핍증
　　　다. 만성 폐쇄성 호흡기질환
　　　라. 만성 간경화
　　　마. 그 밖에 보건복지부령으로 정하는 질환
　7. "담당의사"란 「의료법」에 따른 의사로서 말기환자 또는 임종과정에 있는 환자(이하 "말기환자등"이라 한다)를 직접 진료하는 의사를 말한다.
　8. "연명의료계획서"란 말기환자등의 의사에 따라 담당의사가 환자에 대한 연명의료중단등결정 및 호스피스에 관한 사항을 계획하여 문서(전자문서를 포함한다)로 작성한 것을 말한다.
　9. "사전연명의료의향서"란 19세 이상인 사람이 자신의 연명의료중단등결정 및 호스피스에 관한 의사를 직접 문서(전자문서를 포함한다)로 작성한 것을 말한다.

제3조(기본 원칙) ① 호스피스와 연명의료 및 연명의료중단등결정에 관한 모든 행위는 환자의 인간으로서의 존엄과 가치를 침해하여서는 아니 된다.
② 모든 환자는 최선의 치료를 받으며, 자신이 앓고 있는 상병(傷病)의 상태와 예후 및 향후 본인에게 시행될 의료행위에 대하여 분명히 알고 스스로 결정할 권리가 있다.
③ 「의료법」에 따른 의료인(이하 "의료인"이라 한다)은 환자에게 최선의 치료를 제공하고, 호스피스와 연명의료 및 연명의료중단등결정에 관하여 정확하고 자세하게 설명하며, 그에 따른 환자의 결정을 존중하여야 한다.

제4조(다른 법률과의 관계) 이 법은 호스피스와 연명의료, 연명의료중단등결정 및 그 이행에 관하여 다른 법률에 우선하여 적용한다.

제10조(연명의료계획서의 작성·등록 등) ① 담당의사는 말기환자등에게 연명의료중단등결정, 연명의료계획서 및 호스피스에 관한 정보를 제공할 수 있다.
② 말기환자등은 의료기관(「의료법」 제3조에 따른 의료기관 중 의원·한의원·병원·한방병원·요양병원 및 종합병원을 말한다. 이하 같다)에서 담당의사에게 연명의료계획서의 작성을 요청할 수 있다.
③ 제2항에 따른 요청을 받은 담당의사는 해당 환자에게 연명의료계획서를 작성하기 전에 다음 각 호의 사항에 관하여 설명하고, 환자로부터 내용을 이해하였음을 확인받아야 한다. 이 경우 해당 환자가 미성년자인 때에는 환자 및 그 법정대리인에게 설명하고 확인을 받아야 한다.
　1. 환자의 질병 상태와 치료방법에 관한 사항

2. 연명의료의 시행방법 및 연명의료중단등결정에 관한 사항

3. 호스피스의 선택 및 이용에 관한 사항

4. 연명의료계획서의 작성·등록·보관 및 통보에 관한 사항

5. 연명의료계획서의 변경·철회 및 그에 따른 조치에 관한 사항

6. 그 밖에 보건복지부령으로 정하는 사항

④ 연명의료계획서는 다음 각 호의 사항을 포함하여야 한다.

1. 환자의 연명의료중단등결정 및 호스피스의 이용에 관한 사항

2. 제3항 각 호의 설명을 이해하였다는 환자의 서명, 기명날인, 녹취, 그 밖에 이에 준하는 대통령령으로 정하는 방법으로의 확인

3. 담당의사의 서명 날인

4. 작성 연월일

5. 그 밖에 보건복지부령으로 정하는 사항

⑤ 환자는 연명의료계획서의 변경 또는 철회를 언제든지 요청할 수 있다. 이 경우 담당의사는 이를 반영한다.

⑥ 의료기관의 장은 작성된 연명의료계획서를 등록·보관하여야 하며, 연명의료계획서가 등록·변경 또는 철회된 경우 그 결과를 관리기관의 장에게 통보하여야 한다.

⑦ 연명의료계획서의 서식 및 연명의료계획서의 작성·등록·통보 등에 필요한 사항은 보건복지부령으로 정한다.

제12조(사전연명의료의향서의 작성·등록 등) ① 사전연명의료의향서를 작성하고자 하는 사람(이하 "작성자"라 한다)은 이 조에 따라서 직접 작성하여야 한다.

② 등록기관은 작성자에게 그 작성 전에 다음 각 호의 사항을 충분히 설명하고, 작성자로부터 내용을 이해하였음을 확인받아야 한다.

1. 연명의료의 시행방법 및 연명의료중단등결정에 대한 사항

2. 호스피스의 선택 및 이용에 관한 사항

3. 사전연명의료의향서의 효력 및 효력 상실에 관한 사항

4. 사전연명의료의향서의 작성·등록·보관 및 통보에 관한 사항

5. 사전연명의료의향서의 변경·철회 및 그에 따른 조치에 관한 사항

6. 그 밖에 보건복지부령으로 정하는 사항

③ 사전연명의료의향서는 다음 각 호의 사항을 포함하여야 한다. 〈개정 2018. 3. 27.〉

1. 연명의료중단등결정

2. 호스피스의 이용

3. 작성 연월일

4. 그 밖에 보건복지부령으로 정하는 사항

④ 등록기관의 장은 사전연명의료의향서를 제출받을 때 본인의 작성 여부를 확인한 후 작성된 사전연명의료의향서를 등록·보관하여야 한다.

⑤ 등록기관의 장은 제4항에 따른 등록 결과를 관리기관의 장에게 통보하여야 한다.

⑥ 사전연명의료의향서를 작성한 사람은 언제든지 그 의사를 변경하거나 철회할 수 있다. 이 경우 등록기관의 장은 지체 없이 사전연명의료의향서를 변경하거나 등록을 말소하여야 한다.

⑦ 등록기관의 장은 제6항에 따라 사전연명의료의향서가 변경 또는 철회된 경우 그 결과를 관리기관의 장에게 통보하여야 한다.

⑧ 사전연명의료의향서는 다음 각 호의 어느 하나에 해당하는 경우 그 효력이 없다. 다만, 제4호의 경우에는 그 때부터 효력을 잃는다.

1. 본인이 직접 작성하지 아니한 경우

2. 본인의 자발적 의사에 따라 작성되지 아니한 경우

3. 제2항 각 호의 사항에 관한 설명이 제공되지 아니하거나 작성자의 확인을 받지 아니한 경우

4. 사전연명의료의향서 작성·등록 후에 연명의료계획서가 다시 작성된 경우

⑨ 사전연명의료의향서의 서식 및 사전연명의료의향서의 작성·등록·보관·통보 등에 필요한 사항은 보건복지부령으로 정한다.

제15조(연명의료중단등결정 이행의 대상) 담당의사는 임종과정에 있는 환자가 다음 각 호의 어느 하나에 해당하는 경우에만 연명의료중단등결정을 이행할 수 있다.

1. 제17조에 따라 연명의료계획서, 사전연명의료의향서 또는 환자가족의 진술을 통하여 환자의 의사로 보는 의사가 연명의료중단등결정을 원하는 것이고, 임종과정에 있는 환자의 의사에도 반하지 아니하는 경우

2. 제18조에 따라 연명의료중단등결정이 있는 것으로 보는 경우

제16조(환자가 임종과정에 있는지 여부에 대한 판단) ① 담당의사는 환자에 대한 연명의료중단등결정을 이행하기 전에 해당 환자가 임종과정에 있는지 여부를 해당 분야의 전문의 1명과 함께 판단하고 그 결과를 보건복지부령으로 정하는 바에 따라 기록(전자문서로 된 기록을 포함한다)하여야 한다. 〈개정 2018. 3. 27.〉

② 제1항에도 불구하고 제25조에 따른 호스피스전문기관에서 호스피스를 이용하는 말기환자가 임종과정에 있는지 여부에 대한 판단은 담당의사의 판단으로 갈음할 수 있다. 〈신설 2018. 3. 27.〉

제17조(환자의 의사 확인) ① 연명의료중단등결정을 원하는 환자의 의사는 다음 각 호의 어느 하나의 방법으로 확인한다.
1. 의료기관에서 작성된 연명의료계획서가 있는 경우 이를 환자의 의사로 본다.
2. 담당의사가 사전연명의료의향서의 내용을 환자에게 확인하는 경우 이를 환자의 의사로 본다. 담당의사 및 해당 분야의 전문의 1명이 다음 각 목을 모두 확인한 경우에도 같다.
   가. 환자가 사전연명의료의향서의 내용을 확인하기에 충분한 의사능력이 없다는 의학적 판단
   나. 사전연명의료의향서가 제2조제4호의 범위에서 제12조에 따라 작성되었다는 사실
3. 제1호 또는 제2호에 해당하지 아니하고 19세 이상의 환자가 의사를 표현할 수 없는 의학적 상태인 경우 환자의 연명의료중단등결정에 관한 의사로 보기에 충분한 기간 동안 일관하여 표시된 연명의료중단등에 관한 의사에 대하여 환자가족(19세 이상인 자로서 다음 각 목의 어느 하나에 해당하는 사람을 말한다) 2명 이상의 일치하는 진술(환자가족이 1명인 경우에는 그 1명의 진술을 말한다)이 있으면 담당의사와 해당 분야의 전문의 1명의 확인을 거쳐 이를 환자의 의사로 본다. 다만, 그 진술과 배치되는 내용의 다른 환자가족의 진술 또는 보건복지부령으로 정하는 객관적인 증거가 있는 경우에는 그러하지 아니하다.
   가. 배우자
   나. 직계비속
   다. 직계존속
   라. 가목부터 다목까지에 해당하는 사람이 없는 경우 형제자매
② 담당의사는 제1항제1호 및 제2호에 따른 연명의료계획서 또는 사전연명의료의향서 확인을 위하여 관리기관에 등록 조회를 요청할 수 있다.
③ 제1항제2호나 제3호에 따라 환자의 의사를 확인한 담당의사 및 해당 분야의 전문의는 보건복지부령으로 정하는 바에 따라 확인 결과를 기록(전자문서로 된 기록을 포함한다)하여야 한다. 〈개정 2018. 3. 27.〉

제18조(환자의 의사를 확인할 수 없는 경우의 연명의료중단등결정) ① 제17조에 해당하지 아니하여 환자의 의사를 확인할 수 없고 환자가 의사표현을 할 수 없는 의학적 상태인 경우 다음 각 호의 어느 하나에 해당할 때에는 해당 환자를 위한 연명의료중단등결정이 있는 것으로 본다. 다만, 담당의사 또는 해당 분야 전문의 1명이 환자가 연명의료중단등결정을 원하지 아니하였다는 사실을 확인한 경우는 제외한다. 〈개정 2018. 12. 11.〉

1. 미성년자인 환자의 법정대리인(친권자에 한정한다)이 연명의료중단등결정의 의사표시를 하고 담당의사와 해당 분야 전문의 1명이 확인한 경우
2. 환자가족 중 다음 각 목에 해당하는 사람(19세 이상인 사람에 한정하며, 행방불명자 등 대통령령으로 정하는 사유에 해당하는 사람은 제외한다) 전원의 합의로 연명의료중단등결정의 의사표시를 하고 담당의사와 해당 분야 전문의 1명이 확인한 경우

    가. 배우자

    나. 1촌 이내의 직계 존속·비속

    다. 가목 및 나목에 해당하는 사람이 없는 경우 2촌 이내의 직계 존속·비속

    라. 가목부터 다목까지에 해당하는 사람이 없는 경우 형제자매

② 제1항제1호·제2호에 따라 연명의료중단등결정을 확인한 담당의사 및 해당 분야의 전문의는 보건복지부령으로 정하는 바에 따라 확인 결과를 기록(전자문서로 된 기록을 포함한다)하여야 한다. 〈개정 2018. 3. 27.〉

제19조(연명의료중단등결정의 이행 등) ① 담당의사는 제15조 각 호의 어느 하나에 해당하는 환자에 대하여 즉시 연명의료중단등결정을 이행하여야 한다.

② 연명의료중단등결정 이행 시 통증 완화를 위한 의료행위와 영양분 공급, 물 공급, 산소의 단순 공급은 시행하지 아니하거나 중단되어서는 아니 된다.

③ 담당의사가 연명의료중단등결정의 이행을 거부할 때에는 해당 의료기관의 장은 윤리위원회의 심의를 거쳐 담당의사를 교체하여야 한다. 이 경우 의료기관의 장은 연명의료중단등결정의 이행 거부를 이유로 담당의사에게 해고나 그 밖에 불리한 처우를 하여서는 아니 된다.

④ 담당의사는 연명의료중단등결정을 이행하는 경우 그 과정 및 결과를 기록(전자문서로 된 기록을 포함한다)하여야 한다. 〈개정 2018. 3. 27.〉

⑤ 의료기관의 장은 제1항에 따라 연명의료중단등결정을 이행하는 경우 그 결과를 지체 없이 보건복지부령으로 정하는 바에 따라 관리기관의 장에게 통보하여야 한다.

제20조(기록의 보존) 의료기관의 장은 연명의료중단등결정 및 그 이행에 관한 다음 각 호의 기록을 연명의료중단등결정 이행 후 10년 동안 보존하여야 한다.

1. 제10조에 따라 작성된 연명의료계획서
2. 제16조에 따라 기록된 임종과정에 있는 환자 여부에 대한 담당의사와 해당 분야 전문의 1명의 판단 결과
3. 제17조제1항제1호 및 제2호에 따른 연명의료계획서 또는 사전연명의료의향서에 대한 담당의사 및 해당 분야 전문의의 확인 결과

4. 제17조제1항제3호에 따른 환자가족의 진술에 대한 자료·문서 및 그에 대한 담당의사와 해당 분야 전문의의 확인 결과
5. 제18조제1항제1호·제2호에 따른 의사표시에 대한 자료·문서 및 그에 대한 담당의사와 해당 분야 전문의의 확인 결과
6. 제19조제4항에 따라 기록된 연명의료중단등결정 이행의 결과
7. 그 밖에 연명의료중단등결정 및 그 이행에 관한 중요한 기록으로서 대통령령으로 정하는 사항

「**연명의료결정법 시행령**」

제2조(연명의료) 「호스피스·완화의료 및 임종과정에 있는 환자의 연명의료결정에 관한 법률」(이하 "법"이라 한다) 제2조제4호에서 "대통령령으로 정하는 의학적 시술"이란 다음 각 호의 시술을 말한다.
1. 체외생명유지술(ECLS)
2. 수혈
3. 혈압상승제 투여
4. 그 밖에 담당의사가 환자의 최선의 이익을 보장하기 위해 시행하지 않거나 중단할 필요가 있다고 의학적으로 판단하는 시술

[본조신설 2019. 3. 26.]
[종전 제2조는 제3조로 이동 〈2019. 3. 26.〉]

제10조(환자의 의사를 확인할 수 없는 경우의 연명의료중단등결정) ① 법 제18조제1항제2호에서 "행방불명자 등 대통령령으로 정하는 사유에 해당하는 사람"이란 다음 각 호의 어느 하나에 해당하는 사람을 말한다. 〈개정 2019. 3. 26.〉
1. 경찰관서에 행방불명 사실이 신고된 날부터 1년 이상 경과한 사람
2. 실종선고를 받은 사람
3. 의식불명 또는 이에 준하는 사유로 자신의 의사를 표명할 수 없는 의학적 상태에 있는 사람으로서 해당 의학적 상태에 대하여 전문의 1명 이상의 진단·확인을 받은 사람
② 환자가족이 법 제18조제1항제2호에 따라 연명의료중단등결정의 의사표시를 하는 경우 그 가족 중에 제1항 각 호의 어느 하나에 해당하는 사람이 있는 경우에는 해당 사실을 증명할 수 있는 서류를 담당의사에게 제출하여야 한다.
[제9조에서 이동, 종전 제10조는 제11조로 이동 〈2019. 3. 26.〉]

34 ▸ 법적 사망 시점

소방공무원인 Y는 헬기로 화재진압을 나섰다가 강풍에 헬기가 추락하는 사고를 당하였다. 다행히 병원으로 바로 후송되어 목숨은 건졌으나 곧 뇌사상태에 빠지게 되었다. 인공호흡기로 연명하고는 있으나 다시 소생할 가능성은 없다는 것이 의사의 소견이다. 인공호흡기를 떼면 일주일 내 사망할 것이라고 한다. Y는 생전에 장기이식에 관한 서약서를 남겼고, 가족들이 그의 결정을 존중하기로 약속하였다. 가족들은 슬픔 속에서 결국 Y를 떠나보내기로 하고, 인공호흡기를 제거하였다.

 질문

1. 민법상 Y의 법적 사망시점은 ① 뇌사판정위원회의 뇌사 판정을 받은 시점, ② 인공호흡기를 제거한 시점, ③ 심장이 정지한 시점, ④ 장기를 적출 한 시점 중 언제인가?
2. 의사가 장기이식의 목적으로 뇌사상태에 빠진 Y의 장기를 적출하는 것은 살인에 해당하는가?

자연인은 사망으로 권리능력을 상실한다. 사망의 유·무 또는 시기는 상속, 유언의 효력 발생, 잔존배우자의 재혼, 보험금 청구, 연금 청구 등 여러 법률관계를 발생시킨다. 상속은 사망으로 인하여 개시된다.[147] 사망의 시점을 언제로 볼 것인

---

147) 「민법」 제997조(상속개시의 원인). 다만 예외적으로 생사가 불명한 사람이 실종선고를 받으면 실종선고기간이 만료된 때에 상속이 개시된다. 부재자의 생사가 5년간 분명하지 아니한 때, 전지에 임한 자, 침몰한 선박 중에 있던 자, 추락한 항공기 중에 있던 자, 기타 사망의 원인이 될 위난을 당한 자의 생사가 전쟁 종지 후 또는 선박의 침몰, 항공기의 추락, 기타 위난이 종료한 후 1년간 분명하지 아니한 때에 검사의 청구에 의하여 실종선고를 하여야 한다. 실종선고를 받은 자는 위 기간이 만료된 때 사망한 것으로 본다. 「민법」 제27조(실종의 선고), 제28조(실종선고의 효과).

가는 법적으로 매우 중요한 문제인데, 지금까지의 민법상 학설과 판례의 입장은 심장의 박동이 정지되어 호흡이 정지된 시점을 사망의 시점으로 본다(심장사설).

그러나 「장기등 이식에 관한 법률」의 경우에는 뇌의 기능이 정지되어 뇌사판정위원회가 뇌사판정을 한 시각을 사망의 시점으로 보고 있다.[148] 그러나 뇌사로 사람이 사망에 이른 것으로 보는 것은 아니며, 뇌사의 원인이 된 질병이나 행위로 인하여 사람이 사망한 것으로 본다. 뇌 전체의 기능이 정지된 때 의학적으로는 사망으로 보지만 이때 인위적으로 장기의 기능은 유지할 수 있으므로 장기이식이 가능하다. 뇌사 판정을 받으려면 모든 뇌의 기능이 정지되고, 자발호흡이 불가능해 인공호흡기를 부착해야 하며, 뇌간이 소실되어 어떠한 자극에도 반응하지 않아야 한다.

위 사례의 경우, Y가 뇌사판정위원회의 뇌사 판정을 받으면 「장기등 이식에 관한 법률」에 따라 사망한 것으로 보기 때문에, 장기이식을 위해 뇌사자의 장기를 적출 하는 것은 살인에 해당하지 않는다.

☞ **뇌사와 식물인간의 구별**

뇌사는 주로 뇌를 다치는 사고나 약물, 가스중독에 의해 초래되며, 대뇌, 소뇌, 뇌간 등 뇌의 모든 기능이 정지된 상태를 말한다. 따라서 뇌사는 뇌간의 기능이 남아 있어 자발적 호흡이 있는 식물인간 상태와는 구별된다. 식물인간은 깨어날 가능성이 있고, 뇌사는 의식이 없어 깨어나지 못한다. 뇌사자와 식물인간 모두 의식 없이 누워있는 상태지만 엄연히 다른 상황으로 식물인간은 장기기증을 할 수 없다.

---

[148] 「장기등 이식에 관한 법률」 제21조제2항.

35 상속

안양에 사는 A는 새벽 운동을 나서다 교통사고로 갑자기 사망하였다. 유언도 남기지 못하고 사망한 A는 총 5억 원 정도의 유산을 남겼는데, 3억 원 상당의 32평 아파트와 예금과 보험금이 2억 원 정도였다. 유족으로는 A의 부모님(B,C)과 남편(D), 2남 2녀의 자녀가 있다. 자녀 중 장녀(E)와 장남(F)은 혼인하여 분가하였고, 남은 두 명의 자녀(G, H)는 미혼이다.

 질문

1. 유언 없이 갑작스럽게 사망한 A의 유산은 누가 상속받는가?
2. A의 법정상속인은 누구인가?
3. 법정상속인이 여러 명인 경우, 공동상속인 간 상속분은 어떻게 결정되는가?

상속은 사망으로 인하여 개시된다.[149] 상속에 관하여 사망자의 유언이 있는 경우 그 유언에 따르면 되지만 위 사례와 같이 유언 없이 사망한 경우, 피상속인의 유산은 민법이 정하는 법정상속인의 순위에 따라 상속되는데, 「민법」 제1000조에 따르면 법정상속인의 순위는 제1순위는 사망한 사람의 직계비속, 제2순위는 사망한 사람의 직계존속, 제3순위는 사망한 사람의 형제자매, 제4순위는 사망한 사람의 4촌 이내의 방계혈족이다. 배우자는 직계비속이나 직계존속이 상속인이 될 때 그들과 공동상속인이 되며, 만약 사망한 사람의 직계비속이나 직계존속이 없는 경우, 배우자는 단독상속인이 된다. 따라서 배우자가 사망한 사람의 형제자매나

---

149) 「민법」 제997조(상속개시의 원인).

4촌 이내 방계혈족과 공동상속인이 되는 일은 없다. 법정상속인이 되는 배우자는 법률상 배우자만을 의미하므로 사실혼 배우자는 포함되지 않는다.

위 사례의 경우 A의 법정상속인은 A의 배우자와 2남 2녀의 자녀가 공동상속인이 된다. 배우자는 공동상속인이 받는 상속재산에 0.5를 가산하여 상속받는다. A의 직계비속인 2남 2녀의 자녀에 대하여는 기혼, 미혼 여부나 아들, 딸을 구별하지 않고 모두 동등한 상속분을 갖는다. A는 3억 원 상당의 32평 아파트와 2억 원의 예금과 보험금을 합하여 총 5억의 유산(적극적 재산)을 남겼는데, 만약 A 명의의 빚(소극적 재산)이 있다면, 그러한 빚도 상속되므로 적극적 재산에서 소극적 재산을 뺀 나머지 유산에 대하여 상속재산이 배분된다. 공동상속인의 상속지분 계산은 다음과 같다. A의 배우자 D: 5억 x 1.5/5.5, A의 자녀 E, F, G, H: 각각 5억 x 1/5.5.

※ 관련 법률: 「민법」

제1000조(상속의 순위)

①상속에 있어서는 다음 순위로 상속인이 된다. 〈개정 1990. 1. 13.〉

1. 피상속인의 직계비속
2. 피상속인의 직계존속
3. 피상속인의 형제자매
4. 피상속인의 4촌 이내의 방계혈족

②전항의 경우에 동순위의 상속인이 수인인 때에는 최근친을 선순위로 하고 동친등의 상속인이 수인인 때에는 공동상속인이 된다.

③태아는 상속순위에 관하여는 이미 출생한 것으로 본다. 〈개정 1990. 1. 13.〉

[제목개정 1990. 1. 13.]

제1003조(배우자의 상속순위)

①피상속인의 배우자는 제1000조제1항제1호와 제2호의 규정에 의한 상속인이 있는 경우에는 그 상속인과 동순위로 공동상속인이 되고 그 상속인이 없는 때에는 단독상속인이 된다. 〈개정 1990. 1. 13.〉

②제1001조의 경우에 상속개시전에 사망 또는 결격된 자의 배우자는 동조의 규정에 의한 상속인과 동순위로 공동상속인이 되고 그 상속인이 없는 때에는 단독상속인이 된다. 〈개정 1990. 1. 13.〉
[제목개정 1990. 1. 13.]

36 대습상속

경주에 사는 A는 아들 둘에 딸 하나를 두었다. 자녀들 모두 장성하여, 혼인하였으며, 각자 공무원(A1), 의사(A2), 은행원(A3)으로 사회생활을 잘하고 있다. A의 칠순을 기념하여 자녀들은 돈을 모아 여름휴가 때 괌으로 가족여행을 떠났다. 원래는 온 가족이 함께 떠나려 했지만, 사위 B(A3의 남편)가 회사 일로 참석하지 못하여 결국 A 부부와 A1 가족, A2 가족, 그리고 딸 A3와 손녀인 B1만이 떠나게 되었다. 그런데 불행하게도 기상악화로 괌 공항에 착륙하려던 비행기가 불시착하여 화재가 발생한 바람에 A의 일가족을 포함한 비행기 탑승객 전원이 사망하였다. A의 유족으로는 A의 형인 C와 동생 D, 그리고 사위인 B가 있다.

 질문

1. 위 사례에서 A의 법정상속인은 누구인가?
2. 만약 위 비행기 사고에서 딸(A3)이 아버지(A)보다 먼저 사망하였다면 법정상속인은 누가 되는가?
3. 만약 위 비행기 사고에서 아버지(A)가 딸(A3)보다 먼저 사망하였다면 법정상속인은 누가 되는가?
4. 동시사망인 경우에도 대습상속이 인정되는가?

사망에 따라 상속이 개시되는데, 위 사례와 같이 2인 이상이 동일한 위난으로 사망한 경우 「민법」 제30조(동시사망)에 의거하여 동시에 사망한 것으로 추정한다. 위 사례의 A의 유족으로는 A의 형제 C, D 그리고 사위 B가 있는데, A의 배우자와 직계비속이 모두 사망하였으므로 A의 형제 C, D가 법정상속인이 된다.

그런데, 사위(B)는 딸(A3)의 사망시점이 확인될 수 있다면 법정상속인이 될 수 있다. 딸(A3)이 아버지(A)보다 먼저 사망한 경우, 「민법」 제1003조제2항에 의해 사위의 대습상속이 인정될 수 있다. 대습상속이란 상속인이 될 직계비속 또는 형제자매가 피상속인(사망자)보다 먼저 사망하거나 상속결격으로 상속을 받을 자격이 없어진 경우 그 사람의 직계비속이 대신 상속을 받을 수 있는 것을 말한다.[150] 배우자도 대습상속을 받을 수 있는데, 자녀가 있는 경우 자녀와 공동으로 상속받거나 자녀가 없는 경우 단독으로 대습상속을 한다.[151]

아버지(A)가 딸(A3)보다 먼저 사망한 경우라면 딸(A3)에게 상속된 재산을 B가 A3의 법정상속인으로 상속을 할 수 있다. 그러한 경우 사위가 사망의 순서와 시점을 입증하여야 하는데 사고 비행기의 탑승객 전원이 사망하였다면 그것을 입증하기는 사실상 불가능하다.

대습상속 규정에는 상속개시 전에 상속인이 사망한 경우라고 언급하고 있어서 동시사망 한 상속인의 경우에는 대습상속이 인정되지 않는 것으로 볼 수 있으나 판례에서는 '상속개시 전에'라는 의미는 대습상속제도의 취지에 비추어 볼 때 '상속인이 될 직계비속이 상속개시와 동시에 사망한 것으로 추정되는 경우'도 포함되는 것으로 보았다. 따라서 위 사례에서 A3가 상속개시와 동시에 사망한 것으로 추정되는 경우이므로 사위 B가 대습상속을 받을 수 있다.

---

150) 「민법」 제1001조(대습상속), 제1004조(상속인의 결격사유).
151) 「민법」 제1003조(배우자의 상속순위).

※ 관련 법률: 「민법」

제1001조(대습상속)
전조 제1항 제1호와 제3호의 규정에 의하여 상속인이 될 직계비속 또는 형제자매가 상속개시전에 사망하거나 결격자가 된 경우에 그 직계비속이 있는 때에는 그 직계비속이 사망하거나 결격된 자의 순위에 갈음하여 상속인이 된다. 〈개정 2014. 12. 30.〉

제1003조(배우자의 상속순위)
①피상속인의 배우자는 제1000조제1항제1호와 제2호의 규정에 의한 상속인이 있는 경우에는 그 상속인과 동순위로 공동상속인이 되고 그 상속인이 없는 때에는 단독상속인이 된다. 〈개정 1990. 1. 13.〉
②제1001조의 경우에 상속개시전에 사망 또는 결격된 자의 배우자는 동조의 규정에 의한 상속인과 동순위로 공동상속인이 되고 그 상속인이 없는 때에는 단독상속인이 된다. 〈개정 1990. 1. 13.〉
[제목개정 1990. 1. 13.]

제1004조(상속인의 결격사유)
다음 각 호의 어느 하나에 해당한 자는 상속인이 되지 못한다. 〈개정 1990. 1. 13., 2005. 3. 31.〉
1. 고의로 직계존속, 피상속인, 그 배우자 또는 상속의 선순위나 동순위에 있는 자를 살해하거나 살해하려한 자
2. 고의로 직계존속, 피상속인과 그 배우자에게 상해를 가하여 사망에 이르게 한 자
3. 사기 또는 강박으로 피상속인의 상속에 관한 유언 또는 유언의 철회를 방해한 자
4. 사기 또는 강박으로 피상속인의 상속에 관한 유언을 하게 한 자
5. 피상속인의 상속에 관한 유언서를 위조 · 변조 · 파기 또는 은닉한 자

제1004조의2(상속권 상실 선고)
① 피상속인은 상속인이 될 사람이 피상속인의 직계존속으로서 다음 각 호의 어느 하나에 해당하는 경우에는 제1068조에 따른 공정증서에 의한 유언으로 상속권 상실의 의사를 표시할 수 있다. 이 경우 유언집행자는 가정법원에 그 사람의 상속권 상실을 청구하여야 한다.
1. 피상속인에 대한 부양의무(미성년자에 대한 부양의무로 한정한다)를 중대하게 위반한 경우
2. 피상속인 또는 그 배우자나 피상속인의 직계비속에게 중대한 범죄행위(제1004조의 경우

는 제외한다)를 하거나 그 밖에 심히 부당한 대우를 한 경우
② 제1항의 유언에 따라 상속권 상실의 대상이 될 사람은 유언집행자가 되지 못한다.
③ 제1항에 따른 유언이 없었던 경우 공동상속인은 피상속인의 직계존속으로서 다음 각 호의 사유가 있는 사람이 상속인이 되었음을 안 날부터 6개월 이내에 가정법원에 그 사람의 상속권 상실을 청구할 수 있다.
1. 피상속인에 대한 부양의무(미성년자에 대한 부양의무로 한정한다)를 중대하게 위반한 경우
2. 피상속인에게 중대한 범죄행위(제1004조의 경우는 제외한다)를 하거나 그 밖에 심히 부당한 대우를 한 경우
④ 제3항의 청구를 할 수 있는 공동상속인이 없거나 모든 공동상속인에게 제3항 각 호의 사유가 있는 경우에는 상속권 상실 선고의 확정에 의하여 상속인이 될 사람이 이를 청구할 수 있다.
⑤ 가정법원은 상속권 상실을 청구하는 원인이 된 사유의 경위와 정도, 상속인과 피상속인의 관계, 상속재산의 규모와 형성 과정 및 그 밖의 사정을 종합적으로 고려하여 제1항, 제3항 또는 제4항에 따른 청구를 인용하거나 기각할 수 있다.
⑥ 상속개시 후에 상속권 상실의 선고가 확정된 경우 그 선고를 받은 사람은 상속이 개시된 때에 소급하여 상속권을 상실한다. 다만, 이로써 해당 선고가 확정되기 전에 취득한 제3자의 권리를 해치지 못한다.
⑦ 가정법원은 제1항, 제3항 또는 제4항에 따른 상속권 상실의 청구를 받은 경우 이해관계인 또는 검사의 청구에 따라 상속재산관리인을 선임하거나 그 밖에 상속재산의 보존 및 관리에 필요한 처분을 명할 수 있다.
⑧ 가정법원이 제7항에 따라 상속재산관리인을 선임한 경우 상속재산관리인의 직무, 권한, 담보제공 및 보수 등에 관하여는 제24조부터 제26조까지를 준용한다.
[본조신설 2024. 9. 20.]
[시행일: 2026. 1. 1.] 제1004조의2

37 기여분

집안의 장녀인 K는 아버지가 돌아가신 후 실질적으로 가장 역할을 하였다. K는 인터넷 쇼핑몰을 만들어 옷 장사를 시작했는데, 수완이 좋아 빨리 자리를 잡게 되었다. K는 결혼한 이후에도 친정 식구들을 챙겼는데, 어머니 명의로 영등포에 조그만 점포가 달린 상가주택을 하나 사드리고, 점포에서 나오는 월세로 생활비를 쓰시게 하였다. 시간이 흘러 두 남동생 모두 결혼하였고, 각자 사회생활을 하면서 잘살고 있었다. 그런데 연로하신 어머니가 치매에 걸리면서 어머니를 모시는 문제로 형제간에 다툼이 있자 K는 어머니를 요양원에 모시고 그 비용과 간호를 모두 책임지고 돌봐드렸다. 두 남동생은 가끔 잠깐씩 들러 어머니를 들여다보는 시늉만 할 뿐 실질적으로 어떤 부양도 하지 않았다. 그러던 중 어머니가 돌아가셨는데, 그 시점에 어머니가 살고 계셨던 동네의 대대적인 재개발이 확정되면서 땅값이 천정부지로 뛰게 되자, K의 남동생들은 빨리 이 집을 정리하여 상속분대로 나눠 갖자고 한다.

질문

1. K의 남동생들은 어머니 명의의 그 상가주택에 대하여 상속권을 주장할 수 있는가?
2. K는 자신이 그 상가주택을 어머니에게 사주었고, 어머니를 부양하였으며, 요양원에 계실 때도 자신이 모든 것을 다 부담하였는데, 이에 대해 알아주지 않는 동생들에게 큰 섭섭함과 배신감을 느끼고 있다. K는 위 상속재산을 분할 하는 데 있어 자신의 기여분을 주장할 수 있을까?

상속인 중 피상속인을 특별히 보살폈거나 그 재산을 유지, 증식시키는데 특별한 기여를 한 자가 있다면, 다른 상속인들과의 합의로 그 기여분에 대해 일정한 보상액을 정할 수 있는데, 이를 기여분 제도라고 한다. 피상속인이 상속이 개시된 때 가지고 있던 재산의 가액에서 기여상속인의 기여분을 공제한 것을 상속재산으로 보고, 상속분을 산정한 다음, 산정된 상속분에 기여분을 가산한 금액을 기여상속인의 상속분으로 하는 것이다.

위 사례의 경우, K는 피상속인을 특별히 부양한 것으로 볼 수 있고, 피상속인의 재산을 증식하고, 유지하는데 기여했으므로 그 사실을 입증할 수 있다면 기여분을 주장할 수 있다. 다른 공동상속인(K의 두 남동생)들이 기여자의 기여를 인정하지 않거나 기여분에 관하여 합의를 하지 못할 경우, 기여자가 가정법원에 청구하여 기여분을 인정받을 수 있는데, 이때 법원은 기여의 시기·방법 및 정도와 상속재산 가액, 기타 사정을 참작하여 기여분을 결정한다.

※ 관련 법률: 「민법」

제1008조의2(기여분)

① 공동상속인 중에 상당한 기간 동거·간호 그 밖의 방법으로 피상속인을 특별히 부양하거나 피상속인의 재산의 유지 또는 증가에 특별히 기여한 자가 있을 때에는 상속개시 당시의 피상속인의 재산가액에서 공동상속인의 협의로 정한 그 자의 기여분을 공제한 것을 상속재산으로 보고 제1009조 및 제1010조에 의하여 산정한 상속분에 기여분을 가산한 액으로써 그 자의 상속분으로 한다. 〈개정 2005. 3. 31.〉
② 제1항의 협의가 되지 아니하거나 협의할 수 없는 때에는 가정법원은 제1항에 규정된 기여자의 청구에 의하여 기여의 시기·방법 및 정도와 상속재산의 액 기타의 사정을 참작하여 기여분을 정한다.
③ 기여분은 상속이 개시된 때의 피상속인의 재산가액에서 유증의 가액을 공제한 액을 넘지 못한다.
④ 제2항의 규정에 의한 청구는 제1013조제2항의 규정에 의한 청구가 있을 경우 또는 제1014조에 규정하는 경우에 할 수 있다.
[본조신설 1990. 1. 13.]

38 유류분

서울에 사는 A는 15년 전 부인과 이혼한 뒤 용인의 작은 아파트를 얻어 혼자 살았다. 그러다 10년 전 뇌졸중으로 쓰러진 뒤 오랜 투병 끝에 얼마 전에 사망하였다. 뇌졸중으로 쓰러진 A는 동네 여자친구(B)의 지극한 간호를 받아 투병 생활을 해왔는데, A는 사망 직전, 자신의 명의로 된 시가 3억 원 상당의 아파트와 통장에 남은 전액(약 7천만 원)을 B에게 주겠다는 유언장을 남겼다. A에게는 이혼한 전처(C)와 함께 사는 세 명의 딸이 있는데, 이혼 후 딸들과는 전혀 왕래가 없었다. A의 사망 소식을 듣고 장례식에 온 전처와 세 명의 딸은 이 유언장을 보고 A의 전 재산을 남에게 넘길 수 없다며 펄펄 뛰고 있다.

 질문

1. A의 딸들은 아버지의 유언에도 불구하고 A의 유산에 대한 상속권을 주장 할 수 있는가?
2. A의 전처(C)도 법정상속인으로서 유류분을 청구할 수 있는가?

사람은 자기 재산을 생전에는 물론 유언에 의해 사후에도 처분할 수 있는 자유가 있다. 유언을 하는 자는 원칙적으로 자기 재산을 자유롭게 처분할 수 있으므로 유언을 통하여 상속인 중 일부에게 몰아주거나 자신의 재산을 사회에 기부할 수도 있다. 그러나 유언을 통하여 재산처분의 자유를 무한정 허용하는 경우 그로 인하여 유족들의 생계가 어려워질 수 있고, 상속재산은 남은 유족의 부양료 성격이 있으므로 다소 방식의 차이는 있으나 세계 각국은 유언에 의한 재산처분의 자유를 인정하면서, 또 한편으로는 유족의 보호를 위해서 그 자유를 일정한 범위에서 제한하고 있는 것이 현실이다.

우리나라도 그러한 배경에서 유족을 위하여 남겨두어야 하는 재산의 몫인 유류분(遺留分)제도를 도입하였는데, 피상속인이 유언으로 상속재산 전부를 제삼자에게 처분하는 것 자체는 제한하지 않고 이를 전부 처분한 경우, 법정상속인 중 일부에게 자신의 유류분을 반환해 달라고 요구할 수 있는 '유류분반환청구권'을 허용한다. 유류분의 권리자는 피상속인의 직계비속, 배우자, 직계존속에게 한정되며, 유류분은 사망한 자의 직계비속과 배우자는 그 법정상속분의 2분의1, 직계존속은 그 법정상속분의 3분의1을 유류분으로 보장받는다.[152] 태아나 대습상속인도 유류분반환청구권이 있다. 그러나 상속을 포기한 사람은 상속인이 아니므로 유류분 반환을 청구할 수 없다. 따라서 위 사례의 A의 딸들은 유류분반환 청구권 행사를 통하여 상속재산에 대한 권리를 주장할 수 있다. 그러나 전처(C)는 유류분을 청구할 수 없다.

유류분 대상 재산 산정은 「민법」 제1113조에 따르면, 사망한 사람이 사망 당시에 가진 재산 총액에 사망 전 1년간 다른 사람에게 증여한 재산의 액수를 합한 데서, 사망한 사람의 빚을 모두 뺀 재산이 유류분 계산의 기초 재산이 된다.[153]

유류분반환청구권의 소멸시효는 유류분 권리자가 상속의 개시와 반환하여야 할 증여 또는 유증을 한 사실을 안 때부터 1년 이내에 하지 않으면 시효에 의하여 소멸하며, 상속이 개시된 때부터 10년이 경과한 때에도 소멸한다.[154]

☞ **공동상속인 중 특별수익자가 있는 경우의 유류분청구권**[155]

법원은 공동상속인 중에 피상속인으로부터 재산의 생전 증여에 의하여 특별수익을 한 자가 있는 경우의 유류분청구권에 대해서는 상속개시 전의 1년간 행한 증여에 한하여 유류분 재산에 포함한다는 「민법」 제1114조의 규정의 적용이 배제되고, 따라서 그 증여가 상속개시 1년 이전의 것인지 여부, 당사자 쌍방이 손해를 가할 것을 알고서 하였는 지 여부에 관계없이 유류분 산정을 위한 기초재산에 산입된다고 판시하였다.

---

152) 「민법」 제1112조(유류분의 권리자와 유류분).
153) 「민법」 제1113조(유류분의 산정), 제1114조(산입될 증여).
154) 「민법」 제1117조(소멸시효).
155) 법무부 · 한국법교육센터, *supra* note 86, p.313.

※ 관련 법률: 「민법」

제1112조(유류분의 권리자와 유류분) 상속인의 유류분은 다음 각 호에 의한다. 〈개정 2024. 9. 20.〉
  1. 피상속인의 직계비속은 그 법정상속분의 2분의 1
  2. 피상속인의 배우자는 그 법정상속분의 2분의 1
  3. 피상속인의 직계존속은 그 법정상속분의 3분의 1
  4. 삭제 〈2024. 9. 20.〉
[본조신설 1977. 12. 31.][제목개정 2024. 9. 20.][2024. 9. 20. 법률 제20432호에 의하여 2024.4.25 헌법재판소에서 위헌 결정된 이 조 제4호를 삭제함.][헌법불합치, 2020헌가4, 2024.4.25, 민법(1977. 12. 31. 법률 제3051호로 개정된 것) 제1112조 제1호부터 제3호 및 제1118조는 모두 헌법에 합치되지 아니한다. 위 조항들은 2025. 12. 31.을 시한으로 입법자가 개정할 때까지 계속 적용된다.]

제1113조(유류분의 산정) ①유류분은 피상속인의 상속개시시에 있어서 가진 재산의 가액에 증여재산의 가액을 가산하고 채무의 전액을 공제하여 이를 산정한다.
②조건부의 권리 또는 존속기간이 불확정한 권리는 가정법원이 선임한 감정인의 평가에 의하여 그 가격을 정한다.
[본조신설 1977. 12. 31.]

제1114조(산입될 증여) 증여는 상속개시전의 1년간에 행한 것에 한하여 제1113조의 규정에 의하여 그 가액을 산정한다. 당사자 쌍방이 유류분권리자에 손해를 가할 것을 알고 증여를 한 때에는 1년전에 한 것도 같다.
[본조신설 1977. 12. 31.]

제1115조(유류분의 보전) ①유류분권리자가 피상속인의 제1114조에 규정된 증여 및 유증으로 인하여 그 유류분에 부족이 생긴 때에는 부족한 한도에서 그 재산의 반환을 청구할 수 있다.
②제1항의 경우에 증여 및 유증을 받은 자가 수인인 때에는 각자가 얻은 유증가액의 비례로 반환하여야 한다.
[본조신설 1977. 12. 31.]

제1116조(반환의 순서) 증여에 대하여는 유증을 반환받은 후가 아니면 이것을 청구할 수 없다.
[본조신설 1977. 12. 31.]

제1117조(소멸시효) 반환의 청구권은 유류분권리자가 상속의 개시와 반환하여야 할 증여 또는

유증을 한 사실을 안 때로부터 1년내에 하지 아니하면 시효에 의하여 소멸한다. 상속이 개시한 때로부터 10년을 경과한 때도 같다.
[본조신설 1977. 12. 31.]

제1118조(준용규정) 제1001조, 제1008조, 제1010조의 규정은 유류분에 이를 준용한다.
[본조신설 1977. 12. 31.][헌법불합치, 2020헌가4, 2024.4.25, 민법(1977. 12. 31. 법률 제3051호로 개정된 것) 제1112조 제1호부터 제3호 및 제1118조는 모두 헌법에 합치되지 아니한다. 위 조항들은 2025. 12. 31.을 시한으로 입법자가 개정할 때까지 계속 적용된다.]

39. 한정승인과 상속 포기

> P는 20년 전 어머니와 이혼하고 집을 나간 아버지를 아주 가끔 보기는 했지만, 지난 5년 동안 아버지와 연락이 끊겨 전혀 보지 못하고 지냈다. 그러던 어느 날 아버지가 코로나 확진 후 사망했다는 소식을 듣게 되었다. P의 아버지는 고아로 다른 일가친척이 없어 홀로 아버지의 장례를 치르던 중 사채업자 두 명이 장례식장에 찾아와 아버지가 생전에 빌린 돈 2억 원의 차용증을 내밀며 대신 갚으라고 P를 독촉하였다. P는 이런 상황이 어이가 없어 망연자실한 상황이다. P가 알아보니 아버지의 유산은 생전에 거주했던 월세 집의 임차보증금 1천만 원과 중고 시세 5백만 원 상당의 오래된 승용차 한 대뿐이다. 당장 수중에 돈이 없었던 P는 일단 아버지 명의의 중고자동차를 처분하여 장례비를 충당하였다.

 질문

1. P의 아버지가 빌린 사채 2억 원의 빚은 P에게 상속되는가?
2. 만약 P가 그 빚을 감당할 수 없다면 취할 수 있는 법적조치는 무엇인가?

상속은 사망한 사람의 부동산, 예금 등의 적극적인 재산뿐만 아니라 빚과 같은 소극적인 재산도 포함한다. 따라서 위 사례의 경우 P의 아버지가 남긴 임차보증금 1천만 원과 5백만 원 상당의 중고자동차, 2억 원의 빚 모두 피상속인의 직계비속인 P에게 상속된다. 위 사례와 같이 물려받을 재산보다 빚이 더 많은 경우 상속인이 경제적으로 전혀 예상하지 못했던 곤란한 상황에 놓일 수 있고, 그 가정에 빚과 가난이 대물림되는 굴레가 형성될 수 있다. 그러한 문제를 해소하기 위해 도입된 것이 한정승인과 상속 포기 제도다.

상속인은 상속과 관련하여, 단순승인, 한정승인, 상속 포기의 의사결정을 할 수 있다. 단순승인은 재산이나 빚 여부에 상관없이 상속에 의한 권리, 의무 승계를 그대로 인정하는 것인데, 별도의 의사표시를 하지 않고 있으면 단순승인이 된다.[156] 그런데, 어떤 행동을 하게 되면 그것이 단순승인의 의사와 상관없이 법률상 단순승인으로 취급되는데, 예를 들어 ① 피상속인의 사망을 알았음에도 그로부터 3개월이 경과 할 때까지 한정승인이나 포기를 하지 않은 경우, ② 상속재산을 처분한 경우, ③ 한정승인이나 포기를 한 후 몰래 그 재산을 써버리거나 숨긴 경우, 고의로 재산목록에서 누락시킨 경우가 그에 해당한다.[157] ②의 상속재산을 처분한 경우는 상속재산을 타인에게 매도하거나 상속인들끼리 상속재산분할협의를 하는 행위까지도 '처분행위'에 해당하므로 주의하여야 한다.

한정승인은 상속인이 상속으로 취득할 재산의 한도에서 피상속인의 채무와 유증을 변제할 것을 조건으로 상속을 승인하는 것이다.[158] 한정승인은 사망을 안 날로부터 3개월 이내에 상속재산의 목록을 첨부하여 가정법원에 신고하여야 한다.[159] 상속의 한정승인은 상속포기와 달리 상속채무를 모두 변제하고 남는 재산이 있는 경우 상속을 받을 수 있다.[160]

상속포기는 재산보다 상속채무가 많은 것이 확실한 경우에 하는 것으로, 사망을 안 날로부터 3개월 이내에 가정법원에 상속 포기 신고를 하면 된다.[161]

위 사례의 P의 경우, 상속채무가 상속받을 재산보다 훨씬 더 많으므로 사망을 안 날로부터 3개월 이내에 가정법원에 상속 포기 신고를 하면 된다. 그런데, P가 상속 포기 신고 전에 이미 부친의 중고자동차를 처분하여 장례비를 충당하였으므로 법정단순승인을 한 것이 되어 상속포기를 할 수 없다. 따라서 P는 부친의 사채 빚 2억 원을 갚아야 한다.

---

156) 「민법」 제1025조(단순승인의 효과).
157) 「민법」 제1026조(법정단순승인).
158) 「민법」 제1028조(한정승인의 효과).
159) 「민법」 제1030조(한정승인의 방식).
160) 「민법」 제1031조(한정승인과 재산상 권리의무의 불소멸).
161) 「민법」 제1041조(포기의 방식).

만약 P가 상속채무가 상속재산을 초과한다는 사실을 중대한 과실 없이 알지 못한 상태에서 부친의 중고자동차를 처분하여 장례비를 충당하였다면 채무초과의 사실을 안 날부터 3개월 내에 한정승인을 할 수 있는데, 이를 '특별한정승인'이라 한다.

한편, 상속재산이 빚이 더 많거나 빚만 있는 경우 상속인은 상속포기를 하게 되는데, 상속포기를 선택하면 그 채무가 없어지는 것이 아니라, 후순위 상속인에게 넘어간다는 점에 유의하여야 한다.

☞ **특별한정승인**

상속인은 상속채무가 상속재산을 초과하는 사실을 중대한 과실 없이 3개월 이내에 알지 못하고 단순승인을 해 버린 경우, 상속인이 그 사실을 안 날로부터 3개월 이내에 특별히 한정승인을 할 수 있다. 이때 '중대한 과실 없이'이라 함은 상속인이 조금만 주의를 기울여 알아보았더라면 상속채무가 상속재산을 초과한다는 사실을 알 수 있었음에도 이를 게을리 하여 그러한 사실을 알지 못한 경우를 말한다.

※ **관련 법률: 「민법」**

제1019조(승인, 포기의 기간) ①상속인은 상속개시있음을 안 날로부터 3월내에 단순승인이나 한정승인 또는 포기를 할 수 있다. 그러나 그 기간은 이해관계인 또는 검사의 청구에 의하여 가정법원이 이를 연장할 수 있다. 〈개정 1990. 1. 13.〉
②상속인은 제1항의 승인 또는 포기를 하기 전에 상속재산을 조사할 수 있다. 〈개정 2002. 1. 14.〉
③제1항에도 불구하고 상속인은 상속채무가 상속재산을 초과하는 사실(이하 이 조에서 "상속채무 초과사실"이라 한다)을 중대한 과실 없이 제1항의 기간 내에 알지 못하고 단순승인(제1026조제1호 및 제2호에 따라 단순승인한 것으로 보는 경우를 포함한다. 이하 이 조에서 같다)을 한 경우에는 그 사실을 안 날부터 3개월 내에 한정승인을 할 수 있다. 〈개정 2022. 12. 13.〉

④제1항에도 불구하고 미성년자인 상속인이 상속채무가 상속재산을 초과하는 상속을 성년이 되기 전에 단순승인한 경우에는 성년이 된 후 그 상속의 상속채무 초과사실을 안 날부터 3개월 내에 한정승인을 할 수 있다. 미성년자인 상속인이 제3항에 따른 한정승인을 하지 아니하였거나 할 수 없었던 경우에도 또한 같다. 〈신설 2022. 12. 13.〉

제1025조(단순승인의 효과) 상속인이 단순승인을 한 때에는 제한없이 피상속인의 권리의무를 승계한다. 〈개정 1990. 1. 13.〉

제1026조(법정단순승인) 다음 각호의 사유가 있는 경우에는 상속인이 단순승인을 한 것으로 본다. 〈개정 2002. 1. 14.〉

1. 상속인이 상속재산에 대한 처분행위를 한 때
2. 상속인이 제1019조제1항의 기간내에 한정승인 또는 포기를 하지 아니한 때
3. 상속인이 한정승인 또는 포기를 한 후에 상속재산을 은닉하거나 부정소비하거나 고의로 재산목록에 기입하지 아니한 때

[2002. 1. 14. 법률 제6591호에 의하여 1998. 8. 27. 헌법재판소에서 헌법불합치 결정된 제2호를 신설함]

제1027조(법정단순승인의 예외) 상속인이 상속을 포기함으로 인하여 차순위 상속인이 상속을 승인한 때에는 전조 제3호의 사유는 상속의 승인으로 보지 아니한다.

제1028조(한정승인의 효과) 상속인은 상속으로 인하여 취득할 재산의 한도에서 피상속인의 채무와 유증을 변제할 것을 조건으로 상속을 승인할 수 있다. 〈개정 1990. 1. 13.〉

제1029조(공동상속인의 한정승인) 상속인이 수인인 때에는 각 상속인은 그 상속분에 응하여 취득할 재산의 한도에서 그 상속분에 의한 피상속인의 채무와 유증을 변제할 것을 조건으로 상속을 승인할 수 있다.

제1030조(한정승인의 방식) ①상속인이 한정승인을 할 때에는 제1019조제1항·제3항 또는 제4항의 기간 내에 상속재산의 목록을 첨부하여 법원에 한정승인의 신고를 하여야 한다. 〈개정 2005. 3. 31., 2022. 12. 13.〉

②제1019조제3항 또는 제4항에 따라 한정승인을 한 경우 상속재산 중 이미 처분한 재산이 있는 때에는 그 목록과 가액을 함께 제출하여야 한다. 〈신설 2005. 3. 31., 2022. 12. 13.〉

제1031조(한정승인과 재산상 권리의무의 불소멸) 상속인이 한정승인을 한 때에는 피상속인에 대한 상속인의 재산상 권리의무는 소멸하지 아니한다.

제1041조(포기의 방식) 상속인이 상속을 포기할 때에는 제1019조제1항의 기간내에 가정법원에 포기의 신고를 하여야 한다. 〈개정 1990. 1. 13.〉

제1042조(포기의 소급효) 상속의 포기는 상속개시된 때에 소급하여 그 효력이 있다.

제1043조(포기한 상속재산의 귀속) 상속인이 수인인 경우에 어느 상속인이 상속을 포기한 때에는 그 상속분은 다른 상속인의 상속분의 비율로 그 상속인에게 귀속된다.

제1044조(포기한 상속재산의 관리계속의무) ①상속을 포기한 자는 그 포기로 인하여 상속인이 된 자가 상속재산을 관리할 수 있을 때까지 그 재산의 관리를 계속하여야 한다.
②제1022조와 제1023조의 규정은 전항의 재산관리에 준용한다.

40 유언의 방식과 집행

수산시장에서 생선 장사를 하면서 자수성가한 수백억 원 자산가인 A는 생전 국내 유명 대학인 Y대에 3백억 원의 유산을 기부하기로 약정하였다. A의 유산기부 약정은 당시 Y대 학보뿐만 아니라 유명 일간지에도 그 사례가 소개된 적이 있었다. 당시 A는 한글 프로그램을 이용하여 그 내용을 유언장으로 작성하고 유언장에 작성연월일, 주소, 이름, 주민등록번호 등을 자필로 쓰고 서명하였다. 그 유언장을 작성하고 8년이 지난 후 A는 암으로 사망하였는데, A의 유족들(배우자, 자녀 2명)은 A의 유언장이 유족의 동의 없이 작성되었고, 법적으로도 효력이 없다며 Y대는 A의 유산에 대해 어떤 권리도 주장할 수 없다고 한다.

 질문

1. 법적으로 유효한 자필유언장의 요건은 무엇인가?
2. A의 유언장은 법적으로 효력이 있는가?

민법은 유언을 한 사람이 죽고 나서 유언을 위조하거나 변조하는 경우를 방지하기 위해 유언의 방식을 정하고, 그러한 방식에 의하지 않는 유언에 대해서는 법적 효력을 인정하지 않는다.[162] 「민법」 제1065조에서 정하는 유언의 방식은 다섯 가지로, ① 자필증서에 의한 유언, ② 녹음에 의한 유언, ③ 공정증서에 의한 유언, ④ 비밀증서에 의한 유언, ⑤ 구수증서에 의한 유언이 포함된다.[163]

---

162) 「민법」 제1060조(유언의 요식성).
163) 「민법」 제1065조(유언의 보통방식), 제1066조(자필증서에 의한 유언) ~ 제1070조(구수증서에 의한 유언).

자필증서에 의한 유언은 유언자가 유언하는 내용과 작성연월일, 주소, 이름을 직접 쓰고 도장을 찍는 간단한 방식이다. 주소와 관련하여, 대법원은 관련 판례에서 주소와 관련하여 반드시 주민등록지를 기재할 필요는 없으나 자필유언장에서 주소라는 것은 적어도 생활의 근거가 되는 것으로서 다른 장소와 구별되는 정도의 표시를 갖춰야 한다고 하면서 'OO동'에서라고만 기재하는 것은 부족하다고 보았다. 자필로 작성되어야 하므로 워드프로세서로 내용을 작성하고, 하단에 날인만 하는 것은 자필증서에 의한 유언으로 인정되지 않는다.

위 사례의 경우 A의 유언장의 본문이 자서가 아닌 한글프로그램을 이용하여 작성되었고, 날인도 없어 자필증서에 의한 유언의 요건을 충족하지 못해 법적 효력이 인정되지 않는다.

한편, 적법한 유언은 유언자가 사망하는 즉시 효력을 갖게 된다.[164] 유언자는 언제든지 유언 또는 생전행위로써 유언의 전부나 일부를 철회할 수 있다.[165] 생전에 작성한 적법한 형식의 유언장이 여러 개이고, 그 유언의 내용이 서로 다른 경우는 가장 최근에 한 유언의 내용에 따른다.[166]

※ **관련 법률:「민법」**

제1065조(유언의 보통방식)
유언의 방식은 자필증서, 녹음, 공정증서, 비밀증서와 구수증서의 5종으로 한다.

제1066조(자필증서에 의한 유언)
①자필증서에 의한 유언은 유언자가 그 전문과 연월일, 주소, 성명을 자서하고 날인하여야 한다.
②전항의 증서에 문자의 삽입, 삭제 또는 변경을 함에는 유언자가 이를 자서하고 날인하여야 한다.

---

164)「민법」제1073조(유언의 효력발생시기).
165)「민법」제1108조(유언의 철회).
166)「민법」제1109조(유언의 저촉).

제1067조(녹음에 의한 유언)

녹음에 의한 유언은 유언자가 유언의 취지, 그 성명과 연월일을 구술하고 이에 참여한 증인이 유언의 정확함과 그 성명을 구술하여야 한다.

제1068조(공정증서에 의한 유언)

공정증서에 의한 유언은 유언자가 증인 2인이 참여한 공증인의 면전에서 유언의 취지를 구수하고 공증인이 이를 필기낭독하여 유언자와 증인이 그 정확함을 승인한 후 각자 서명 또는 기명날인하여야 한다.

제1069조(비밀증서에 의한 유언)

①비밀증서에 의한 유언은 유언자가 필자의 성명을 기입한 증서를 엄봉날인하고 이를 2인 이상의 증인의 면전에 제출하여 자기의 유언서임을 표시한 후 그 봉서표면에 제출연월일을 기재하고 유언자와 증인이 각자 서명 또는 기명날인하여야 한다.

②전항의 방식에 의한 유언봉서는 그 표면에 기재된 날로부터 5일내에 공증인 또는 법원서기에게 제출하여 그 봉인상에 확정일자인을 받아야 한다.

제1070조(구수증서에 의한 유언)

①구수증서에 의한 유언은 질병 기타 급박한 사유로 인하여 전4조의 방식에 의할 수 없는 경우에 유언자가 2인 이상의 증인의 참여로 그 1인에게 유언의 취지를 구수하고 그 구수를 받은 자가 이를 필기낭독하여 유언자의 증인이 그 정확함을 승인한 후 각자 서명 또는 기명날인하여야 한다.

②전항의 방식에 의한 유언은 그 증인 또는 이해관계인이 급박한 사유의 종료한 날로부터 7일내에 법원에 그 검인을 신청하여야 한다.

③제1063조 제2항의 규정은 구수증서에 의한 유언에 적용하지 아니한다.

제 2 편

>>> 경제생활

제2편 경제생활

41 개인 간의 금전거래와 이자

> 직장인 K는 결혼을 앞두고, 신혼집을 마련하기 위해 은행권 대출을 알아보았으나 최근 주택담보대출 규제가 강화되어 본인의 신용으로는 필요한 돈 1억 원을 구할 수가 없게 되었다. 난감한 K는 자영업을 하는 초등학교 동창인 Y에게 도움을 요청하였다. K와 잘 아는 사이고, K가 상속 받은 고향 땅(K 명의)을 담보로 제공한다고 하여 Y는 1년의 기간으로 1억 원을 빌려 주기로 하였다. K는 2025년 5월 1일 돈을 빌리면서 2026년 4월 30일에 빌린 돈을 상환한다는 내용으로 차용증을 썼다. 차용증을 쓸 당시 이자 지급 여부, 이자율에 대한 논의는 없었다. Y는 K에게 돈을 빌려준 후 3개월이 지난 시점에 문득 이자에 대한 생각이 나 K에게 연 10%의 이자를 달라고 요구하였다.

 질문

1. K는 Y에게 이자를 지급할 의무가 있는가?
2. K와 Y가 차용증을 쓴 후 다시 이자에 관한 합의를 새로 한다면 현재 적용되는 법정 최고 이자율은 얼마인가?

    금전을 빌려주는 것을 내용으로 하는 계약을 금전소비대차계약이라고 한다. 금전소비대차계약은 일정한 금전을 상대방에게 빌려주는 사람(대여인)과 빌린 돈을 반환할 것을 약속하는 사람(차용인)의 합의로 이루어진다. 금전소비대차계약을 할 때 주의할 점으로는 첫째, 돈을 빌리는 대가로 지불하는 이자에 대해 정해야 한다. 이자에 관해 정한 바가 없다면 금전소비대차는 무이자가 원칙이므로, 무이자를 예정한 것이 아니라면 이자에 관한 내용을 반드시 합의하여야 한다. 이자를 지급하기로 하였다 하더라도 이자율에 대한 합의가 없으면 「민법」에 따라 연 5%의 법정이율이 적용된다. 단, 상행위로 인한 채무의 법정이율은 연 6%다. 둘째, 차용인이 돈을 못 갚을 때를 대비하여 대여인이 요구하는 물적 담보와 인적 담보에 관한 사항을 정해야 한다. 셋째, 돈을 갚을 날짜를 정하고, 어디서 갚을 것인지, 어떤 방식으로 갚을지에 대하여 정해야 한다.

2025년 6월 기준으로 「이자제한법」상 최고이자율이 연 20%이므로, 계약당사자는 연 20% 이내에서 이자율에 대한 합의를 할 수 있다. 최고이자율을 초과하여 이자를 받은 자는 1년 이하의 징역 또는 1천만 원 이하의 벌금에 처한다.[167] 「이자제한법」은 개인이 적용대상이며, 돈의 액수도 10만 원 이상의 돈을 빌릴 때 적용된다.[168] 은행이나 등록대부업자에게는 「이자제한법」이 적용되지 않는다. 은행의 경우 「은행법」에 근거하여 금융통화위원회에서 대출에 대한 이자 최고율을 결정하며, 은행이 제한된 이자율을 초과하여 이자를 받으면 5천만 원 이하의 과태료 처분을 받는다. 대부업자에게는 「대부업 등의 등록 및 금융이용자 보호에 관한 법률(대부업법)」에 따른 제한이자율이 적용된다.

위 사례의 K와 Y의 금전거래는 개인 간의 금전거래로 「이자제한법」이 적용된다. 그런데, 두 사람이 계약할 당시에는 이자에 관한 합의가 없었으므로 원칙적으로 K가 거부하면 Y가 이자를 청구할 수 있는 권리는 없다. 다만, Y가 돈을 빌려준 후 K와 이자 지급과 이자율에 대해 추가로 합의하는 경우, Y는 연 20% 이내에서 이자를 받을 수 있다.

---

167) 「이자제한법」 제8조(벌칙).
168) 「이자제한법」 제2조제5항.

42 차용증과 영수증

3개월 전 급전이 필요했던 K는 지인이 소개한 사채업자 M에게 연 20% 이자율로 3천만 원을 빌렸다. M의 요구대로 빌린 돈을 약속한 변제기일에 M이 운영하는 대부업체 사무실로 찾아가 원금과 이자를 모두 현금으로 갚았는데, 영수증을 받아야 한다는 생각을 하지 못하고 그냥 돌아왔다. K는 돈을 빌릴 당시 자신이 쓴 차용증도 돌려받지 않았는데, 이미 돈을 갚았으니 별문제가 없을 것으로 생각하였다. 그런데, M은 돈을 갚은 후 3개월이 지난 시점에 K가 쓴 차용증을 근거로 원금과 연체된 이자를 모두 내라고 요구하고 있다.

 질문

1. M은 빌려준 돈을 받은 적이 없다며 K에게 차용증을 근거로 빌려 간 돈(대여금)을 갚으라고 주장하고 있는데, K는 M의 요구를 따라야 할 법적 의무가 있는가?
2. 이중지급의 위험을 예방하기 위해 K가 빌린 돈을 갚을 때 해야 할 조치는 무엇인가?

금전소비대차계약은 당사자 간의 구두계약으로 성립하지만, 법적 분쟁을 예방하고, 그러한 분쟁에 대비하기 위하여 계약의 내용을 정확하게 기재한 계약서를 반드시 작성해야 한다. 계약서 대신 차용증이 있으면 대여인(채권자)은 돈을 빌려주었다는 증거로 활용할 수 있고, 차용인(채무자)은 빌린 돈보다 더 많은 돈의 상환을 대여인이 요구하는 경우 그러한 요구를 거절할 때 증거로 활용할 수 있다.

차용증은 일반적으로 금전을 빌리는 차용인이 대여인에게 작성해 주는데, ① 채권자, 채무자의 인적 사항(주민등록번호와 주소 포함), ② 채무액(한글과 아라비아 숫자 병기), ③ 대여금 원금에 대한 이자에 관한 사항(이자율, 이자 지급 방법, 선이자 공제 등), ④ 변제기일 및 변제방법, ⑤ 변제하지 않는 경우 위약금 약정, ⑥ 기한, 조건 등을 기재한다. 대부업체를 통하여 대부계약을 체결할 때 계약일자, 대부 금액, 대부 이자율, 변제 기간, 변제방법이 계좌이체방식인 경우 그 계좌번호, 손해배상액 또는 강제집행에 관한 약정, 보증계약이 있는 경우 그 내용, 채무의 조기상환수수료율 등 조기상환 조건 등이 적힌 대부계약서를 작성해야 한다. 특히, 대부계약서의 내용 중 대부 이용자가 반드시 자필로 작성해야 하는 사항이 있는데, ① 대부 금액, ② 대부 이자율, ③ 변제 기간, ④ 연체이자율 등이 이에 해당한다.[169]

위 사례와 같이 차용인이 대여금을 변제하고, 차용증을 돌려받지 않거나 대여인으로부터 영수증을 받지 않았다면, 대여인이 차용인을 상대로 대여금반환청구소송을 제기할 경우 차용인이 변제사실을 입증할 만한 증거나 증인을 확보하지 못하면 이미 변제한 대여금을 다시 갚아야 할 위험(이중지급 위험)이 있다. 따라서 이중지급의 위험을 방지하기 위해서 반드시 영수증을 챙기고, 금전거래는 은행 계좌이체 방식을 포함하여 명시적이고, 금전거래 사실을 확인할 수 있는 방식으로 하도록 하며, 증인을 확보해 두는 것이 좋다.

영수증은 차용인이 대여인에게 대여금을 변제하면서 돈 갚은 내역을 써 달라고 요구할 수 있는 문서로, 일반적으로 영수증에는 ① 받은 돈의 액수, ② 채권자 또는 영수인이 돈을 받았다는 내용의 문장, ③ 돈을 받은 영수인의 서명 또는 날인, ④ 돈을 건네 준 채무자의 표시, ⑤ 돈을 받은 일자를 분명하게 표시하여야 한다.

---

[169] 「대부업법」 제6조 및 제6조의2.

43 금리인하요구권

직장인 H는 2년 전 인터넷 은행 **뱅크에서 1억 원의 전세대출(변동금리, 4년 약정)을 받았는데, 대출 계약 당시 4%였던 이자가 최근 7%까지 뛰어 부담이 크다. 앞으로 금리가 더 오를 전망이라는 뉴스에 걱정이 이만저만이 아니다. 6개월 전 다른 회사로 이직하였는데, 전에 다닌 회사보다 직급과 연봉이 더 높다. 최근 소액 대출금도 일부 정리하여 신용점수도 40점 정도 향상되었다.

 질문

1. H는 대출당시 계약에도 불구하고 ** 뱅크에 대출금 이자를 낮춰달라고 요구할 수 있는 권리가 있는가?
2. H가 대출금리인하권을 행사할 수 있는 조건은 무엇인가?
3. 소비자의 대출금리인하권 행사가 있는 경우 은행은 반드시 수용해야 하는가?

2002년 이후 은행 등은 대출 이후 소비자의 신용 상태가 개선된 경우, 금리 인하를 요구할 수 있는 제도를 자율적으로 시행해왔다. 그러나, 동 제도가 소비자에게 충분히 고지되지 않아 소비자의 제도에 대한 인지와 적극적인 활용에 한계가 있었다. 이에 2018년 12월, "금리인하요구권"의 법적 근거를 명확히 하고, 금융회사에 금리인하요구권의 안내 의무를 부과하는 내용으로 「은행법」, 「보험업법」, 「상호저축은행법」, 「여신전문금융업법」이 개정되었다.[170]

---

170) 2019년 6월 「은행법」 (제30조의2), 「보험업법」 (제110조의3), 「상호저축은행법」 (제14조의2), 「여신전문금융업법」 (제50조13) 등 4개 법률이 개정되어 소비자의 금리인하요구권이 법적 권리로 명시되었으며, 그에 대한 금융회사의 안내 의무도 추가되었다. 금융위원회, "[보도자료] 금리인하요구권이 법제화되어 오늘부터 시행됩니다."(2019년 6월 12일).

금리인하요구권은 대출 등을 이용하는 소비자의 신용 상태가 개선(소득·재산 증가, 신용평점 상승 등)된 경우 금융회사에 금리 인하를 요구할 수 있는 소비자의 법적 권리다. 대출계약 시 금융회사는 소비자에게 금리 인하를 요구할 수 있음을 안내하여야 한다. 그러한 안내의무 위반 시 2천만 원 이하의 과태료가 부과된다.[171]

금융소비자가 금리인하요구권을 행사하려면 ① 이용하는 대출이 개인의 신용 상태를 반영하여 금리를 산정하는 상품이고, ② 개인의 신용상태가 개선되었을 것을 조건으로 한다. 금리인하요구권을 행사하려면 대출 당시보다 본인의 상환 능력이 개선됐다는 점(직장·직위 변동, 연 소득 변동, 직위 변동, 기타 부채 감소 또는 자산 증가 등)을 입증해야 한다. 소비자의 신용 상태가 개선되면 신청 횟수, 신청 시점 등과 관계없이 언제든지 금리인하요구권을 행사할 수 있다. 소비자가 금리인하요구권을 행사하면 금융회사는 10영업일 내에 수용 여부 및 사유를 통지하여야 한다.[172] 금융회사가 정당한 사유 없이 금리 인하 요구를 거절 또는 지연하는 경우 「금융소비자 보호에 관한 법률」상 불공정 영업행위로서 과징금 및 과태료를 부과받을 수 있다.[173]

※ 관련 법률: 「은행법」, 「은행법 시행령」

「은행법」

제30조의2(금리인하 요구) ① 은행과 신용공여 계약을 체결한 자는 재산 증가나 신용등급 또는 개인신용평점 상승 등 신용상태 개선이 나타났다고 인정되는 경우 은행에 금리인하를 요구할 수 있다. 〈개정 2020. 2. 4.〉

---

171) 금융위원회, *Ibid*.
172) *Ibid*.
173) 「금융소비자 보호에 관한 법률」 제20조(불공정영업행위의 금지); 「금융소비자 보호에 관한 법률 시행령」 제15조(불공정영업행위의 금지) 제4항제3호.

② 은행은 신용공여 계약을 체결하려는 자에게 제1항에 따라 금리인하를 요구할 수 있음을 알려야 한다.

③ 그 밖에 금리인하 요구의 요건 및 절차에 관한 구체적 사항은 대통령령으로 정한다.

[본조신설 2018. 12. 11.]

「은행법 시행령」

제18조의4(금리인하 요구) ① 은행과 신용공여 계약을 체결한 자는 법 제30조의2제1항에 따라 다음 각 호의 어느 하나에 해당하는 경우 은행에 금리인하를 요구할 수 있다. 〈개정 2020.8.4〉

1. 개인이 신용공여 계약을 체결한 경우: 취업, 승진, 재산 증가 또는 개인신용평점 상승 등 신용상태의 개선이 나타났다고 인정되는 경우
2. 개인이 아닌 자(개인사업자를 포함한다)가 신용공여 계약을 체결한 경우: 재무상태 개선, 신용등급 또는 개인신용평점 상승 등 신용상태의 개선이 나타났다고 인정되는 경우

② 제1항에 따라 금리인하 요구를 받은 은행은 해당 요구의 수용 여부를 판단할 때 신용상태의 개선이 금리 산정에 영향을 미치는지 여부 등 금융위원회가 정하여 고시하는 사항을 고려할 수 있다.

③ 은행은 제1항에 따른 금리인하 요구를 받은 날부터 10영업일 이내(금리인하 요구자에게 자료의 보완을 요구하는 날부터 자료가 제출되는 날까지의 기간은 포함하지 않는다)에 해당 요구의 수용 여부 및 그 사유를 금리인하 요구자에게 전화, 서면, 문자메시지, 전자우편, 팩스 또는 그 밖에 이와 유사한 방법으로 알려야 한다.

④ 제1항부터 제3항까지에서 규정한 사항 외에 금리인하 요구의 요건 및 절차 등에 관하여 필요한 사항은 금융위원회가 정하여 고시한다.

[본조신설 2019.6.11]

44 보증과 연대보증

Y는 대학 졸업 후 영국에서 어학연수를 하면서 만난 한국인 남자친구 K가 2년 전 그의 대학 동창 S에게 빌린 3천만 원에 대하여 연대보증을 섰다. 두 사람 모두 한국으로 돌아와서 계속 교제하였는데, 당시 Y는 K와 결혼까지 생각하고 있었다. K는 사업 차 급전이 필요하다며 친구인 S에게 돈을 빌리려 하는데, 친구가 형식상 연대보증을 요구한다고 하였다. Y에게 연대보증을 서 달라고 부탁하였는데, 대수롭지 않게 생각한 Y는 K를 위해 S를 만났고, S가 제시한 연대보증계약서에 연대보증인으로 기명날인하였다. 그런데, 얼마 전 S가 Y에게 전화하여 K가 빌려 간 돈을 어제까지 갚기로 하였는데 갚지 않았고, 심지어 연락도 닿지 않는다며 K가 빌려 간 돈 3천만 원과 연체된 이자도 대신 갚으라고 요구하였다. 그런데, Y는 K와 3개월 전 심하게 다툰 후 헤어졌고, K의 연락처도 삭제하였다. 당황한 Y는 K의 연락처와 행방을 수소문하였으나 K의 휴대전화는 이미 해지 되었고 해외로 나갔다고 한다.

질문

1. Y는 자신이 빌리지 않은 남자친구 K의 빚 3천만 원과 연체이자를 갚아야 하는가?
2. Y가 K의 채무에 대하여 연대보증이 아니라 일반보증을 섰다면 어떤 차이가 있는가?
3. Y가 K의 채무를 변제했다면, 자신이 대신 갚은 돈을 K에게 돌려 받을 수 있는 방법은 무엇인가?

대여인은 차용인이 돈을 갚지 못할 경우를 대비하여 물적 담보나 인적 담보를 요구할 수 있다. 물적 담보는 차용인이 돈을 변제일에 갚지 못하면 처분할 수 있는 물건을 제공하는 것이고, 인적 담보는 돈을 갚아 줄 보증인을 세우는 것을 말한다. 인적 담보인 보증은 일반보증과 연대보증으로 구별된다. 보증계약은 보증채권자와 보증인 사이에 체결되는 계약이므로 보증계약의 당사자는 채권자와 보증인이다. 채무자는 보증계약의 당사자가 아니다.

보증채무는 보증계약에 따른 보증인의 채무다. 보증계약은 주채무의 이행을 담보하는 것이므로[174] 보증채무가 성립하기 위해서는 주채무가 유효하게 성립하여 존재하여야 한다. 주채무가 무효·취소 등의 사유로 소멸하면 보증채무도 소멸한다.[175] 계약에서 특별하게 정함이 없는 경우 보증채무는 주채무 외에 이자·위약금·손해배상 그 밖에 주채무에 종속한 채무를 담보한다.[176]

연대보증은 보증인이 채권자와의 보증 계약에서 주채무자와 연대하여 채무를 부담하기로 하는 보증채무다. 일반보증과 달리 연대보증은 보충성[177]이 인정되지 않으므로 연대보증인은 최고·검색의 항변권을 갖지 못한다.[178] 즉, 채권자는 주채무자가 변제일에 채무를 변제하지 못한 경우, 주채무자의 변제자력 유무에 상관없이 연대보증인에게 직접 보증채무의 상환을 요구할 수 있다. 일반보증의 경우 보증인은 최고 검색의 항변권을 행사할 수 있는데, 주채무자에게 변제 할 자력이 있다는 사실과 그 집행의 용이성을 증명하여 항변권을 행사할 수 있다.[179] 보증인이 항변권을 행사하면 채권자는 먼저 주채무자에게 청구하고, 그 재산에 대해 집행을 하여야 하며, 그 집행 후 변제를 받지 못한 부분에 한하여 보증인이 그 책임을 지게 된다. 그러나 연대보증의 경우 연대보증인에게는 그러한 최고·검색의 항변권이 인정되지 않는다. 또한 연대보증인이 여러 명 있는 경우에도 공동보증에서의 분별(分別)의 이익은 갖지 못하고 각자 주채무 전액을 지급하여야 한다.[180]

---

174) 「민법」 제428조제1항.
175) 김준호, *supra* note 23, p.779.
176) 「민법」 제429조제1항.
177) 보증채무의 보충성은 보증인이 주채무자가 그 채무를 이행하지 않은 때 그 채무를 이행하게 되는 것을 말한다.
178) 「민법」 제437조 단서.
179) 김준호, *supra* note p.787.
180) 「민법」 제448조제2항.

연대보증의 폐해가 심해 국민 경제생활에 미치는 악영향이 커지자 연대보증제도는 은행권의 경우 2012년, 제2금융권의 경우 2014년에 폐지되었고, 2018년 4월 부터는 대부업과 공공기관에서의 법인대표 연대보증제도도 폐지되었다. 그러나 개인 간의 금전거래에서는 여전히 연대보증이 활용되고 있다.[181]

보증인은 채권자에 대해서는 자기 채무를 이행하는 것이지만, 주채무자에 대해서는 타인의 채무를 변제하는 것이 되므로 보증인은 주채무자에게 구상권을 갖는다.[182]

위 사례의 경우 Y는 연대보증인으로 K가 갚지 않은 3천만 원의 빚과 연체이자 전액에 대해 갚아야 하고, 자신이 대신 갚은 채무에 대해 K를 상대로 법원에 구상권청구소송을 제기할 수 있다. 그러나 Y가 재판을 통해 승소하여도 판결을 강제집행 할 수 있는 Y의 수입이나 재산이 없다면 대신 갚은 돈을 받기는 어려울 수 있다. 그러나 소송을 통해 판결을 받아 집행권원을 확보해 두면 이후에 K의 수입이나 재산이 확인될 때 그에 대한 강제집행을 법원에 신청할 수 있다.

---

181) Bizfact, "조연행의 소비자시대」 빚의 굴레, 연대보증의 피해자, 구제가 시급하다" (2018년 5월 20일 인터넷판 기사).
182) 「민법」 제441조(수탁보증인의 구상권) 및 제444조(부탁 없는 보증인의 구상권).

45 불법대부업

　　대구에 사는 20대 대학생 A는 인터넷 대부 중개 사이트를 통해 급전 대출을 주로 하는 미등록 사채업자에게 일주일 뒤에 갚기로 약정하고 50만 원을 대출했다. 이 사채업자는 대출금 중 20만 원을 선이자로 미리 공제하고, 5만 원은 대출 시 수수료 명목으로 떼어 실제 25만 원만 송금하였다. 약속한 변제기일에 사채업자는 원금 50만 원을 상환할 것을 요구했다. A는 일단 30만 원만 갚고, 사채업자에게 일주일만 더 시간을 달라고 요구하였는데, 일주일 뒤에는 78만 원을 갚아야 한다고 요구하였다. 늘어난 빚을 갚지 못한 A는 지난 6개월 동안 계속 사채업자가 전화와 문자로 욕설과 협박을 하여 시달렸는데, 실제 사채업자가 이 기간에 A에게 요구한 이자는 연 3,400%에 달하는 수준이다. 사채업자는 이 과정에서 A의 부모, 형제에게 밤낮없이 수시로 전화를 해 A의 채무 사실을 알리고, 대신 갚으라고 협박을 일삼아 가족들 또한 사채업자에게 괴롭힘을 당하고 있다.

 질문

1. A는 사채업자가 주장하는 대출상환금을 모두 갚아야 하는가?
2. 미등록 사채업자가 A에게 받을 수 있는 법정 이자율의 상한선은 얼마인가?
3. 위 사례의 사채업자의 불법행위는 무엇인가?

　　A가 미등록사채업자에게 돈을 빌린 경우 「대부업법」이 아닌 「이자제한법」에 따른 법정 최고이자율이 적용된다. 「이자제한법」상 2025년 기준 법정 최고이자율은 연 20%로, 연 20%를 초과하는 이자는 무효이므로[183] 초과하는 이자에 대해서는 법적으로 갚지 않아도 된다. 이미 이자를 지급했다면 초과 지급된 이자의 상

당액은 원본에 충당되고, 원본이 소멸한 경우 부당이득으로 반환을 청구할 수 있다.[184]

　대출 시 수수료는 모두 이자로 간주되며, 선이자를 사전에 공제하는 경우 대출원금에서 제외된다.[185] 위 사례에서 대출 시 공제한 선이자 20만 원은 대출 원금에서 제외되고, 대출수수료 명목으로 먼저 떼어 간 5만 원도 이자로 간주되어 실제 대출원금은 25만 원이다. 따라서 이자는 대출원금 25만 원에 대하여 최대 연 20%의 이자를 금전을 대여한 기간동안 지급하면 된다.

　불법대부업의 유형은 무등록업체의 불법영업, 이자율 제한 위반, 불법대부광고, 불법채권추심이 있다. 불법채권추심행위란 등록 대부업체 또는 미등록 대부업체가 돈을 갚으라고 협박전화를 하거나 채무자나 그의 가족, 친인척에게 전화하여 공포감을 유발하여 사생활의 평온과 업무의 평온을 해치는 것, 직장이나 친구들에게 채무자가 돈을 변제하지 못했다는 사실을 알리는 것, 신체에 위협을 주는 행위 등을 말한다.

☞ **불법추심행위(예시)**[186]

① 채권추심자의 신분을 밝히지 않고 추심하는 경우
② 무효이거나 존재하지 않는 채권을 추심하는 경우
③ 반복적으로 전화 또는 주거지에 방문하는 경우
④ 야간(저녁 9시~아침 8시)의 전화 또는 방문하는 경우
⑤ 가족·관계인 등 제 3자에게 채무사실을 고지하는 경우
⑥ 가족·관계인 등 제 3자에게 채무변제를 요구하는 경우
⑦ 협박·공포심·불안감을 유발하는 추심행위
⑧ 금전을 차용하여 변제자금 마련을 강요하는 행위
⑨ 개인회생 및 파산진행자에게 추심하는 경우
⑩ 법적절차의 진행사실을 거짓으로 안내하는 경우

---

183) 「이자제한법」 제2조제3항.
184) 「이자제한법」 제2조제4항.

위 사례의 경우, 채무자와 그 가족에게 지속적으로 협박하여 공포심을 유발하여 사생활의 평온과 업무의 평온을 해치고, 가족들에게 돈을 변제하지 못했다는 사실 등을 알리는 등 불법채권추심행위가 있는 것으로 볼 수 있다. 무등록 불법대부업자는 5년 이하의 징역 또는 5천만 원 이하의 벌금의 형사처벌을 받는다.[187]

불법채권추심행위로 피해를 입는 경우 관련 증거자료(전화통화 휴대폰 녹음, 협박이나 폭력행위에 대한 동영상 촬영)와 증인을 확보하여, 금융감독원사금융피해상담센터(전화번호: 1332), 한국대부금융협회의 대부업피해신고센터, 경찰서의 지능범죄수사팀(전화번호: 112), 관할 시도청 대부업 담당자 등에게 신고 할 수 있다.

한편, 불법채권추심이나 고금리 대출 등의 불법행위는 불법 대부업체에서 행해지므로 대부업체를 이용해야 할 때 반드시 대부업체통합조회서비스 (http://www.clfa.or.kr)를 이용하여 등록된 대부업체인지 확인을 하여야 하고, 대부 계약을 체결할 때 계약 일자, 대부금액, 대부이자율, 변제 기간, 변제방법이 계좌이체 방식인 경우 그 계좌번호, 손해배상액 또는 강제집행에 관한 약정, 보증 계약이 있는 경우 그 내용, 채무의 조기상환 수수료율 등 조기상환 조건 등의 내용이 적힌 대부계약서를 작성해야 한다. 특히 대부계약서의 내용 중 대부이용자가 반드시 자필로 작성해야 하는 사항이 있는데 ① 대부금액, ② 대부이자율, ③ 변제기간, ④ 연체이자율 등이 해당된다.[188]

정부는 2020년 1월28일부터 취약계층의 불법사금융 피해를 실질적으로 구제하고, 정부 차원에서 법률적인 지원을 제공하기 위해 '채무자 대리인 무료 지원' 사업을 수행하고 있다. 이 제도는 미등록·등록 대부업자로부터 불법추심 피해(우려)가 있거나 법정최고이율을 초과하여 대출받은 피해자를 대상으로 하고 있다.

---

185) 디지털타임즈, "선이자공제 - 과도한 이자 대출 모두 불법... 고금리 피해예방 10계명 숙지해야" (2016년 7월 31일 인터넷판 기사); 동아일보, [조은아 기자의 금퇴공부]복잡한 이자계산법, 불법 대부업의 덫(https://www.donga.com/news/article/all/20220530/113687051/1, 2022년 5월 31일자 인터넷판 기사) 참조.
186) 금융감독원(https://www.fss.or.kr) 홈페이지 참조.
187) 「대부업법」 제19조 제1항.
188) 「대부업법」 제6조 및 제6조의2

☞ **채무자 대리인 및 소송변호사 무료지원 제도**

　채무자 대리인 무료 지원 사업이란 법률구조공단 소속 변호사가 불법추심 피해(우려)자의 채무자대리인 및 최고금리 위반에 대한 부당이득청구소송, 불법추심에 대한 손해배상청구 등 소송대리인으로서 피해구제를 무료로 지원하는 제도다. 채무자대리의 경우에는 채무자가 불법추심에 시달리지 않도록 법률구조공단 변호사가 채무자를 대신해 채권자(대부업자)에 의한 추심행위에 대응하고, 소송대리의 경우에는 법정 최고금리를 초과하는 대출, 불법추심 등으로 인해 발생한 피해에 대한 반환청구·손해배상·채무부존재확인 소송, 개인회생·파산 등을 대리한다. 또한, 대출계약 및 추심의 위법성, 소송절차 안내 등 불법사금융 관련 법률상담을 제공한다. 채무자 대리의 경우 미등록·등록 대부업 피해자 전원을 지원하고, 소송대리의 경우 미등록·등록 대부업 피해자 기준중위소득 125% 이하(예시: 2025년 1인 가구 기준 2,990,016원)만 지원한다. 채무자대리 신청은 대한법률구조공단(☎132), 금융감독원 불법사금융신고센터(☎1332)를 통해 할 수 있다.[189]

---

189) 금융감독원 홈페이지 채무자대리제도 안내 및 신청 (https://www.fss.or.kr/fss/main/contents.do?menuNo=200343) 참조.

46 채권의 소멸시효

사업가인 K는 최근 숙박업을 하는 Y에게 7년 전 숙박시설의 리모델링을 목적으로 빌려 간 1억 원을 갚으라고 하였다. 6개월만 쓰겠다며 빌려 간 돈이었는데, Y가 갑자기 쓰러져 몇 년간 투병 생활을 하는 바람에 숙박업을 접게 되었고, 돈을 갚지 못하였다. K는 사정을 잘 아는 사이에 인정상 돈을 갚으라는 이야기를 하지 못하고, 계속 눈치만 보다가 7년의 세월이 훌쩍 흘렀다. 그런데, 최근 K는 지인에게 Y가 상속받은 재산으로 다시 사업을 시작했다는 이야기를 듣고, Y에게 연락을 하여 7년 전 빌려 간 돈을 갚으라고 했는데, Y는 지금은 돈도 없지만 오래된 빚은 갚지 않아도 되는 것 아니냐며 황당한 소리를 한다.

 질문

1. Y는 오래전 빚이므로 갚을 필요가 없다고 하는데, 오래된 빚은 갚지 않아도 되는가?
2. K는 Y가 7년 전 빌려간 1억 원의 대여금 반환을 청구할 권리가 있는가?
3. K가 가진 금전채권의 소멸시효가 만료되기 전이라면, K가 Y에게 빌려준 돈을 받기 위해 할 수 있는 법적조치는 무엇인가?

채권이란 특정인이 다른 특정인에게 특정 행위를 청구할 수 있는 권리를 말한다. 개인 간의 금전거래에서 민사채권의 통상적인 소멸시효는 10년이지만,[190] 상사 채권의 경우는 5년이다.[191] 위 사례의 경우 상인인 Y(숙박업자)가 보조적 상행

---

[190] 「민법」 제162조(채권.재산권의 소멸시효) 제1항.
[191] 「상법」 제64조(상사시효).

위(숙박시설 리모델링)를 목적으로 하여 빌린 채무이므로 K의 채권은 상사채권에 해당하고, 상사채권의 소멸시효는 5년이므로 K가 변제일 다음 날부터 5년이 되는 날까지의 기간 중 한 번도 채권을 행사하지 않았다면 빌려준 돈의 반환을 청구할 수 있는 권리(대여금반환청구권)는 소멸한다.

오래된 빚이라 하더라도 채권의 소멸시효를 중단시키는 채권자의 대여금반환청구권의 행사가 계속적으로 있었다면 채무자는 빌린 돈을 반환하여야 한다. 상사채권의 경우 5년의 소멸시효가 완성되기 전에 여러 차례 대여금 반환 청구권을 행사했다면 그러한 권리를 행사한 각 시점을 기준으로 소멸시효가 다시 진행된다. 대여금반환청구권과 같은 금전채권을 보호하기 위해서는 채권의 소멸시효가 도래하기 전에 시효를 중단시키는 조치(①청구[192], ②압류 또는 가압류, 가처분, ③승인[193])를 해야 한다.[194] 예를 들면 Y에게 대여금 반환을 청구하는 내용증명을 보내거나 물적 담보에 대한 가압류를 법원에 신청하고, 대여금반환청구소송을 제기할 수 있다. 채무자가 채권자의 대여금반환청구에 대해 실제로 어떤 대응을 하지 않아도 채권자는 소멸시효를 중단시키기 위해 명시적으로 채무자에게 대여금반환청구권을 행사하고, 이후 소송을 대비하여 청구권 행사를 했던 입증자료를 모아 두어야 한다.

---

192) 청구는 권리를 행사하는 것인데, 민법은 그 유형으로 재판상 청구(제170조), 파산절차참가(제171조), 지급명령(제172조), 화해신청과 임의출석(제173조), 최고(제174조) 5가지를 제시하는데, 각각 시효중단의 요건을 규정하고 있다. 김준호, supra note 23, p. 386.
193) 승인은 시효이익을 얻을 당사자인 채무자가 소멸시효의 완성으로 권리를 상실하게 될 자에게 그 권리가 존재함을 인식하고 있다는 뜻을 표시하는 것을 말한다. 의무자가 권리의 존재를 인정한 점에서 시효중단사유로 한 것이며, 그 효력은 그 통지가 상대방에게 도달할 때에 생긴다. 승인은 시효완성 전에 하는 것이고, 시효완성 후의 승인은 소멸시효이익의 포기로 다루어진다. Ibid., p.395.
194) 「민법」 제168조(소멸시효의 중단사유).

☞ **시효제도**

　시효란 일정한 사실상태가 일정한 기간 동안 계속된 경우에 그 사실상태가 진실한 권리관계에 합치하는 지 여부를 묻지 않고 법률상 일정한 효과를 부여하는 제도다. 그 효과로는 권리가 소멸되는 소멸시효와 그와 반대로 권리를 취득하는 취득시효가 있다. 시효가 완성되면 법률상 당연한 권리를 잃거나 취득하게 되는 효과가 생기는 법률요건이며, 법률의 규정에 대한 권리변동의 원인이 된다. 시효는 재산권과 관련되며, 시효에 관한 규정은 강행규정이다.[195]

※ 관련 법률: 「민법」

제162조(채권, 재산권의 소멸시효)
　①채권은 10년간 행사하지 아니하면 소멸시효가 완성한다.
　②채권 및 소유권 이외의 재산권은 20년간 행사하지 아니하면 소멸시효가 완성한다.

제163조(3년의 단기소멸시효)
　다음 각호의 채권은 3년간 행사하지 아니하면 소멸시효가 완성한다. 〈개정 1997. 12. 13.〉
　1. 이자, 부양료, 급료, 사용료 기타 1년 이내의 기간으로 정한 금전 또는 물건의 지급을 목적으로 한 채권
　2. 의사, 조산사, 간호사 및 약사의 치료, 근로 및 조제에 관한 채권
　3. 도급받은 자, 기사 기타 공사의 설계 또는 감독에 종사하는 자의 공사에 관한 채권
　4. 변호사, 변리사, 공증인, 공인회계사 및 법무사에 대한 직무상 보관한 서류의 반환을 청구하는 채권
　5. 변호사, 변리사, 공증인, 공인회계사 및 법무사의 직무에 관한 채권
　6. 생산자 및 상인이 판매한 생산물 및 상품의 대가
　7. 수공업자 및 제조자의 업무에 관한 채권

제164조(1년의 단기소멸시효)
　다음 각호의 채권은 1년간 행사하지 아니하면 소멸시효가 완성한다.

---

195) 김준호, *supra* note 23, p.366.

1. 여관, 음식점, 대석, 오락장의 숙박료, 음식료, 대석료, 입장료, 소비물의 대가 및 체당금의 채권
2. 의복, 침구, 장구 기타 동산의 사용료의 채권
3. 노역인, 연예인의 임금 및 그에 공급한 물건의 대금채권
4. 학생 및 수업자의 교육, 의식 및 유숙에 관한 교주, 숙주, 교사의 채권

제165조(판결 등에 의하여 확정된 채권의 소멸시효)

①판결에 의하여 확정된 채권은 단기의 소멸시효에 해당한 것이라도 그 소멸시효는 10년으로 한다.

②파산절차에 의하여 확정된 채권 및 재판상의 화해, 조정 기타 판결과 동일한 효력이 있는 것에 의하여 확정된 채권도 전항과 같다.

③전2항의 규정은 판결확정당시에 변제기가 도래하지 아니한 채권에 적용하지 아니한다.

제166조(소멸시효의 기산점)

①소멸시효는 권리를 행사할 수 있는 때로부터 진행한다.

②부작위를 목적으로 하는 채권의 소멸시효는 위반행위를 한 때로부터 진행한다.

[단순위헌, 2014헌바148, 2018. 8. 30. 민법(1958. 2. 22. 법률 제471호로 제정된 것) 제166조 제1항 중 '진실·화해를 위한 과거사정리 기본법' 제2조 제1항 제3호, 제4호에 규정된 사건에 적용되는 부분은 헌법에 위반된다.]

제167조(소멸시효의 소급효)

소멸시효는 그 기산일에 소급하여 효력이 생긴다.

제168조(소멸시효의 중단사유)

소멸시효는 다음 각호의 사유로 인하여 중단된다.

1. 청구
2. 압류 또는 가압류, 가처분
3. 승인

제169조(시효중단의 효력)

시효의 중단은 당사자 및 그 승계인간에만 효력이 있다.

47 착오 송금

L은 인터넷 뱅킹으로 자신의 입출금 통장에서 며칠 전에 만든 다른 은행의 자신의 계좌로 1억 3천만 원을 이체하였다. 이체 은행과 계좌번호를 누른 후 지문인식으로 순식간에 이체가 종료되었다. 계좌번호 입력 후 다음 버튼을 누르는 순간 맨 뒷자리 두 자리 21이 12로 바뀌어 있는 것을 얼핏 보았는데 다시 확인 해 보니 다른 사람의 계좌로 입금이 된 것이다. 깜짝 놀란 L은 은행에 연락하였는데, 수취인의 동의 없이는 돈을 반환해 줄 수 없다고 한다. 수취인의 전화번호를 알려달라고 하니 그것은 개인정보라 줄 수 없다고 하여 황당한 상황이다.

질문

1. L은 실수로 다른 사람의 계좌로 입금하였는데, 이 돈을 어떻게 돌려 받으려면 어떻게 해야 하는가?
2. 알고 보니 L이 착오 송금한 그 계좌는 **은행의 K의 마이너스통장(마이너스 대출 약정계좌)인데, 돈이 입금되자마자 **은행이 빼간 상황이다. L은 은행을 상대로 착오 송금한 돈을 돌려달라고 요구할 수 있는가?
3. 착오 송금으로 자신의 계좌로 입금된 남의 돈을 사용하면 어떻게 되는가?

최근 인터넷·모바일뱅킹의 사용 증가와 송금 절차 간소화 등으로 비대면 송금 거래에서 착오 송금이 많이 발생하고 있다. 착오 송금이란 송금인의 착오로 송금금액, 수취금융회사, 수취인 계좌번호 등을 잘못 입력한 후 이체된 거래로서 송금된 금액은 법적으로 수취인의 예금이기 때문에 송금인은 수취인의 동의 없이는 자금을 돌려받을 수 없다.[196] 따라서 온라인 금융거래 시 착오 송금하지 않도록 주의를 기울여야 한다.

잘못 송금한 돈이라도 원칙적으로 수취인의 예금계좌 이체 시 은행은 자금이동의 원인에 관여함이 없이 중개 기능을 수행할 뿐이므로, 잘못 입금된 돈이라도 수취인은 계좌에 들어온 금원 상당의 예금채권을 취득하게 된다. 따라서 은행은 수취인의 동의 없이 송금인에게 임의로 돈을 돌려줄 수 없다.[197]

법적으로 송금을 받은 수취인은 금전을 돌려줄 민사상 반환 의무가 발생한다. 일단 수취인이 예금채권을 취득하였더라도 법적으로는 자금 이체의 원인인 법률관계가 존재하지 않으므로, 송금인은 수취인에 대하여 착오 이체 금액 상당의 '부당이득반환청구권'을 갖게 된다. 따라서 송금인은 수취인에게 부당이득반환청구를 할 수 있다. 수취인이 반환을 거부하면 송금인은 수취인을 상대로 부당이득반환청구소송을 제기하여 돈을 받을 수 있다. 수취은행은 자금 중개의 기능을 담당할 뿐 이득을 얻은 바 없으므로 부당이득반환의 상대방이 되지 않는다.[198]

착오 송금이 발생한 경우, ① 먼저 송금 금융회사를 통해 (수취인의 자진반환 청구하는) 착오송금반환청구(수취인의 자진반환 청구)를 해야 한다. 2015년 9월부터는 착오송금인이 영업점을 방문하지 않고도 송금 금융회사 콜센터에 착오송금 반환청구를 신청할 수 있도록 개선되었다. 따라서 영업시간 외 저녁이나 주말, 공휴일, 또는 영업점 방문이 어려운 경우에도 콜센터에 전화만 걸면 반환청구 접수가 가능하다. 중요한 것은 착오 송금을 받은 은행(수취은행)이 아닌 송금은행을 대상으로 신청, 문의해야 한다.

그러한 요청에도 반환이 이루어지지 않으면 송금인은 ② 예금보험공사에 착오송금 반환지원 신청(2025년 기준, 5만 원~1억 원 이내 금액인 경우)을 하거나 ③ 수취인을 상대로 부당이득반환청구의 소를 제기하여야 한다. ①의 자진 반환 요청 없이 바로 예금보험공사에 착오 송금 반환지원을 신청하면 거절된다. 수취 금융회사에 등록된 수취인 연락처가 예전 연락처이거나, 수취계좌의 압류 등 법적

---

196) 금융감독원, 「금융소비자의 소리」(2015), p.11.
197) Ibid., p.13.
198) 대법원 2007. 11. 29. 선고 2007다51239 판결.

제한이 걸려있는 경우, 반환청구 절차를 통한 반환이 어려울 수 있다. 이 경우 수취인에 부당이득 반환청구 소송을 통해 자금을 돌려받을 수 있다.[199]

착오로 다른 사람계좌로 돈을 보냈을 때 그 계좌가 마이너스 통장계좌인 경우에도 은행이 아닌 수취인에게만 송금액 반환을 요구할 수 있다. 마이너스통장이 아닌 일반 예금계좌의 경우 송금의뢰인이 수취은행이 아닌 수취인을 상대로 부당이득반환청구를 해야 한다.[200]

수취인이 임의로 동 자금을 인출·사용하는 경우 횡령죄가 성립한다. 수취인은 잘못 입금된 금원을 송금인에게 돌려줄 때까지 보관할 의무가 있으므로, 수취인이 착오 입금된 돈을 임의로 인출하여 사용하면 형사상 횡령죄에 해당할 수 있다.[201]

※ 착오송금반환지원제도

종전에는 착오송금 발생시 송금인은 금융회사를 통해 수취인에게 송금된 금전을 돌려줄 것을 요청하고, 반환되지 않는 경우 소송을 통해서만 착오송금을 회수할 수 있었다. 이에 따라 송금인이 착오송금을 반환받는데 시간과 비용 부담이 컸으며 소액인 경우 반환받기를 포기하는 경우도 많았는데, 이러한 문제를 개선하기 위하여 착오송금반환지원제도가 도입되었다.

착오송금반환지원제도는 예금보험공사에서 잘못 송금한 돈을 신속하게 반환받을 수 있도록 도와주는 제도로, 2021년 7월 6일부터 시행된 제도로 법 시행일 이후 발생한 착오송금에 대하여 착오송금일로부터 1년 이내 반환지원 신청이 가능하다.

① 대상 금액: 5만 원 이상 1억 원 이하(2025년 기준, 보이스피싱 피해대상 제외)

---

199) 금융위원회, "[보도자료] 7월 6일 이후 착오송금(5만원~1,000만원)을 은행을 통해 반환받지 못하는 경우, 예금보험공사의 도움을 받을 수 있게 되었습니다. - 7월 6일 착오송금 반환지원 제도 시행 -"(2021년 6월 14일); 조선일보, "다른 계좌로 송금 잘못 했다? 착오송금 대응요령"(2016. 10. 25 인터넷판 기사) 참조.
200) 대법원 2022. 6. 30. 선고 2016다237974 판결 참조.
201) 대법원 2010. 12. 9. 선고 2010도891 판결.

② 신청 대상: 금융회사*의 계좌, 간편송금업자**의 계정을 통해 송금하였으나 착오가 있었던 경우 반환지원 신청 가능(다만, 수취인이 이용하고 있는 간편송금업자의 계정으로 송금*한 경우 등에는, 예보가 수취인의 실지명의(이름과 주민등록번호 등)를 확인할 수가 없으므로 반환지원 신청 대상에서 제외됨. 예시) 토스 연락처 송금, 카카오페이 회원간 송금 등)

* 은행(외은지점, 농협은행, 수협은행, 산업은행, 중소기업은행 포함), 투자매매·중개업자, 저축은행, 신협, 새마을금고, 농협·수협·산림조합, 우체국 등
** 토스, 카카오페이, 네이버페이 등 금융위원회에 선불전자지급수단의 발행 및 관리 업무를 등록한 자 중에서 송금서비스를 제공하는 자

③ 착오송금인이 부당이득반환채권 관련 소송을 진행 중이거나, 수취인이 사망한 경우 등은 반환지원 대상에서 제외
④ (반환 금액) 반환지원 신청인이 잘못 송금한 금전을 예보가 회수하는 경우, 실제 회수된 금액에서 회수 관련 비용(우편 안내비용, 지급명령 관련 인지대·송달료 등 비용, 인건비 등)을 차감한 잔액을 반환

48 부동산매매계약의 해제와 해약금

지방에서 올라와 서울의 한 광고회사에 취업한 N은 남산이 보이는 이태원 주택가에 소재한 빌라의 작은 옥탑방을 매매하는 계약을 집주인(임대인)과 체결하였다. 평소 옥탑방 생활을 해보고 싶었던 N은 일단 전세로 살고 싶었지만, 그 인근에 적당한 금액의 전세 물건이 없어서 할 수 없이 매매하기로 하였다. 계약을 한 날 전체 계약금 천만 원 중 돈이 부족해 5백만 원만 먼저 주고, 나머지 5백만 원은 이틀 뒤에 집주인에게 입금하기로 하였다. 그런데, 집에 와서 생각해보니 빌라가 너무 낡았고, 주차도 어려울 것 같아 오전에 했던 매매계약을 해제하고 싶다.

 질문

1. 매매계약을 체결하고, 이미 계약금 일부를 주고받은 상태인데, N은 단순 변심으로 매매계약을 해제할 수 있는가?
2. 만약, 계약을 해제한다면 N은 매매계약을 체결한 상대방(집주인)에게 해약금으로 얼마를 주어야 하는가?

매매계약이 유효하게 일단 성립하였다면 일방의 단순 변심으로 일방적으로 계약을 해제할 수 없다. 단, 주된 계약과 함께 계약금[202] 계약을 한 경우에만 임의해제가 가능하다. 계약금을 주고받은 상태에서는 일방의 의사로 언제나 매매계약을

---

202) 계약금이란 부동산 매매계약을 체결할 경우 일반적으로 계약당사자의 일방이 상대방에게 교부하는 금전을 말한다. 통상 계약당일 부동산 매매가격의 10% 정도의 돈을 계약금으로 주고 받는다. 계약금은 매매계약이 체결되었다는 증거금이며, 매매계약 후 계약당사자 일방이 이행에 착수할 때 까지 계약을 해제하는 경우 해약금의 성격을 갖는다. 법무부·한국법교육센터, *supra* note 86, p.144.

해제할 수 있다. 다만 매수인이 계약을 해제하고자 하는 경우 별도의 해약금 규정이 없다면 계약금을 해약금으로 할 수 있고, 매도인이 계약을 해제하고자 하는 경우 매수인에게 받은 계약금의 두 배를 해약금으로 한다. 위 사례와 같이 계약금 전액이 아니라 계약금 일부만 건넨 상황에서 부동산 매매계약을 해제하려면 실제 건넨 계약금 일부가 아니라 원래 약속한 계약금을 기준으로 해약금을 산정해야 한다.[203] 따라서 위의 사례의 경우 N은 매매계약의 상대방(매도인)에게 천만 원의 해약금을 줘야 한다.

한편, 중개보수와 관련하여 계약이 일단 유효하게 성립했고, 개업공인중개사의 고의나 과실로 계약이 해제된 것이 아니라 당사자들의 의사로 계약이 해제되었다면 공인중개사에게 중개보수를 지급하여야 한다.[204]

※ **위약금 특약**

부동산매매계약 시 계약금을 위약금으로 삼기로 하는 특약도 가능한데, 계약금에 대한 위약금 특약이 있는 경우 계약금은 위약금 성질을 가지며, 손해배상액의 예정으로 추정된다. 따라서 계약금을 위약금으로 한다는 특약을 하면 당사자 일방이 계약을 위반할 때 계약금을 몰 수 할 수 있다.

☞ **계약의 해제와 해지의 차이**

계약의 해제와 해지는 당사자 일방의 의사표시만으로 계약을 실효시키는 점에서 같지만, 양자가 인정되는 계약의 종류와 효과가 다르다. 계약의 해제는 모든 채권계약에서 가능하지만, 계약의 해지가 인정되는 것은 '계속적 계약'에 한한다. 당사자 일방이 계약을 해지한 경우, 그 계약은 장래에 대하여 효력을 잃는다는 점에서 소급하여 계약이 실효되는 계약의 해제와 다르다. 예를 들어 1년(1월 ~ 12월)을 계약기간으로 하여 매월 25일에 월세를 주기로 하였는데, 예를 들어 6월과 7월에 2회 차임의 지급을 연체한 경우, 임대인

---

203) 대법원 2015. 4. 23. 선고 2014다231378 판결 참조.
204) 법무부·한국법교육센터, *supra* note 86, p.145.

은 임차인과의 계약을 해지할 수 있다.[205] 해지하면 그때부터 임대차계약은 효력을 잃는다.[206]

> ※ 관련 법률: 「민법」
>
> **제565조(해약금)** ①매매의 당사자 일방이 계약당시에 금전 기타 물건을 계약금, 보증금등의 명목으로 상대방에게 교부한 때에는 당사자간에 다른 약정이 없는 한 당사자의 일방이 이행에 착수할 때까지 교부자는 이를 포기하고 수령자는 그 배액을 상환하여 매매계약을 해제할 수 있다.
> ②제551조의 규정은 전항의 경우에 이를 적용하지 아니한다.

---

205) 「민법」 제640조(차임연체와 해지) 건물 기타 공작물의 임대차에는 임차인의 차임연체액이 2기의 차임액에 달하는 때에는 임대인은 계약을 해지할 수 있다.
206) 김준호, supra note 23, pp. 887~888, 924.

49 부동산 임대차 대리계약

인천에 사는 K는 서울로 출퇴근하는 시간이 너무 길어 양천구의 18평 아파트를 전세로 임차하여 살기로 하였다. 부동산 공인중개사의 이야기로는 현재 집주인이 노르웨이 체류 중이라 직접 계약을 할 수 없다고 하여 그 아버지(S)가 대신 나왔다. S는 자신과 딸의 관계를 증명하는 가족관계증명서와 신분증을 보여주었고, 부동산의 공인중개사도 그와 잘 아는 사이처럼 보였다. K는 전 재산을 탈탈 털고, 은행 대출도 받아 4억 원을 마련하여 S와 전세 임대차계약을 체결한 후 입주하였는데, 얼마 지나지 않아 집주인의 어머니가 나타나 K가 S와 체결한 계약이 무효라고 집을 비워달라고 요구하였다. 딸이 소유하는 아파트의 관리와 대리계약을 엄마인 자신에게 맡겼다며, 아버지(S)는 아무런 대리권이 없다고 하였다. 알고 보니 집주인의 부모는 1년 전에 이혼하였다. 집주인의 어머니는 딸이 자신에게 준 인감도장이 찍힌 위임장을 보여주었다. 주노르웨이 한국영사관이 발행한 위임장에는 대리인 권한으로 계약금 및 잔금을 대리로 받을 권한까지 기재되어 있었다. K는 부동산 사무실에 가서 계약을 중개한 공인중개사를 찾았으나 그 사람은 공인중개사가 아닌 중개보조원이었고, 그 사무실에서는 중개 사실조차 모르고 있었다. 집주인의 어머니는 S가 4억 원 중 월세 보증금 2억 원을 기존 세입자에게 반환하고, 남은 2억 원을 가지고 잠적하였다고 한다.

 질문

1. K가 S와 체결한 전세 임대차계약은 유효한가?
2. 대리인과 부동산거래를 할 때 주의할 점은 무엇인가?

S는 집주인의 아버지로서 가족이라 하더라도 임대차계약에 관한 대리권이 없

으므로 S가 딸을 대리하여 K와 체결한 임대차계약의 효력을 집주인에게 주장할 수 없다. 대리권이 없는 자가 타인의 대리인으로 한 계약은 본인이 이를 추인하지 아니하면 본인에 대하여 효력이 없기 때문이다.[207] 따라서 K는 집주인과 그 대리인인 어머니의 요구대로 집을 비워줘야 하고, 이들에게 전세 보증금 반환도 청구할 수 없다.

대리인과 계약할 때는 반드시 본인의 위임장을 확인하고, 본인과 직접 연락하여 대리인을 통하여 계약하는 것이 맞는지 확인하는 것이 안전하다. 대리인의 주민등록증, 집주인의 인감증명서가 첨부된 위임장을 반드시 확인하여야 한다. 임차인이 대리인과 계약 할 경우, 반드시 위임장과 인감증명서를 보관해 두고, 집주인과의 통화내역(본인 여부, 누구에게 위임하였는지 등 확인)을 녹취해 두는 것이 좋다. 또한 계약금이나 보증금은 반드시 등기 명의자의 통장으로 입금하여야 한다.

※ 관련 법률:「민법」

제103조(반사회질서의 법률행위)
선량한 풍속 기타 사회질서에 위반한 사항을 내용으로 하는 법률행위는 무효로 한다.

제104조(불공정한 법률행위)
당사자의 궁박, 경솔 또는 무경험으로 인하여 현저하게 공정을 잃은 법률행위는 무효로 한다.

제107조(진의 아닌 의사표시)
①의사표시는 표의자가 진의 아님을 알고 한 것이라도 그 효력이 있다. 그러나 상대방이 표의자의 진의 아님을 알았거나 이를 알 수 있었을 경우에는 무효로 한다.
②전항의 의사표시의 무효는 선의의 제삼자에게 대항하지 못한다.

제108조(통정한 허위의 의사표시)
①상대방과 통정한 허위의 의사표시는 무효로 한다.
②전항의 의사표시의 무효는 선의의 제삼자에게 대항하지 못한다.

---

207)「민법」제130조 (무권대리).

제109조(착오로 인한 의사표시)

①의사표시는 법률행위의 내용의 중요부분에 착오가 있는 때에는 취소할 수 있다. 그러나 그 착오가 표의자의 중대한 과실로 인한 때에는 취소하지 못한다.

②전항의 의사표시의 취소는 선의의 제삼자에게 대항하지 못한다.

제110조(사기, 강박에 의한 의사표시)

①사기나 강박에 의한 의사표시는 취소할 수 있다.

②상대방 있는 의사표시에 관하여 제삼자가 사기나 강박을 행한 경우에는 상대방이 그 사실을 알았거나 알 수 있었을 경우에 한하여 그 의사표시를 취소할 수 있다.

③전2항의 의사표시의 취소는 선의의 제삼자에게 대항하지 못한다.

제130조(무권대리)

대리권 없는 자가 타인의 대리인으로 한 계약은 본인이 이를 추인하지 아니하면 본인에 대하여 효력이 없다.

50 주택임차인의 대항력과 우선변제권

공공기업의 지방 이전으로 대구로 이주하게 된 직장인 K(남)는 동구의 다세대 주택인 사랑빌라 2층 201호를 2년 동안 임차하고, 보증금 7천만 원에 월세 50만 원을 내기로 하는 임대차계약을 체결하였다. 마침 대구가 고향인 친구의 소개로 집주인과 임대차계약을 직접 체결하여 부동산 중개수수료도 아낄 수 있게 되었다. 집주인이 작성한 임대차계약서에는 사랑빌라 주소와 지번만 기재되어 있었다. K는 5월 15일 이사를 하고, 당일 주민센터에 전입신고를 하였으며, 계약서에 확정일자까지 받았다. 집에 돌아오는 길에 계약서에 빌라의 호수가 기재되지 않은 사실을 우연히 발견하였지만 그리 대수롭지 않게 생각하였다. 그런데, 전입신고를 한 날로부터 3일 후 이웃 주민에게 그 빌라가 통째로 다른 사람에게 경매로 넘어갔다는 소식을 듣게 되었다.

 질문

1. K는 그 빌라를 경매받은 새 주인에게 자신의 임차권을 주장할 수 있는가?
2. K는 새 주인에게 자신의 월세 보증금 7천만 원의 반환을 주장할 수 있는가?

임차한 주택이 경매로 인하여 주택 소유권자가 변경되더라도 임차인이 임대차계약상의 계약기간 동안 임차인의 권리(그 집에서 거주하고, 새로운 소유권자에게 보증금 반환을 청구할 권리)를 유지하기 위해서는 대항력을 갖춰야 한다. 임차인이 대항력을 갖추려면 임차한 건물이 일단 「주택임대차보호법」의 적용을 받는 주거용 건물임을 전제로, 첫째, 임차한 주택을 인도받아야 하고(이사), 둘째, 주민등록(전입신고)을 하여야 한다. 주민등록은 전입신고가 수리된 때를 말한다. 주택임대차를 등기하지 않아도 빌린 주택으로 이사하고, 전입신고를 하면 그다음 날부터 대항력이 생긴다.[208] 즉, 임차인은 그 주택을 빌렸다는 사실을 누구에게나 주장할 수 있다. 다가구주택의 경우 단독주택이므로 주민등록에 건물의 소재지와 지번을 표기하면 되지만 다세대 주택의 경우 공동주택이므로 건물의 소재, 지번, 공동주택의 명칭, 동·호수까지 기재하여야 한다.[209]

주거하는 임대주택이 경매되었을 때 그 경매대금에서 후순위 권리자나 다른 채권자보다 임차인은 먼저 임차보증금을 돌려받을 수 있는 우선변제권을 가지려면 임차인이 임대차계약서에 확정일자를 받으면 된다.[210] 계약서의 확정일자는 주택 소재지의 읍·면사무소, 주민센터를 방문하여 전입신고 후 확정일자를 요청하면 계약서에 확정일자 확인 도장을 받을 수 있다.

그런데, 위 사례의 경우 K는 이사하고, 전입신고도 마쳤으며, 임대차계약서에 확정일자까지 받았으나 계약서에 사랑빌라의 주소와 지번만 기재되어 있을 뿐 거주하고 있는 동, 호수가 기재되어 않았고, 동, 호수가 빠진 주소로 전입신고를 하였으므로 대항력을 갖추지 못했다. 임차보증금의 우선변제권은 대항력을 전제로 한 것이므로 대항력을 갖추지 못한 상태에서는 우선변제권을 주장할 수 없다. 따라서 K는 빌라의 새 주인에게 자신의 임차권을 주장할 수 없으므로, 새 임대인에게 임차보증금의 반환을 청구할 수 없을 뿐 아니라 그의 요구에 따라 사랑빌라 201호를 비워줘야 한다.

☞ **소액보증금 최우선변제권**

소액보증금의 경우 이사를 하고 전입신고를 한 임차인은 임차주택이 경매되더라도 보증금 중 일정액을 다른 권리자에 우선하여 돌려받을 수 있다. 소액임차인은 주택에 대한 경매신청의 등기 전에 주택의 인도와 주민등록을 갖춰야 한다. 일반 채권자뿐만 아니라, 임차인보다 먼저 등기가 되어 있는 사람에 우선하여 대지를 포함한 해당 주택 가액의 1/2 범

---

208) 「주택임대차보호법」 제2조(적용 범위) 및 제3조(대항력 등) 제1항.
209) 다가구주택은 단독주택 내에 여러 가구가 거주할 수 있는 구조로 된 주택이고, 다세대 주택은 다수의 세대가 거주할 있도록 주거 공간이 별도로 분리되어 있는 공동주택의 한 형태다. 각 세대별로 등기를 별도로 하여 소유가 가능하다. 법무부·한국법교육센터, *supra* note 86, pp. 157~158.
210) 「주택임대차보호법」 제3조2(보증금의 회수) 제2항.

위 내에서 보증금을 받을 수 있다.[211] 서울특별시의 경우 2025년 기준 임차보증금 1억 6천 5백만 원 이하하면 5천 5백만 원 이내, 과밀억제권역의 경우 임차보증금 1억 4천 5백만 원 이하하면 4천 8백만 원 이내, 광역시의 경우 임차보증금 8천 5백만 원 이하하면 2천 8백만 원 이내, 그 밖의 지역은 임차보증금 7천 5백만 원 이하하면 2천 5백만 원 이내에서 소액보증금 중 일정액을 최우선적으로 변제받을 수 있다.[212] 주의할 점은 소액보증금의 최우선변제권은 보증금 중 일정액이 최우선으로 변제된다는 의미이지 보증금 전액이 보호되는 것은 아니므로 임차인이 보증금 전액에 대한 우선변제권을 확보하려면 반드시 대항력을 갖추고 임대차계약서에 확정일자를 받아야 한다.

※ 외국인의 임대차보증금 우선변제권

대법원 판결(2016)에 따르면, 주민등록 전입신고가 되지 않은 외국인의 경우, 외국인등록과 체류지 변경신고를 한 경우 대항력이 확보될 수 있으므로, 임대차계약서에 확정일자를 받았다면 주택임대차보호법에 의해 보증금의 우선변제권이 인정된다.[213]

---

211) 「주택임대차보호법」 제8조(보증금중 일정액의 보호).
212) 「주택임대차보호법 시행령」 제10조(보증금 중 일정액의 범위 등) 및 제11조(우선변제를 받을 임차인의 범위).
213) 미국 영주권을 취득한 재외국민 A가 2009년 3월 전세보증금 4억 5천만 원에 서울 용산의 한 아파트를 임차하여 가족과 함께 생활하였는데, A는 계약 즉시 이 아파트를 거주지로 해 국내거소이전 신고를 마치고, 서울 용산등기소에서 임대차계약서 확정일자를 받았다. 그런데, 집주인이 2010년 8월 근저당을 설정하고 B 새마을금고에서 빌린 대출금을 갚지 못해 A가 살고 있는 아파트가 2013년 1월 경매절차를 거쳐 매각되었다. 이에 대해 A는 보증금 4억 5천만 원에 대한 우선변제권을 주장했지만 선순위 채권자에게 배당된 금액을 제하고 남은 1억 3천 원을 모두 배당받은 B 새마을금고는 A의 국내거소이전신고와 가족의 체류지 변경신고는 주민등록 같은 효력이 없어 주택임대차보호법이 적용되지 않는다고 맞섰다.
A는 2014년 2월 바로 소송을 제기하여 1심에서 승소하였으나 항소심은 외국인등록 및 체류지 변경신고에는 주민등록과 같은 공시 기능이 없는 점을 들어 원고인 A의 남편 및 자녀들이 한 외국인 등록과 체류지 변경신고만으로 원고가 주택임대차보호법상 대항력의 요건인 주민등록을 마친 것으로 볼 수 없으므로, 주택임대차보호법상 우선변제권을 취득 할 수 없다고 판단해 원고패소 판결을 했다.
그러나 대법원에서는 다음과 같이 원심을 파기 환송하고 A의 우선변제권을 인정하는 취지의 판결을 하였다. 출입국관리법은 외국인 등록과 체류지 변경신고는 주민등록과 전입신고를 갈음한다고 규정하고 있고(제88조의2제2항), 재외동포 출입국과 법적 지위에 관한 법률(재외동포법)에서는 체류자격으로 입국한 외국 국적 동포가 국내에 거소를 정해 국내거소신고 및 거소이전신고를 하면 출입국관리법에 따른 외국인등록과 체류지 변경신고를 한 것으로 본다고 규정하고 있다(제10조). 이는 주민등록법상 주민등록을 할 수 없는 외국인에게 외국인등록과 체류지 변경신고를 하면 주민등록을 한 것과 동등한 법적 보호를 해 주는데 그 취지가 있다. 외국인등록 등의 공시기능이 주민등록에 비해 효과가 제한적이지만, 주민등록의 경우에도 열람이나 등·초본 교부가 본인이나 그 가구원 또는 정당한 이해관계가 있는 자 등에게만 허용돼 그 공시기능이 부동산등기와 같은 정도에 미치지 못하는 한계가 있어 외국인등록 등과 비교해 공시효과 차이는 상대적인 것에 그친다. 외국인 등록이나 체류지 변경신고는 「주택임대차보호법」 제3조 제1항이 주택임대차의 대항력 취득요건으로 규정하고 있는 주민등록과 동일한 법적 효과가 인정된다고 봐야 한다고 판시하였다. 위클리 동아, "체류지 변경신고 한 경우 대법원 우선변제권 첫 인정" (2016년 11월 9일 인터넷판기사).

※ 관련법률: 「주택임대차보호법 (약칭: 주택임대차법)」, 「주택임대차보호법 시행령 (약칭: 주택임대차법 시행령)」

「주택임대차보호법」

제1조(목적) 이 법은 주거용 건물의 임대차(賃貸借)에 관하여 「민법」에 대한 특례를 규정함으로써 국민 주거생활의 안정을 보장함을 목적으로 한다.
[전문개정 2008. 3. 21.]

제2조(적용 범위) 이 법은 주거용 건물(이하 "주택"이라 한다)의 전부 또는 일부의 임대차에 관하여 적용한다. 그 임차주택(賃借住宅)의 일부가 주거 외의 목적으로 사용되는 경우에도 또한 같다.
[전문개정 2008. 3. 21.]

제3조(대항력 등) ① 임대차는 그 등기(登記)가 없는 경우에도 임차인(賃借人)이 주택의 인도(引渡)와 주민등록을 마친 때에는 그 다음 날부터 제삼자에 대하여 효력이 생긴다. 이 경우 전입신고를 한 때에 주민등록이 된 것으로 본다.
② 주택도시기금을 재원으로 하여 저소득층 무주택자에게 주거생활 안정을 목적으로 전세임대주택을 지원하는 법인이 주택을 임차한 후 지방자치단체의 장 또는 그 법인이 선정한 입주자가 그 주택을 인도받고 주민등록을 마쳤을 때에는 제1항을 준용한다. 이 경우 대항력이 인정되는 법인은 대통령령으로 정한다. 〈개정 2015. 1. 6.〉
③ 「중소기업기본법」 제2조에 따른 중소기업에 해당하는 법인이 소속 직원의 주거용으로 주택을 임차한 후 그 법인이 선정한 직원이 해당 주택을 인도받고 주민등록을 마쳤을 때에는 제1항을 준용한다. 임대차가 끝나기 전에 그 직원이 변경된 경우에는 그 법인이 선정한 새로운 직원이 주택을 인도받고 주민등록을 마친 다음 날부터 제삼자에 대하여 효력이 생긴다. 〈신설 2013. 8. 13.〉
④ 임차주택의 양수인(讓受人)(그 밖에 임대할 권리를 승계한 자를 포함한다)은 임대인(賃貸人)의 지위를 승계한 것으로 본다. 〈개정 2013. 8. 13.〉
⑤ 이 법에 따라 임대차의 목적이 된 주택이 매매나 경매의 목적물이 된 경우에는 「민법」 제575조제1항·제3항 및 같은 법 제578조를 준용한다. 〈개정 2013. 8. 13.〉
⑥ 제5항의 경우에는 동시이행의 항변권(抗辯權)에 관한 「민법」 제536조를 준용한다. 〈개정 2013. 8. 13.〉
[전문개정 2008. 3. 21.]

제3조의2(보증금의 회수) ① 임차인(제3조제2항 및 제3항의 법인을 포함한다. 이하 같다)이 임차주택에 대하여 보증금반환청구소송의 확정판결이나 그 밖에 이에 준하는 집행권원(執行權原)에 따라서 경매를 신청하는 경우에는 집행개시(執行開始)요건에 관한 「민사집행법」 제41조에도 불구하고 반대의무(反對義務)의 이행이나 이행의 제공을 집행개시의 요건으로 하지 아니한다. 〈개정 2013. 8. 13.〉

② 제3조제1항ㆍ제2항 또는 제3항의 대항요건(對抗要件)과 임대차계약증서(제3조제2항 및 제3항의 경우에는 법인과 임대인 사이의 임대차계약증서를 말한다)상의 확정일자(確定日字)를 갖춘 임차인은 「민사집행법」에 따른 경매 또는 「국세징수법」에 따른 공매(公賣)를 할 때에 임차주택(대지를 포함한다)의 환가대금(換價代金)에서 후순위권리자(後順位權利者)나 그 밖의 채권자보다 우선하여 보증금을 변제(辨濟)받을 권리가 있다. 〈개정 2013. 8. 13.〉

③ 임차인은 임차주택을 양수인에게 인도하지 아니하면 제2항에 따른 보증금을 받을 수 없다.

④ 제2항 또는 제7항에 따른 우선변제의 순위와 보증금에 대하여 이의가 있는 이해관계인은 경매법원이나 체납처분청에 이의를 신청할 수 있다. 〈개정 2013. 8. 13.〉

⑤ 제4항에 따라 경매법원에 이의를 신청하는 경우에는 「민사집행법」 제152조부터 제161조까지의 규정을 준용한다.

⑥ 제4항에 따라 이의신청을 받은 체납처분청은 이해관계인이 이의신청일부터 7일 이내에 임차인 또는 제7항에 따라 우선변제권을 승계한 금융기관 등을 상대로 소(訴)를 제기한 것을 증명하면 해당 소송이 끝날 때까지 이의가 신청된 범위에서 임차인 또는 제7항에 따라 우선변제권을 승계한 금융기관 등에 대한 보증금의 변제를 유보(留保)하고 남은 금액을 배분하여야 한다. 이 경우 유보된 보증금은 소송의 결과에 따라 배분한다. 〈개정 2013. 8. 13.〉

⑦ 다음 각 호의 금융기관 등이 제2항, 제3조의3제5항, 제3조의4제1항에 따른 우선변제권을 취득한 임차인의 보증금반환채권을 계약으로 양수한 경우에는 양수한 금액의 범위에서 우선변제권을 승계한다. 〈신설 2013. 8. 13., 2015. 1. 6., 2016. 5. 29.〉

1. 「은행법」에 따른 은행
2. 「중소기업은행법」에 따른 중소기업은행
3. 「한국산업은행법」에 따른 한국산업은행
4. 「농업협동조합법」에 따른 농협은행
5. 「수산업협동조합법」에 따른 수협은행
6. 「우체국예금ㆍ보험에 관한 법률」에 따른 체신관서

7. 「한국주택금융공사법」에 따른 한국주택금융공사
8. 「보험업법」 제4조제1항제2호라목의 보증보험을 보험종목으로 허가받은 보험회사
9. 「주택도시기금법」에 따른 주택도시보증공사
10. 그 밖에 제1호부터 제9호까지에 준하는 것으로서 대통령령으로 정하는 기관
⑧ 제7항에 따라 우선변제권을 승계한 금융기관 등(이하 "금융기관등"이라 한다)은 다음 각 호의 어느 하나에 해당하는 경우에는 우선변제권을 행사할 수 없다. 〈신설 2013. 8. 13.〉
1. 임차인이 제3조제1항·제2항 또는 제3항의 대항요건을 상실한 경우
2. 제3조의3제5항에 따른 임차권등기가 말소된 경우
3. 「민법」 제621조에 따른 임대차등기가 말소된 경우
⑨ 금융기관등은 우선변제권을 행사하기 위하여 임차인을 대리하거나 대위하여 임대차를 해지할 수 없다. 〈신설 2013. 8. 13.〉
[전문개정 2008. 3. 21.]

제3조의5(경매에 의한 임차권의 소멸) 임차권은 임차주택에 대하여 「민사집행법」에 따른 경매가 행하여진 경우에는 그 임차주택의 경락(競落)에 따라 소멸한다. 다만, 보증금이 모두 변제되지 아니한, 대항력이 있는 임차권은 그러하지 아니하다.
[전문개정 2008. 3. 21.]

제3조의6(확정일자 부여 및 임대차 정보제공 등) ① 제3조의2제2항의 확정일자는 주택 소재지의 읍·면사무소, 동 주민센터 또는 시(특별시·광역시·특별자치시는 제외하고, 특별자치도는 포함한다)·군·구(자치구를 말한다)의 출장소, 지방법원 및 그 지원과 등기소 또는 「공증인법」에 따른 공증인(이하 이 조에서 "확정일자부여기관"이라 한다)이 부여한다.
② 확정일자부여기관은 해당 주택의 소재지, 확정일자 부여일, 차임 및 보증금 등을 기재한 확정일자부를 작성하여야 한다. 이 경우 전산처리정보조직을 이용할 수 있다.
③ 주택의 임대차에 이해관계가 있는 자는 확정일자부여기관에 해당 주택의 확정일자 부여일, 차임 및 보증금 등 정보의 제공을 요청할 수 있다. 이 경우 요청을 받은 확정일자부여기관은 정당한 사유 없이 이를 거부할 수 없다.
④ 임대차계약을 체결하려는 자는 임대인의 동의를 받아 확정일자부여기관에 제3항에 따른 정보제공을 요청할 수 있다.
⑤ 제1항·제3항 또는 제4항에 따라 확정일자를 부여받거나 정보를 제공받으려는 자는 수수료를 내야 한다.

⑥ 확정일자부에 기재하여야 할 사항, 주택의 임대차에 이해관계가 있는 자의 범위, 확정일자부여기관에 요청할 수 있는 정보의 범위 및 수수료, 그 밖에 확정일자부여사무와 정보제공 등에 필요한 사항은 대통령령 또는 대법원규칙으로 정한다.
[본조신설 2013. 8. 13.]

제8조(보증금 중 일정액의 보호) ① 임차인은 보증금 중 일정액을 다른 담보물권자(擔保物權者)보다 우선하여 변제받을 권리가 있다. 이 경우 임차인은 주택에 대한 경매신청의 등기 전에 제3조제1항의 요건을 갖추어야 한다.
② 제1항의 경우에는 제3조의2제4항부터 제6항까지의 규정을 준용한다.
③ 제1항에 따라 우선변제를 받을 임차인 및 보증금 중 일정액의 범위와 기준은 제8조의2에 따른 주택임대차위원회의 심의를 거쳐 대통령령으로 정한다. 다만, 보증금 중 일정액의 범위와 기준은 주택가액(대지의 가액을 포함한다)의 2분의 1을 넘지 못한다. 〈개정 2009. 5. 8.〉
[전문개정 2008. 3. 21.]

「주택임대차보호법 시행령 (약칭: 주택임대차법 시행령)」

제10조(보증금 중 일정액의 범위 등) ① 법 제8조에 따라 우선변제를 받을 보증금 중 일정액의 범위는 다음 각 호의 구분에 의한 금액 이하로 한다. 〈개정 2010. 7. 21., 2013. 12. 30., 2016. 3. 31., 2018. 9. 18., 2021. 5. 11., 2023. 2. 21.〉
1. 서울특별시: 5천500만원
2. 「수도권정비계획법」에 따른 과밀억제권역(서울특별시는 제외한다), 세종특별자치시, 용인시, 화성시 및 김포시: 4천800만원
3. 광역시(「수도권정비계획법」에 따른 과밀억제권역에 포함된 지역과 군지역은 제외한다), 안산시, 광주시, 파주시, 이천시 및 평택시: 2천800만원
4. 그 밖의 지역: 2천500만원
② 임차인의 보증금 중 일정액이 주택가액의 2분의 1을 초과하는 경우에는 주택가액의 2분의 1에 해당하는 금액까지만 우선변제권이 있다.
③ 하나의 주택에 임차인이 2명 이상이고, 그 각 보증금 중 일정액을 모두 합한 금액이 주택가액의 2분의 1을 초과하는 경우에는 그 각 보증금 중 일정액을 모두 합한 금액에 대한 각 임차인의 보증금 중 일정액의 비율로 그 주택가액의 2분의 1에 해당하는 금액을 분할한 금액을 각 임차인의 보증금 중 일정액으로 본다.

④ 하나의 주택에 임차인이 2명 이상이고 이들이 그 주택에서 가정공동생활을 하는 경우에는 이들을 1명의 임차인으로 보아 이들의 각 보증금을 합산한다.

[전문개정 2008. 8. 21.]

[제3조에서 이동, 종전 제10조는 제17조로 이동 〈2013. 12. 30.〉]

제11조(우선변제를 받을 임차인의 범위) 법 제8조에 따라 우선변제를 받을 임차인은 보증금이 다음 각 호의 구분에 의한 금액 이하인 임차인으로 한다. 〈개정 2010. 7. 21., 2013. 12. 30., 2016. 3. 31., 2018. 9. 18., 2021. 5. 11., 2023. 2. 21.〉

1. 서울특별시: 1억6천500만원
2. 「수도권정비계획법」에 따른 과밀억제권역(서울특별시는 제외한다), 세종특별자치시, 용인시, 화성시 및 김포시: 1억4천500만원
3. 광역시(「수도권정비계획법」에 따른 과밀억제권역에 포함된 지역과 군지역은 제외한다), 안산시, 광주시, 파주시, 이천시 및 평택시: 8천500만원
4. 그 밖의 지역: 7천500만원

[전문개정 2008. 8. 21.]

[제4조에서 이동, 종전 제11조는 제18조로 이동 〈2013. 12. 30.〉]

51 　상가건물 임차인의 대항력과 우선변제권

외식산업에 관심이 많은 O는 대학 때부터 각종 식당에서 알바를 하였고, 졸업 후에도 3년간 프랜차이즈 식당에서 매니저로 경험을 쌓았다. 친구들과 자본을 모아 대구에서 ** 떡볶이 프랜차이즈 사업을 시작하기로 하였다. ** 떡볶이 1호점을 직영점으로 운영하려는데, 일단 자신이 졸업한 대학 근처 4층짜리 상가건물의 2층을 1년의 기간으로 임차하여 보증금 1억 원에 월세 300만 원으로 계약하였다. 보증금이 근처 동일 평수의 시세보다 훨씬 싼 가격이라 다른 곳을 더 둘러보지 않고 서둘러 계약하였다. 계약을 체결한 지 한 달 만에 상가 점포를 인도받고, 개업을 위해 가게 내부 인테리어 공사계약을 체결하였는데, 갑자기 상가가 통째로 경매에 넘겨져 이미 다른 사람에게 매각되었다는 소식을 듣게 되었다. 상가임대차계약 당시 상가건물의 등기부 등본에 한 은행의 근저당권이 설정되어 있었지만, 5천만 원의 보증금 반환이 문제가 될 수준은 아니었다. O는 아직 사업자등록을 하지 못했다.

 질문

1. O는 「상가건물 임대차보호법」의 적용을 받을 수 있는가?
2. O는 경매에 넘어간 상가건물 2층에 대해 임차권을 행사할 수 있을까?
3. 상가건물 임차인이 대항력과 우선변제권을 갖추려면 어떻게 해야 하는가?

「상가건물 임대차보호법」의 적용을 받으려면 첫째, 상가건물을 빌려야 한다. 상가건물이란 사업자등록의 대상이 되는 건물을 말한다. 임대차 목적물의 주된 부분을 영업용으로 사용한다면 일부가 다른 용도로 사용되어도 동법의 적용을 받는다. 그러나 상가건물을 일시적으로 사용하기 위한 것임이 명백한 경우에는 법의 보호를 받지 못한다. 둘째, 보증금액이 일정 금액 이하여야 한다. 상가건물임대차위원회의 심의를 거쳐 대통령령으로 정하는 보증금액을 초과하는 임대차에는 적용되지 않는데, 그 보증금액 기준은 2025년 기준으로 다음과 같다.[214]

〈상가건물 임대차보호법 적용 보증금액 기준〉

서울특별시	9억 원
「수도권정비계획법」에 따른 과밀억제권역(서울특별시 제외) 및 부산광역시	6억 9천만 원
광역시(「수도권정비계획법」에 따른 과밀억제권역에 포함된 지역과 군지역, 부산광역시는 제외), 세종특별자치시, 파주시, 화성시, 안산시, 용인시, 김포시 및 광주시	5억 4천만 원
그 밖의 지역	3억 7천만 원

셋째, 임차인이 (상가건물에) 사업자등록을 신청한 자여야 한다. 임대인의 사업자등록 여부는 무관한데, 종교자선단체 등 비영리단체가 임대인이 되는 경우, 임차인이 사업자등록을 신청한 자라면 상가건물 임대차보호법이 적용되지만, 비영리단체가 임차인이 되어 영업용 건물이 아닌 건물을 임차한 경우는 상가건물 임대차보호법이 적용되지 않는다.[215] 위 사례의 경우, O가 빌린 상가건물이 사업자등록이 되는 상가건물이고, 보증금액이 1억 원에 월세 300만 원으로 환산보증금액(월세 300만원 x 100)+ 보증금 1억 원)으로 하면 4억 원이 되므로 대구광역시 보증금액 기준 이내지만, O가 상가건물에 사업자등록을 하지 않았으므로 O는 「상가건물 임대차보호법」의 적용을 받지 못한다.

만약, O가 경매로 임차건물을 매입한 사람에게 임차권을 주장하려면, 대항력을 갖춰야 한다. 상가건물 임차권은 임차건물에 대하여 「민사집행법」에 따른 경매가 실시된 경우, 그 임차건물이 매각되면 소멸하지만, 보증금이 전액 변제되지 아니한 대항력이 있는 임차권은 소멸되지 않는다.[216]

---

214) 「상가건물 임대차보호법」 제2조(적용범위), 「상가건물 임대차보호법 시행령」 제2조(적용범위). 그 보증금액을 초과하는 임대차에 대해서도 「상가건물 임대차보호법」 제3조, 제10조제1항, 제2항, 제3항 본문, 제10조의2부터 제10조의9까지의 규정, 제11조의2 및 제19조는 적용한다. 동법 제2조제3항.
215) 법무부 · 한국법교육센터, supra note 86, pp. 165~166.

☞ 상가임차인의 대항력

대항력이란 임차인이 제3자, 즉 상가임차건물의 양수인(그 밖에 임대할 권리를 승계한 자 포함)에게 임대차의 내용을 주장할 수 있는 법률상의 힘을 말한다. 임차인이 대항력을 갖추려면, 상가건물 임대차보호법의 적용을 받는 상가건물 인도와 사업자등록을 신청하여야 한다. 상가건물의 인도란 점유이전을 말하는데, 건물 사용이 가능하도록 임대인으로부터 임차인에게 지배권이 이전되는 것을 말한다. 사업자등록 신청은 사업 개시일로부터 20일 이내에 사업장 관할 세무서장에게 사업자등록 신청을 해야 한다. 다만, 신규로 사업을 시작하려는 자는 사업 개시일 이전이라도 사업자등록을 신청할 수 있다.[217]

대항력은 사업자등록을 한 다음 날부터 발생하여 제3자에게 효력이 생긴다. 대항력을 갖춘 상가건물 임차인은 임차상가건물이 다른 사람에게 양도되더라도 새로운 상가건물 소유자에게 계속해서 임차권의 존속을 주장할 수 있다.[218]

상가임차인이 대항력을 갖추고, 관할 세무서장에게 임대차계약서상의 확정일자[219]를 받은 경우, 임차상가건물이 경매에 부쳐졌을 때 그 경락대금에서 다른 후순위 권리자에 우선하여 보증금을 변제받을 수 있는 권리가 있다(우선변제권).[220]

그러나 위 사례와 같이 O가 상가건물 인도는 하였으나 사업자등록을 하지 않았다면 대항력 요건을 갖추지 못하여 새로운 임대인에게 임차권을 주장할 수 없고, 우선변제권도 행사할 수 없다. 따라서 대항력은 사업자등록 신청을 한 다음 날 대항력이 발생하므로 그 전에 상가건물이 경매에 넘어간 경우라면 임차인은 대항력과 우선변제권과 같은 임차인의 권리를 주장할 수 없다.

---

216) 「상가건물 임대차보호법」 제8조(경매에 의한 임차권의 소멸).
217) 「부가가치세법」 제8조제1항.
218) 「상가건물 임대차보호법」 제3조(대항력등).
219) 확정일자란 증서가 작성된 날짜에 상가건물임대차계약서가 존재하고 있음을 증명하기 위하여 법률상 인정되는 일자로, 상가건물의 소재지 관할 세무서장이 임대차계약서가 존재하였음을 인정하는 날짜를 말한다. 「상가건물 임대차보호법」 제4조제1항. 법제처, 찾기 쉬운 법령정보(easylaw.go.kr): 대항력 및 우선변제권 취득 참조.
220) 「상가건물 임대차보호법」 제5조제2항. 대법원 2006. 1. 13 선고 2005다64002 판결.

※ 관련법률: 「상가건물 임대차보호법 (약칭: 상가임대차법)」, 「상가건물 임대차보호법 시행령 (약칭: 상가임대차법 시행령)」

「상가건물 임대차보호법 (약칭: 상가임대차법)」

제1조(목적) 이 법은 상가건물 임대차에 관하여 「민법」에 대한 특례를 규정하여 국민 경제생활의 안정을 보장함을 목적으로 한다.
[전문개정 2009. 1. 30.]

제2조(적용범위) ① 이 법은 상가건물(제3조제1항에 따른 사업자등록의 대상이 되는 건물을 말한다)의 임대차(임대차 목적물의 주된 부분을 영업용으로 사용하는 경우를 포함한다)에 대하여 적용한다. 다만, 제14조의2에 따른 상가건물임대차위원회의 심의를 거쳐 대통령령으로 정하는 보증금액을 초과하는 임대차에 대하여는 그러하지 아니하다. 〈개정 2020. 7. 31.〉
② 제1항 단서에 따른 보증금액을 정할 때에는 해당 지역의 경제 여건 및 임대차 목적물의 규모 등을 고려하여 지역별로 구분하여 규정하되, 보증금 외에 차임이 있는 경우에는 그 차임액에 「은행법」에 따른 은행의 대출금리 등을 고려하여 대통령령으로 정하는 비율을 곱하여 환산한 금액을 포함하여야 한다. 〈개정 2010. 5. 17.〉
③ 제1항 단서에도 불구하고 제3조, 제10조제1항, 제2항, 제3항 본문, 제10조의2부터 제10조의9까지의 규정, 제11조의2 및 제19조는 제1항 단서에 따른 보증금액을 초과하는 임대차에 대하여도 적용한다. 〈신설 2013. 8. 13., 2015. 5. 13., 2020. 9. 29., 2022. 1. 4.〉
[전문개정 2009. 1. 30.]

제3조(대항력 등) ① 임대차는 그 등기가 없는 경우에도 임차인이 건물의 인도와 「부가가치세법」 제8조, 「소득세법」 제168조 또는 「법인세법」 제111조에 따른 사업자등록을 신청하면 그 다음 날부터 제3자에 대하여 효력이 생긴다. 〈개정 2013. 6. 7.〉
② 임차건물의 양수인(그 밖에 임대할 권리를 승계한 자를 포함한다)은 임대인의 지위를 승계한 것으로 본다.
③ 이 법에 따라 임대차의 목적이 된 건물이 매매 또는 경매의 목적물이 된 경우에는 「민법」 제575조제1항·제3항 및 제578조를 준용한다.
④ 제3항의 경우에는 「민법」 제536조를 준용한다.
[전문개정 2009. 1. 30.]

제4조(확정일자 부여 및 임대차정보의 제공 등) ① 제5조제2항의 확정일자는 상가건물의 소재지 관할 세무서장이 부여한다.

② 관할 세무서장은 해당 상가건물의 소재지, 확정일자 부여일, 차임 및 보증금 등을 기재한 확정일자부를 작성하여야 한다. 이 경우 전산정보처리조직을 이용할 수 있다.

③ 상가건물의 임대차에 이해관계가 있는 자는 관할 세무서장에게 해당 상가건물의 확정일자 부여일, 차임 및 보증금 등 정보의 제공을 요청할 수 있다. 이 경우 요청을 받은 관할 세무서장은 정당한 사유 없이 이를 거부할 수 없다.

④ 임대차계약을 체결하려는 자는 임대인의 동의를 받아 관할 세무서장에게 제3항에 따른 정보제공을 요청할 수 있다.

⑤ 확정일자부에 기재하여야 할 사항, 상가건물의 임대차에 이해관계가 있는 자의 범위, 관할 세무서장에게 요청할 수 있는 정보의 범위 및 그 밖에 확정일자 부여사무와 정보제공 등에 필요한 사항은 대통령령으로 정한다.

[전문개정 2015. 5. 13.]

제5조(보증금의 회수) ① 임차인이 임차건물에 대하여 보증금반환청구소송의 확정판결, 그 밖에 이에 준하는 집행권원에 의하여 경매를 신청하는 경우에는 「민사집행법」 제41조에도 불구하고 반대의무의 이행이나 이행의 제공을 집행개시의 요건으로 하지 아니한다.

② 제3조제1항의 대항요건을 갖추고 관할 세무서장으로부터 임대차계약서상의 확정일자를 받은 임차인은 「민사집행법」에 따른 경매 또는 「국세징수법」에 따른 공매 시 임차건물(임대인 소유의 대지를 포함한다)의 환가대금에서 후순위권리자나 그 밖의 채권자보다 우선하여 보증금을 변제받을 권리가 있다.

③ 임차인은 임차건물을 양수인에게 인도하지 아니하면 제2항에 따른 보증금을 받을 수 없다.

④ 제2항 또는 제7항에 따른 우선변제의 순위와 보증금에 대하여 이의가 있는 이해관계인은 경매법원 또는 체납처분청에 이의를 신청할 수 있다. 〈개정 2013. 8. 13.〉

⑤ 제4항에 따라 경매법원에 이의를 신청하는 경우에는 「민사집행법」 제152조부터 제161조까지의 규정을 준용한다.

⑥ 제4항에 따라 이의신청을 받은 체납처분청은 이해관계인이 이의신청일부터 7일 이내에 임차인 또는 제7항에 따라 우선변제권을 승계한 금융기관 등을 상대로 소(訴)를 제기한 것을 증명한 때에는 그 소송이 종결될 때까지 이의가 신청된 범위에서 임차인 또는 제7항에 따라 우선변제권을 승계한 금융기관 등에 대한 보증금의 변제를 유보(留保)하고 남은 금액을 배분하여야 한다. 이 경우 유보된 보증금은 소송 결과에 따라 배분한다. 〈개정 2013. 8. 13.〉

⑦ 다음 각 호의 금융기관 등이 제2항, 제6조제5항 또는 제7조제1항에 따른 우선변제권을 취득한 임차인의 보증금반환채권을 계약으로 양수한 경우에는 양수한 금액의 범위에서 우선변제권을 승계한다. 〈신설 2013. 8. 13., 2016. 5. 29.〉

1. 「은행법」에 따른 은행
2. 「중소기업은행법」에 따른 중소기업은행
3. 「한국산업은행법」에 따른 한국산업은행
4. 「농업협동조합법」에 따른 농협은행
5. 「수산업협동조합법」에 따른 수협은행
6. 「우체국예금·보험에 관한 법률」에 따른 체신관서
7. 「보험업법」 제4조제1항제2호라목의 보증보험을 보험종목으로 허가받은 보험회사
8. 그 밖에 제1호부터 제7호까지에 준하는 것으로서 대통령령으로 정하는 기관

⑧ 제7항에 따라 우선변제권을 승계한 금융기관 등(이하 "금융기관등"이라 한다)은 다음 각 호의 어느 하나에 해당하는 경우에는 우선변제권을 행사할 수 없다. 〈신설 2013. 8. 13.〉

1. 임차인이 제3조제1항의 대항요건을 상실한 경우
2. 제6조제5항에 따른 임차권등기가 말소된 경우
3. 「민법」 제621조에 따른 임대차등기가 말소된 경우

⑨ 금융기관등은 우선변제권을 행사하기 위하여 임차인을 대리하거나 대위하여 임대차를 해지할 수 없다. 〈신설 2013. 8. 13.〉

[전문개정 2009. 1. 30.]

제6조(임차권등기명령) ① 임대차가 종료된 후 보증금이 반환되지 아니한 경우 임차인은 임차건물의 소재지를 관할하는 지방법원, 지방법원지원 또는 시·군법원에 임차권등기명령을 신청할 수 있다. 〈개정 2013. 8. 13.〉

② 임차권등기명령을 신청할 때에는 다음 각 호의 사항을 기재하여야 하며, 신청 이유 및 임차권등기의 원인이 된 사실을 소명하여야 한다.

1. 신청 취지 및 이유
2. 임대차의 목적인 건물(임대차의 목적이 건물의 일부분인 경우에는 그 부분의 도면을 첨부한다)
3. 임차권등기의 원인이 된 사실(임차인이 제3조제1항에 따른 대항력을 취득하였거나 제5조제2항에 따른 우선변제권을 취득한 경우에는 그 사실)
4. 그 밖에 대법원규칙으로 정하는 사항

③ 임차권등기명령의 신청에 대한 재판, 임차권등기명령의 결정에 대한 임대인의 이의신청 및 그에 대한 재판, 임차권등기명령의 취소신청 및 그에 대한 재판 또는 임차권등기명령의 집행 등에 관하여는 「민사집행법」 제280조제1항, 제281조, 제283조, 제285조, 제286조, 제288조제1항·제2항 본문, 제289조, 제290조제2항 중 제288조제1항에 대한 부분, 제291조, 제293조를 준용한다. 이 경우 "가압류"는 "임차권등기"로, "채권자"는 "임차인"으로, "채무자"는 "임대인"으로 본다.

④ 임차권등기명령신청을 기각하는 결정에 대하여 임차인은 항고할 수 있다.

⑤ 임차권등기명령의 집행에 따른 임차권등기를 마치면 임차인은 제3조제1항에 따른 대항력과 제5조제2항에 따른 우선변제권을 취득한다. 다만, 임차인이 임차권등기 이전에 이미 대항력 또는 우선변제권을 취득한 경우에는 그 대항력 또는 우선변제권이 그대로 유지되며, 임차권등기 이후에는 제3조제1항의 대항요건을 상실하더라도 이미 취득한 대항력 또는 우선변제권을 상실하지 아니한다.

⑥ 임차권등기명령의 집행에 따른 임차권등기를 마친 건물(임대차의 목적이 건물의 일부분인 경우에는 그 부분으로 한정한다)을 그 이후에 임차한 임차인은 제14조에 따른 우선변제를 받을 권리가 없다.

⑦ 임차권등기의 촉탁, 등기관의 임차권등기 기입 등 임차권등기명령의 시행에 관하여 필요한 사항은 대법원규칙으로 정한다.

⑧ 임차인은 제1항에 따른 임차권등기명령의 신청 및 그에 따른 임차권등기와 관련하여 든 비용을 임대인에게 청구할 수 있다.

⑨ 금융기관등은 임차인을 대위하여 제1항의 임차권등기명령을 신청할 수 있다. 이 경우 제3항·제4항 및 제8항의 "임차인"은 "금융기관등"으로 본다. 〈신설 2013. 8. 13.〉

[전문개정 2009. 1. 30.]

제7조(「민법」에 따른 임대차등기의 효력 등) ① 「민법」 제621조에 따른 건물임대차등기의 효력에 관하여는 제6조제5항 및 제6항을 준용한다.

② 임차인이 대항력 또는 우선변제권을 갖추고 「민법」 제621조제1항에 따라 임대인의 협력을 얻어 임대차등기를 신청하는 경우에는 신청서에 「부동산등기법」 제74조제1호부터 제6호까지의 사항 외에 다음 각 호의 사항을 기재하여야 하며, 이를 증명할 수 있는 서면(임대차의 목적이 건물의 일부분인 경우에는 그 부분의 도면을 포함한다)을 첨부하여야 한다. 〈개정 2011. 4. 12., 2020. 2. 4.〉

1. 사업자등록을 신청한 날
2. 임차건물을 점유한 날
3. 임대차계약서상의 확정일자를 받은 날
[전문개정 2009. 1. 30.]

제8조(경매에 의한 임차권의 소멸) 임차권은 임차건물에 대하여 「민사집행법」에 따른 경매가 실시된 경우에는 그 임차건물이 매각되면 소멸한다. 다만, 보증금이 전액 변제되지 아니한 대항력이 있는 임차권은 그러하지 아니하다.
[전문개정 2009. 1. 30.]

「상가건물 임대차보호법 시행령 (약칭: 상가임대차법 시행령)」

제2조(적용범위) ① 「상가건물 임대차보호법」(이하 "법"이라 한다) 제2조제1항 단서에서 "대통령령으로 정하는 보증금액"이란 다음 각 호의 구분에 의한 금액을 말한다. 〈개정 2008.8.21, 2010.7.21, 2013.12.30, 2018.1.26, 2019.4.2〉

1. 서울특별시 : 9억원
2. 「수도권정비계획법」에 따른 과밀억제권역(서울특별시는 제외한다) 및 부산광역시: 6억9천만원
3. 광역시(「수도권정비계획법」에 따른 과밀억제권역에 포함된 지역과 군지역, 부산광역시는 제외한다), 세종특별자치시, 파주시, 화성시, 안산시, 용인시, 김포시 및 광주시: 5억4천만원
4. 그 밖의 지역 : 3억7천만원

② 법 제2조제2항의 규정에 의하여 보증금외에 차임이 있는 경우의 차임액은 월 단위의 차임액으로 한다.

③ 법 제2조제2항에서 "대통령령으로 정하는 비율"이라 함은 1분의 100을 말한다. 〈개정 2010.7.21〉

제6조(우선변제를 받을 임차인의 범위) 법 제14조의 규정에 의하여 우선변제를 받을 임차인은 보증금과 차임이 있는 경우 법 제2조제2항의 규정에 의하여 환산한 금액의 합계가 다음 각 호의 구분에 의한 금액 이하인 임차인으로 한다. 〈개정 2008. 8. 21., 2010. 7. 21., 2013. 12. 30.〉

1. 서울특별시 : 6천500만원
2. 「수도권정비계획법」에 따른 과밀억제권역(서울특별시는 제외한다): 5천500만원

3. 광역시(「수도권정비계획법」에 따른 과밀억제권역에 포함된 지역과 군지역은 제외한다), 안산시, 용인시, 김포시 및 광주시: 3천8백만원

4. 그 밖의 지역 : 3천만원

제7조(우선변제를 받을 보증금의 범위 등) ①법 제14조의 규정에 의하여 우선변제를 받을 보증금중 일정액의 범위는 다음 각호의 구분에 의한 금액 이하로 한다. 〈개정 2008. 8. 21., 2010. 7. 21., 2013. 12. 30.〉

1. 서울특별시 : 2천200만원

2. 「수도권정비계획법」에 따른 과밀억제권역(서울특별시는 제외한다): 1천900만원

3. 광역시(「수도권정비계획법」에 따른 과밀억제권역에 포함된 지역과 군지역은 제외한다), 안산시, 용인시, 김포시 및 광주시: 1천300만원

4. 그 밖의 지역 : 1천만원

②임차인의 보증금중 일정액이 상가건물의 가액의 2분의 1을 초과하는 경우에는 상가건물의 가액의 2분의 1에 해당하는 금액에 한하여 우선변제권이 있다. 〈개정 2013. 12. 30.〉

③하나의 상가건물에 임차인이 2인 이상이고, 그 각 보증금중 일정액의 합산액이 상가건물의 가액의 2분의 1을 초과하는 경우에는 그 각 보증금중 일정액의 합산액에 대한 각 임차인의 보증금중 일정액의 비율로 그 상가건물의 가액의 2분의 1에 해당하는 금액을 분할한 금액을 각 임차인의 보증금중 일정액으로 본다. 〈개정 2013. 12. 30.〉

52　임대차계약의 묵시적 갱신

K는 2년 전 학교 앞에서 원룸을 월세로 임차하였다. 계약기간은 2년으로, 계약기간은 만료되었으나 최근 집주인과 계약기간의 갱신에 관한 이야기 없이 그대로 약정한 월세를 내고 거주하고 있었다. 2월 24일 계약기간이 만료되었는데, 만료일로부터 1개월 경과 한 3월 25일에 K는 임대인에게 여름방학에 중국으로 1년간 어학연수를 갈 예정이라며 6월 말에 방을 빼겠다고 전화로 통보하였다. 집주인은 임대차계약이 묵시적으로 2년 갱신된 것이라 2년의 기간은 무조건 채워야 한다며 보증금을 빼줄 수 없다고 한다. 한참 옥신각신하다 집주인은 백번 양보해서 설사 보증금을 반환해줘도 새로 세입자를 구해야 하니 그로 인해 발생하는 부동산 중개수수료는 K가 부담해야 한다고 주장한다.

 질문

1. 임대차계약이 묵시적으로 갱신된 경우, 임차인인 K는 그 2년의 기간이 만료되기 전에 임차한 집을 나갈 수 있는 권리가 있는가?
2. 묵시적 갱신에 따른 계약기간이 만료되기 전에 K가 방을 뺄 경우, 집주인의 말대로 새로운 세입자를 구하는데 드는 부동산 중개수수료를 K가 부담해야 할 의무가 있는가?
3. 만약 K가 애초의 임대차계약이 만료되기 전에 자신의 사정으로 임대차계약을 해지한다면 새로운 세입자를 들이는데 발생하는 부동산중개수수료는 누가 부담해야 하는가?

「주택임대차보호법」은 주택임대차에 관하여 「민법」에 대한 특례를 규정함으로써 국민의 주거생활 안정을 보장하는 것을 목적으로 하고 있다. 동법은 주거용 건물(주택)의 전부 또는 일부를 임대차하는 경우에 적용된다.[221] 주택임대차에 관해서는 「주택임대차보호법」이 「민법」에 우선 적용된다.

「주택임대차보호법」에 따르면, 임대차 기간과 관련하여, 기간을 정하지 않거나 2년 미만으로 정한 임대차는 그 기간을 2년으로 본다. 다만, 임차인은 2년 미만으로 정한 기간이 유효함을 주장할 수 있다.[222] 따라서 임차인에게는 주택임대차에 대해서 최소 2년의 기간이 보장되며, 임차인이 원하는 경우 애초에 2년 미만으로 약정한 기간이 종료되면 임대인에게 임차보증금의 반환을 청구할 수 있다. 임대차기간이 끝난 경우에도 임차인이 보증금을 반환받을 때까지는 임대차관계가 존속되는 것으로 본다.

임대인이 임대차기간이 끝나기 6개월 전부터 2개월 전까지의 기간에 임차인에게 갱신거절의 통지를 하지 않거나 계약조건을 변경하지 않으면 그 기간이 끝난 때에 전 임대차와 동일한 조건으로 다시 임대차한 것으로 본다. 이를 묵시적 갱신이라고 한다. 임차인이 임대차 기간이 끝나기 2개월 전까지 통지하지 않은 경우에도 또한 같다. 임차인이 2기(期)의 차임액에 이르도록 연체하거나 그 밖에 임차인으로서의 의무를 현저히 위반한 때에는 적용되지 않는다. 묵시적 갱신의 경우, 임대차 존속기간은 2년으로 본다.[223] 그러나 그 기간 내에 임차인은 언제든지 임대인에게 계약해지를 통지할 수 있고, 임대인이 그 통지를 받은 날로부터 3개월이 지나면 효력이 생긴다.[224]

따라서 위 사례의 경우처럼 묵시적 갱신이 된 상태에서 임차인은 K는 언제든지 집주인에게 계약해지를 통지할 수 있고, 그러한 통지는 3개월 후 효력이 발생하므로 집주인은 K가 요구한 6월 말까지 보증금을 반환하여야 한다. K의 계약해지는 정당한 권리이므로 그로 인해 발생하는 부동산중개수수료를 법적으로 부담

---

221) 「주택임대차보호법」 제2조(적용범위).
222) 「주택임대차보호법」 제4조(임대차기간 등) 제1항.
223) 「주택임대차보호법」 제6조(계약의 갱신).
224) 「주택임대차보호법」 제6조의2(묵시적 갱신의 경우 계약의 해지).

해야 할 의무는 없다. 그러한 부동산중개수수료는 임대인과 새로운 임차인이 부담해야 한다.

애초에 약정한 임대차계약 기간 만료 전에 임차인의 사정으로 계약을 해지하여 발생하는 부동산중개수수료는 계약해지에 대한 임대인과 임차인의 합의에 따라 임차인이 부담하는 것이 관행이었다. 임대차계약 기간 중간에 임대인과 임차인의 합의로 계약을 해지한 것이라면, 정상적으로 계약이 종료된 것으로 보고, 다른 약정이 없다면 임대인이 부동산중개수수료를 부담해야 한다는 취지의 판결이 있었지만, 어차피 임대인이 부동산중개수수료 부담 문제로 임차인의 계약해지 요구에 동의해 주지 않으면 임차인은 애초에 약속한 임대차계약 기간을 모두 채워야 한다. 따라서 그러한 경우 K와 집주인 간에 다른 약정이 없다면 부동산중개수수료는 임차인인 K가 부담한다.

※ 임차인의 계약갱신요구권[225]

임차인의 계약갱신요구권은 2020년 7월 31일부터 시행된 개정 주택임대차보호법에 의해 도입된 것으로 임차인이 임대차기간이 끝나기 6개월 전부터 2개월 전까지의 기간 이내에 계약갱신을 요구하면 임대인이 정당한 사유 없이 거절하지 못하는 것을 내용으로 한다. 임차인은 계약갱신요구권을 1회에 한하여 행사할 수 있으며, 이 경우 갱신되는 임대차의 존속기간은 2년으로 본다. 갱신되는 임대차는 전 임대차와 동일한 조건으로 다시 계약된 것으로 본다. 다만, 차임과 보증금은 주택임대차보호법 제7조의 범위 내에서 증감할 수 있다. 임대인은 임차인이 계약갱신을 요구할 경우 정당한 사유 없이 거절하지 못한다. 그러한 사유 중 임대인(임대인의 직계존속·직계비속을 포함한다)이 목적 주택에 실제 거주하기 위하여 임차인의 계약갱신 청구를 거절한 경우, 그럼에도 불구하고 갱신요구가 거절되지 아니하였더라면 갱신되었을 기간이 만료되기 전에 정당한 사유 없이 제3자에게 목적 주택을 임대한 경우 임대인은 갱신거절로 인하여 임차인이 입은 손해를 배상하여야 한다.

---

[225] 「주택임대차보호법」 제6조의3(계약갱신 요구 등).

※ 관련 법률:「주택임대차보호법」

제4조(임대차기간 등) ① 기간을 정하지 아니하거나 2년 미만으로 정한 임대차는 그 기간을 2년으로 본다. 다만, 임차인은 2년 미만으로 정한 기간이 유효함을 주장할 수 있다.
② 임대차기간이 끝난 경우에도 임차인이 보증금을 반환받을 때까지는 임대차관계가 존속되는 것으로 본다.
[전문개정 2008. 3. 21.]

제5조 삭제 〈1989. 12. 30.〉

제6조(계약의 갱신) ① 임대인이 임대차기간이 끝나기 6개월 전부터 2개월 전까지의 기간에 임차인에게 갱신거절(更新拒絶)의 통지를 하지 아니하거나 계약조건을 변경하지 아니하면 갱신하지 아니한다는 뜻의 통지를 하지 아니한 경우에는 그 기간이 끝난 때에 전 임대차와 동일한 조건으로 다시 임대차한 것으로 본다. 임차인이 임대차기간이 끝나기 2개월 전까지 통지하지 아니한 경우에도 또한 같다. 〈개정 2020. 6. 9.〉
② 제1항의 경우 임대차의 존속기간은 2년으로 본다. 〈개정 2009. 5. 8.〉
③ 2기(期)의 차임액(借賃額)에 달하도록 연체하거나 그 밖에 임차인으로서의 의무를 현저히 위반한 임차인에 대하여는 제1항을 적용하지 아니한다.
[전문개정 2008. 3. 21.]

제6조의2(묵시적 갱신의 경우 계약의 해지) ① 제6조제1항에 따라 계약이 갱신된 경우 같은 조 제2항에도 불구하고 임차인은 언제든지 임대인에게 계약해지(契約解止)를 통지할 수 있다. 〈개정 2009. 5. 8.〉
② 제1항에 따른 해지는 임대인이 그 통지를 받은 날부터 3개월이 지나면 그 효력이 발생한다.
[전문개정 2008. 3. 21.]

제6조의3(계약갱신 요구 등) ① 제6조에도 불구하고 임대인은 임차인이 제6조제1항 전단의 기간 이내에 계약갱신을 요구할 경우 정당한 사유 없이 거절하지 못한다. 다만, 다음 각 호의 어느 하나에 해당하는 경우에는 그러하지 아니하다.
1. 임차인이 2기의 차임액에 해당하는 금액에 이르도록 차임을 연체한 사실이 있는 경우
2. 임차인이 거짓이나 그 밖의 부정한 방법으로 임차한 경우
3. 서로 합의하여 임대인이 임차인에게 상당한 보상을 제공한 경우
4. 임차인이 임대인의 동의 없이 목적 주택의 전부 또는 일부를 전대(轉貸)한 경우

5. 임차인이 임차한 주택의 전부 또는 일부를 고의나 중대한 과실로 파손한 경우
6. 임차한 주택의 전부 또는 일부가 멸실되어 임대차의 목적을 달성하지 못할 경우
7. 임대인이 다음 각 목의 어느 하나에 해당하는 사유로 목적 주택의 전부 또는 대부분을 철거하거나 재건축하기 위하여 목적 주택의 점유를 회복할 필요가 있는 경우
   가. 임대차계약 체결 당시 공사시기 및 소요기간 등을 포함한 철거 또는 재건축 계획을 임차인에게 구체적으로 고지하고 그 계획에 따르는 경우
   나. 건물이 노후·훼손 또는 일부 멸실되는 등 안전사고의 우려가 있는 경우
   다. 다른 법령에 따라 철거 또는 재건축이 이루어지는 경우
8. 임대인(임대인의 직계존속·직계비속을 포함한다)이 목적 주택에 실제 거주하려는 경우
9. 그 밖에 임차인이 임차인으로서의 의무를 현저히 위반하거나 임대차를 계속하기 어려운 중대한 사유가 있는 경우

② 임차인은 제1항에 따른 계약갱신요구권을 1회에 한하여 행사할 수 있다. 이 경우 갱신되는 임대차의 존속기간은 2년으로 본다.

③ 갱신되는 임대차는 전 임대차와 동일한 조건으로 다시 계약된 것으로 본다. 다만, 차임과 보증금은 제7조의 범위에서 증감할 수 있다.

④ 제1항에 따라 갱신되는 임대차의 해지에 관하여는 제6조의2를 준용한다.

⑤ 임대인이 제1항제8호의 사유로 갱신을 거절하였음에도 불구하고 갱신요구가 거절되지 아니하였더라면 갱신되었을 기간이 만료되기 전에 정당한 사유 없이 제3자에게 목적 주택을 임대한 경우 임대인은 갱신거절로 인하여 임차인이 입은 손해를 배상하여야 한다.

⑥ 제5항에 따른 손해배상액은 거절 당시 당사자 간에 손해배상액의 예정에 관한 합의가 이루어지지 않는 한 다음 각 호의 금액 중 큰 금액으로 한다.

1. 갱신거절 당시 월차임(차임 외에 보증금이 있는 경우에는 그 보증금을 제7조의2 각 호 중 낮은 비율에 따라 월 단위의 차임으로 전환한 금액을 포함한다. 이하 "환산월차임"이라 한다)의 3개월분에 해당하는 금액
2. 임대인이 제3자에게 임대하여 얻은 환산월차임과 갱신거절 당시 환산월차임 간 차액의 2년분에 해당하는 금액
3. 제1항제8호의 사유로 인한 갱신거절로 인하여 임차인이 입은 손해액

[본조신설 2020. 7. 31.]

53 차임 등의 증감청구권

M은 직장 근처에 있는 아파트를 임차하여 살고 있다. 애초 3억 원의 전세 임대차계약을 체결하였는데, 계약이 묵시적으로 연장되어 현재 4년째 거주 중이다. 그런데 묵시적 계약기간이 만료되기 6개월 전 집주인 P는 집안에 급한 일이 생겨 돈이 필요하다고 하면서 주변 시세와 비교하여 전세금이 매우 낮은 수준이니 보증금을 3천만 원 더 올려 달라고 한다. 아직 계약 기간이 남아 있는데, 집주인의 갑작스러운 보증금 인상 요구에 M은 크게 당황하였다. 따로 돈을 구할 길이 없는 M은 대출을 알아봤는데, 자신의 신용으로는 2천만 원밖에 대출이 되지 않아 난감한 상황이다.

 질문

1. 위 사례의 임대인은 임대차계약 존속 중 임차인에게 전세보증금 3천만 원 증액을 요구할 수 있는 권리가 있는가?
2. 임대인이 임대차계약 기간이 종료되기 3개월 전에 M에게 새로 갱신되는 전세 임대차계약의 보증금을 대폭 상향하여 4억 원으로 제시할 경우, 그러한 증액은 법적으로 가능한가?

약정한 차임 또는 보증금이 임차주택에 관한 조세 공과금 기타 부담의 증감이나 경제 사정의 변동으로 인하여 상당하지 않게 된 때에는, 주택임대차계약의 당사자는 장래에 대하여 그 증감을 청구할 수 있다. 감액에는 제한이 없으나 증액의 경우에는 일정한 제한이 있는데, 임대차계약 또는 약정한 차임이나 보증금의 증액이 있은 후 1년 내에는 증액하지 못한다. 증액청구는 청구 당시 약정한 차임의 5%를 초과할 수 없고, 임대차계약 또는 약정한 차임 등의 증액이 있은 후 1년 이내에는 하지 못한다.[226] 참고로 상가건물 임대차계약도 차임 또는 보증금의 증감청구권이 인정되며, 증액의 경우 청구 당시 차임 또는 보증금의 5%를 초과하여 증액할 수 없고, 증액이 있은 후 1년 이내에는 하지 못한다.[227] 2018년 1월 26일부터 상가 임대차의 차임 또는 보증금액의 증액 상한이 기존의 9%에서 5%로 낮아졌다.

위 사례의 경우 임대차계약 기간에 집주인은 경제 사정의 변동으로 K에게 보증금의 증액을 요구할 수 있는 권리가 있다. 다만, 집주인이 요구한 3천만 원의 보증금 증액은 현재 전세보증금 3억의 10%에 해당하는 금액이므로 5%를 초과하지 않는 수준 (최대 1천5백만 원 이하)에서만 증액을 요구할 수 있다. 5% 증액 상한은 말 그대로 상한일 뿐이며, 그 범위 내에서 임대인과 임차인이 협의를 통해 임대료를 정할 수 있다.

집주인은 임대차계약이 끝나기 6개월 전부터 2개월 전까지의 기간에 임대차 계약조건의 변경을 제시하고, 그러한 계약조건의 변경이 수용되지 않으면 계약갱신을 거절한다는 의사를 임차인에게 통지할 수 있다. 따라서 위 사례의 집주인은 임차인 K에게 전세보증금을 1억을 증액하는 요구를 할 수 있다. 임대차계약을 갱신할 때는 계약기간 내 보증금 증액에 관한 상한 제한이 적용되지 않기 때문이다.

※ **관련법률:** 「주택임대차보호법」, 「주택임대차보호법 시행령」, 「상가건물 임대차보호법」, 「상가건물 임대차보호법 시행령」

「주택임대차보호법」

제7조(차임 등의 증감청구권)
① 당사자는 약정한 차임이나 보증금이 임차주택에 관한 조세, 공과금, 그 밖의 부담의 증감이나 경제사정의 변동으로 인하여 적절하지 아니하게 된 때에는 장래에 대하여 그 증감을

---

226) 「주택임대차보호법」 제7조(차임 등의 증감청구권), 「주택임대차보호법 시행령」 제8조(차임 등의 증감청구의 기준 등).
227) 「상가건물 임대차보호법」 제11조(차임 등의 증감청구권) 및 「상가건물 임대차보호법 시행령」 제4조(차임 등 증액청구의 기준).

청구할 수 있다. 이 경우 증액청구는 임대차계약 또는 약정한 차임이나 보증금의 증액이 있은 후 1년 이내에는 하지 못한다. 〈개정 2020. 7. 31.〉
② 제1항에 따른 증액청구는 약정한 차임이나 보증금의 20분의 1의 금액을 초과하지 못한다. 다만, 특별시·광역시·특별자치시·도 및 특별자치도는 관할 구역 내의 지역별 임대차 시장 여건 등을 고려하여 본문의 범위에서 증액청구의 상한을 조례로 달리 정할 수 있다. 〈신설 2020. 7. 31.〉
[전문개정 2008. 3. 21.]

「주택임대차보호법 시행령」

제8조(차임 등 증액청구의 기준 등)
① 법 제7조에 따른 차임이나 보증금(이하 "차임등"이라 한다)의 증액청구는 약정한 차임등의 20분의 1의 금액을 초과하지 못한다.
② 제1항에 따른 증액청구는 임대차계약 또는 약정한 차임등의 증액이 있은 후 1년 이내에는 하지 못한다.
[전문개정 2008. 8. 21.]
[제2조에서 이동, 종전 제8조는 제15조로 이동 〈2013. 12. 30.〉]

「상가건물임대차보호법」

제11조(차임 등의 증감청구권)
① 차임 또는 보증금이 임차건물에 관한 조세, 공과금, 그 밖의 부담의 증감이나 「감염병의 예방 및 관리에 관한 법률」 제2조 제2호에 따른 제1급감염병 등에 의한 경제사정의 변동으로 인하여 상당하지 아니하게 된 경우에는 당사자는 장래의 차임 또는 보증금에 대하여 증감을 청구할 수 있다. 그러나 증액의 경우에는 대통령령으로 정하는 기준에 따른 비율을 초과하지 못한다. 〈개정 2020. 9. 29.〉
② 제1항에 따른 증액 청구는 임대차계약 또는 약정한 차임 등의 증액이 있은 후 1년 이내에는 하지 못한다.
③ 「감염병의 예방 및 관리에 관한 법률」 제2조제2호에 따른 제1급감염병에 의한 경제사정의 변동으로 차임 등이 감액된 후 임대인이 제1항에 따라 증액을 청구하는 경우에는 증액된 차임 등이 감액 전 차임 등의 금액에 달할 때까지는 같은 항 단서를 적용하지 아니한다. 〈신설 2020. 9. 29.〉

[전문개정 2009. 1. 30.]

「상가건물임대차보호법 시행령」

제4조(차임 등 증액청구의 기준)
법 제11조 제1항의 규정에 의한 차임 또는 보증금의 증액청구는 청구당시의 차임 또는 보증금의 100분의 5의 금액을 초과하지 못한다. 〈개정 2008. 8. 21., 2018. 1. 26.〉

54 필요비와 유익비

S는 이사한 전셋집에 방범창이 없어 불안하다. 집이 재개발이 예정된 곳 근처에 있어 주변에 빈집들도 있고, 이미 전에 살던 집에서 도둑을 맞았던 경험도 있어서 임대차계약을 체결할 때 임대인에게 방범창 설치와 현관 열쇠를 디지털 도어락으로 교체해 줄 수 없는지 문의하였는데, 임대인은 그 동네는 안심하고 살 수 있는 동네라며 S의 요구를 일축하였다. 그러나 이사하고 보니 더욱 불안한 S는 자비로 50만 원을 들여 방범창을 새로 설치하고, 현관 열쇠를 디지털 도어락으로 교체하였다. 2년의 임대차 기간이 거의 끝나갈 무렵 S는 임대인에게 자신이 설치한 방범창과 디지털 도어락 비용 50만 원을 청구하였는데, 임대인은 자신이 돈을 줄 이유가 없다며 정 그러면 다 떼어가라고 한다.

 질문

1. 임차인 S가 임대차계약 기간 중 설치한 방범창과 현관 디지털 도어락 비용은 누가 부담해야 하는가?
2. 주택임대차와 관련하여 분쟁이 발생한 경우, 당사자들이 도움을 받을 수 있는 기관은 어디인가?

임대인은 목적물을 임차인에게 인도하고 계약존속 중 그 사용, 수익에 필요한 상태를 유지하게 할 의무(임대인의 수선의무)를 부담한다.[228] 천장에서 비가 새거나 벽이 갈라져 바람이 들어오는 경우, 화장실 변기가 너무 오래돼 고장이 나 사

---

228) 「민법」 제623조(임대인의 수선의무).

용할 수 없는 경우 등과 같이 부동산을 유지, 보수하는데 필요한 유지비와 수리비는 '필요비'로서 임대인이 부담한다. 필요비는 깨진 유리창 개보수, 고장 난 보일러 교체 등 수선, 유지를 위해 지출한 비용, 물건의 보존에 필요한 비용과 조세, 공과금과 같이 관리에 필요한 비용 등 선량한 관리자의 주의로서 물건을 보관하는데 불가결한 비용, 기본적인 수도 설비나 전기시설 등 필요한 상태를 갖추는데 지출된 비용 등을 포함한다. 임차인은 임대인에게 필요비의 전액 상환을 청구할 수 있다.[229]

☞ 임대인의 수선의무

목적물에 파손 또는 장애가 생긴 경우 그것이 임차인이 별 비용을 들이지 아니하고도 손쉽게 고칠 수 있을 정도의 사소한 것이어서 임차인의 사용, 수익을 방해할 정도의 것이 아니라면 임대인은 수선의무를 부담하지 않지만, 그것이 수선하지 아니하면 임차인이 계약에 의하여 정해진 목적에 따라 사용, 수익할 수 없는 상태로 될 정도의 것이라면 임대인은 수선의무를 부담한다. (대법원 1994.12.9.선고 94다34692판결)

그러나 임대차계약상 임대인이 임차인의 안전을 배려하거나 도난을 방지해야 할 보호 의무까지 부담하는 것은 아니므로, S가 임차한 주택에 안전상의 이유로 설치한 방범창 및 디지털 도어락 설치비용은 원칙적으로 임대인이 부담하지 않는다. 다만, 그러한 부속물을 설치하는 데 있어 임대인의 동의를 얻어 설치한 경우, 임차인은 임대인에게 그 부속물의 매수를 청구할 수 있다.[230]

그런데, 방범창을 설치하고, 디지털 도어락으로 현관 열쇠를 교체한 것이 임차한 주택의 객관적 가치를 증가시키는 '유익비'로 인정된다면 임차인은 임대차 종료 시 임대인에게 그 비용의 상환을 청구할 수 있다. 유익비는 임대목적물의 이용 및 개량을 위하여 지출된 비용으로 예를 들어 중문, 이중창, CCTV 설치, 담장의 축조, 욕실 타일 설치비용 등이 그에 해당한다. 임대인은 임대차가 종료시에 그

---

229) 「민법」 제626조(임차인의 상환청구권)제1항.
230) 「민법」 제646조(임차인의 부속물매수청구권).

가액의 증가가 현존한 때에 한하여 임차인의 지출한 금액이나 그 증가액을 상환하여야 한다.[231] 그러나 임대인이 그러한 유익비 지출에 동의하지 않았고, 그 비용을 유익비로 인정하지 않으면 다툼의 여지가 있다. 유익비의 상환청구는 임대인이 목적물을 반환받은 날로부터 6개월 내에 행사하여야 한다.[232]

한편, 부동산임대차계약서에 통상적으로 포함되는 임차인의 원상회복의무에 관한 조항이 있는데, "임대차가 종료되는 경우 임차인은 부동산을 원상회복하여 임대인에게 반환한다"고 되어 있다. 이러한 계약조항에 대한 판례는 건물의 임차인이 임대차 관계 종료 시 건물을 원상으로 복구해 임대인에게 명도하기로 약정한 것은 건물에 지출한 각종 유익비 또는 필요비의 상환청구권을 미리 포기하기로 한 취지의 특약이라고 볼 수 있다고 한다. 즉, 부동산임대차 계약서에 이 문구가 있다는 것은 세입자가 필요비와 유익비를 미리 포기하기로 임대인과 합의하였다는 뜻으로 세입자가 그러한 비용을 지출했더라도 이를 돌려 달라고 하는 것은 기존 합의 내용에 반하는 주장이어서 받아들일 수 없다는 것이 판례의 태도다.[233]

---

231) 「민법」 제626조제2항.
232) 「민법」 제617조(손해배상, 비용상환청구의 기간).
233) 매일경제, "[알쏭달쏭 부동산 법률상담] 급하다고 내 돈 들여 집수리" (2018년 5월 25일 인터넷판 기사).
234) 「주택임대차보호법」 제14조(주택임대차분쟁조정위원회) ① 이 법의 적용을 받는 주택임대차와 관련된 분쟁을 심의·조정하기 위하여 대통령령으로 정하는 바에 따라 「법률구조법」 제8조에 따른 대한법률구조공단(이하 "공단"이라 한다)의 지부, 「한국토지주택공사법」에 따른 한국토지주택공사(이하 "공사"라 한다)의 지사 또는 사무소 및 「한국감정원법」에 따른 한국감정원(이하 "감정원"이라 한다)의 지사 또는 사무소에 주택임대차분쟁조정위원회(이하 "조정위원회"라 한다)를 둔다. 특별시·광역시·특별자치시·도 및 특별자치도(이하 "시·도"라 한다)는 그 지방자치단체의 실정을 고려하여 조정위원회를 둘 수 있다. 〈개정 2020. 7. 31.〉
② 조정위원회는 다음 각 호의 사항을 심의·조정한다.
1. 차임 또는 보증금의 증감에 관한 분쟁
2. 임대차 기간에 관한 분쟁
3. 보증금 또는 임차주택의 반환에 관한 분쟁
4. 임차주택의 유지·수선 의무에 관한 분쟁
5. 그 밖에 대통령령으로 정하는 주택임대차에 관한 분쟁
③ 조정위원회의 사무를 처리하기 위하여 조정위원회에 사무국을 두고, 사무국의 조직 및 인력 등에 필요한 사항은 대통령령으로 정한다.
④ 사무국의 조정위원회 업무담당자는 「상가건물 임대차보호법」 제20조에 따른 상가건물임대차분쟁조정위원회 사무국의 업무를 제외하고 다른 직위의 업무를 겸직하여서는 아니 된다. 〈개정 2018. 10. 16.〉 [본조신설 2016. 5. 29.]

주택임대차와 관련한 분쟁이 있는 경우 「주택임대차보호법」에 따라 설치된 주택임대차분쟁조정위원회의 도움을 받을 수 있다.[234] 동 분쟁조정위원회에서 조정안을 당사자들이 수락하는 경우, 조정이 성립되고 조정안과 같은 당사자 간의 합의가 있는 것으로 본다. 당사자 간에 금전, 그 밖에 대체물의 지급 또는 부동산의 인도에 관하여 강제집행을 승낙하는 취지의 합의가 있는 경우, 그 내용이 기재된 조정서 정본에 집행력이 부여되므로 법원의 판결이 없이도 강제집행을 할 수 있다.

※ **관련 법률: 「민법」**

제623조(임대인의 의무) 임대인은 목적물을 임차인에게 인도하고 계약존속중 그 사용, 수익에 필요한 상태를 유지하게 할 의무를 부담한다.

제624조(임대인의 보존행위, 인용의무) 임대인이 임대물의 보존에 필요한 행위를 하는 때에는 임차인은 이를 거절하지 못한다.

제625조(임차인의 의사에 반하는 보존행위와 해지권) 임대인이 임차인의 의사에 반하여 보존행위를 하는 경우에 임차인이 이로 인하여 임차의 목적을 달성할 수 없는 때에는 계약을 해지할 수 있다.

제626조(임차인의 상환청구권) ①임차인이 임차물의 보존에 관한 필요비를 지출한 때에는 임대인에 대하여 그 상환을 청구할 수 있다.
②임차인이 유익비를 지출한 경우에는 임대인은 임대차종료시에 그 가액의 증가가 현존한 때에 한하여 임차인의 지출한 금액이나 그 증가액을 상환하여야 한다. 이 경우에 법원은 임대인의 청구에 의하여 상당한 상환기간을 허여할 수 있다.

제646조(임차인의 부속물매수청구권) ①건물 기타 공작물의 임차인이 그 사용의 편익을 위하여 임대인의 동의를 얻어 이에 부속한 물건이 있는 때에는 임대차의 종료시에 임대인에 대하여 그 부속물의 매수를 청구할 수 있다.
②임대인으로부터 매수한 부속물에 대하여도 전항과 같다.

55 임차인의 원상회복의무

28년 된 오래된 소형 아파트에서 6년 동안 전세로 거주하고 있는 K는 2년 전 분양 받은 신축 아파트로 다음 주에 이사 갈 예정이다. 그런데, 며칠 전 5살 아들이 거실의 낡은 방충망을 손가락으로 뚫어 3개의 작은 구멍이 났다. 워낙 낡은 방충망이라 별 신경을 쓰지 않았는데, 새로운 전세 세입자를 데리고 집을 보여주러 온 부동산 중개인인 집주인은 구멍 뚫린 방충망을 보더니, 새것으로 교체해야 한다며 그 비용을 K에게 요구하였다. 새 방충망 교체 비용은 30만원 정도 나올 것 같다.

 질문

1. K는 이미 너무 낡은 방충망이라 새 방충망으로 교체하는 비용을 요구하는 집주인의 요구가 황당하다. K는 집주인의 요구대로 새 방충망 교체 비용 30만 원을 부담해야 할 의무가 있는가?

임대차계약이 종료한 때 임차인은 임차물을 반환하고, 원상으로 회복시켜야 할 의무를 갖는다.[235] 임대인의 귀책사유로 임대차계약이 중도에 해지된 경우도 마찬가지다. 판례에 따르면, 원상으로 회복한다고 함은 사회통념상 통상적인 방법으로 사용·수익을 하여 그렇게 될 것인 상태라면 사용을 개시할 당시의 상태보다 나빠지더라도 그대로 반환하면 무방하다는 것으로, 임차인이 통상적인 사용을 한 후에 생기는 임차목적물의 상태 악화나 가치의 감소를 의미하는 통상의 손모(損耗)에 관하여는 임차인의 귀책사유가 없으므로 그 원상회복 비용은 채권법

---

235) 「민법」 제615조(차주의 원상회복의무와 철거권), 제654조(준용규정).

의 일반원칙에 비추어 특약이 없는 한 임대인이 부담한다.[236] 임대차계약 종료 시 임차인의 부동산 원상회복 범위와 관련하여 통상의 손모(損耗)는 포함되지 않는다.[237] 예를 들어 시간의 흐름에 따라 발생하는 벽지의 변색, 욕실 줄눈의 오염, 장판의 미세한 스크래치 등은 통상의 손모로 판단될 수 있다. 그러나 반려동물로 인한 악취, 벽지·장판 훼손, 과도한 못질, 임대인의 동의 없는 에어컨 설치로 인한 벽 훼손 등은 임차인의 고의 또는 과실로 인하여 임차물이 파손된 경우로 봐 원상회복의무의 범위에 포함된다.

위 사례의 K의 경우 훼손된 방충망에 대하여 원상회복을 해야 할 의무가 있다. 단, 임차한 당시의 수준으로 원상회복을 하는 것이면 충분하므로 새 방충망 교체 비용 30만 원을 전액을 부담해야 할 의무는 없다.

원상회복 범위에 관한 분쟁이 있는 경우 당사자 간 협상으로 분쟁이 해결되지 않으면, 민사소송을 제기하기 전에 법원에 민사조정을 신청하거나 대한법률구조공단 주택임대차분쟁조정위원회 등 분쟁조정 기관에 상담 또는 조정을 신청하여 도움을 받을 수 있다.

---

[236] 서울중앙지방법원 2007. 5. 31. 선고 2005가합100279, 2006가합62053 판결 참조.
[237] 서울중앙지방법원, 2021. 6. 2. 선고 2019가합4453 판결.

56 임대차계약 만료 후 보증금 미반환과 월세 지급 의무

Y는 구리에 18평 빌라를 보증금 3천만 원에 월세 60만 원으로 임차하여 살고 있다. 2025년 3월 1일, 2년의 계약기간이 만료되었고, Y는 계약 만료 3개월 전에 이미 이사를 나가겠다는 의사를 집주인에게 통보하였다. 그러나 임대차계약이 만료된 이후 3천만 원의 보증금을 받지 못하여 짐을 일부 남겨두고, 다른 곳으로 이사하였다. 집주인은 Y가 짐을 빼지 않고 빌라를 점유하고 있으므로 계속 월세를 달라고 한다.

 질문

1. Y는 월세 보증금을 반환받지 못해서 짐을 놓고 나간 것인데, 보증금을 빨리 주지는 못할망정 월세를 달라는 집주인의 요구에 기가 막힐 뿐이다. Y는 계약기간 만료 후 거주하지 않은 집에 대한 월세를 내야 할 의무가 있는가?
2. Y가 보증금을 반환받기 위해 할 수 있는 법적 조치는 무엇인가?

임대차계약이 종료되면 임차인은 목적물을 반환하여야 하고 임대인은 밀린 임차료 및 손해를 공제한 보증금을 반환하여야 한다. 이것은 동시에 이루어져야 한다.[238] 판례도 임대차계약의 종료에 의하여 발생된 임차인의 임차목적물반환의무와 임대인의 연체차임을 공제한 나머지 보증금반환의무는 동시이행의 관계에 있는 것이므로, 임대차계약 종료 후에도 임차인이 동시이행의 항변권을 행사하여 임차건물을 계속 점유하여 온 것이라면 임차인의 그 건물에 대한 점유는 불법점유라고 할 수는 없으나, 그로 인하여 이득

---

238) 「민법」 제536조(동시이행의 항변권), 제618조(임대차의 의의).

이 있다면 이는 부당이득으로서 반환하여야 하는 것은 당연하다고 하였다. 그러나 법률상의 원인 없이 이득 하였음을 이유로 한 부당이득의 반환에 있어서 '이득'이라 함은 '실질적인 이익'을 가리키는 것이므로 법률상 원인 없이 건물을 점유하고 있다 하여도 이를 사용·수익하지 않았다면 이익을 얻은 것이라고 볼 수 없으므로 임차인이 임대차계약 종료 이후에도 동시이행의 항변권을 행사하는 방법으로 목적물의 반환을 거부하기 위하여 임차건물부분을 계속 점유하기는 하였으나 이를 본래의 임대차계약상의 목적에 따라 사용·수익하지 아니하여 실질적인 이득을 얻은 바 없는 경우에는 그로 인하여 임대인에게 손해가 발생하였다 하더라도 임차인의 부당이득반환의무는 성립되지 않는다고 판결하였다.[239]

임대차계약에 따라 임차기간이 종료된 시점에 임대인이 보증금을 반환할 의무가 있음에도 반환하지 않아 임차인이 보증금을 돌려받지 못한 상태에서 계약기간이 끝났다고 먼저 이사를 나오면 임차인은 대항력과 우선변제권을 상실하게 된다. 그런 상황에서 어쩔 수 없이 이사를 가지 못하고 임차한 주택에 거주 한다 하더라도 그 주택을 사용하였다면 그 기간 동안은 월세를 지급하여야 한다. 그런데, 위 사례와 같이 임차인이 그 기간 동안 임차주택을 사용한 것이 아니라 대항력과 우선변제권을 확보하기 위하여 짐의 일부를 남겨 놓거나 열쇠를 반환하지 않는 식의 단순점유를 한 경우라면 월세를 주지 않아도 된다.

임대차계약 만료 후 임대인에게 보증금을 반환받지 못한 임차인이 취할 수 있는 법적 조치는 다음과 같다. ① 임대인에게 임대차계약 사실, 임대차계약의 만료 사실, 반환받아야 할 보증금액을 기재하여 내용증명을 보낸다. ② 독촉한 기한까지 보증금을 반환받지 못한 경우 임대인을 상대로 보증금반환청구소송을 제기할 수 있다. ③ 임차보증금이 3천만 원을 초과하지 않는다면, 소액사건심판제도를 이용할 수 있다. 임차보증금이 3천만 원을 초과하는 경우라 하더라도「주택임대차보호법」[240]에 따라「소액사건심판법」의 일부 규정[241]이 적용되어 신속하게

---

239) 대법원 2003. 4. 11. 선고 2002다59481 판결, 2008. 4. 10. 선고 2007다76986 판결.
240)「주택임대차보호법」제13조(「소액사건심판법」의 준용).
241)「소액사건심판법」제6조(소장의 송달), 제7조(기일지정 등), 제11조의2(판결에 관한 특례).

재판을 받을 수 있다. ④ 집주인인 보증금의 반환이 지연되고 있다는 사실을 인정하는 경우, 보증금 반환을 명하는 지급명령을 법원에 신청할 수 있다. 지급명령 신청을 이용하면 전세금반환청구소송이나 소액사건심판절차에 비해 적은 비용으로 신속하고, 간편한 절차를 통해 처리할 수 있다.

☞ 임차권등기명령제도

임대차계약이 종료된 후 보증금을 받지 못한 상황에서 임차인이 이사해야 할 때 임차인이 간편한 방법으로 대항력과 우선변제권을 유지하기 위해 '임차권등기명령제도'를 이용할 수 있다. 임차권등기명령은 임대차계약 만료 후 임대인으로부터 보증금을 반환받지 못한 임차인이 임차주택의 소재지를 관할하는 법원에 신청할 수 있다.

※ 전세금 반환보증보험

전세금 반환보증보험 상품은 2013년 9월 처음 출시된 이후 현재 공공 보증기관인 HUG와 한국주택금융공사(HF), 민간 보증기관인 SGI서울보증에서 취급한다.[242] 계약기간 만료 후 임대인이 전세보증금을 돌려주지 않으면 이들 기관이 세입자에게 대신 보증금을 지급(대위변제)하는 보증상품으로, 이들 기관은 대신 지급한 보증금에 대하여 집주인에게 구상권을 청구한다. 기존의 전세보증보험제도에서는 가입하려면 집주인의 동의가 필수적이어서 집 주인의 거부로 세입자가 가입을 포기하는 경우가 많았는데, 2018년 2월부터 동의절차가 폐지되었다.

구 분	HUG 주택도시공사	HF 한국주택금융공사	SGI 서울보증
보증금액	수도권 7억 원 이하, 그 외 지역 5억 원 이하	수도권 7억 원 이하, 그 외 지역 5억 원 이하	아파트 제한 없음, 그 외 주택 10억 이내
보증대상	아파트, 주거용 오피스텔, 단독/다가구, 연립/다세대	주택금융공사 보증을 받아 전세금 대출받은 사용자	아파트, 주거용 오피스텔, 단독/다가구, 연립/다세대
신청기한	전세계약기간1/2 지나기 전	전세계약기간1/2 지나기 전	(전세계약 2년 기준) 계약일로부터 10개월 이내

---

242) 자세한 가입조건과 보증 내용은 각 기관 홈페이지 참조.

57 임대차계약의 승계와 반려동물

신축 아파트를 2년의 기간으로 1억 5천만 원에 전세로 임대차계약을 체결한 O는 이곳에서 3년째 살고 있다. 신축 아파트라 집주인은 아파트가 깨끗하게 유지되길 바랐는데, 처음 전세 임대차계약 시 임대차계약서에 특약사항으로 "임차인이 반려동물을 키울 경우, 임대인은 계약해지를 통보할 수 있으며, 임차인은 계약해지 통보를 받은 날로부터 3개월 이내에 임차한 아파트를 명도 하여야 한다."고 명시하였다. O가 이사 온 지 1년이 조금 넘은 시점에 돌아가신 할머니가 키우던 포메라니안 두 마리를 맡을 사람이 없어 집으로 데려와야 하는 상황이었다. 그 사실을 미리 집주인에게 알리고 양해를 구했는데, 집주인은 그냥 집에서 키워도 된다고 하였다. 전세난에 이사하지 않아도 되는 O는 마음 편하게 살고 있었는데, 최근 이 집을 매매한 새 임대인이 집을 보러 왔을 때 봤던 개들은 키울 수 없다며, 개를 치우거나 계속 키울 생각이면 계약을 해지할 것이니 나가 달라고 한다.

질문

1. 임대차계약 존속 중 임대인이 바뀐 경우, 임차인이 전(前)임대인과 체결한 임대차계약은 어떻게 되는가?
2. O는 임대차계약서의 특약사항에도 불구하고, 계약을 체결했던 임대인의 허락을 받아 강아지를 키우며 살 수 있었는데, 새 임대인의 계약해지 요구를 거절할 수 있는가?
3. 임대차계약 체결 시 반려동물에 관한 별도의 협의가 없었던 경우, 임차인이 반려동물을 키운다는 이유로 임대인이 계약해지나 강제퇴거를 요구할 권리가 있는가?

임대차계약 중 임대인이 바뀌어도 임차인이 대항력을 갖추고 있으면 전(前) 임대인과 체결한 임대차계약의 기간과 조건에 따라 임차인의 권리를 주장할 수 있다. O가 전 주인과 체결한 임대차계약은 그 계약 그대로 새로운 임대인에게 승계된다.

그런데, 위 사례의 경우 계약서에 "반려동물을 키울 경우, 임대인은 계약해지를 통보할 수 있으며, 계약해지 통보를 받은 날로부터 3개월 이내에 임차한 아파트를 명도 하여야 한다."는 특약사항이 있었는데, 그러한 특약에도 불구하고 임차인은 전 집주인의 양해하에 계약해지 없이 반려동물을 키울 수 있었다. 임차인이 새로운 집주인에게 전 주인이 허락한 애완견 키우는 문제를 임차인의 권리로 주장할 수 있는가와 관련하여, 임대차계약은 계약서의 내용대로 새로운 임대인에게 승계되는 것이므로, O와 전 집주인과의 반려동물과 관련한 특약사항의 변경이 임대차계약서에 기재되지 않는 한, 임차인은 새로운 임대인이 그 계약에 근거하여 반려동물을 없애라거나 계약을 해지하자는 요구를 거절할 수 없다.

최근 반려동물을 키우는 사람들이 많아지면서 반려동물 관련 분쟁이 증가하고 있어, 임대차계약을 할 때 '반려동물 사육금지'와 같은 특약사항을 기재하는 경우가 많아지고 있다. 임차인이 계약 전에 미리 말을 하지 않고 반려동물을 데리고 입주하여 반려동물로 인한 소음으로 주변의 민원이 급증하고, 집안의 벽지나 빌트인 가구를 물어뜯는 일이 빈번하여 임대인과의 분쟁이 자주 발생하고 있기 때문이다.

임대차계약 체결 시 계약당사자 간에 반려동물에 관한 별도의 협의가 없었던 경우, 임차인이 반려동물을 키운다는 이유만으로 임대인이 계약해지나 강제퇴거를 요구할 권리가 없다. 그러나 반려동물로 인해 임차물의 파손이나 수반되는 문제가 있다면 임대차계약 갱신 시 임대인이 「주택임대차보호법」 제6조의3[243])에 규정된 계약갱신을 거절할 정당한 사유로서 "임차인이 임차한 주택의 전부 또는 일부를 고의나 중대한 과실로 파손한 경우" 또는 "그 밖의 임차인이 임차인으로서의 의무를 현저히 위반하거나 임대차를 계속하기 어려운 중대한 사유가 있는 경우"를 들어 반려동물을 키우는 임차인과의 계약갱신을 거절할 가능성이 있다. 최근 반려동물을 키우는 인구가 증가하자 반려동물 입주를 금지하거나 허용하는 경우 임대인이 계약서에 특약사항을 기재하는 경우가 늘고 있는데, 예를 들어 반려동물로 인한 훼손에 대해 원상복구, 퇴실 시 반려동물로 인한 냄새 제거 청소, 반려동물로 인한 층간 소음, 배설물 등의 문제로 인한 손해배상책임, 반려동물의 종류나 수의 제한 조항 등이 있다.

---

243) 「민법」 제6조의3(계약갱신 요구 등) ① 제6조에도 불구하고 임대인은 임차인이 제6조제1항 전단의 기간 이내에 계약갱신을 요구할 경우 정당한 사유 없이 거절하지 못한다. 다만, 다음 각 호의 어느 하나에 해당하는 경우에는 그러하지 아니하다.
  1. 임차인이 2기의 차임액에 해당하는 금액에 이르도록 차임을 연체한 사실이 있는 경우
  2. 임차인이 거짓이나 그 밖의 부정한 방법으로 임차한 경우
  3. 서로 합의하여 임대인이 임차인에게 상당한 보상을 제공한 경우
  4. 임차인이 임대인의 동의 없이 목적 주택의 전부 또는 일부를 전대(轉貸)한 경우
  5. 임차인이 임차한 주택의 전부 또는 일부를 고의나 중대한 과실로 파손한 경우
  6. 임차한 주택의 전부 또는 일부가 멸실되어 임대차의 목적을 달성하지 못할 경우
  7. 임대인이 다음 각 목의 어느 하나에 해당하는 사유로 목적 주택의 전부 또는 대부분을 철거하거나 재건축하기 위하여 목적 주택의 점유를 회복할 필요가 있는 경우
    가. 임대차계약 체결 당시 공사시기 및 소요기간 등을 포함한 철거 또는 재건축 계획을 임차인에게 구체적으로 고지하고 그 계획에 따르는 경우
    나. 건물이 노후·훼손 또는 일부 멸실되는 등 안전사고의 우려가 있는 경우
    다. 다른 법령에 따라 철거 또는 재건축이 이루어지는 경우
  8. 임대인(임대인의 직계존속·직계비속을 포함한다)이 목적 주택에 실제 거주하려는 경우
  9. 그 밖에 임차인이 임차인으로서의 의무를 현저히 위반하거나 임대차를 계속하기 어려운 중대한 사유가 있는 경우

58 임차주택의 화재와 임차인의 법적 책임

무직인 H는 4층짜리 근린상가 **빌딩의 3층의 다가구주택 한 호실을 9천만 원 보증금에 월세 30만 원에 임차하여 살고 있다. 어느 날 잠을 자다 자신이 임차하고 있는 집에서 화재가 발생하여 급히 대피하였는데, 그 불이 건물 전체로 번졌다. 다행히 인명사고는 없었으나 건물 전체가 소실되었다. 소방서의 화재 현장 조사보고서, 국립과학수사연구원의 법안전감정서, 관할 경찰서의 현장감식결과보고서 및 내사종결보고서 등에서 내린 결론에 의하면 화재조사 결과 발화지점은 3층 H가 거주하는 집의 식탁 위 전자레인지를 연결해 놓은 멀티탭 인근으로 추정되었는데, 원인불명 화재로 결론이 났다. 화재로 임차주택이 소실되어 H는 임대인에게 임대차계약의 해지를 통보하고 보증금 반환을 청구하였는데, 임대인은 화재로 인한 손해가 3억에 이른다며, 보증금으로 손해배상금 일부를 상계하겠다며 돌려주지 않는다.

 질문

1. 임차한 주택에서 발생한 원인 미상의 화재 사고에 대하여 누가 배상책임을 지는가?
2. **빌딩 임대인은 H가 임차한 주택 외에 건물복구 비용을 H에게 청구할 수 있는가?
3. 위 사례에서 H는 임대인에게 전세보증금의 상환을 요구할 수 있는가?

임차한 주택에서 발생한 화재의 원인이 미상으로 나온 경우, 화재에 대한 책임소재가 불분명하다. 과거 판례에서는 임차주택이 발화지점으로 특정된 상황에서 원인 미상으로 결론이 난 경우, 임차인이 임차건물의 보존에 관한 선량한 관리자의 주의의무를 다하였음을 입증하여야 하고, 입증하지 못한 경우 그 화재가 발생한 임차주택 및 그 화재로 인한 손해(건물 소실)에 대한 배상책임을 져야 한다고

하여 임차인의 책임을 인정하였다.[244]

임차인이 임차한 부분을 포함하여 다른 건물 부분이 화재로 전소되어 훼손된 경우, 종전까지의 판례[245]는 임차인이 임차물반환채무의 이행불능으로 인한 손해배상책임을 면하려면 그 임차건물의 보존에 관하여 선량한 관리자의 주의의무를 다하였음을 적극적으로 입증하여야 하고, 이 점을 입증하지 못하면 그 불이익은 궁극적으로 임차인이 져야 한다고 하면서 이러한 이치는 화재가 임차인의 임차 부분 내에서 발생하였는지의 여부 그 자체를 알 수 없는 경우라고 하여 달라지지 아니한다"라고 하였다. 즉, 종래 대법원은 발화 원인이 불명인 경우 임차인에게 임차건물의 보존에 관한 선량한 관리자의 주의의무[246]를 다했다는 증명책임을 부담하게 하면서 임대차 목적물과 구조상 불가분의 일체를 이루는 부분에 발생한 손해에 대해서까지 손해배상책임을 인정해 왔다.

그런데, 임차인에게 요구되는 선량한 관리자의 주의의무의 이행을 증명하는 것이 실제로는 거의 불가능하므로 임차인의 책임 범위는 확대될 수밖에 없었다. 이러한 판결들은 뚜렷한 법적 근거 없이 임차인의 책임을 부당하게 확대한다는 비판을 받아 왔는데, 대법원은 2017년 5월 28일 종래 대법원의 판결들을 변경하는 판결[247]을 선고했다. 대상판결의 다수의견은 임차 외 건물 부분이 임차 건물의 유지·존립과 구조상 불가분의 일체를 이루는 관계에 있다 하더라도, 그 부분에 발생한 손해에 대해 임대인이 임차인을 상대로 채무불이행을 원인으로 하는 배상을 구하려면, 임차인이 보존·관리의무를 위반하여 화재가 발생한 원인을 제

---

244) 임대차계약이 종료되면 임차인은 목적물을 반환하고, 임대인은 그 보증금을 반환하여야 한다. 그런데, 화재 등으로 인하여 임차인이 임차물을 반환할 수 없는 경우에 판례는 "임차인의 임차물반환채무가 이행불능이 된 경우 임차인이 그 이행불능으로 인한 손해배상책임을 면하려면 그 이행불능이 임차인의 귀책사유로 말미암은 것이 아님을 입증할 책임이 있으며, 임차건물이 화재로 소훼된 경우에 있어서 그 화재의 발생원인이 불명인 때에도 임차인이 그 책임을 면하려면 그 임차건물의 보존에 관하여 선량한 관리자의 주의의무를 다하였음을 입증하여야 한다."고 하였다. 대법원 1999. 9. 21. 선고 99다36273 판결. 대한법률구조공단, 법률상담사례: "임차주택에서 원인불명의 화재가 발생한 경우 임차인의 책임"; 광주지방법원, 민원상담사례: 임차주택에 화재 발생 시 책임은 누가 지는가?" 참조..
245) 대법원 2000. 7. 4. 선고 99다64384 판결.
246) 대법원 1999. 9. 21. 선고 99다36273 판결.
247) 대법원 2001. 1. 19. 선고 2000다57351 판결.

공하는 등 화재 발생과 관련된 임차인의 계약상 의무 위반이 있었고, 그러한 의무 위반과 임차 외 건물 부분의 손해 사이에 상당인과관계가 있으며, 임차 외 건물 부분의 손해가 그 의무 위반에 따라 「민법」 제393조에 의하여 배상해야 할 손해의 범위 내에 있다는 점을 임대인이 주장·증명해야 한다고 했다.[248]

따라서 임차인 H가 임차물에 대해 선량한 관리자로서의 주의의무를 다하였음을 입증하지 못하면 임대인에게 위 임차목적물을 반환하지 못하는 손해배상을 해야 할 책임이 있고, 임대인은 임차목적물의 파손 정도에 따른 손해배상금액을 임차보증금에서 공제 또는 상계할 수 있다. 임차목적물의 손해가 임차보증금을 초과하거나 임대인이 임차주택 외 건물 손해에 대하여 임차인의 불법행위 책임을 입증한다면 임차인 H는 임대인에게 임차보증금의 반환을 청구할 수 없다.

만약 화재의 원인이 임차건물의 전기배선 이상 때문이라면 발화지점이 임차주택이라 하더라도 임차인에게 손해배상책임을 물을 수 없는데, 이에 관한 판례에서는 "임차건물이 전기배선의 이상으로 인한 화재로 일부 소훼되어 임차인의 임차목적물반환채무가 일부 이행불능이 되었으나 발화 부위인 전기배선이 건물구조의 일부를 이루고 있어 임차인이 전기배선의 이상을 미리 알았거나 알 수 있었다고 보기 어렵고, 따라서 그 하자를 수리·유지할 책임은 임대인에게 있으므로 임차목적물반환채무의 이행불능이 임대인에게 있는 경우 임차인의 임차목적물의 보존에 관한 선량한 관리자의 주의의무를 다하지 아니한 결과가 아니므로 임차인은 그로 인한 손해배상책임이 없다"고 하였다.[249]

---

248) 박보영, "원인불명의 화재로 임차 외 건물 부분에 발생한 손해에 대한 임차인의 채무불이행책임- 대법원 2017. 5. 18. 선고 2012다86895(본소)·2012다86901(반소) 판결 -", 법조협회, 법조, 제68권 제2호(2019.4), pp. 508~511 참조; 판결의 법리 관련 자세한 내용은 김상헌, "임차건물 부분의 화재가 임차 외건물부분에 재산상 손해를 발생시킨 경우, 임차인의 손해배상책임에 관하여- 대법원 2017. 5. 18. 선고 전원합의체, 2012다86895판결을 중심으로 -", 국민대학교 법학연구소, 법학논총, 제30권 제2호(2017.10), pp. 109~146 참조.
249) 대법원 2017. 5. 18. 선고 2012다86895(본소) 2012다86901(반소) 판결.

제3편

>>> 소비생활

제3편 소비생활

59 전자상거래와 소비자의 청약철회권

30대 직장인 A는 2025년 6월 1일 한 인터넷 쇼핑몰에서 프리사이즈 흰색 원피스를 5만 원에 구매하여, 6월 5일 주문한 물품을 배송받았다. 그런데, 주문한 원피스의 어깨가 좁아 입을 수가 없었던 A는 배송받은 당일 쇼핑몰에 원피스 반품을 요구했지만 거절당했다. 인터넷 쇼핑몰 사업자는 인터넷 쇼핑몰 홈페이지의 해당 상품에 대한 주의사항에 "흰색 의류의 경우 반품, 교환, 환불 절대 불가"라는 문구를 써 놓았기 때문에 반품할 수 없다는 말만 되풀이하고 있다. A는 원피스의 어깨 폭에 대한 상세한 정보가 게시되어 있지 않아 구매 시 확인할 수 없었고, 일반적인 표준 사이즈에 비하여 그 원피스의 어깨 폭이 작다고 문제를 제기했는데, 사업자는 반품 불가를 사전에 공지했으므로 반품, 교환, 환불 그 어느 것도 해 줄 수 없다고 한다.

 질문

1. 계약은 어떻게 성립하는가?
2. 청약의 의사표시는 철회할 수 있는가?
3. 판매자가 "흰색 의류는 반품, 교환, 환불 절대 불가"라는 문구를 사전에 공지하고 판매한 경우, 소비자는 청약을 철회할 수 없는가?

계약은 당사자의 청약에 대한 상대방의 승낙으로 성립한다. 청약이란 청약자가 상대방에게 일정한 내용의 계약을 체결할 것을 제의하는 의사표시로, 이에 대해 상대방이 승낙하여야 법률행위로서 계약이 성립한다. 청약은 상대방이 있는 의사표시로, 상대방에게 도달한 때 효력이 생긴다.[250] 「민법」의하면 원칙적으로 청약의 의사표시가 상대방에게 도달한 이후에는 계약을 철회할 수 없다. 청약을 하면 이를 수령 한 상대방이 청약을 신뢰하여 계약체결을 준비하는데 청약자가 마음대로 청약을 철회하면 거래의 안전을 유지할 수 없고, 상대방에게 부당한 손해를 줄 우려가 있기 때문이다. 그러나 청약자가 미리 청약을 철회할 수 있음을 유보한 경우에는 임의로 계약을 철회할 수 있다.[251]

그런데, 할부거래, 방문판매, 전화권유판매의 방법으로 재화나 용역의 구매에 관한 계약을 체결한 경우(특수한 매매계약), 충동적인 소비로부터 소비자를 보호하기 위하여 일정 기간 내에 계약체결 의사를 철회할 수 있도록 소비자의 '청약철회권'을 인정하고 있다. 매매계약 중에 계약의 체결 방법, 계약의 성립조건, 대금지급 방법, 계약의 이행 방법 등에서 여러 가지 특징을 가진 유형이 있는데 이를 특수한 매매계약이라고 한다. 특수한 매매의 소비자를 보호하는 법으로는 「할부거래에 관한 법률」, 「방문판매 등에 관한 법률」, 「전자상거래 등에서의 소비자보호에 관한 법률(이하 '전자상거래법'이라 함)」 등이 있다. 인터넷 쇼핑의 경우 전자상거래에 해당하면서 동시에 통신판매에도 해당한다. 전자상거래는 거래의 전부 또는 일부가 전자문서에 의해 이뤄지는 거래 (예를 들면, 인터넷 뱅킹, 교통카드, 인터넷 쇼핑 등), 통신판매는 우편·전기통신 기타의 방법으로 판매에 관한 정보를 제공하고 소비자의 청약을 받아 물품을 판매하는 것(예를 들면, TV 홈쇼핑, 카탈로그 쇼핑)을 의미한다. 다만, 전화권유판매는 통신판매에서 제외된다.[252]

「전자상거래법」에 의하면 전자상거래와 통신판매로 물품을 구입한 소비자는 계약서를 교부받은 시점 또는 계약서보다 물품을 늦게 받은 경우에는 물품을 수

---

250) 「민법」 제111조제1항.
251) 김준호, *supra* note 23, pp. 825, 828~829.
252) 법무부·한국법교육센터, *supra* note 86.

령한 시점을 기준으로 7일 이내에 청약을 철회 할 수 있다. 판매자와 소비자가 약정으로 철회 기간을 7일보다 길게 정한 경우에는 그 기간을 따른다.[253] 홈페이지에 반품, 교환 불가를 표시했다고 하더라도 청약철회와 관련하여 소비자에게 불리한 약정은 효력이 없으므로,[254] 재판매가 곤란할 정도의 제품 훼손이 없다면 구입가의 환불을 요구할 수 있다.[255] 다만 색상, 디자인 혹은 사이즈 불만 등의 소비자의 변심으로 청약을 철회하는 경우, 반품 비용은 소비자가 부담해야 한다. 청약을 철회하면 소비자는 받은 상품을 판매자에게 돌려주어야 하고, 판매자는 소비자에게 상품의 대가로 받은 돈을 상품을 반환받은 날로부터 3영업일 이내에 돌려줘야 한다.[256] 통신판매업자는 소비자에게 청약철회등을 이유로 위약금이나 손해배상을 청구할 수 없다.[257] 또한 휴업기간이나 영업정지기간 중에도 청약철회 등의 업무와 그에 따른 대금 환급 업무는 계속하여야 한다.[258]

통신판매업자에 대한 청약철회 의사표시 방법은 법률상 특별한 제한이 없으므로 전화, 서면, 전자문서 모두 가능하지만 가능한 쇼핑몰 게시판에 청약철회 의사를 표시하고 그 화면을 캡처하는 등 증거자료를 남겨두는 것이 좋다. 또한 가능한 결제방식을 신용카드로 선택하는 것이 좋다.

판매자가 소비자의 청약철회 또는 계약취소 요청을 거절하는 경우, 소비자는 자세한 사건경위서, 소비자와 사업자의 연락처 및 내용증명 사본 등을 첨부하여 한국소비자원, 각 지방자치단체의 소비자피해구제기구, 소비자단체의 도움을 받을 수 있다.

---

253) 「전자상거래법」 제17조(청약철회등).
254) 「전자상거래법」 제35조(소비자에게 불리한 계약의 금지).
255) 소비자가 청약철회를 할 수 없는 사유는 「전자상거래 등에서의 소비자보호에 관한 법률」 제17조(청약철회등) 제2항 참조.
256) 「전자상거래법」 제18조(청약철회등의 효과) 제1항~제2항.
257) 「전자상거래법」 제18조(청약철회등의 효과) 제9항.
258) 「전자상거래법」 제22조(휴업기간 등에서의 청약철회등의 업무처리 등) 제1항.

※ 관련 법률: 「전자상거래 등에서의 소비자보호에 관한 법률(약칭: 전자상거래법)」

제1조(목적) 이 법은 전자상거래 및 통신판매 등에 의한 재화 또는 용역의 공정한 거래에 관한 사항을 규정함으로써 소비자의 권익을 보호하고 시장의 신뢰도를 높여 국민경제의 건전한 발전에 이바지함을 목적으로 한다.
[전문개정 2012. 2. 17.]

제2조(정의) 이 법에서 사용하는 용어의 뜻은 다음과 같다. 〈개정 2012. 6. 1.〉
1. "전자상거래"란 전자거래(「전자문서 및 전자거래 기본법」 제2조제5호에 따른 전자거래를 말한다. 이하 같다)의 방법으로 상행위(商行爲)를 하는 것을 말한다.
2. "통신판매"란 우편·전기통신, 그 밖에 총리령으로 정하는 방법으로 재화 또는 용역(일정한 시설을 이용하거나 용역을 제공받을 수 있는 권리를 포함한다. 이하 같다)의 판매에 관한 정보를 제공하고 소비자의 청약을 받아 재화 또는 용역(이하 "재화등"이라 한다)을 판매하는 것을 말한다. 다만, 「방문판매 등에 관한 법률」 제2조제3호에 따른 전화권유판매는 통신판매의 범위에서 제외한다.
3. "통신판매업자"란 통신판매를 업(業)으로 하는 자 또는 그와의 약정에 따라 통신판매업무를 수행하는 자를 말한다.
4. "통신판매중개"란 사이버몰(컴퓨터 등과 정보통신설비를 이용하여 재화등을 거래할 수 있도록 설정된 가상의 영업장을 말한다. 이하 같다)의 이용을 허락하거나 그 밖에 총리령으로 정하는 방법으로 거래 당사자 간의 통신판매를 알선하는 행위를 말한다.
5. "소비자"란 다음 각 목의 어느 하나에 해당하는 자를 말한다.
   가. 사업자가 제공하는 재화등을 소비생활을 위하여 사용(이용을 포함한다. 이하 같다)하는 자
   나. 가목 외의 자로서 사실상 가목의 자와 같은 지위 및 거래조건으로 거래하는 자 등 대통령령으로 정하는 자
6. "사업자"란 물품을 제조(가공 또는 포장을 포함한다. 이하 같다)·수입·판매하거나 용역을 제공하는 자를 말한다.
[전문개정 2012. 2. 17.]

제3조(적용 제외) ① 이 법의 규정은 사업자(「방문판매 등에 관한 법률」 제2조제6호의 다단계판매원은 제외한다. 이하 이 항에서 같다)가 상행위를 목적으로 구입하는 거래에는 적용하지 아니한다. 다만, 사업자라 하더라도 사실상 소비자와 같은 지위에서 다른 소비자와 같은 거래조건으로 거래하는 경우에는 그러하지 아니하다.

② 제13조제2항에 따른 계약내용에 관한 서면(전자문서를 포함한다. 이하 같다)의 교부의무에 관한 규정은 다음 각 호의 거래에는 적용하지 아니한다. 다만, 제1호의 경우에는 총리령으로 정하는 바에 따라 계약내용에 관한 서면의 내용이나 교부의 방법을 다르게 할 수 있다.
1. 소비자가 이미 잘 알고 있는 약관 또는 정형화된 거래방법에 따라 수시로 거래하는 경우로서 총리령으로 정하는 거래
2. 다른 법률(「민법」 및 「방문판매 등에 관한 법률」은 제외한다)에 이 법의 규정과 다른 방법으로 하는 계약서 교부의무 등이 규정되어 있는 거래

③ 통신판매업자가 아닌 자 사이의 통신판매중개를 하는 통신판매업자에 대하여는 제13조부터 제15조까지, 제17조부터 제19조까지의 규정을 적용하지 아니한다.

④ 「자본시장과 금융투자업에 관한 법률」의 투자매매업자·투자중개업자가 하는 증권거래, 대통령령으로 정하는 금융회사 등이 하는 금융상품거래 및 일상 생활용품, 음식료 등을 인접지역에 판매하기 위한 거래에 대하여는 제12조부터 제15조까지, 제17조부터 제20조까지 및 제20조의2를 적용하지 아니한다.

[전문개정 2012. 2. 17.]

제4조(다른 법률과의 관계) 전자상거래 또는 통신판매에서의 소비자보호에 관하여 이 법과 다른 법률이 경합하는 경우에는 이 법을 우선 적용한다. 다만, 다른 법률을 적용하는 것이 소비자에게 유리한 경우에는 그 법을 적용한다.

[전문개정 2012. 2. 17.]

제17조(청약철회등)
① 통신판매업자와 재화등의 구매에 관한 계약을 체결한 소비자는 다음 각 호의 기간(거래당사자가 다음 각 호의 기간보다 긴 기간으로 약정한 경우에는 그 기간을 말한다) 이내에 해당 계약에 관한 청약철회등을 할 수 있다. 〈개정 2016. 3. 29.〉
1. 제13조제2항에 따른 계약내용에 관한 서면을 받은 날부터 7일. 다만, 그 서면을 받은 때보다 재화등의 공급이 늦게 이루어진 경우에는 재화등을 공급받거나 재화등의 공급이 시작된 날부터 7일
2. 제13조제2항에 따른 계약내용에 관한 서면을 받지 아니한 경우, 통신판매업자의 주소 등이 적혀 있지 아니한 서면을 받은 경우 또는 통신판매업자의 주소변경 등의 사유로 제1호의 기간에 청약철회등을 할 수 없는 경우에는 통신판매업자의 주소를 안 날 또는 알 수 있었던 날부터 7일

3. 제21조 제1항 제1호 또는 제2호의 청약철회등에 대한 방해 행위가 있는 경우에는 그 방해 행위가 종료한 날부터 7일

② 소비자는 다음 각 호의 어느 하나에 해당하는 경우에는 통신판매업자의 의사에 반하여 제1항에 따른 청약철회등을 할 수 없다. 다만, 통신판매업자가 제6항에 따른 조치를 하지 아니하는 경우에는 제2호부터 제5호까지의 규정에 해당하는 경우에도 청약철회등을 할 수 있다. 〈개정 2016. 3. 29.〉

1. 소비자에게 책임이 있는 사유로 재화등이 멸실되거나 훼손된 경우. 다만, 재화등의 내용을 확인하기 위하여 포장 등을 훼손한 경우는 제외한다.
2. 소비자의 사용 또는 일부 소비로 재화등의 가치가 현저히 감소한 경우
3. 시간이 지나 다시 판매하기 곤란할 정도로 재화등의 가치가 현저히 감소한 경우
4. 복제가 가능한 재화등의 포장을 훼손한 경우
5. 용역 또는 「문화산업진흥 기본법」 제2조제5호의 디지털콘텐츠의 제공이 개시된 경우. 다만, 가분적 용역 또는 가분적 디지털콘텐츠로 구성된 계약의 경우에는 제공이 개시되지 아니한 부분에 대하여는 그러하지 아니하다.
6. 그 밖에 거래의 안전을 위하여 대통령령으로 정하는 경우

③ 소비자는 제1항 및 제2항에도 불구하고 재화등의 내용이 표시·광고의 내용과 다르거나 계약내용과 다르게 이행된 경우에는 그 재화등을 공급받은 날부터 3개월 이내, 그 사실을 안 날 또는 알 수 있었던 날부터 30일 이내에 청약철회등을 할 수 있다.

④ 제1항 또는 제3항에 따른 청약철회등을 서면으로 하는 경우에는 그 의사표시가 적힌 서면을 발송한 날에 그 효력이 발생한다.

⑤ 제1항부터 제3항까지의 규정을 적용할 때 재화등의 훼손에 대하여 소비자의 책임이 있는지 여부, 재화등의 구매에 관한 계약이 체결된 사실 및 그 시기, 재화등의 공급사실 및 그 시기 등에 관하여 다툼이 있는 경우에는 통신판매업자가 이를 증명하여야 한다.

⑥ 통신판매업자는 제2항 제2호부터 제5호까지의 규정에 따라 청약철회등이 불가능한 재화등의 경우에는 그 사실을 재화등의 포장이나 그 밖에 소비자가 쉽게 알 수 있는 곳에 명확하게 표시하거나 시험 사용 상품을 제공하는 등의 방법으로 청약철회등의 권리 행사가 방해받지 아니하도록 조치하여야 한다. 다만, 제2항 제5호 중 디지털콘텐츠에 대하여 소비자가 청약철회등을 할 수 없는 경우에는 청약철회등이 불가능하다는 사실의 표시와 함께 대통령령으로 정하는 바에 따라 시험 사용 상품을 제공하는 등의 방법으로 청약철회등의 권리 행사가 방해받지 아니하도록 하여야 한다. 〈개정 2016. 3. 29.〉

[전문개정 2012. 2. 17.]

제18조(청약철회등의 효과)

① 소비자는 제17조제1항 또는 제3항에 따라 청약철회등을 한 경우에는 이미 공급받은 재화등을 반환하여야 한다. 다만, 이미 공급받은 재화등이 용역 또는 디지털콘텐츠인 경우에는 그러하지 아니하다. 〈개정 2016. 3. 29.〉

② 통신판매업자(소비자로부터 재화등의 대금을 받은 자 또는 소비자와 통신판매에 관한 계약을 체결한 자를 포함한다. 이하 제2항부터 제10항까지의 규정에서 같다)는 다음 각 호의 어느 하나에 해당하는 날부터 3영업일 이내에 이미 지급받은 재화등의 대금을 환급하여야 한다. 이 경우 통신판매업자가 소비자에게 재화등의 대금 환급을 지연한 때에는 그 지연기간에 대하여 연 100분의 40 이내의 범위에서 「은행법」에 따른 은행이 적용하는 연체금리 등 경제사정을 고려하여 대통령령으로 정하는 이율을 곱하여 산정한 지연이자(이하 "지연배상금"이라 한다)를 지급하여야 한다. 〈개정 2016. 3. 29.〉

1. 통신판매업자가 재화를 공급한 경우에는 제1항 본문에 따라 재화를 반환받은 날
2. 통신판매업자가 용역 또는 디지털콘텐츠를 공급한 경우에는 제17조제1항 또는 제3항에 따라 청약철회등을 한 날
3. 통신판매업자가 재화등을 공급하지 아니한 경우에는 제17조제1항 또는 제3항에 따라 청약철회등을 한 날

③ 통신판매업자는 제1항 및 제2항에 따라 재화등의 대금을 환급할 때 소비자가 「여신전문금융업법」 제2조제3호에 따른 신용카드나 그 밖에 대통령령으로 정하는 결제수단으로 재화등의 대금을 지급한 경우에는 지체 없이 해당 결제수단을 제공한 사업자(이하 "결제업자"라 한다)에게 재화등의 대금 청구를 정지하거나 취소하도록 요청하여야 한다. 다만, 통신판매업자가 결제업자로부터 해당 재화등의 대금을 이미 받은 때에는 지체 없이 그 대금을 결제업자에게 환급하고, 그 사실을 소비자에게 알려야 한다.

④ 제3항 단서에 따라 통신판매업자로부터 재화등의 대금을 환급받은 결제업자는 그 환급받은 금액을 지체 없이 소비자에게 환급하거나 환급에 필요한 조치를 하여야 한다.

⑤ 제3항 단서에 해당하는 통신판매업자 중 환급을 지연하여 소비자가 대금을 결제하게 한 통신판매업자는 그 지연기간에 대한 지연배상금을 소비자에게 지급하여야 한다.

⑥ 소비자는 통신판매업자가 제3항 단서에도 불구하고 정당한 사유 없이 결제업자에게 대금을 환급하지 아니하는 경우에는 결제업자에게 그 통신판매업자에 대한 다른 채무와 통신판매업자로부터 환급받을 금액을 상계(相計)할 것을 요청할 수 있다. 이 경우 결제업자는 대통령령으로 정하는 바에 따라 그 통신판매업자에 대한 다른 채무와 상계할 수 있다.

⑦ 소비자는 결제업자가 제6항에 따른 상계를 정당한 사유 없이 게을리한 경우에는 결제업자에 대하여 대금의 결제를 거부할 수 있다. 이 경우 통신판매업자와 결제업자는 그 결제 거부를 이유로 그 소비자를 약정한 기일까지 채무를 변제하지 아니한 자로 처리하는 등 소비자에게 불이익을 주는 행위를 하여서는 아니 된다.

⑧ 제1항의 경우 통신판매업자는 이미 재화등이 일부 사용되거나 일부 소비된 경우에는 그 재화등의 일부 사용 또는 일부 소비에 의하여 소비자가 얻은 이익 또는 그 재화등의 공급에 든 비용에 상당하는 금액으로서 대통령령으로 정하는 범위의 금액을 소비자에게 청구할 수 있다.

⑨ 제17조제1항에 따른 청약철회등의 경우 공급받은 재화등의 반환에 필요한 비용은 소비자가 부담하며, 통신판매업자는 소비자에게 청약철회등을 이유로 위약금이나 손해배상을 청구할 수 없다.

⑩ 제17조제3항에 따른 청약철회등의 경우 재화등의 반환에 필요한 비용은 통신판매업자가 부담한다.

⑪ 통신판매업자, 재화등의 대금을 받은 자 또는 소비자와 통신판매에 관한 계약을 체결한 자가 동일인이 아닌 경우에 이들은 제17조제1항 및 제3항에 따른 청약철회등에 의한 제1항부터 제7항까지의 규정에 따른 재화등의 대금 환급과 관련한 의무의 이행에 대하여 연대하여 책임을 진다.

[전문개정 2012. 2. 17.]

60. 할부계약 소비자의 항변권

> Y는 최근 건강관리를 위해 요가 클래스에 등록하였다. 1년 치 수강료를 한꺼번에 내면 50% 할인된 가격으로 등록할 수 있다는 이야기에 할인된 연 수강료 90만 원을 2개월 할부로 결제하였다. 할부 2개월로 끊으면 카드 할부수수료를 요가학원에서 부담한다고 하여 그렇게 결제하였다. 그런데, 요가 수업을 한 달쯤 들었을 시점, 어느 날 원장이 사정이 있어 요가학원을 폐업한다는 종이 한 장을 붙여 놓고, 학원 문을 닫은 것을 발견하게 되었다. 이미 결제한 남은 수강료를 환불받기 위해 요가학원으로 여러 번 전화했으나 통화가 되지 않았는데, 그 전화번호 외에 다른 연락처를 알 수 없다.

 질문

1. 할부계약이란 무엇인가?
2. 「할부거래법」상 할부계약 당사자의 권리와 의무는 무엇인가?
3. 요가학원이 폐업하여 계약한 요가 수업을 받을 수 없는 Y는 신용카드회사에 남은 카드 할부 대금(45만 원)의 지급을 거절할 수 있는가?

할부거래란 할부계약에 따른 거래를 의미하는 것으로 「할부거래에 관한 법률(이하 '할부거래법'이라 함)」에 따르면, "할부계약"이란 계약의 명칭·형식이 어떠하든 재화나 용역(일정한 시설을 이용하거나 용역을 제공받을 수 있는 권리를 포함한다)에 관한 계약으로 ① 소비자가 사업자에게 재화의 대금(代金)이나 용역의 대가를 2개월 이상의 기간에 걸쳐 3회 이상 나누어 지급하고, 재화등의 대금을 완납하기 전에 재화의 공급이나 용역의 제공을 받기로 하는 계약 (직접할부계약) 또는 ② 소비자가 신용제공자에게 재화등의 대금을 2개월 이상의 기간에 걸쳐 3

회 이상 나누어 지급하고, 재화등의 대금을 완납하기 전에 사업자로부터 재화등의 공급을 받기로 하는 계약(간접할부계약)이다.[259] 최근 할부계약은 대부분 신용카드를 이용하여 이루어지므로, 신용카드 할부결제의 경우 할부거래계약서 대신 신용카드 전표가 이용된다. 신용카드는 카드사의 소비자가 카드 가맹점에서 물품이나 용역을 구입하면 카드사가 대금을 결제하고, 소비자는 카드사에 이용 대금을 납부하는 구조다.

할부계약의 판매자는 계약서를 작성해서 교부 할 의무를 갖는다.[260] 신용카드 할부거래인 경우, 신용카드 전표를 계약서로 본다. 판매자는 소비자가 할부금을 지급하지 않으면 14일의 기간을 정하여 소비자에게 할부금 지급을 서면으로 최고(催告)한 후, 그 후에도 할부금이 지급되지 않으면 계약을 해제할 수 있는 권리를 갖는다(계약해제권).[261] 소비자가 할부금을 연속하여 2회 이상 지급하지 않고, 그 금액이 전체 대금의 10분의 1을 초과하는 경우 판매자는 소비자에게 나머지 할부금을 한꺼번에 달라고 청구할 수 있다.[262]

할부계약의 소비자는 철회권과 항변권을 갖는다. 소비자는 할부계약서를 교부받은 날로부터 7일 이내에 할부계약에 관한 청약을 철회할 수 있다. 다만, 계약서 교부보다 목적물 인도가 늦은 경우에는 목적물을 인도받은 날을 기준으로 한다. 소비자가 철회권을 행사하려면 위 기간 내에 판매자에게 청약철회의 내용이 담긴 서면을 발송하여야 한다. 청약철회는 서면을 발송한 날로부터 효력이 발생한다.[263]

소비자가 판매자 또는 신용제공자(신용카드회사 또는 할부금융사 등)에게 할부금 지급을 거절하는 항변권을 행사하려면 다음의 사유 중 하나가 존재하여야 한다. ① 할부계약이 불성립·무효인 때, ② 할부계약이 취소·해제 또는 해지된 경우, ③ 재화등의 전부 또는 일부가 「할부거래에 관한 법률」 제6조 제1항 제2호

---

259) 「할부거래법」 제2조(정의)제1호.
260) 「할부거래법」 제6조(할부거래의 서면주의).
261) 「할부거래법」 제11조(할부거래업자의 할부계약 해제).
262) 「할부거래법」 제13조(소비자의 기한의 이익상실).
263) 「할부거래법」 제8조(청약의 철회).

에 따른 재화등의 공급 시기까지 소비자에게 공급되지 아니한 경우, ④ 할부거래업자가 하자담보책임을 이행하지 아니한 경우, ⑤ 그 밖에 할부거래업자의 채무불이행으로 인하여 할부계약의 목적을 달성할 수 없는 경우, ⑥ 다른 법률에 따라 정당하게 청약을 철회한 경우. 신용카드를 이용한 할부거래의 경우, 소비자는 판매자 외에 신용카드회사에도 할부금 지급거절의사를 통지해야 한다. 이때 지불을 거절할 수 있는 금액은 지급 거절 당시를 기준으로 아직 신용카드회사에 지급하지 않은 나머지 할부금 상당액이다.[264] 항변권은 지급거절권능만 가질 뿐이므로 위 사유 중 ③, ④, ⑤의 경우 항변권 행사 시 판매자에게 할부계약의 철회·취소·해제 등의 의사를 밝혀 계약을 해제하여야 한다.

위 사례의 경우, Y는 요가 수업(용역) 대금을 2개월 기간으로 매월 할부로 지급하기로 하는 약정을 체결하였는데, 그 계약은 「할부거래에 관한 법률」의 할부계약에 해당하지 않으므로 Y가 카드회사에 항변권을 행사하기는 어렵다. 따라서 위와 같은 피해를 예방하기 위하여 신용카드 할부거래를 하는 경우 가능한 3개월 이상 할부로 결제하는 것이 좋다.

위 사례에서 Y는 요가학원 대표를 상대로 계약을 해제하고, 채무불이행으로 인한 손해배상청구권을 행사할 수 있다. 피해 금액이 소액이라면, 요가학원 대표를 상대로 민사소송을 할 경제적 실익이 적으므로 한국소비자원의 상담, 피해구제 신청을 하거나 소액사건심판제도 등을 활용할 수 있다. 소비자의 피해구제 및 분쟁을 해결하기 위해서 소비자 각자의 실정에 맞는 최선의 해결 방법을 선택하는 것이 소비자의 이익의 관점에서 바람직하다.

---

264) 「할부거래법」 제16조(소비자의 항변권).

※ 관련 법률: 「할부거래에 관한 법률(약칭: 할부거래법)」

제1조(목적)

이 법은 할부계약 및 선불식 할부계약에 의한 거래를 공정하게 함으로써 소비자의 권익을 보호하고 시장의 신뢰도를 높여 국민경제의 건전한 발전에 이바지함을 목적으로 한다.

제2조(정의)

이 법에서 사용하는 용어의 뜻은 다음과 같다. 〈개정 2015. 7. 24.〉

1. "할부계약"이란 계약의 명칭·형식이 어떠하든 재화나 용역(일정한 시설을 이용하거나 용역을 제공받을 수 있는 권리를 포함한다)(이하 "재화등"이라 한다)에 관한 다음 각 목의 계약(제2호에 따른 선불식 할부계약에 해당하는 경우는 제외한다)을 말한다.
   가. 소비자가 사업자에게 재화의 대금(代金)이나 용역의 대가(이하 "재화등의 대금"이라 한다)를 2개월 이상의 기간에 걸쳐 3회 이상 나누어 지급하고, 재화등의 대금을 완납하기 전에 재화의 공급이나 용역의 제공(이하 "재화등의 공급"이라 한다)을 받기로 하는 계약(이하 "직접할부계약"이라 한다)
   나. 소비자가 신용제공자에게 재화등의 대금을 2개월 이상의 기간에 걸쳐 3회 이상 나누어 지급하고, 재화등의 대금을 완납하기 전에 사업자로부터 재화등의 공급을 받기로 하는 계약(이하 "간접할부계약"이라 한다)
2. "선불식 할부계약"이란 계약의 명칭·형식이 어떠하든 소비자가 사업자로부터 다음 각 목의 어느 하나에 해당하는 재화등의 대금을 2개월 이상의 기간에 걸쳐 2회 이상 나누어 지급하고 재화등의 공급은 대금의 전부 또는 일부를 지급한 후에 받기로 하는 계약을 말한다.
   가. 장례 또는 혼례를 위한 용역(제공시기가 확정된 경우는 제외한다) 및 이에 부수한 재화
   나. 가목에 준하는 소비자피해가 발생하는 재화등으로서 소비자의 피해를 방지하기 위하여 대통령령으로 정하는 재화등
3. "할부거래"란 할부계약에 의한 거래를 말하며, "할부거래업자"란 할부계약에 의한 재화등의 공급을 업으로 하는 자를 말한다.
4. "선불식 할부거래"란 선불식 할부계약에 의한 거래를 말하며, "선불식 할부거래업자"란 선불식 할부계약에 의한 재화등의 공급을 업으로 하는 자를 말한다.
5. "소비자"란 다음 각 목의 어느 하나에 해당하는 자를 말한다.
   가. 할부계약 또는 선불식 할부계약에 의하여 제공되는 재화등을 소비생활을 위하여 사용하거나 이용하는 자

나. 가목 외의 자로서 사실상 가목의 자와 동일한 지위 및 거래조건으로 거래하는 자 등 대통령령으로 정하는 자

6. "신용제공자"란 소비자·할부거래업자와의 약정에 따라 재화등의 대금에 충당하기 위하여 신용을 제공하는 자를 말한다.

7. "지배주주"란 다음 각 목의 어느 하나에 해당하는 자를 말한다.

가. 대통령령으로 정하는 특수관계인과 함께 소유하고 있는 주식 또는 출자액의 합계가 해당 법인의 발행주식총수 또는 출자총액의 100분의 30 이상인 경우로서 그 합계가 가장 많은 주주 또는 출자자

나. 해당 법인의 경영을 사실상 지배하는 자. 이 경우 사실상 지배의 구체적인 내용은 대통령령으로 정한다.

8. "선불식 할부계약의 이전"이란 명칭·형식이 어떠하든 선불식 할부거래업자가 합병, 분할 또는 사업의 전부 양도 이외의 방식으로 소비자와 체결한 선불식 할부계약에 대한 권리·의무를 다른 선불식 할부거래업자에게 이전(移轉)하는 것을 말한다.

9. "모집인"이란 선불식 할부거래업자를 위하여 선불식 할부계약의 체결을 중개(仲介)하는 자를 말한다.

제6조(할부계약의 서면주의)

① 할부거래업자는 총리령으로 정하는 바에 따라 다음 각 호의 사항을 적은 서면(「전자문서 및 전자거래 기본법」제2조 제1호에 따른 전자문서를 포함한다. 이하 같다)으로 할부계약을 체결하여야 한다. 다만, 「여신전문금융업법」에 따른 신용카드회원과 신용카드가맹점 간의 간접할부계약의 경우 제4호, 제5호 중 지급시기 및 제11호의 사항을 적지 아니할 수 있다. 〈개정 2012. 6. 1.〉

1. 할부거래업자·소비자 및 신용제공자의 성명 및 주소
2. 재화등의 종류·내용 및 재화등의 공급 시기
3. 현금가격
4. 할부가격
5. 각 할부금의 금액·지급횟수·지급기간 및 지급시기
6. 할부수수료의 실제연간요율
7. 계약금
8. 재화의 소유권 유보에 관한 사항

9. 제8조에 따른 청약철회의 기한·행사방법·효과에 관한 사항
10. 제11조제1항에 따른 할부거래업자의 할부계약의 해제에 관한 사항
11. 제12조제1항에 따른 지연손해금 산정 시 적용하는 비율
12. 제13조에 따른 소비자의 기한의 이익 상실에 관한 사항
13. 제16조에 따른 소비자의 항변권과 행사방법에 관한 사항

② 할부거래업자는 할부계약을 체결할 경우에는 제1항에 따른 계약서를 소비자에게 발급하여야 한다. 다만, 「여신전문금융업법」에 따른 신용카드회원과 신용카드가맹점 간의 간접할부계약의 경우 소비자의 동의를 받아 해당 계약의 내용을 팩스나 「전자문서 및 전자거래 기본법」제2조 제1호에 따른 전자문서(이하 이 조에서 "전자문서"라 한다)로 보내는 것으로 대신할 수 있으며, 팩스나 전자문서로 보낸 계약서의 내용이나 도달에 다툼이 있으면 할부거래업자가 이를 증명하여야 한다. 〈개정 2012. 6. 1.〉

③ 신용제공자는 제1항 제4호부터 제6호까지, 제9호, 제11호부터 제13호까지의 사항을 적은 서면을 소비자에게 발급하여야 한다.

④ 할부계약이 제1항 각 호의 요건을 갖추지 못하거나 그 내용이 불확실한 경우에는 소비자와 할부거래업자 간의 특약이 없으면 그 계약내용은 어떠한 경우에도 소비자에게 불리하게 해석되어서는 아니 된다.

제7조(할부수수료의 실제연간요율)

제5조 제5호 및 제6조 제1항 제6호에 따른 할부수수료의 실제연간요율의 계산방법과 최고한도는 「이자제한법」에서 정한 이자의 최고한도의 범위에서 대통령령으로 정한다.

제8조(청약의 철회)

① 소비자는 다음 각 호의 기간(거래당사자가 그 보다 긴 기간을 약정한 경우에는 그 기간을 말한다) 이내에 할부계약에 관한 청약을 철회할 수 있다.

1. 제6조 제1항에 따른 계약서를 받은 날부터 7일. 다만, 그 계약서를 받은 날보다 재화등의 공급이 늦게 이루어진 경우에는 재화등을 공급받은 날부터 7일
2. 다음 각 목의 어느 하나에 해당하는 경우에는 그 주소를 안 날 또는 알 수 있었던 날 등 청약을 철회할 수 있는 날부터 7일
    가. 제6조 제1항에 따른 계약서를 받지 아니한 경우
    나. 할부거래업자의 주소 등이 적혀 있지 아니한 계약서를 받은 경우
    다. 할부거래업자의 주소 변경 등의 사유로 제1호의 기간 이내에 청약을 철회할 수 없는 경우

3. 제6조 제1항에 따른 계약서에 청약의 철회에 관한 사항이 적혀 있지 아니한 경우에는 청약을 철회할 수 있음을 안 날 또는 알 수 있었던 날부터 7일
4. 할부거래업자가 청약의 철회를 방해한 경우에는 그 방해 행위가 종료한 날부터 7일

② 소비자는 다음 각 호의 어느 하나에 해당하는 경우에는 제1항에 따른 청약의 철회를 할 수 없다. 다만, 할부거래업자가 청약의 철회를 승낙하거나 제6항에 따른 조치를 하지 아니한 경우에는 제2호부터 제4호까지에 해당하는 경우에도 청약을 철회할 수 있다.

1. 소비자에게 책임있는 사유로 재화등이 멸실되거나 훼손된 경우. 다만, 재화등의 내용을 확인하기 위하여 포장 등을 훼손한 경우는 제외한다.
2. 사용 또는 소비에 의하여 그 가치가 현저히 낮아질 우려가 있는 것으로서 대통령령으로 정하는 재화등을 사용 또는 소비한 경우
3. 시간이 지남으로써 다시 판매하기 어려울 정도로 재화등의 가치가 현저히 낮아진 경우
4. 복제할 수 있는 재화등의 포장을 훼손한 경우
5. 그 밖에 거래의 안전을 위하여 대통령령으로 정하는 경우

③ 소비자가 제1항에 따라 청약을 철회할 경우 제1항에 따른 기간 이내에 할부거래업자에게 청약을 철회하는 의사표시가 적힌 서면을 발송하여야 한다.

④ 제1항에 따른 청약의 철회는 제3항에 따라 서면을 발송한 날에 그 효력이 발생한다.

⑤ 제1항 또는 제2항을 적용함에 있어서 계약서의 발급사실과 그 시기, 재화등의 공급 사실과 그 시기 및 제2항 각 호 중 어느 하나에 해당하는지 여부에 관하여 다툼이 있는 경우에는 할부거래업자가 이를 입증하여야 한다.

⑥ 할부거래업자는 제2항 제2호부터 제4호까지의 규정에 따라 청약을 철회할 수 없는 재화등에 대하여는 그 사실을 재화등의 포장이나 그 밖에 소비자가 쉽게 알 수 있는 곳에 분명하게 표시하거나 시용(試用) 상품을 제공하는 등의 방법으로 소비자가 청약을 철회하는 것이 방해받지 아니하도록 조치하여야 한다.

제9조(간접할부계약에서의 청약의 철회 통보)

① 소비자가 할부거래업자에게 간접할부계약에 관한 청약을 철회한 경우 제8조제1항에 따른 기간 이내에 신용제공자에게 청약을 철회하는 의사표시가 적힌 서면을 발송하여야 한다.

② 소비자가 신용제공자에게 제1항에 따른 서면을 발송하지 아니한 경우 신용제공자의 할부금지급청구를 거절할 수 없다. 다만, 다음 각 호의 어느 하나에 해당하는 경우에는 소비자가 그 서면을 발송하지 아니한 경우라도 신용제공자의 할부금지급청구를 거절할 수 있다.

1. 신용제공자가 제8조제1항의 기간 이내에 할부거래업자에게 재화등의 대금을 지급한 경우
2. 신용제공자가 할부거래업자로부터 제10조제4항에 따른 할부금청구의 중지 또는 취소를 요청받은 경우

제10조(청약의 철회 효과)
① 소비자는 제8조에 따라 청약을 철회한 경우 이미 공급받은 재화등을 반환하여야 한다.
② 소비자가 제8조에 따라 청약을 철회한 경우 할부거래업자(소비자로부터 재화등의 계약금 또는 할부금을 지급받은 자 또는 소비자와 할부계약을 체결한 자를 포함한다. 이하 이 조에서 같다)는 다음 각 호의 어느 하나에 해당하는 영업일 이내에 이미 지급받은 계약금 및 할부금을 환급하여야 한다. 이 경우 할부거래업자가 소비자에게 재화등의 계약금 및 할부금의 환급을 지연한 때에는 그 지연기간에 따라 「이자제한법」에서 정한 이자의 최고한도의 범위에서 대통령령으로 정하는 이율을 곱하여 산정한 지연이자(이하 "지연배상금"이라 한다)를 함께 환급하여야 한다.
1. 재화를 공급한 경우에는 제1항에 따라 재화를 반환받은 날부터 3영업일
2. 용역을 제공한 경우에는 제8조제3항에 따른 청약을 철회하는 서면을 수령한 날부터 3영업일
③ 할부거래업자는 제1항의 경우에 이미 용역(일정한 시설을 이용하거나 용역을 제공받을 권리는 제외한다)이 제공된 때에는 이미 제공된 용역과 동일한 용역의 반환을 청구할 수 없다.
④ 할부거래업자는 간접할부계약의 경우 제8조제3항에 따른 청약을 철회하는 서면을 수령한 때에는 지체 없이 해당 신용제공자에게 재화등에 대한 할부금의 청구를 중지 또는 취소하도록 요청하여야 한다. 이 경우 할부거래업자가 신용제공자로부터 해당 재화등의 대금을 이미 지급받은 때에는 지체 없이 이를 신용제공자에게 환급하여야 한다.
⑤ 신용제공자는 제4항에 따라 할부거래업자로부터 할부금의 청구를 중지 또는 취소하도록 요청받은 경우 지체 없이 이에 필요한 조치를 취하여야 한다. 이 경우 소비자가 이미 지불한 할부금이 있는 때에는 지체 없이 이를 환급하여야 한다.
⑥ 할부거래업자가 제4항에 따른 요청을 지연하여 소비자로 하여금 신용제공자에게 할부금을 지불하게 한 경우 소비자가 지불한 금액에 대하여 소비자가 환급받는 날까지의 기간에 대한 지연배상금을 소비자에게 지급하여야 한다.
⑦ 신용제공자가 제5항에 따른 환급을 지연한 경우 그 지연기간에 따른 지연배상금을 소비자에게 지급하여야 한다. 다만, 할부거래업자가 제4항에 따른 요청을 지연하여 신용제공자로 하여금 소비자에 대한 할부금의 환급을 지연하게 한 경우에는 그 할부거래업자가 지연배상금을 지급하여야 한다.

⑧ 할부거래업자 또는 신용제공자는 소비자가 청약을 철회함에 따라 소비자와 분쟁이 발생한 경우 분쟁이 해결될 때까지 할부금 지급거절을 이유로 해당 소비자를 약정한 기일 이내에 채무를 변제하지 아니한 자로 처리하는 등 소비자에게 불이익을 주는 행위를 하여서는 아니 된다.

⑨ 할부거래업자는 소비자가 제8조에 따라 청약을 철회한 경우 이미 재화등이 사용되었거나 일부 소비된 경우에는 그 재화등을 사용하거나 일부 소비하여 소비자가 얻은 이익 또는 그 재화등의 공급에 든 비용에 상당하는 금액으로서 대통령령으로 정하는 범위의 금액을 초과하여 소비자에게 청구할 수 없다.

⑩ 할부거래업자는 소비자가 제8조에 따라 청약을 철회한 경우 공급받은 재화등의 반환에 필요한 비용을 부담하며, 소비자에게 청약의 철회를 이유로 위약금 또는 손해배상을 청구할 수 없다.

제11조(할부거래업자의 할부계약 해제)

① 할부거래업자는 소비자가 할부금 지급의무를 이행하지 아니하면 할부계약을 해제할 수 있다. 이 경우 할부거래업자는 그 계약을 해제하기 전에 14일 이상의 기간을 정하여 소비자에게 이행할 것을 서면으로 최고(催告)하여야 한다.

② 할부거래업자 또는 소비자는 제1항에 따라 할부계약이 해제된 경우에는 상대방에게 원상회복(原狀回復)하여 줄 의무를 진다. 이 경우 상대방이 원상회복할 때까지 자기의 의무이행을 거절할 수 있다.

③ 할부거래업자는 재화등의 소유권이 할부거래업자에게 유보된 경우 그 할부계약을 해제하지 아니하고는 그 반환을 청구할 수 없다.

제15조(할부대금채권의 소멸시효)

할부계약에 의한 할부대금채권은 3년간 행사하지 아니하면 소멸시효가 완성한다.

제16조(소비자의 항변권)

① 소비자는 다음 각 호의 어느 하나에 해당하는 사유가 있는 경우에는 할부거래업자에게 그 할부금의 지급을 거절할 수 있다.

1. 할부계약이 불성립·무효인 경우
2. 할부계약이 취소·해제 또는 해지된 경우
3. 재화등의 전부 또는 일부가 제6조 제1항 제2호에 따른 재화등의 공급 시기까지 소비자에게 공급되지 아니한 경우

4. 할부거래업자가 하자담보책임을 이행하지 아니한 경우

5. 그 밖에 할부거래업자의 채무불이행으로 인하여 할부계약의 목적을 달성할 수 없는 경우

6. 다른 법률에 따라 정당하게 청약을 철회한 경우

② 소비자는 간접할부계약인 경우 제1항 각 호의 어느 하나에 해당하는 사유가 있으면 할부가격이 대통령령으로 정한 금액 이상인 경우에만 신용제공자에게 할부금의 지급을 거절하는 의사를 통지한 후 할부금의 지급을 거절할 수 있다.

③ 소비자가 제2항에 따라 신용제공자에게 지급을 거절할 수 있는 금액은 할부금의 지급을 거절한 당시에 소비자가 신용제공자에게 지급하지 아니한 나머지 할부금으로 한다.

④ 소비자가 제1항에 따른 항변권의 행사를 서면으로 하는 경우 그 효력은 서면을 발송한 날에 발생한다.

⑤ 할부거래업자 또는 신용제공자는 소비자의 항변을 서면으로 수령한 경우 지체 없이 그 항변권의 행사가 제1항에 해당하는지를 확인하여야 한다. 제1항에 해당하지 아니하는 경우 소비자의 항변을 수령한 날부터 다음 각 호의 어느 하나에 해당하는 영업일 이내에 서면으로 소비자의 항변을 수용할 수 없다는 의사(意思)와 항변권의 행사가 제1항 각 호의 어느 하나에 해당하지 아니한다는 사실을 소비자에게 서면으로 통지하여야 한다.

1. 할부거래업자는 5영업일

2. 신용제공자는 7영업일

⑥ 할부거래업자 또는 신용제공자가 제5항에 따른 통지를 하지 아니한 경우에는 소비자의 할부금 지급 거절의사를 수용한 것으로 본다.

⑦ 할부거래업자 또는 신용제공자는 제1항부터 제6항까지의 규정에 따라 소비자가 할부금의 지급을 거절한 경우 소비자와 분쟁이 발생하면 분쟁이 해결될 때까지 할부금 지급 거절을 이유로 해당 소비자를 약정한 기일 이내에 채무를 변제하지 아니한 자로 처리하는 등 소비자에게 불이익을 주는 행위를 하여서는 아니 된다.

제17조(휴업기간 등에서의 청약의 철회에 관한 업무처리)

할부거래업자 또는 신용제공자는 그 휴업기간 또는 영업정지기간 중에도 제10조에 따른 청약의 철회에 관한 업무를 계속하여야 한다.

61. 판매자의 착오에 의한 계약취소

평소 인터넷 쇼핑몰을 자주 이용하는 22세 대학생 P는 스마트폰으로 검색을 하다 한 인터넷 쇼핑몰에서 유명한 수입 청바지 브랜드의 청재킷이 5만 원 특가로 되어 있는 것을 발견하자 바로 구매하였다. 해외직구로 구매해도 60만 원은 줘야 살 수 있는 옷이어서 P는 매우 흥분하여 옷이 배송되기만을 고대하였다. 그런데, 청재킷을 구매한 다음 날 판매자에게 연락이 와서 가격을 잘못 기재하여 게시된 가격에 '0'이 하나 빠졌다고 하면서 계약을 취소하고, 5만 원을 환불 하겠다고 하였다. P는 너무 갖고 싶었던 브랜드의 옷이라 계약을 취소하고 싶지 않았지만 그렇다고 50만 원을 주고 살 수 있는 형편은 아니다. P는 판매자에게 이미 계약이 체결되었는데 일방적으로 취소하는 법이 어디 있냐며 원래대로 계약을 이행하라고 요구하였다.

 질문

1. 판매자는 소비자(P)가 이미 대금을 지급한 청재킷 매매계약을 일방적으로 취소할 수 있는가?

소비자가 인터넷 쇼핑몰에서 물건 구매를 위한 과정을 다 밟고 대금을 지급한 경우라도 판매자의 승낙이 없다면 계약은 체결된 것이 아니다. 따라서 「전자상거래법」 제15조 제2항은 판매자가 청약을 받은 재화를 공급하기 곤란하다는 것을 알았을 때, 그 사유를 소비자에게 알리고 대금을 3영업일 이내에 환급하거나 필요한 조치를 해야 한다고 규정하고 있는데, 동 조항에 따라 판매자가 3영업일 이내에 소비자에게 취소를 통보하면 판매자는 계약을 이행할 의무가 없다. 따라서 위 사례의 판매자는 착오를 이유로 계약을 취소하거나 청약받은 재화의 공급 곤란 사유를 소비자에게 알리고, 3영업일 이내에 대금의 환급조치를 할 수 있다.

만약 소비자의 청약에 대하여 인터넷 쇼핑몰이 승낙한 것으로 볼 수 있는 경우라면, 「민법」 제109조에 따라서 승낙의 의사표시를 취소할 수 있다. 「민법」 제109조는 법률행위 내용의 중요 부분에 착오가 있을 때 취소할 수 있다고 규정하고 있다. 여기서 중요 부분이란 계약체결 여부를 결정하는 데 영향을 주는 사항을 말한다. 즉, 그 해당 부분의 내용이 달랐다면 계약을 하지 않았을 정도가 되어야 '중요 부분'에 해당한다. 상품의 가격은 상품의 판매나 구매에 결정적인 영향을 주는 것으로 '중요 부분'에 해당한다고 할 수 있다. 그런데 통상적인 가격의 10% 정도의 가격에 상품을 판매하는 것이 일반적 경우가 아니므로 판매자는 착오를 이유로 계약을 취소할 수 있다.

따라서 위 사례의 판매자는 소비자가 청약을 한 재화의 공급이 곤란함을 이유로 계약체결을 거절하며 소비자로부터 지급받은 대금을 3영업일 이내에 환급하거나, 이미 승낙하여 계약이 체결된 경우라면 착오를 이유로 승낙의 의사표시를 취소할 수 있다.

※ 관련 법률: 「민법」, 「전자상거래 등에서의 소비자보호에 관한 법률」

「민법」

제109조(착오로 인한 의사표시)
① 의사표시는 법률행위의 내용의 중요부분에 착오가 있는 때에는 취소할 수 있다. 그러나 그 착오가 표의자의 중대한 과실로 인한 때에는 취소하지 못한다.
② 전항의 의사표시의 취소는 선의의 제삼자에게 대항하지 못한다.

「전자상거래 등에서의 소비자보호에 관한 법률」

제15조(재화등의 공급 등)
① 통신판매업자는 소비자가 청약을 한 날부터 7일 이내에 재화등의 공급에 필요한 조치를 하여야 하고, 소비자가 재화등을 공급받기 전에 미리 재화등의 대금을 전부 또는 일부 지급

하는 통신판매(이하 "선지급식 통신판매"라 한다)의 경우에는 소비자가 그 대금을 전부 또는 일부 지급한 날부터 3영업일 이내에 재화등의 공급을 위하여 필요한 조치를 하여야 한다. 다만, 소비자와 통신판매업자 간에 재화등의 공급시기에 관하여 따로 약정한 것이 있는 경우에는 그러하지 아니하다.

② 통신판매업자는 청약을 받은 재화등을 공급하기 곤란하다는 것을 알았을 때에는 지체 없이 그 사유를 소비자에게 알려야 하고, 선지급식 통신판매의 경우에는 소비자가 그 대금의 전부 또는 일부를 지급한 날부터 3영업일 이내에 환급하거나 환급에 필요한 조치를 하여야 한다.

③ 통신판매업자는 소비자가 재화등의 공급 절차 및 진행 상황을 확인할 수 있도록 적절한 조치를 하여야 한다. 이 경우 공정거래위원회는 그 조치에 필요한 사항을 정하여 고시할 수 있다.

④ 제2항에 따라 선지급식 통신판매에서 재화등의 대금을 환급하거나 환급에 필요한 조치를 하여야 하는 경우에는 제18조제1항부터 제5항까지의 규정을 준용한다.

[전문개정 2012. 2. 17.]

62 전화권유판매

60대 남성인 K는 2022년 1월 3일 전국에 10개 지점을 두고 있는 힐링콘도 영업사원의 전화 권유로 300만 원에 전국의 모든 힐링콘도를 무제한 이용할 수 있는 평생 회원권을 구매했다. K가 이벤트에 당첨되어 특별히 기본 관리비만 내는 조건으로 평생 회원권을 판매하는 것이라는 이야기를 듣고 회원권 대금을 일시불로 신용카드결제를 하였다. 그런데, 그 이튿날 K는 힐링콘도를 이용한 적이 있는 직장동료로부터 그 콘도가 너무 낡아 쾌적하지 않고, 회원권이 없어도 온라인 숙박 예약 앱을 통해 언제나 저가에 쉽게 이용할 수 있다는 이야기를 듣고 영업사원에게 속은 느낌이 들어 화가 났다. K는 곧바로 그 영업사원에게 전화하여 계약을 없었던 것으로 하고 싶다며 청약을 철회하겠다고 하였다. 영업사원은 회원권을 1년간 유지한 후 계약을 해지하면 원금 100%를 돌려주지만 지금 철회하면 계약금액의 2배인 600만 원의 위약금을 내야 한다고 하면서 K가 청약을 철회하지 못하도록 끈질기게 설득하고 있다.

질문

1. K는 전화로 회원권을 구매할 때, 청약을 철회하면 위약금이 발생한다는 이야기를 들은 적이 없다. K는 힐링콘도 평생이용계약에 대한 청약을 위약금 없이 철회할 수 있을까?
2. 만약, 영업사원이 계속 K의 청약철회를 거절한다면 K가 할 수 있는 법적 조치는 무엇인가?

전화권유판매는 통신판매에 해당되지 않기 때문에 「전자상거래법」이 아니라 「방문판매 등에 관한 법률(이하 「방문판매법」이라 함)[265]의 적용을 받는다. 그러나 전화권유판매라 하더라도 보험상품 가입을 권유하는 경우라면, 「방문판매법」이 아니라 「금융소비자 보호에 관한 법률(약칭: 금융소비자보호법)」의 적용을 받는다.

"전화권유판매"란 전화를 이용하여 소비자에게 권유를 하거나 전화회신을 유도하는 방법으로 재화등을 판매하는 것을 말한다.[266] 동법에 따르면 전화권유 판매의 방법으로 재화등의 구매에 관한 계약을 체결한 소비자는 계약서를 받은 날로부터 14일, 만약 그 계약서를 받은 날보다 재화등이 늦게 공급된 경우에는 재화등을 공급받거나 공급이 시작된 날부터 14일 이내에는 위약금 없이 청약을 철회할 수 있다.[267] 방문판매자등은 재화등의 대금을 환급할 때 소비자가 신용카드로 재화등의 대금을 지급한 경우에는 지체 없이 그 신용카드 등의 대금 결제수단을 제공한 사업자(이하 "결제업자"라 한다)로 하여금 재화등의 대금 청구를 정지하거나 취소하도록 요청하여야 한다. 다만, 방문판매자 등이 결제업자로부터 그 재화등의 대금을 이미 지급받은 경우에는 지체 없이 이를 결제업자에게 환급하고 그 사실을 소비자에게 알려야 한다.[268]

따라서 위 사례의 경우, K는 계약서를 받은 날로부터 14일 이내에 위약금 없이 청약을 철회할 수 있다. 청약철회는 전화나 서면으로 할 수 있으며, 서면으로 한 경우에는 서면을 발송한 날 그 효력이 발생한다. 단, 이후 분쟁 가능성을 대비하여 전화를 녹취하거나 내용증명 형태로 청약철회서면을 보내는 것이 좋다. 소비자가 정당한 청약철회권을 행사하는 경우 판매자는 받은 대금을 환급하는 환불절차를 진행하여야 한다. 신용카드 결제취소 등 환급을 지연하여 소비자로 하여금 대금을 결제하게 한 방문판매자 등은 그 지연기간에 대한 지연배상금을 소비자에게 지급하여야 한다.[269]

---

[265] 「방문판매법」은 방문판매 · 전화권유판매, 다단계판매, 계속거래, 사업권유거래에 의한 상품의 판매 및 용역의 제공에 관한 거래에 적용된다. 그러나 사업자가 상행위를 목적으로 재화등을 구입하는 거래에는 적용되지 않는다. 「방문판매에 관한 법률」 제3조(적용범위) 제1호.
[266] 「방문판매법」 제2조(정의) 제3호.
[267] 「방문판매법」 제9조(청약철회등의 효과) 제9항.
[268] 「방문판매법」 제9조(청약철회등의 효과) 제1항~제3항.
[269] 「방문판매법」 제9조(청약철회등의 효과) 제5항.

영업사원이 거짓 또는 과장된 사실을 알리거나 기만적 방법을 사용하여 소비자의 청약철회등 또는 계약해지를 방해하는 행위는 법으로 금지된 행위이므로[270] 그러한 행위를 하는 사업자에 대하여 공정거래위원회는 시정조치를 명령하거나[271] 사업자를 형사고발 할 수도 있다. 그러한 금지된 행위를 하는 사업자는 2년 이하의 징역 또는 5천만 원 이하의 벌금형에 처한다.[272] 따라서 영업사원이 계속하여 청약철회 요구를 거절하거나 애초에 이야기하지 않았던 위약금을 빌미로 협박을 하는 경우, K는 공정거래위원회에 신고하거나 (국민콜 ☎ 110) 한국소비자원에 상담을 신청하여 도움을 받을 수 있다(소비자상담 ☎1372).

※ 관련 법률: 「방문판매 등에 관한 법률(약칭: 방문판매법)」

제8조(청약철회등)

① 방문판매 또는 전화권유판매(이하 "방문판매등"이라 한다)의 방법으로 재화등의 구매에 관한 계약을 체결한 소비자는 다음 각 호의 기간(거래 당사자 사이에 다음 각 호의 기간보다 긴 기간으로 약정한 경우에는 그 기간) 이내에 그 계약에 관한 청약철회등을 할 수 있다.

1. 제7조제2항에 따른 계약서를 받은 날부터 14일. 다만, 그 계약서를 받은 날보다 재화등이 늦게 공급된 경우에는 재화등을 공급받거나 공급이 시작된 날부터 14일
2. 다음 각 목의 어느 하나의 경우에는 방문판매자등의 주소를 안 날 또는 알 수 있었던 날부터 14일
   가. 제7조제2항에 따른 계약서를 받지 아니한 경우
   나. 방문판매자등의 주소 등이 적혀 있지 아니한 계약서를 받은 경우
   다. 방문판매자등의 주소 변경 등의 사유로 제1호에 따른 기간 이내에 청약철회등을 할 수 없는 경우
3. 제7조제2항에 따른 계약서에 청약철회등에 관한 사항이 적혀 있지 아니한 경우에는 청약철회등을 할 수 있음을 안 날 또는 알 수 있었던 날부터 14일
4. 방문판매업자등이 청약철회등을 방해한 경우에는 그 방해 행위가 종료한 날부터 14일

---

270) 「방문판매법」 제11조(금지행위) 제1항 제2호.
271) 「방문판매법」 제49조(시정조치 등).
272) 「방문판매법」 제61조(벌칙).

② 소비자는 다음 각 호의 어느 하나에 해당하는 경우에는 방문판매자등의 의사와 다르게 제1항에 따른 청약철회등을 할 수 없다. 다만, 방문판매자등이 제5항에 따른 조치를 하지 아니한 경우에는 제2호부터 제4호까지의 규정에 해당하더라도 청약철회등을 할 수 있다.

1. 소비자에게 책임이 있는 사유로 재화등이 멸실되거나 훼손된 경우. 다만, 재화등의 내용을 확인하기 위하여 포장 등을 훼손한 경우는 제외한다.
2. 소비자가 재화등을 사용하거나 일부 소비하여 그 가치가 현저히 낮아진 경우
3. 시간이 지남으로써 다시 판매하기 어려울 정도로 재화등의 가치가 현저히 낮아진 경우
4. 복제할 수 있는 재화등의 포장을 훼손한 경우
5. 그 밖에 거래의 안전을 위하여 대통령령으로 정하는 경우

③ 소비자는 제1항 또는 제2항에도 불구하고 재화등의 내용이 표시·광고의 내용과 다르거나 계약 내용과 다르게 이행된 경우에는 그 재화등을 공급받은 날부터 3개월 이내에, 그 사실을 안 날 또는 알 수 있었던 날부터 30일 이내에 청약철회등을 할 수 있다.

④ 제1항 또는 제3항에 따른 청약철회등을 서면으로 하는 경우에는 청약철회등의 의사를 표시한 서면을 발송한 날에 그 효력이 발생한다.

⑤ 방문판매자등은 제2항제2호부터 제4호까지의 규정에 따라 청약철회등을 할 수 없는 재화등의 경우에는 그 사실을 재화등의 포장이나 그 밖에 소비자가 쉽게 알 수 있는 곳에 분명하게 표시하거나 시용(試用) 상품을 제공하는 등의 방법으로 청약철회등의 권리행사가 방해받지 아니하도록 조치하여야 한다.

제9조(청약철회등의 효과)

① 소비자는 제8조제1항 또는 제3항에 따라 청약철회등을 한 경우에는 이미 공급받은 재화등을 반환하여야 한다.

② 방문판매자등(소비자로부터 재화등의 대금을 지급받은 자 및 소비자와 방문판매등에 관한 계약을 체결한 자를 포함한다. 이하 제2항부터 제8항까지의 규정에서 같다)은 재화등을 반환받은 날부터 3영업일 이내에 이미 지급받은 재화등의 대금을 환급하여야 한다. 이 경우 방문판매자등이 소비자에게 재화등의 대금의 환급을 지연하면 그 지연기간에 따라 연 100분의 40 이내의 범위에서 「은행법」에 따른 은행이 적용하는 연체금리 등 경제 사정을 고려하여 대통령령으로 정하는 이율을 곱하여 산정한 지연이자(이하 "지연배상금"이라 한다)를 지급하여야 한다.

② 방문판매자등(소비자로부터 재화등의 대금을 지급받은 자 및 소비자와 방문판매등에 관한 계약을 체결한 자를 포함한다. 이하 제2항부터 제8항까지의 규정에서 같다)은 재화등을 반환받은 날부터 3영업일 이내에 이미 지급받은 재화등의 대금을 환급하여야 한다. 이 경우 방문판매자등이 소비자에게 재화등의 대금의 환급을 지연하면 그 지연기간에 따라 연 100

분의 40 이내의 범위에서 「은행법」에 따른 은행이 적용하는 연체금리 등 경제 사정을 고려하여 대통령령으로 정하는 이율을 곱하여 산정한 지연이자(이하 "지연배상금"이라 한다)를 지급하여야 한다.
③ 방문판매자등은 제1항 및 제2항에 따라 재화등의 대금을 환급할 때 소비자가 「여신전문금융업법」 제2조제3호에 따른 신용카드나 그 밖에 대통령령으로 정하는 결제수단(이하 "신용카드등"이라 한다)으로 재화등의 대금을 지급한 경우에는 지체 없이 그 신용카드등의 대금 결제수단을 제공한 사업자(이하 "결제업자"라 한다)로 하여금 재화등의 대금 청구를 정지하거나 취소하도록 요청하여야 한다. 다만, 방문판매자등이 결제업자로부터 그 재화등의 대금을 이미 지급받은 경우에는 지체 없이 이를 결제업자에게 환급하고 그 사실을 소비자에게 알려야 한다.
④ 제3항 단서에 따라 방문판매자등으로부터 재화등의 대금을 환급받은 결제업자는 지체 없이 소비자에게 이를 환급하거나 환급에 필요한 조치를 하여야 한다.
⑤ 제3항 단서에 해당하는 방문판매자등 중 환급을 지연하여 소비자로 하여금 대금을 결제하게 한 방문판매자등은 그 지연기간에 대한 지연배상금을 소비자에게 지급하여야 한다.
⑥ 소비자는 방문판매자등이 정당한 사유 없이 결제업자에게 대금을 환급하지 아니하는 경우에는 환급받을 금액에 대하여 결제업자에게 그 방문판매자등에 대한 다른 채무와 상계(相計)할 것을 요청할 수 있다. 이 경우 결제업자는 대통령령으로 정하는 바에 따라 그 방문판매자등에 대한 다른 채무와 상계할 수 있다.
⑦ 소비자는 결제업자가 제6항에 따른 상계를 정당한 사유 없이 게을리한 경우 결제업자에 대하여 대금 결제를 거부할 수 있다. 이 경우 방문판매자등과 결제업자는 그 결제의 거부를 이유로 해당 소비자를 약정한 날짜 이내에 채무를 변제하지 아니한 자로 처리하는 등 소비자에게 불이익을 주는 행위를 하여서는 아니 된다.
⑧ 제1항의 경우 방문판매자등은 이미 재화등이 사용되거나 일부 소비된 경우에는 그 재화등을 사용하거나 일부 소비하여 소비자가 얻은 이익 또는 그 재화등의 공급에 든 비용에 상당하는 금액으로서 대통령령으로 정하는 범위의 금액을 지급할 것을 소비자에게 청구할 수 있다.
⑨ 제8조제1항 및 제3항에 따른 청약철회등의 경우 공급받은 재화등의 반환에 필요한 비용은 방문판매자등이 부담하며, 방문판매자등은 소비자에게 청약철회등을 이유로 위약금 또는 손해배상을 청구할 수 없다.
⑩ 방문판매자등, 재화등의 대금을 지급받은 자 또는 소비자와 방문판매등에 관한 계약을

체결한 자가 동일인이 아닌 경우 각자는 제8조제1항 및 제3항에서의 청약철회등에 따른 제1항부터 제9항까지의 규정에 따른 재화등의 대금 환급과 관련한 의무의 이행에 있어 연대하여 책임을 진다.

제11조(금지행위)
① 방문판매자등은 다음 각 호의 어느 하나에 해당하는 행위를 하여서는 아니 된다.
1. 재화등의 판매에 관한 계약의 체결을 강요하거나 청약철회등 또는 계약 해지를 방해할 목적으로 소비자를 위협하는 행위
2. 거짓 또는 과장된 사실을 알리거나 기만적 방법을 사용하여 소비자를 유인 또는 거래하거나 청약철회등 또는 계약 해지를 방해하는 행위
3. 방문판매원등이 되기 위한 조건 또는 방문판매원등의 자격을 유지하기 위한 조건으로서 방문판매원 또는 방문판매원등이 되려는 자에게 가입비, 판매 보조 물품, 개인 할당 판매액, 교육비 등 그 명칭이나 형태와 상관없이 대통령령으로 정하는 수준을 초과한 비용 또는 그 밖의 금품을 징수하거나 재화 등을 구매하게 하는 등 의무를 지게 하는 행위
4. 방문판매원등에게 다른 방문판매원등을 모집할 의무를 지게 하는 행위
5. 청약철회등이나 계약 해지를 방해할 목적으로 주소·전화번호 등을 변경하는 행위
6. 분쟁이나 불만 처리에 필요한 인력 또는 설비가 부족한 상태를 상당 기간 방치하여 소비자에게 피해를 주는 행위
7. 소비자의 청약 없이 일방적으로 재화등을 공급하고 재화등의 대금을 청구하는 행위
8. 소비자가 재화를 구매하거나 용역을 제공받을 의사가 없음을 밝혔음에도 불구하고 전화, 팩스, 컴퓨터통신 등을 통하여 재화를 구매하거나 용역을 제공받도록 강요하는 행위
9. 본인의 허락을 받지 아니하거나 허락받은 범위를 넘어 소비자에 관한 정보를 이용(제3자에게 제공하는 경우를 포함한다. 이하 같다)하는 행위. 다만, 다음 각 목의 어느 하나에 해당하는 경우는 제외한다.
　가. 재화등의 배송 등 소비자와의 계약을 이행하기 위하여 불가피한 경우로서 대통령령으로 정하는 경우
　나. 재화등의 거래에 따른 대금을 정산하기 위하여 필요한 경우
　다. 도용을 방지하기 위하여 본인임을 확인할 때 필요한 경우로서 대통령령으로 정하는 경우
　라. 법률의 규정 또는 법률에 따라 필요한 불가피한 사유가 있는 경우
② 공정거래위원회는 이 법 위반행위의 방지 및 소비자피해의 예방을 위하여 방문판매자등이 지켜야 할 기준을 정하여 고시할 수 있다.

63 해외직구

국내 유명 패션 블로그를 운영하는 스타일리스트 K는 해외 온라인 쇼핑몰에서 희귀한 패션 아이템들을 잘 찾아 구매하는 편이다. 해외 온라인 쇼핑몰에서 직접 구매하기도 하고, 한국으로 직접 배송이 안 되는 경우 미국에 있는 한인들이 운영하는 회사의 배송대행서비스를 이용하기도 하였다. 어느 날 유명 브랜드 **의 한정판 선글라스를 정가 기준 30% 할인된 가격으로 판매하는 미국의 신규 온라인 쇼핑몰을 발견하여 미화 1,500달러를 신용카드로 결제하였다. 그런데, 그 쇼핑몰은 해외로 직접 배송해 주지 않아 평소 이용했던 미국 현지 배송대행업체의 주소를 기재한 후 그쪽을 통하여 한국으로 배송받기로 하였다. 그런데, 통상 2주 정도면 도착했을 물건이 한달이 지나도록 아무 연락이 없다. 배송대행업체에서는 아무것도 받은 것이 없다고 하였고, 구매한 쇼핑몰에 고객상담센터 게시판과 기재된 이메일로 여러 차례 배송 문의를 하였으나 아무 답변이 없다.

질문

1. 국내 한국인 소비자가 미국의 온라인 쇼핑몰에서 상품을 주문하는 경우 한국의 「전자상거래법」이 적용되는가?
2. K가 온라인으로 미국 현지에서 한인들이 운영하는 배송대행업체(회사)의 서비스이용계약을 체결하는 경우, 국내 「전자상거래법」의 보호를 받을 수 있는가?
3. 해외직구 관련 사기피해를 예방하는 방법은 무엇인가?

해외직구는 해외직접구매의 줄임말로, ① 직접배송, ② 배송대행, ③ 구매대행 세 가지로 나눌 수 있다. 첫째, 직접배송은 대행업체를 거치지 않고, 직접 해외 쇼핑몰에서 제품을 구매하고, 이를 국내로 직접 배송받는 것이다. 둘째, 배송대행은 국내로 직접배송이 어려운 상품을 해외 배송대행지로 배송한 다음 다시 국내 주소지로 배송받은 것이다. 셋째, 구매대행은 현지 구매대행업체를 통하여 해외제품을 구매하고, 이를 국내로 다시 배송받는 것이다. 소비자가 해외 쇼핑몰에서 직접 구매하여 배송받는 경우나 해외의 배송대행 서비스를 이용하는 경우 국내 소비자법이 적용되지 않는다. 따라서 해당 국가의 법과 해당 인터넷쇼핑몰의 규정에 따라 청약철회, 반품, 환불까지 시간이 오래 걸리고, 절차가 복잡할 수 있다.[273]

해외직구가 활성화되면서 가짜 제품을 판매하거나 연락이 두절되는 등 사기의심 사이트로 인한 피해가 늘어나고 있다. 한국소비자원의 2024년 해외직구 분석 동향에 따르면, 해외직구 관련 소비자 불만 사유는 '취소·환급·교환 지연 및 거부'(39.2%), '위약금·수수료 부당청구 및 가격 불만'(17.0%), '계약불이행'(15.2%), 제품하자·품질 및 AS(10.9%), 배송관련(미배송, 배송지연, 오배송, 파손 등)(8.0%), 기타, 단순문의, 미상(4.3%), 표시 광고(2.3%), 사업자 연락두절, 사이트 폐쇄(1.6%), 결제 관련(1.5%) 순이다.[274]

국내 소비자가 해외 온라인쇼핑몰을 이용하는 경우, 미국 현지에 있는 한인들이 운영하는 배송대행서비스업체의 서비스를 이용하는 계약을 체결한 경우, 그 업체가 미국에서 설립된 회사라면 국내 전자상거래법이 적용되지 않는다. 따라서 국내 소비자들이 국내 소비자법에 따른 보호를 받기가 어렵다. 그러나 사업자의 해외 쇼핑몰이 한국어로 된 사이트를 운영하거나, 국내 검색 포털을 통해 영업하는 경우, 즉, 사업자가 국내에서 광고하거나 국내에서 주문을 받는 경우라면 국내 소비자 법이 적용될 수도 있다(국제사법 제27조 제1항).

---

273) 법무부·한국법교육센터, *supra* note 86, p.247.
274) 한국소비자원, "해외직구 – 2024년 국제소비자상담현황 분석"(https://crossborder.kca.go.kr/home/sub.do?menukey=311, 2025년 8월 10일 검색).

위 사례와 같이 해당 쇼핑몰에서 어떤 답변이나 대응도 하지 않는 경우 K가 할 수 있는 법적 조치는 미국의 소비자보호기관에 상담과 피해구제 신청을 하거나 해당 쇼핑몰을 상대로 미국에서 소송을 제기하는 것인데, 언어적, 절차적 문제와 비용 문제로 소비자 K가 실질적으로 법적 조치를 취하기가 쉽지 않다. 한국소비자원은 해외직구로 인한 소비자피해가 급증하자 소비자의 피해를 예방하고, 해외구매와 관련된 다양한 소비자 정보를 제공하는 국제거래 소비자포털 사이트 (https://crossborder.kca.go.kr)를 운영하고 있어 소비자들이 도움을 받을 수 있다. 동 사이트에서는 해외직구 관련 피해 발생 시 거래 상대방에 대한 각종 이의제기 또는 현지 관할 경찰서에 보내는 폴리스리포트 영문양식은 국제거래 소비자포털 사이트에서 샘플을 다운받아서 사용할 수 있다.

해외 온라인쇼핑몰 사기 피해를 예방하기 위해서는 ① 해외 온라인 쇼핑몰의 경우, 신뢰할 수 있는 사이트인지 반드시 점검해야 한다. 점검은 한국소비자원의 국제거래 소비자포털(https://crossborder.kca.go.kr/home/main.do)에서 국내외 사기의심 쇼핑몰 리스트를 확인하고, 사이트 신뢰도 판별 사이트(스캠어드바이저, 도메인툴즈, 위뷰스테이션, WOT 등)를 통하여 신뢰 가능한 사이트인지 추가 확인한 후, 해당 쇼핑몰로부터 인한 피해사례가 있는 지 검색해 보는 방법이 있다. ② 사기피해 시, 신용카드사 '차지백(Chargeback) 서비스' 신청이 가능하도록 구매 시 신용카드를 사용한다. 차지백 서비스는 해외거래에서 소비자가 피해를 입은 경우, 카드사에 승인된 거래를 취소해달라고 요청하는 서비스로 [비자][마스터][아멕스]는 결제 후 120일 이내, [유니온페이]는 결제 후 180일 이내 신청할 수 있다.[275]

배송대행의 경우, 운송 중의 사고로 인한 제품 누락, 파손, 분실 등이 발생할 수 있으므로 사전에 배송조건과 보상내용을 확인하여야 한다. 구매대행의 경우 현금 선결제 유도 후 배송 지연이나 대행업체의 잠적을 대비하여 공정거래위원회 통신판매사업자 검색서비스에서 인터넷쇼핑몰 사업자로 신고되어 있는지, 결제대금예치서비스(에스크로)를 사용하고 있는 지, 소비자피해보상보험가입이 되어 있는 지 여부를 확인하고, 신용카드로 결제하는 것이 안전하다.[276]

---

275) *Ibid.*
276) 법무부·한국법교육센터, *supra* note 86, pp. 249~250.

64 불공정 약관

주부 B는 2년 3개월 전 **정수기 이용계약을 2년 약정으로 체결하였다. 아파트 입구에서 **정수기 대리점에서 나온 영업사원의 권유로 계약을 체결하였는데, 매달 카드사용 요금과 연동하여 이용금액을 할인받는 조건이었다. 계약 체결 후 8일째 되던 날 매월 내는 렌털료가 부담스러워 계약을 취소하고 싶었지만, 대리점에서 약관상 청약철회 기간(7일)이 지나 취소할 수 없다고 해서 할 수 없이 계속 사용하던 중이었다. 그러던 중 렌털료를 자동이체로 연동해 놓은 통장잔고가 비어 있는 줄 모르고 6개월을 연체하였는데, 연체이자율이 연 40%라 깜짝 놀라 대리점에 확인하였더니 그 대리점에서는 약관에 명시되어 있는 사항이라고 하였다. 이래저래 기분이 나쁜 B는 약정기간이 끝나자마자 가져가라고 하였는데 철거비 5만 원이 발생하는 데 그것은 고객부담이라고 한다. 설치할 때는 무료였고, 계약할 때 그런 이야기는 듣지 못해 황당했는데, 대리점에서는 그것도 계약할 때 준 약관에 다 있는 내용인데 몰랐냐며 반문을 하여 사기를 당한 느낌이다.

 질문

1. 약관이란 무엇인가?
2. 위 사례에서 대리점에서 설명한 약관의 내용 중 불공정 약관에 해당하는 것은 무엇인가?
3. 불공정약관은 법적으로 효력이 있는가?

약관이란 명칭이나 형태 또는 범위에 상관없이 계약의 한쪽 당사자가 여러 명의 상대방과 계약을 체결하기 위하여 일정한 형식으로 미리 마련한 계약의 내용을 말한다.[277] 예를 들어, 화재 · 생명 등의 보험계약, 가스 · 전기 · 수도 등의 공급계약, 지하철·버스·택시·항공기·선박 등의 운송계약, 예금·저축계약, 우편·전화 등의 이용 계약, 영화관·극장 등의 입장계약, 창고임차계약, 병원의 진료계약 등에서는 계약의 내용에 관해 개별적인 합의가 일일이 이루어지지 않고, 사업자가 미리 정해놓은 정형적 계약조항이 소비자에게 제시되고 소비자는 이를 포괄적으로 받아들여 이에 응함으로써 계약이 성립한다.[278]

그러나 약관을 작성한 사업자가 약관거래의 특성을 이용하여 자신에게 유리한 약관을 작성할 가능성이 크고, 사업자가 미리 제시한 서면 형식의 약관의 내용을 고객이 모두 이해하고, 수정할 권리를 실제로 행사하기는 어렵다. 특히, 시장 지배적 사업자가 생산·공급하는 재화나 서비스를 구매하는 경우 고객이 계약 체결 여부를 결정할 자유도 사실상 큰 제약을 받는다. 그러나 사업자는 계약자유의 이름으로 계약을 정당화하려 하고, 당사자 간의 분쟁이 발생하면 약관을 근거로 사업자에게 유리한 방향으로 분쟁을 해결하려고 하여 고객은 자신이 결정하지 않은 계약조건으로 법률관계가 형성되어 거래상 불이익을 받을 우려가 커졌다.[279] 이러한 상황에서 1980년대 초에 약관규제에 대한 입법 논의가 시작되어 1986년 12월 31일 「약관의 규제에 관한 법률(이하 '약관법'이라 함)」이 제정되어, 1987년 7월 1일부터 시행되었다.[280]

「약관법」은 사업자가 그 거래상의 지위를 남용하여 불공정한 내용의 약관을 작성하여 거래에 사용하는 것을 방지하고, 불공정한 내용의 약관을 규제함으로써 건전한 거래 질서를 확립하여 소비자 보호와 국민 생활의 향상을 목적으로 하는 법이다. 「약관법」은 약관을 이용한 거래와 관련하여 발생하는 소비자 문제를 일반 계약법이 아닌 별도의 법률로 규제하기 위한 것이며, 소비자거래뿐만 아니라 사업자 간의 거래에도 적용된다.[281]

---

277) 「약관의 규제에 관한 법률」 제2조제1호.
278) 법제처, 찾기쉬운 법령정보 – 불공정약관조항의 무효 (2022.6.1.검색).
279) 공정거래위원회, 「2021년판 공정거래백서」(2021), p. 378.
280) 「약관법」은 법 시행 후 1992.12.8. 제1차 개정 후 2022년 현재까지 제7차 개정이 이루어졌다. 각 개정의 주요 내용은 이황 외, 「공정거래법 제정 40년의 발자취 및 향후 정책방향」, 공정거래위원회 연구용역, 한국경쟁법학회 (2020.12), pp.34~35 참조.
281) 정진명 외, 「소비자기본법 40년사」, 공정거래위원회 연구용역 최종보고서. 단국대학교 산학협력단(2020.12), p.45.

약관의 작성 및 설명과 관련하여 사업자는 다음의 의무를 갖는다. 첫째, 고객이 약관의 내용을 쉽게 알 수 있도록 한글로 작성하고, 표준화·체계화된 용어를 사용하며, 약관의 중요한 내용을 부호, 색채, 굵고 큰 문자 등으로 명확하게 표시하여 알아보기 쉽게 약관을 작성하여야 한다. 둘째, 계약을 체결할 때 고객에게 약관의 내용을 계약의 종류에 따라 일반적으로 예상되는 방법으로 분명하게 밝히고, 고객이 요구할 경우, 그 약관의 사본을 고객에게 내주어 고객이 약관의 내용을 알 수 있게 하여야 한다. 다만, 여객운송업, 전기·가스 및 수도사업, 우편업, 공중전화 서비스 제공 통신업 업종의 약관에 대하여는 그러하지 아니하다. 셋째, 약관에 정하여져 있는 중요한 내용을 고객이 이해할 수 있도록 설명하여야 한다. 다만, 계약의 성질상 설명하는 것이 현저하게 곤란한 경우에는 그러하지 아니하다. 사업자가 위 의무를 위반하여 계약을 체결한 경우에는 해당 약관을 계약의 내용으로 주장할 수 없다.[282]

「약관법」은 개별약관의 불공정 조항을 판단하는 데 있어 2가지의 판정 기준(일반조항과 개별금지조항)을 제시하고 있다. 일반조항으로는 신의성실원칙 (제6조), 개별금지조항으로는 제7조에서 제14조에 규정된 ① 사업자 면책조항의 금지 ② 손해배상액의 예정 ③ 사업자의 부당한 계약해제·해지권 제한 ④ 채무의 이행 ⑤ 고객의 권익보호 ⑥ 의사표시의 의제 ⑦ 대리인의 책임가중 ⑧ 소송상권리의 제한 등 8개 유형으로 구분된다.

약관의 불공정 조항이 있는 경우 그 조항은 무효이며, 계약은 나머지 부분만으로 유효하게 존속한다. 다만, 유효한 부분만으로는 계약의 목적 달성이 불가능하거나 그 유효한 부분이 한쪽 당사자에게 부당하게 불리한 경우에는 그 계약은 무효로 한다.[283]

---

282) 「약관법」 제3조(약관의 작성 및 설명의무 등).
283) 「약관법」 제16조(일부 무효의 특칙).

※ 관련 법률: 「약관규제에 관한 법률」

제3조(약관의 작성 및 설명의무 등) ① 사업자는 고객이 약관의 내용을 쉽게 알 수 있도록 한글로 작성하고, 표준화·체계화된 용어를 사용하며, 약관의 중요한 내용을 부호, 색채, 굵고 큰 문자 등으로 명확하게 표시하여 알아보기 쉽게 약관을 작성하여야 한다. 〈개정 2011. 3. 29.〉

② 사업자는 계약을 체결할 때에는 고객에게 약관의 내용을 계약의 종류에 따라 일반적으로 예상되는 방법으로 분명하게 밝히고, 고객이 요구할 경우 그 약관의 사본을 고객에게 내주어 고객이 약관의 내용을 알 수 있게 하여야 한다. 다만, 다음 각 호의 어느 하나에 해당하는 업종의 약관에 대하여는 그러하지 아니하다. 〈개정 2011. 3. 29.〉

1. 여객운송업
2. 전기·가스 및 수도사업
3. 우편업
4. 공중전화 서비스 제공 통신업

③ 사업자는 약관에 정하여져 있는 중요한 내용을 고객이 이해할 수 있도록 설명하여야 한다. 다만, 계약의 성질상 설명하는 것이 현저하게 곤란한 경우에는 그러하지 아니하다.

④ 사업자가 제2항 및 제3항을 위반하여 계약을 체결한 경우에는 해당 약관을 계약의 내용으로 주장할 수 없다.

[전문개정 2010. 3. 22.]

제6조(일반원칙) ① 신의성실의 원칙을 위반하여 공정성을 잃은 약관 조항은 무효이다.

② 약관의 내용 중 다음 각 호의 어느 하나에 해당하는 내용을 정하고 있는 조항은 공정성을 잃은 것으로 추정된다.

1. 고객에게 부당하게 불리한 조항
2. 고객이 계약의 거래형태 등 관련된 모든 사정에 비추어 예상하기 어려운 조항
3. 계약의 목적을 달성할 수 없을 정도로 계약에 따르는 본질적 권리를 제한하는 조항

[전문개정 2010. 3. 22.]

제7조(면책조항의 금지) 계약 당사자의 책임에 관하여 정하고 있는 약관의 내용 중 다음 각 호의 어느 하나에 해당하는 내용을 정하고 있는 조항은 무효로 한다.

1. 사업자, 이행 보조자 또는 피고용자의 고의 또는 중대한 과실로 인한 법률상의 책임을 배제하는 조항

2. 상당한 이유 없이 사업자의 손해배상 범위를 제한하거나 사업자가 부담하여야 할 위험을 고객에게 떠넘기는 조항
3. 상당한 이유 없이 사업자의 담보책임을 배제 또는 제한하거나 그 담보책임에 따르는 고객의 권리행사의 요건을 가중하는 조항
4. 상당한 이유 없이 계약목적물에 관하여 견본이 제시되거나 품질·성능 등에 관한 표시가 있는 경우 그 보장된 내용에 대한 책임을 배제 또는 제한하는 조항
[전문개정 2010. 3. 22.]

제8조(손해배상액의 예정) 고객에게 부당하게 과중한 지연 손해금 등의 손해배상 의무를 부담시키는 약관 조항은 무효로 한다.
[전문개정 2010. 3. 22.]

제9조(계약의 해제·해지) 계약의 해제·해지에 관하여 정하고 있는 약관의 내용 중 다음 각 호의 어느 하나에 해당되는 내용을 정하고 있는 조항은 무효로 한다.
1. 법률에 따른 고객의 해제권 또는 해지권을 배제하거나 그 행사를 제한하는 조항
2. 사업자에게 법률에서 규정하고 있지 아니하는 해제권 또는 해지권을 부여하여 고객에게 부당하게 불이익을 줄 우려가 있는 조항
3. 법률에 따른 사업자의 해제권 또는 해지권의 행사 요건을 완화하여 고객에게 부당하게 불이익을 줄 우려가 있는 조항
4. 계약의 해제 또는 해지로 인한 원상회복의무를 상당한 이유 없이 고객에게 과중하게 부담시키거나 고객의 원상회복 청구권을 부당하게 포기하도록 하는 조항
5. 계약의 해제 또는 해지로 인한 사업자의 원상회복의무나 손해배상의무를 부당하게 경감하는 조항
6. 계속적인 채권관계의 발생을 목적으로 하는 계약에서 그 존속기간을 부당하게 단기 또는 장기로 하거나 묵시적인 기간의 연장 또는 갱신이 가능하도록 정하여 고객에게 부당하게 불이익을 줄 우려가 있는 조항
[전문개정 2010. 3. 22.]

제10조(채무의 이행) 채무의 이행에 관하여 정하고 있는 약관의 내용 중 다음 각 호의 어느 하나에 해당하는 내용을 정하고 있는 조항은 무효로 한다.
1. 상당한 이유 없이 급부(給付)의 내용을 사업자가 일방적으로 결정하거나 변경할 수 있도록 권한을 부여하는 조항

2. 상당한 이유 없이 사업자가 이행하여야 할 급부를 일방적으로 중지할 수 있게 하거나 제3자에게 대행할 수 있게 하는 조항
[전문개정 2010. 3. 22.]

제11조(고객의 권익 보호) 고객의 권익에 관하여 정하고 있는 약관의 내용 중 다음 각 호의 어느 하나에 해당하는 내용을 정하고 있는 조항은 무효로 한다.

1. 법률에 따른 고객의 항변권(抗辯權), 상계권(相計權) 등의 권리를 상당한 이유 없이 배제하거나 제한하는 조항
2. 고객에게 주어진 기한의 이익을 상당한 이유 없이 박탈하는 조항
3. 고객이 제3자와 계약을 체결하는 것을 부당하게 제한하는 조항
4. 사업자가 업무상 알게 된 고객의 비밀을 정당한 이유 없이 누설하는 것을 허용하는 조항

[전문개정 2010. 3. 22.]

제12조(의사표시의 의제) 의사표시에 관하여 정하고 있는 약관의 내용 중 다음 각 호의 어느 하나에 해당하는 내용을 정하고 있는 조항은 무효로 한다.

1. 일정한 작위(作爲) 또는 부작위(不作爲)가 있을 경우 고객의 의사표시가 표명되거나 표명되지 아니한 것으로 보는 조항. 다만, 고객에게 상당한 기한 내에 의사표시를 하지 아니하면 의사표시가 표명되거나 표명되지 아니한 것으로 본다는 뜻을 명확하게 따로 고지한 경우이거나 부득이한 사유로 그러한 고지를 할 수 없는 경우에는 그러하지 아니하다.
2. 고객의 의사표시의 형식이나 요건에 대하여 부당하게 엄격한 제한을 두는 조항
3. 고객의 이익에 중대한 영향을 미치는 사업자의 의사표시가 상당한 이유 없이 고객에게 도달된 것으로 보는 조항
4. 고객의 이익에 중대한 영향을 미치는 사업자의 의사표시 기한을 부당하게 길게 정하거나 불확정하게 정하는 조항

[전문개정 2010. 3. 22.]

제13조(대리인의 책임 가중) 고객의 대리인에 의하여 계약이 체결된 경우 고객이 그 의무를 이행하지 아니하는 경우에는 대리인에게 그 의무의 전부 또는 일부를 이행할 책임을 지우는 내용의 약관 조항은 무효로 한다.

[전문개정 2010. 3. 22.]

제14조(소송 제기의 금지 등) 소송 제기 등과 관련된 약관의 내용 중 다음 각 호의 어느 하나에 해당하는 조항은 무효로 한다.

1. 고객에게 부당하게 불리한 소송 제기 금지 조항 또는 재판관할의 합의 조항
2. 상당한 이유 없이 고객에게 입증책임을 부담시키는 약관 조항
[전문개정 2010. 3. 22.]

제15조(적용의 제한) 국제적으로 통용되는 약관이나 그 밖에 특별한 사정이 있는 약관으로서 대통령령으로 정하는 경우에는 제7조부터 제14조까지의 규정을 적용하는 것을 조항별·업종별로 제한할 수 있다.
[전문개정 2010. 3. 22.]

제16조(일부 무효의 특칙) 약관의 전부 또는 일부의 조항이 제3조제4항에 따라 계약의 내용이 되지 못하는 경우나 제6조부터 제14조까지의 규정에 따라 무효인 경우 계약은 나머지 부분만으로 유효하게 존속한다. 다만, 유효한 부분만으로는 계약의 목적 달성이 불가능하거나 그 유효한 부분이 한쪽 당사자에게 부당하게 불리한 경우에는 그 계약은 무효로 한다.
[전문개정 2010. 3. 22.]

65 보험계약자의 청약 철회

신입사원인 20대 A는 2025년 5월 31일 종신보험 가입 권유 전화를 받고 충동적으로 H보험의 종신보험에 가입(청약)하였다. 건강염려증이 좀 있었던 A는 시중에 나와 있는 종신보험 중 보장내용이 보험료에 비해 좋다는 설명에 덜컥 가입하여 첫 회 보험료 30만 원을 납부하였다. A는 앞으로 55세가 될 때까지 매달 보험료로 30만 원씩 내야 한다. A는 2025년 6월 8일 보험증권을 받았는데, 지금 월급 수준을 생각했을 때 매달 30만 원의 보험료는 큰 부담이 될 것 같아 종신보험 가입을 취소하고 싶다. 당장 다음 날 보험사에 전화해서 가입을 취소하려 했는데, 회사 일이 바빠 정신없이 지내다 보니 6월 22일이 돼서야 생각이 났다.

 질문

1. A는 충동적으로 한 종신보험 가입을 취소할 수 있는가?
2. A가 보험계약의 청약을 철회하려면 어떻게 해야 하는가?
3. 청약철회의 효력은 언제 발생하는가?

보험계약이란 보험 당사자 일방이 약정한 보험료를 지급하고 재산 또는 생명이나 신체에 불확정한 사고가 발생할 경우에 상대방이 일정한 보험금이나 그 밖의 급여를 지급할 것을 약정하는 것을 내용으로 하는 계약이다.[284] 보험계약의 경우도 소비자가 보험상품에 가입한 후 일정 기간 내에 불이익 없이 계약을 철회할 수 있는 청약철회권을 인정하고 있다. 「금융소비자 보호에 관한 법률」에 따르면,

---

284) 「상법」 제638조(보험계약의 의의)

금융상품판매업자 또는 금융상품자문업자와 보장성 상품, 투자성 상품, 대출성 상품 또는 금융상품자문에 관한 계약의 청약을 한 일반금융소비자는 일정한 기간 내에 청약을 철회할 수 있다. 보장성 상품의 경우, 일반금융소비자가 「상법」 제640조에 따른 보험증권을 받은 날부터 15일과 청약을 한 날부터 30일 중 먼저 도래하는 기간(거래당사자 사이에 그 기간보다 긴 기간으로 약정한 경우에는 그 기간) 내에 청약을 철회할 수 있다. 그러나 청약한 날로부터 30일이 지나면 청약을 철회할 수 없다.[285]

위 사례의 경우, A는 5월 31일에 보험에 가입하였는데, 보험 청약일(5월 31일)부터 30일은 6월 30일, 보험증권 수령일(6월 8일)부터 15일은 6월 23일이다. 따라서 A가 청약을 철회할 수 있는 기간은 6월 23일까지이므로, 청약철회권을 행사할 수 있다.

보험계약자가 청약을 철회한 경우, 보험회사는 청약철회청구를 접수한 날로부터 3일 이내에 계약자가 이미 납입한 보험료를 반환하여야 한다.[286] 청약이 철회된 경우 금융상품판매업자 등은 일반금융소비자에 대해 청약의 철회에 따른 손해배상 또는 위약금 등 금전의 지급을 청구할 수 없다.[287]

청약의 철회는 효력은 일반금융소비자가 청약의 철회의사를 표시하기 위하여 서면(① 전자우편, ② 휴대전화 문자 메시지 또는 이에 준하는 전자적 의사표시, ③ 그 밖에 위의 방법에 준하는 것으로 금융위원회가 정하여 고시하는 의사표시 방법포함)을 발송한 때 효력이 발생한다.[288]

보장성 상품의 경우 청약이 철회된 당시 이미 보험금의 지급사유가 발생한 경우에는 청약 철회의 효력은 발생하지 않는다. 다만, 일반금융소비자가 보험금의 지급사유가 발생했음을 알면서 청약을 철회한 경우에는 청약 철회의 효력이 제한되지 않는다.[289]

---

285) 「금융소비자 보호에 관한 법률」 제46조(청약의 철회)제1항.
286) 「금융소비자 보호에 관한 법률」 제46조제3항.
287) 「금융소비자 보호에 관한 법률」 제46조제4항.
288) 「금융소비자 보호에 관한 법률」 제46조제2항 및 「금융소비자 보호에 관한 법률 시행령」 제37조제2항, 제4항, 제5항.
289) 「금융소비자 보호에 관한 법률」 제46조제5항.

☞ **금융소비자보호법**

「금융소비자보호법」은 2021년 3월 25일부터 시행된 법으로, 이 법은 금융소비자의 권익 증진과 금융상품판매업 및 금융상품자문업의 건전한 시장질서 구축을 위하여 금융상품판매업자 및 금융상품자문업자의 영업에 관한 준수사항과 금융소비자 권익 보호를 위한 금융소비자정책 및 금융분쟁조정절차 등에 관한 사항을 규정함으로써 금융소비자 보호의 실효성을 높이고 국민경제 발전에 이바지함을 목적으로 한다.[290] 이 법은 ① 금융상품판매원칙 강화(적합성 및 적정성 원칙, 설명의무, 불공정영업행위 금지, 부당권유행위 금지, 허위·과장광고 금지), ② 위법계약해지권 도입, ③ 청약철회권 강화, ④ 분쟁조정 신청 보호강화, ⑤ 금융소비자의 자료요구권 신설, ⑥ 금융교육 강화를 주요 내용으로 한다.[291]

---

290) 「금융소비자 보호에 관한 법률」 제1조(목적).
291) 금융위원회, "카드뉴스: 금융소비자법 시행으로 달라지는 금융생활"(2021.3.25).

66 보험계약 당사자의 권리·의무

두 달 전 H사의 암보험에 가입한 L은 어제 병원에서 위암 진단을 받았다. 보험회사에 위암 진단 사실을 알리고, 보험금 청구를 위한 절차를 문의하였다. 보험회사에서는 L의 평소 건강 상태나 지병에 대해 여러 가지 질문을 하였는데, L이 자궁내막증의 재발로 산부인과 진료를 여러 차례 받은 적이 있다고 이야기를 했더니 보험회사는 L이 암보험 가입 당시 그런 사실을 보험회사에 고지하지 않았기 때문에 L에게 암 보험금을 지급할 수 없으며, 보험계약도 해지하겠다고 일방적으로 통보하였다.

 질문

1. 보험계약상 보험회사와 보험계약자의 의무는 무엇인가?
2. 보험회사 H사는 L의 보험금 청구를 거절할 권리가 있는가?
3. 보험회사 H사는 L의 계약 전 고지의무 위반을 이유로 일방적으로 보험계약을 해지할 수 있는가?

보험계약의 당사자인 보험회사와 보험계약자는 계약상 일정한 의무를 갖는다. 먼저, 보험회사는 보험계약자에게 보험약관을 교부하고(보험약관 교부의무), 그 약관의 중요한 내용을 설명할 의무를 갖는다(설명의무). 보험회사가 약관을 교부하지 않았거나 중요한 내용을 설명하지 않았다면 보험계약자는 보험계약이 성립한 날로부터 3개월 이내에 계약을 취소할 수 있고, 이 경우 보험회사는 납입한 보험료 전액을 반환하여야 한다. 정해진 기간 내에 보험약관을 교부하고, 중요한 내용을 설명하였다는 사실은 보험회사가 증명하여야 한다.[292]

보험계약자는 보험계약 전에 중요한 사항을 보험회사에 대해 알릴 의무가 있다(고지의무). 중요한 사항이란 객관적으로 보아 보험회사가 알았다면 보험계약을 거절했거나, 적어도 같은 조건으로는 계약을 체결하지 않았으리라고 인정되는 사항을 말한다. 대체로 보험회사가 계약을 체결할 때 청약서의 질문지 등 서면의 형식으로 확인하는 내용들이 포함될 수 있다.[293] 보험계약자가 고의 또는 중대한 과실로 중요한 사항에 대하여 사실과 다르게 알려 준 경우 보험회사는 보험계약을 해지할 수 있다. 이때 계약자가 중요한 사항을 알려주지 않았거나 사실과 다르게 알려주었다는 것은 보험회사가 증명해야 한다.[294]

보험계약자가 허위로 알린 사항, 또는 알리지 않은 중요한 사항이 보험사고와 연관이 있는 경우 계약자는 보험금을 지급받을 수 없으며, 이미 지급한 보험금의 반환을 청구할 수 있다. 그러나 고지의무를 위반한 사실 또는 위험이 현저하게 변경되었거나 증가된 사실이 보험사고 발생에 영향을 미치지 아니하였음이 증명되는 경우에는 보험사는 보험금을 지급할 책임이 있다.[295] 따라서, 위 사례에서 H사가 L이 보험계약 당시 알리지 않았던 자궁내막증으로 인한 산부인과 진료와 위암 간의 관련성이 있다는 사실을 증명하지 못하면 L이 청구한 보험금을 지급하여야 한다. 다만, 보험회사는 그러한 내용을 계약 전에 고지하지 않은 L과의 보험계약을 일방적으로 해지할 수는 있다.

---

292) 「상법」 제638조의3(보험약관의 교부·설명의무); 「금융소비자 보호에 관한 법률」 제19조(설명의무), 제23조(계약서류제공의무), 「금융소비자 보호에 관한 법률 시행령」 제22조(계약서류의 제공).
293) 「상법」 제651조의2(서면에 의한 질문의 효력).
294) 「상법」 제651조(고지의무위반으로 인한 계약해지).
295) 「상법」 제655조(계약해지와 보험금청구권).

67 여행계약의 취소

여름에 쓰지 못한 휴가를 이용하여 가을에 여유롭게 남편과 해외여행을 계획한 주부 L은 마침 소셜 커머스 사이트에 1인당 350만 원짜리 15일 뉴질랜드 여행 특가상품이 나온 걸 보고 덥석 예약하고 결제했다. 그런데 출발을 닷새 앞두고 남편이 급하게 처리할 회사 일이 생겨 휴가를 낼 수 없게 되자 L은 눈물을 머금고 여행계약을 취소하고, 여행사에 환불을 요청했다. 그런데 여행사는 취소수수료 및 위약금 명목으로 1인당 200만 원을 떼고, 150만 원씩만 돌려주겠다고 했다. 출발이 임박한데다 이미 항공사와 해당 호텔에 경비를 완납했기 때문이라고 했다.

 질문

1. 소비자의 사정으로 출발 전 여행계약을 취소한 경우, 소비자가 부담해야 할 위약금의 기준은 무엇인가?
2. 출발 전 여행계약을 취소한 L은 여행경비 전액을 다 돌려받을 수 있을까?

여행계약은 당사자 한쪽이 상대방에게 운송, 숙박, 관광 또는 그 밖의 여행 관련 용역을 결합하여 제공하기로 약정하고 상대방이 그 대금을 지급하기로 약정함으로써 효력이 생긴다.[296] 여행계약은 여행계약서와 여행약관·여행일정표를 계약 내용으로 한다. 여행일정표(또는 여행설명서)에는 여행일자별 여행지와 관광 내용·교통수단·쇼핑횟수·숙박장소·식사 등 여행실시일정 및 여행사 제공 서비스 내용과 여행자 유의사항이 포함되어야 한다.

---

296) 「민법」 제674조의2(여행계약의 의의).

여행계약에 따라 여행주최자는 여행급부 제공의무, 정보제공 및 설명의무, 여행 수화물에 대한 의무, 보험 가입 등의 의무를 부담하고, 여행자는 여행주최자에게 여행 대금을 지급할 주된 의무 외에도 여행자 간 화합도모 및 여행주최자의 여행 질서 유지에 적극적으로 협조할 부수적 의무를 진다.[297]

여행자는 여행을 시작하기 전에는 언제든지 계약을 해제할 수 있다. 다만, 여행자는 상대방에게 발생한 손해를 배상하여야 한다.[298] 따라서 L은 계약을 해제할 수는 있으나 여행사에 발생한 손해를 배상해야 한다. 여행자와 여행사가 여행계약을 체결할 때 적용되는 기준으로 공정거래위원회가 제정한 「국외여행 표준약관」이 있는데, 이 약관은 「민법」 개정으로 2015년에 신설된 여행계약 관련 규정과는 별개로 유효하다.

※ [제10021호] 국외여행 표준약관 (2019. 8. 30. 개정)

> **제16조(여행출발 전 계약해제)**
> ① 여행사 또는 여행자는 여행출발전 이 여행계약을 해제할 수 있습니다. 이 경우 발생하는 손해액은 '소비자분쟁해결기준'(공정거래위원회 고시)에 따라 배상합니다.
> ② 여행사 또는 여행자는 여행출발 전에 다음 각 호의 1에 해당하는 사유가 있는 경우 상대방에게 제1항의 손해배상액을 지급하지 아니하고 이 여행계약을 해제할 수 있습니다.
>
> **1. 여행사가 해제할 수 있는 경우**
> 가. 제12조 제1항 제1호 및 제2호 사유의 경우[299]
> 나. 여행자가 다른 여행자에게 폐를 끼치거나 여행의 원활한 실시에 현저한 지장이 있다고 인정될 때
> 다. 질병 등 여행자의 신체에 이상이 발생하여 여행에의 참가가 불가능한 경우
> 라. 여행자가 계약서에 기재된 기일까지 여행요금을 납입하지 아니한 경우

---

297) 공정거래위원회, 「국외여행 표준약관」 제10021호(2019년 8월 30일 개정).
298) 「민법」 제674조의3(여행개시 전의 계약해제).
299) 여행자의 안전과 보호를 위하여 여행자의 요청 또는 현지 사정에 의하여 부득이하다고 쌍방이 합의한 경우 또는 천재지변, 전란, 정부의 명령, 운송·숙박기관 등의 파업·휴업 등으로 여행의 목적을 달성할 수 없는 경우.

2. 여행자가 해제할 수 있는 경우
가. 제12조 제1항 제1호 및 제2호의 사유가 있는 경우
나. 여행사가 제21조에 따른 공제 또는 보증보험에 가입하지 아니 하였거나 영업보증금을 예치하지 않은 경우
다. 여행자의 3촌 이내 친족이 사망한 경우
라. 질병 등 여행자의 신체에 이상이 발생하여 여행에의 참가가 불가능한 경우
마. 배우자 또는 직계존비속이 신체이상으로 3일 이상 병원(의원)에 입원하여 여행 출발 전까지 퇴원이 곤란한 경우 그 배우자 또는 보호자 1인
바. 여행사의 귀책사유로 계약서 또는 여행일정표(여행설명서)에 기재된 여행일정대로의 여행실시가 불가능해진 경우
사. 제10조제1항의 규정에 의한 여행요금의 증액으로 인하여 여행 계속이 어렵다고 인정될 경우

☞ **국외여행 소비자분쟁해결기준(공정거래위원회고시 제2019-3호)**
- 여행자의 여행계약 해제 요청이 있는 경우
① 여행개시~30일 전까지 통보 시 : 계약금 환급
② 여행개시 29~20일 전까지 통보 시 : 여행요금의 10% 배상
③ 여행개시 19~10일 전까지 통보 시 : 여행요금의 15% 배상
④ 여행개시 9~8일 전까지 통보 시 : 여행요금의 20% 배상
⑤ 여행개시 7~1일 전까지 통보 시 : 여행요금의 30% 배상
⑥ 여행 출발 당일 통보 시 : 여행요금의 50% 배상

여행자와 여행사가 여행계약을 체결할 때 약관을 이용하여 계약을 체결하였다면, 공정거래위원회가 제정한 「국외여행 표준약관」이 주로 이용된다. 동 약관 및 국외여행 소비자분쟁해결기준에 따르면, 위 사례의 경우 여행자가 여행 개시 닷새 전에 취소 통보를 하였으므로 1인당 여행경비(350만 원)의 30%(105만 원)를 배상하면 된다. L은 여행경비 전액을 환불받을 수는 없고, 여행 경비의 최대 70%인 245만 원을 환불받을 수 있다. 그런데 만약 여행사가 L씨의 계약해제로 인하여 더 큰 손해를 입었다고 주장하고, 그 피해를 증명하는 경우 손해배상액은 위의 기준보다 더 많아질 수 있다.

여행사와 분쟁이 생기면 한국여행업협회(1588-8692)나 한국소비자원 (1372)에

문의하면 된다. 한편, 항공권 취소수수료에는 일관된 기준이 없다. 따라서 구매 전에 조건을 꼼꼼히 살피는 수밖에 없다. 특히 '특가 항공권'을 조심해야 하는데 날짜 변경을 할 수 없거나 항공권 구매를 취소하면 환불받지 못할 가능성이 크다.

68 의료계약

P는 치과의사 J가 운영하는 이사랑치과에서 사랑니 발치 수술을 받고 열흘 뒤 혀가 마비되는 증상이 나타났다. P는 종합병원에서 신경이 손상됐다는 진단을 받고, 치과의사 J에게 의료사고로 인한 손해배상을 청구하였다. 그런데 재판 중 실시한 의료감정에서 P의 혀 신경 위치가 남들과 달리 나타난 사랑니 발치의 불가항력적인 합병증이라는 결론이 제시되었다. 사랑니 발치 시 사랑니는 매복 정도가 깊을수록 발치 과정에서 주변 조직에 손상을 줄 가능성이 높은데 P는 J에게 사랑니 발치 전에 부작용과 주의사항에 대해 전혀 듣지 못했다고 한다.

 질문

1. 의료행위란 무엇인가?
2. 의료계약상 의사의 의무는 무엇인가?
3. 위 사례에서 의사의 의무 위반으로 볼 수 있는 것은 무엇인가?

「의료법」상 '의료행위'란 의료인이 행하는 의료·조산·간호 등 의료기술의 시행을 말한다. 판례에서는 의료행위를 "의료인이 의학의 전문적 지식을 기초로 하여 경험과 기능으로 진료, 검안, 처방, 투약 또는 외과적 시술을 시행하여 질병의 예방 또는 치료행위 및 그 밖에 의료인이 행하지 아니하면 보건위생상 위해가 생길 우려가 있는 행위"로 보고 있다.[300] 의료행위는 구명성(求命性),[301] 침습성(侵

---

300) 대법원 1987.11.24. 선고 87도1942 판결; 대법원 2009.10.29. 선고 2009도4783 판결.
301) 의료행위는 본질상 사람의 생명과 건강을 유지하기 위한 목적으로 행해진다.

襲性),[302] 전문성, (완벽한) 결과 예측의 어려움, 응급상황,[303] 불가항력 상황 등의 특수성을 가지고 있다.

의료계약은 의사가 환자를 진료하고, 환자가 그 대가로 진료비를 지급하는 것을 내용으로 한다. 의사와 환자는 의료계약의 당사자로서 계약상의 상호 의무와 권리를 갖는데, 그 내용은 다음과 같다.[304]

※ 의사의 의무와 권리

의무	주요 내용	관련 법적 책임
1. 진료의무	환자의 치료를 위해 최선을 다해 의료행위를 하여야 함	형법 제268조 업무상 과실치사상죄 민법 제390조 및 제750조, 손해배상책임
2. 생명배려의무	환자의 구명을 위해 최선을 다해야 함	형법 제268조 위반, 5년 이하의 금고 또는 2천만 원 이하의 벌금 민법 제390조 및 제750조에 의해 손해배상책임
3. 설명의무	환자에게 질병의 증상, 치료 방법, 치료에 따르는 위험 등을 설명하여야 함	의료법 제24조의2 위반, 300만 원 이하의 과태료
4. 비밀준수의무	의료행위를 하면서 알게 된 환자의 비밀을 누설하면 안됨	의료법 제19조 위반, 3년 이하의 징역이나 3천만 원 이하의 벌금
5. 진료기록 작성 및 보존의무	진료기록부를 갖추고, 의료행위에 관한 사항과 의견을 상세히 기록, 서명하고 보존하여야 함	의료법 제22조, 제23조 위반, 3년 이하의 징역이나 3천만원 이하의 벌금

---

302) 의료행위는 질병치료를 위해 수술이나 주사행위와 같이 인체에 손상이 가해지는 행위가 수반된다.
303) 응급상황에서 의료인은 통상의 의료행위와 달리 시간적 제약 속에서 빠른 진단과 치료를 해야 하므로 의료행위에 수반되는 위험도가 높을 수 있다.
304) 한국의료분쟁조정중재원, 「의료분쟁 예방 및 해결 가이드」 (2020년 11월), pp.13~14.

의무	주요 내용	관련 법적 책임
6. 정보제공의무	환자에 대하여 진단서, 처방전을 작성하여 교부하여야 하며, 환자가 진료기록 등의 열람 및 복사를 요구하는 경우 이에 응해야 함	의료법 제17조 제17조의2 제18조 제21조 제21조의2 위반, 1년 이하의 징역이나 1천만 원 이하의 벌금, 500만 원 이하의 벌금, 3년 이하의 징역이나 3천만원 이하의 벌금
7. 업무상 주의의무	환자의 상태에 따라 최선의 조치를 취해야 하며, 환자에게 발생할 수 있는 결과를 예견하고, 그 결과를 회피하기 위한 최선의 노력을 기울여야 함	형법 제268조 위반으로 5년 이하의 금고 또는 2천만원 이하의 벌금 민법 제390조 및 제750조에 의한 손해배상책임

권리	주요 내용	
진료비지급청구권	환자에 대하여 진료비 지급을 청구할 권리를 가짐	

※ 환자의 의무와 권리

의무	주요 내용	관련 법적 책임
1. 진료비지급 의무	의사의 의료행위에 대하여 진료비를 지급하여야 함	민법 제390조 채무불이행책임
2. 진료협력의무	의료단계에서 진료에 협력하여야 함 질환으로 인한 증상, 개인의 특별한 소인, 기왕증, 복용 약 등에 관하여 의사에게 고지해야 함 의사의 지시 지도에 순응하여야 함	민법 제396조 과실상계에 해당 (의료소송에서 의료인의 법적 책임을 제한하는 근거로 사용될 수 있음)
3. 진료를 방해하지 않을 의무	의사의 진료 및 응급의료를 방해해서는 안됨 응급의료를 방해하는 경우 가중형사처벌 대상이 됨	형법 제314조 제1항 위반, 5년 이하의 징역 또는 1,500만 원 이하의 벌금 응급의료에 관한 법률 제12조 위반 – 의료진 폭행하여 상해 시 10년 이하의 징역 또는 1천만 원 이상 1억 원 이하의 벌금

의무	주요 내용	관련 법적 책임
3. 진료를 방해하지 않을 의무 (계속)	의료기관 내 물적 시설 파괴행위도 형사처벌 대상이 됨	– 중상해 시 3년 이상의 유기징역 – 사망 시 무기 또는 5년 이상의 징역 의료법 제12조 위반 – 사람을 상해에 이르게 한 경우에는 7년 이하의 징역 또는 1천만 원 이상 7천만 원 이하의 벌금 – 중상해에 이르게 한 경우에는 3년 이상 10년 이하의 징역 – 사망에 이르게 한 경우에는 무기 또는 5년 이상의 징역

권리	주요 내용
1. 적절한 진료 및 응급 의료를 받을 권리	의료인 또는 의료기관 개설자는 진료나 조산 요청을 받으면 정당한 사유 없이 거부할 수 없음. 또한 응급환자는 의료인에게 응급의료에 관한 법률이 정하는 바에 따라 최선의 처리를 받을 권리가 있음 (의료법 제15조)
2. 설명을 듣거나 요구할 권리	환자는 의료인에게 자신에게 행해지는 의료행위에 관한 설명을 들을 권리가 있음 (의료법 제24조의2)
3. 수술 등에 관한 동의권	환자는 자신의 생명 또는 신체에 중대한 위해를 발생하게 할 우려가 있는 수술, 수혈, 전신마취(수술 등)를 받는 경우 설명을 듣고 서면으로 동의할 권리가 있음(의료법 제24조의2 제2항) 단, 설명 및 동의절차로 인해 수술 등이 지체되면 환자의 생명이 위험해지거나 심신상의 중대한 장애를 가져오는 경우는 예외
4. 의료정보보호권	환자는 자신의 의료정보를 보호받을 권리가 있음
5. 진료기록의 열람·복사 청구권	환자가 의료인에 대하여 진료기록의 열람 또는 복사를 요청할 권리가 있음(의료법 제21조제1항) 진료기록의 열람·복사 청구권은 원칙적으로 환자 본인이 행사함(의료법 제21조 제2항) 다만, 환자와 일정한 가족관계나 대리관계가 있음이 증명되거나 관련 법령에 규정이 있는 경우 환자 본인이 아니더라도 진료기록의 열람 또는 복사가 가능함

의사가 의료계약상의 의무를 이행하지 않거나 제대로 이행하지 않아 환자 측에 손해를 입힌 경우, 의사는 민사상 채무불이행으로 인한 손해배상책임을 가지며,[305] 의사의 고의 또는 과실에 의한 불법행위로 환자에게 손해를 입힌 경우라면, 불법행위로 인한 손해배상책임을 진다.[306] 의료과실에 대해 환자 측은 채무불이행과 불법행위를 각각 청구원인으로 손해배상을 청구할 수 있는데, 실제로는 후자를 청구원인으로 삼는 경향이 있다. 이와는 별도로 의사가 의료과실로 환자를 상해 또는 사망에 이르게 한 경우, 「형법」상 업무상과실치사상죄에 해당할 수 있다.

위 사례의 경우 의료인의 설명의무 위반 문제가 제기될 수 있다. 대법원 판례에 따르면, 설명의무는 일반적으로 의사는 환자에게 수술 등 침습을 가하는 과정 및 그 후에 나쁜 결과 발생의 개연성이 있는 의료행위를 하는 경우 또는 사망 등의 중대한 결과 발생이 예측되는 의료행위를 하는 경우에 있어서 갖게 된다. 응급환자의 경우나 그 밖에 특단의 사정이 없는 한 진료계약상의 의무 내지 위 침습 등에 대한 승낙을 얻기 위한 전제로서 당해 환자 또는 그 가족에게 질병의 증상, 치료방법의 내용 및 필요성, 발생이 예상되는 위험 등에 관하여 당시의 의료수준에 비춰 상당하다고 생각되는 사항을 설명해 당해 환자가 그 필요성이나 위험성을 충분히 비교해 의료행위를 받을 것인가 여부를 선택할 수 있도록 하는 의무가 있다.[307]

2016년 12월 20일 개정된 「의료법」에 제24조의2(의료행위에 관한 설명)가 신설되어 그동안 의료분쟁의 대상이 되었던 수술, 수혈, 전신마취 의료행위에 있어서 설명의무의 범위, 동의 및 고지의 방법 및 절차 등의 기준이 제시되었다. 의사·치과의사 또는 한의사는 사람의 생명 또는 신체에 중대한 위해를 발생하게 할 우려가 있는 수술, 수혈, 전신마취(이하 "수술등"이라 함)를 하는 경우 다음의

---

[305] 「민법」 제390조(채무불이행과 손해배상) 채무자가 채무의 내용에 좇은 이행을 하지 아니한 때에는 채권자는 손해배상을 청구할 수 있다. 그러나 채무자의 고의나 과실 없이 이행할 수 없게 된 때에는 그러하지 아니하다.
[306] 「민법」 제750조(불법행위의 내용) 고의 또는 과실로 인한 위법행위로 타인에게 손해를 가한 자는 그 손해를 배상할 책임이 있다.
[307] 대법원 1994.4.15. 선고 93다60953 판결.

사항을 환자(환자가 의사결정능력이 없는 경우 환자의 법정대리인)에게 설명하고 서면(전자문서 포함)으로 그 동의를 받아야 한다. 다만, 설명 및 동의 절차로 인하여 수술등이 지체되면 환자의 생명이 위험하여지거나 심신상의 중대한 장애를 가져오는 경우에는 그러하지 아니하다.

환자에게 설명하고 동의를 받아야 하는 사항은 다음과 같다.

1. 환자에게 발생하거나 발생 가능한 증상의 진단명
2. 수술등의 필요성, 방법 및 내용
3. 환자에게 설명을 하는 의사, 치과의사 또는 한의사 및 수술등에 참여하는 주된 의사, 치과의사 또는 한의사의 성명
4. 수술등에 따라 전형적으로 발생이 예상되는 후유증 또는 부작용
5. 수술등 전후 환자가 준수하여야 할 사항

※ 관련 법률: 「의료법」, 「의료법 시행령」

「의료법」

제24조의2(의료행위에 관한 설명) ① 의사·치과의사 또는 한의사는 사람의 생명 또는 신체에 중대한 위해를 발생하게 할 우려가 있는 수술, 수혈, 전신마취(이하 이 조에서 "수술등"이라 한다)를 하는 경우 제2항에 따른 사항을 환자(환자가 의사결정능력이 없는 경우 환자의 법정대리인을 말한다. 이하 이 조에서 같다)에게 설명하고 서면(전자문서를 포함한다. 이하 이 조에서 같다)으로 그 동의를 받아야 한다. 다만, 설명 및 동의 절차로 인하여 수술등이 지체되면 환자의 생명이 위험하여지거나 심신상의 중대한 장애를 가져오는 경우에는 그러하지 아니하다.
② 제1항에 따라 환자에게 설명하고 동의를 받아야 하는 사항은 다음 각 호와 같다.
1. 환자에게 발생하거나 발생 가능한 증상의 진단명
2. 수술등의 필요성, 방법 및 내용
3. 환자에게 설명을 하는 의사, 치과의사 또는 한의사 및 수술등에 참여하는 주된 의사, 치과의사 또는 한의사의 성명

4. 수술등에 따라 전형적으로 발생이 예상되는 후유증 또는 부작용

5. 수술등 전후 환자가 준수하여야 할 사항

③ 환자는 의사, 치과의사 또는 한의사에게 제1항에 따른 동의서 사본의 발급을 요청할 수 있다. 이 경우 요청을 받은 의사, 치과의사 또는 한의사는 정당한 사유가 없으면 이를 거부하여서는 아니 된다.

④ 제1항에 따라 동의를 받은 사항 중 수술등의 방법 및 내용, 수술등에 참여한 주된 의사, 치과의사 또는 한의사가 변경된 경우에는 변경 사유와 내용을 환자에게 서면으로 알려야 한다.

⑤ 제1항 및 제4항에 따른 설명, 동의 및 고지의 방법·절차 등 필요한 사항은 대통령령으로 정한다.

[본조신설 2016. 12. 20.]

「의료법 시행령」

제10조의13(의료행위에 관한 설명) ① 법 제24조의2제1항 본문에 따라 의사·치과의사 또는 한의사가 환자(환자가 의사결정능력이 없는 경우 환자의 법정대리인을 말한다. 이하 이 조에서 같다)로부터 받는 동의서에는 해당 환자의 서명 또는 기명날인이 있어야 한다.

② 법 제24조의2제4항에 따라 의사·치과의사 또는 한의사가 수술·수혈 또는 전신마취의 방법·내용 등의 변경 사유 및 변경 내용을 환자에게 서면으로 알리는 경우 환자의 보호를 위하여 필요하다고 인정하는 때에는 보건복지부장관이 정하는 바에 따라 구두의 방식을 병행하여 설명할 수 있다.

③ 의사·치과의사 또는 한의사는 법 제24조의2제1항 본문에 따른 서면의 경우에는 환자의 동의를 받은 날, 같은 조 제4항에 따른 서면은 환자에게 알린 날을 기준으로 각각 2년간 보존·관리하여야 한다.

[본조신설 2017. 6. 20.]

[제10조의12에서 이동 〈2025. 6. 2.〉]

69 의료사고

S는 하늘병원에서 의사 K가 집도한 장협착 수술을 받고 퇴원한 후 극심한 통증과 고열로 다시 하늘병원을 찾았다. 그러나 K는 별다른 조치 없이 진통제만 투여하고, 안정을 취하게 하였는데, S에게 갑자기 심정지가 왔다. 하늘병원은 S를 인근 대학병원으로 긴급 전원하였으나 S는 응급수술을 받는 도중 사망하였다. 경찰의 조사 결과에 따르면, 하늘병원에서 S가 장협착 수술에 대한 동의서를 작성할 당시 의사는 위 축소 수술에 대해서는 어떠한 언급이나 설명을 하지 않았고, 장협착 수술 시 시행한 위 축소 수술로 소장 하방과 심낭에 각각 1cm, 2cm의 천공을 발생하게 하여 복막염과 패혈증을 유발한 것으로 보인다는 감정 결과가 나왔다. 유족들은 S의 사망이 의사(K)의 의료과실로 인한 것이라고 주장하면서 강력한 법적 책임을 묻겠다고 하였다.

질문

1. 의료사고란 무엇인가?
2. 의료사고와 의료과실은 어떤 관계에 있는가?
3. 의료과실로 환자에게 악결과가 발생한 경우, 환자(또는 유족)는 의료인에게 어떠한 법적 책임을 물을 수 있는가?

의료사고는 보건의료인(의료인, 조무사, 의료기사, 응급구조사, 약사, 한약사로서 보건의료기관에 종사하는 사람)이 의료행위로 인하여 사람의 생명, 신체 및 재산에 대하여 의료의 전 과정에서 피해(합병증 포함)가 발생한 경우를 포괄하는 개념으로, 의료사고는 의료과실이 있는 경우를 포함하고 있으나 의료사고가 곧 의료과실을 의미하는 것은 아니다.

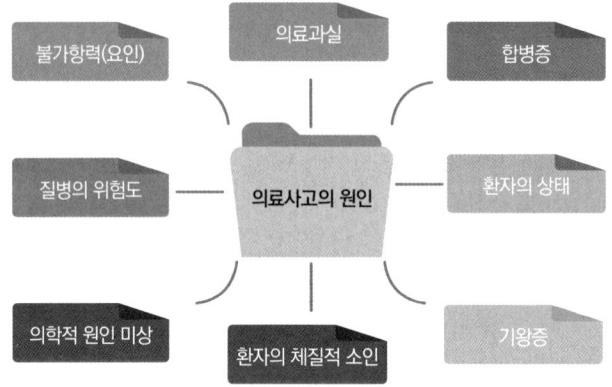

　의료과실(또는 의료과오)은 의료인이 의료행위를 수행하면서 기울여야 하는 업무상 주의의무를 게을리함으로써 환자가 사망하거나 장애를 입는 등 나쁜 결과(합병증 포함)가 발생한 경우를 의미한다. 의료인의 과실 판단 시 의료행위의 기준은 평균적인 의학지식과 기술을 가진 통상의 의료인으로서 의료행위를 할 당시 임상의학 분야에서 실천되고 있는 의료행위의 수준을 기준으로 판단한다. 의료인의 주의의무는 '결과예견의무'와 '결과회피의무'를 포함한다. 통상의 의료인이라면 예견할 수 있는 사실을 예견하지 못한 경우(결과예견의무 위반), 예견하였더라도 회피할 수 있는 사실을 회피하지 못한 경우(결과회피의무 위반), 의료인이 주의의무를 소홀히 한 과실이 있는 것으로 판단될 수 있다.[308]

　의료과실로 인하여 환자에게 발생한 악결과에 대하여 환자(또는 유족)가 의료인에게 법적 책임을 묻기 위해서는 반드시 의료과실과 악결과 사이에 인과관계가 있음이 입증되어야 한다. 의료행위로 환자에게 악결과가 발생하였으나 그러한 악결과가 의료인의 의료과실로 인한 것이라는 인과관계가 인정되지 않으면 의료사고로 인한 피해에 대해 환자(또는 유족)는 의료인에게 법적 책임을 물을 수 없다. 그러한 인과관계에 대한 입증은 환자(또는 유족)가 하여야 한다. 그런데, 의료분

---

308) 한국의료분쟁조정중재원, *supra* note 304, pp.10~12.

쟁은 다른 민사사건에 비해 상대적으로 인과관계의 존재 여부에 대해 정확한 판단을 내리는 것이 어렵다. 의료행위는 고도의 전문성과 재량성, 폐쇄성, 밀실성, 개별성 및 예측 곤란성, 의학적 증명의 한계가 존재하고, 현대의학으로 해결되지 않은 영역이 많으며, 환자에게 발생한 악결과가 환자의 기왕증이나 예측할 수 없는 특이한 체질적인 소인에 근거할 가능성도 배제할 수는 없기 때문이다.

의료사고가 의료인의 의료과실로 인해 발생하였다는 인과관계가 인정되면, 의료인은 민사 및 형사책임을 지게 된다. 의료인의 민사책임은 의료사고로 인해 환자가 입은 손해를 배상하는 것이고, 형사책임은 형법상 범죄에 대하여 공권력에 의한 형벌을 받는 것이다. 의료인의 민사책임과 형사책임은 법적으로 그 성격이 다르며, 요구되는 의료과실의 입증 수준도 다르다.[309] 같은 의료사고에 대하여 민사재판에서 의료과실이 인정되었다 하여 형사책임이 자동적으로 성립되는 것은 아니며, 반대로 형사재판에서 무죄판결을 받았다 하더라도 민사재판에서 의료인의 손해배상책임이 인정될 수도 있다.

☞ **의료인의 민사책임과 형사책임 비교**

구분	민사책임	형사책임
소송당사자	원고 vs. 피고 (의료분쟁당사자)	검사 vs. 피고인 (피고인: 의료인/의료보건기관)
책임의 주요 근거	의료계약에 따른 채무불이행 고의·과실에 의한 불법행위	형법상 범죄 업무상 과실·중과실 치사상죄 (제268조)
책임의 내용	손해배상	형벌
의료과실의 입증 수준	증거 우위에 근거하여 의료과실과 인과관계 추정 가능 (완화된 증명)	합리적인 의심을 할 여지가 없을 정도의 증거의 증명력 요구 (엄격한 증명)

---

309) 민사책임은 의료사고 발생에 의료과실 외에 다른 원인이 없다는 간접사실을 증명하는 정도면 과실책임이 인정되는 데 비하여, 형사책임은 민사책임의 경우보다 훨씬 더 엄격하게 과실 여부를 판단한다. 의료인의 민사상 과실이 인정된다고 하여 반드시 형사상 책임을 지는 것은 아니고, 형사재판에서 유죄판결을 받았다고 해서 민사책임을 면할 수 있는 것은 아니다. 법무부, 「한국인의 법과 생활 개정판」(2017), p.231.

의사의 의료과실에 대해 환자(또는 유족)는 채무불이행과 불법행위를 각각 청구원인으로 하여 손해배상을 청구할 수 있는데, 실제는 후자를 청구원인으로 삼는 경향이 있다.[310] 이와는 별도로 의사가 의료과실로 환자를 상해 또는 사망에 이르게 한 경우「형법」제268조(업무상 과실·중과실치사상죄)에 해당할 수 있다.[311] 의사의 의료과실이 있는 경우 의사는 불법행위로 인한 손해배상책임을 진다. 의사가 의료기관에 근무하는 경우 의료기관의 장은 사용자로서 배상책임을 진다. 그 밖에 간호사 등의 과실에 대해서는 그의 책임 외에 담당 의사는 대리 감독자로, 의료기관은 사용자로 각각 배상책임을 질 수 있다.[312]

위 사례의 경우 의사 K의 의료행위를 시행함에 있어 주의의무 위반과 함께 장협착 수술 시 사전에 환자에게 설명하지 않고 위 축소술을 시행하였다면 의사의 설명의무 위반이 문제 될 수 있다. 의료행위가 사람의 생명을 다루는 점에 비추어 일반적인 주의의무보다는 높은 주의의무가 요구된다. 진료상 주의의무의 정도는 구체적인 사안에 따라 다양할 수 있으며, 의학기술의 발전으로 주의의무의 기준도 변경될 수 있다. 주의의무는 환자의 상태에 따라 최선의 조치를 취하여야 할 의무를 의미한다. 즉, 의사는 환자에게 발생할 수 있는 결과를 예견하고 그 결과를 회피하기 위해 최선의 노력을 기울여야 한다. 주의의무와 관련해서는 의료행위 당시의 평균적 의료수준이 의사의 과실 판단의 기준이 된다.

의료계약에 따라 의사가 수술하거나 약품을 투여하는 등 환자의 몸에 침습을 가할 수 있는데, 그러한 침습이 정당한 진료행위로 인정되기 위해서는 환자의 승낙이 필요하다. 그 환자의 승낙은 의사의 충분한 설명이 전제되어야 유효하다. 의사의 설명의무는 진료 계약상 의무에서 비롯된 것이고, 판례도 같은 취지로 설명하고 있다.[313] 치료 방법을 결정하고, 환자가 그 치료를 선택하는 데 있어 의료

---

310) 김준호, *supra* note 23, p.1313.
311)「형법」제268조(업무상과실·중과실 치사상) 업무상과실 또는 중대한 과실로 사람을 사망이나 상해에 이르게 한 자는 5년 이하의 금고 또는 2천만원 이하의 벌금에 처한다.[전문개정 2020. 12. 8.]
312) 김준호, *supra* note 23, p.1316.
313) 대법원 1995.1.20. 선고 94다3421 판결, 대법원 1995.4.25. 선고 94다27251판결.

인으로부터 충분한 설명을 듣고, 합리적인 절차를 통해 동의하였느냐에 대한 판단은 점차 의료소비자의 관점에서 계약상의 의무 위반일 뿐 아니라 「헌법」 제10조에서 규정한 개인의 인격권과 행복추구권에 의해 보호되는 자기 결정권을 침해한 것으로 위법한 행위가 된다.

의사의 설명의무 위반으로 인한 손해배상책임에 관한 판례에 따르면, 첫째, 의사의 설명의무 위반은 그 자체로 환자의 자기 결정권을 침해하여 그에게 정신적 고통을 준 것으로 평가되어 환자는 위자료를 청구할 수 있다. 이 위자료에는 중대한 결과의 발생 자체에 따른 정신적 고통을 위자하는 금액은 포함되지 않는다. 의료행위로 인하여 나쁜 결과가 발생했지만, 의사의 진료상의 과실은 없고, 설명의무 위반만 인정되는 경우 설명의무 위반에 대한 위자료 명목으로 재산적 손해의 전보를 꾀해서는 안 된다. 둘째, 발생한 모든 손해에 대하여 설명의무 위반으로 그 배상을 청구하는 경우, 그때 의사의 설명의무 위반은 환자의 생명·신체에 대한 구체적인 치료과정에서 요구되는 의사의 주의의무 위반과 동일시 할 정도의 것이어야 한다. 즉, 의사가 수술 등에 따른 위험에 관해 충분히 설명하였더라도 환자가 그 수술 등을 받았을 것으로 인정된 때에는 그러한 인과관계는 성립하지 않는다.[314]

---

314) 대법원 2013.4.26. 선고 2011다29666판결, 대법원 1995.12.20. 선고 94다3421판결, 대법원 1995.2.10. 선고 93다52402판결, 김준호, *supra* note 23, p.1315에서 재인용.

70 의료과실로 인한 손해배상청구

> A는 지인의 소개로 지역의 유명 성형외과에서 양악수술, 이부성형술, 하악각 성형수술을 받았는데, 수술 후 턱의 감각이 돌아오지 않았다. 수술을 담당한 의사 B에게 바로 증상을 말했으나 의사는 수술 후에 일시적으로 그럴 수 있다며 시간이 지나면 괜찮아질 것이라고 하였다. 그러나 두 달이 지나도 감각이 돌아오지 않아 병원을 찾아가 계속 증상을 호소하였으나 의사는 수술은 잘 되었다며 좀 기다려 보라는 말만 되풀이하였다. 결국 A는 수술을 받은 지 2년 후에야 다른 병원에 가서 구강안면통증검사, 간이신경검사를 받았는데 삼차신경손상이라는 진단을 받게 되었다.
>
> 큰 충격을 받은 A는 수술한 의사를 상대로 ** 원의 손해배상을 청구하는 민사소송을 제기하였다. 법원은 의사의 수술상 과실과 경과 관찰상 과실이 존재하며, 의료과실과 신경 손상과의 인과관계가 인정된다고 하였다. 신체 감정 당시 B의 양측 입술 및 턱 모두 정상 수치 이하의 감각 이상 소견을 보여 노동능력상실률이 6%로 인정되었다.

 질문

1. A에게 발생한 악결과에 의사 B의 의료과실이 인정되는 경우, B의 손해배상책임의 범위는 어떻게 결정되는가?

의료과실로 인하여 발생한 손해에 대하여 판례는 재산상의 손해와 정신적 고통에 대한 위자료로 구별한다. 재산상의 손해는 적극적 손해(예: 치료비, 장례비)와 소극적 손해(예: 일실이익[315])를 포함하는데, 소극적 손해에 관련하여 법원은 신체감정촉탁 결과에 근거하여 환자에게 발생한 노동능력상실률[316]을 산정한다.

그런데, 의료행위로 인하여 환자에게 발생한 손해에 의료인의 행위와 환자의 요인(체질적 소인, 질병의 위험도 등)이 함께 영향을 주는 경우 법원은 의료인에게 일체의 손해를 배상하게 하는 것이 공평하지 않다고 판단하여 그 손해의 발생 또는 확대에 영향을 준 환자 측의 요인을 참작할 수 있다. 따라서 법원은 의료사고에 대하여 의료인에게 손해배상책임 전액을 배상하라고 하지 않고, 의료인의 책임을 일정 비율로 제한하는 경향이 있는데 이를 의료인의 책임제한이라고 한다.[317]

위 사례의 경우, 법원은 양악수술은 그 자체로 부작용이 발생할 위험성이 내재되어 있는 수술이고, 원고가 이전에 턱부위 수술을 한 전력이 있는 점을 참작하여 피고의 손해배상책임을 70%로 제한하였다. 위 사례에서 법원이 결정한 손해배상책임의 범위는 다음과 같다.

☞ **손해배상책임의 범위**

① 소극적 손해
▶ 일실수입
인적 사항: 여성
소득: 도시일용노동에 종사하는 보통 인부의 노임단가, 월 22일 노동
가동연한: 만 65세
▶ 향후 치료비: 671,621원
② 적극적 손해: 기지급 수술비 12,500,000원
③ 위자료: 6,000,000원
④ 최종 손해배상액 산정:
위자료 제외한 ① ~ ②의 내용에 결정된 책임제한비율 70%를 곱한 후, 위자료 합산

---

315) 일실이익은 환자가 장래에 얻을 것이라고 예상되는 이익이나 소득을 의미한다.
316) 노동능력상실은 신체기능의 영구적 장해 내지는 훼손을 의미한다. 단순한 의학적 신체기능장애율이 아니라 피해자의 연령, 교육 정도, 종전 직업의 성질, 경력, 기능 숙련 정도, 신체기능장애 정도, 유사 직종이나 다른 직장으로 전업할 가능성과 확률, 그 밖의 사회적·경제적 조건을 모두 참작하여 경험칙에 따라 정한 수익상실률로서 합리적이고, 객관성이 있어야 한다. 대법원 1990.4.13. 선고 89다카982 판결, 대법원 1997. 5. 30. 선고 97다4784 판결, 대법원 2019.5.30. 선고 2015다8902 판결. 한국의료분쟁조정중재원, supra note 304, p.19.
317) 대법원 1998.7.24. 선고 98다12270 판결.

71 의료분쟁과 대처

　A(여/50대)는 2025년 *월 **병원에 우측 유방종양을 주소로 방문하여 유방 조직검사상 침윤성 유관암으로 진단받고, **병원을 방문하여 유방외과에서 상세불명의 유방의 악성신생물(우측) 진단하에 유방 부분절제술 및 액와부 곽청술을 받았고, 조직검사상 유관암(IDC)이 진단되었으며, 2025년 *월부터 3개월간 항암치료를 받았다.

　2025년 **월 고열로 **병원 응급실을 방문하여 각종 검사 및 약물투여(항생제, 수액 등)를 받은 후 요로감염증 의심 하에 다음 날 입원 조치가 이루어졌으나 입원 다음 날 저혈압, 빈맥 및 고열이 지속되며 상태가 악화되었고, 패혈성 쇼크로 진행되어 중환자실로 이송조치 되어 치료를 받았으나 다음 날 사망하였다. 사망진단서상 직접사인은 패혈증, 선행사인은 유방의 악성신생물로 기재되었다.

　유족은 고열로 응급실 입원 후 2일간 고열의 원인을 규명하지 못하였고, 적절한 조치가 미흡하였다고 주장하였고, 이로 인해 상태가 악화되어 망인이 사망한 것이므로 피신청인 병원 의료진의 과실과 망인의 사망 사이에 인과관계가 있다고 주장하였다.

　이에 대해 병원측은 응급실 내원 이후 병실 입원 및 중환자실 치료에서 의학적으로 최선의 치료를 시행했다고 하면서, 패혈증은 예후가 매우 나쁜데 망인의 경우 매우 짧은 시간 동안 빠르게 악화되는 경과를 보이는 드문 양상의 패혈증으로 인하여 사망한 것이라면서 피신청인 병원 의료진의 과실은 없다고 주장하였다.

 질문

1. 의료분쟁이 발생한 경우, 환자(또는 유족)는 무엇을 해야 하는가?

의료분쟁이란 의료사고로 인한 다툼을 의미한다. 의료분쟁이 발생하여 환자(또는 유족)가 이에 대처하기 위해서는 의료사고의 특수성을 먼저 이해할 필요가 있다. 의료사고는 반드시 의료과실을 전제로 하는 것이 아니다. 의료사고는 의료과실, 불가항력 사고, 환자의 체질적 특성, 기존 질병으로 인한 합병증, 현대의학으로 규명되지 않은 요인들이 복합적으로 결합하여 발생할 수 있다. 그러므로 의료과실이 없는 불가항력적 의료사고도 존재하고, 의료인의 설명의무 위반과 같이 과실이 있지만, 의료과실과 환자가 입은 손해와의 인과관계가 인정되지 않는 사고도 존재할 수 있다. 따라서 의료사고로 인한 다툼이 있는 경우 전문가의 객관적 평가(의료감정)가 필요하다. 의료소송은 환자 측이 의료인의 의료과실과 인과관계를 입증해야 한다.[318]

의료사고가 발생하였다면 환자(또는 유족)는 의료사고의 경위를 먼저 파악하고, 의료인·병원 측의 입장과 주장, 합의 의사 유무를 파악하여야 한다. 의료인·병원 측의 합의 의사가 있는 경우 서로에게 최선인 합의를 하기 위해 성실하게, 적극적으로 협상하는 것이 필요하다. 의료분쟁으로 재판하는 경우 당사자 모두에게 시간, 비용상의 부담이 상당하고, 특히 의료인이 아닌 환자 측이 의료인의 의료과실을 입증하는 것이 환자 측의 예상보다 훨씬 어렵기 때문이다.

의료인·병원 측의 합의 의사가 있으나 손해배상금의 수준에 대한 다툼이 있거나 의료인·병원 측의 합의 의사가 없는 경우 한국의료분쟁중재원에 상담신청

---

318) 법원은 판사가 판결 전에 의료인에게 의료감정을 촉탁 하는데, 의료감정은 감정인(1인 감정)에 따라 견해 차이가 발생할 수 있으며, 그 감정 결과도 달라질 수 있다(유료감정). 이에 비하여 한국의료분쟁조정중재원에는 의료사고감정단(상설)이 설치되어 있고, 개별사건에 대한 의료감정은 감정부(5인)가 담당하며, 의료인, 법조인, 소비자단체 대표로 구성된다(무료감정). 한국의료분쟁조정중재원의 의료분쟁 조정절차에서는 환자 측을 대신하여 감정단 내에서 의료사고의 조사, 과실 및 인과관계를 규명해 주므로 입증 부담을 크게 덜 수 있다. 의료분쟁 당사자 모두가 분쟁을 신속하고(분쟁 처리 기간: 민사소송 1심 평균: 26.3개월, 한국의료분쟁조정중재원 조정: 90일(연장 시 120일)), 경제적으로 1억 원 손해배상 청구사건 기준 비용: 민사소송 1심 총비용 1,300,000원 (대략 추계, 사안별, 변호사 선임 비용 에 따라 다르며, 성공보수는 별도, 한국의료분쟁조정중재원 162,000원)으로 해결할 의사가 있는 경우 한국의료분쟁조정중재원의 조정절차를 이용하는 것이 유리하다. 환자 측에서는 조정절차에서 합의 또는 조정이 성립되면 신속한 피해구제를 받을 수 있으며, 합의가 이행되지 않는 경우 손해배상금 대불신청이 가능하다. 의료인· 병원 측에서도 의료진의 안전한 진료환경을 조성할 수 있으며, 합의 또는 조정이 성립하는 경우 의료인의 형사책임 부담을 덜 수 있다. 한국의료분쟁조정중재원, *supra* note 304, pp. 75~78 참조.

(☎1670-2545) 또는 한국소비자원에 상담 또는 피해구제 신청(☎1372)을 하여 각 기관의 분쟁해결절차(조정/중재)를 이용하거나 변호사의 자문을 얻어 쟁점 정리, 손해배상 범위 및 청구금액 등을 검토한 후 소송의 실익을 따져서 소송 제기 여부를 결정하여야 한다. 의료인·병원 측이 합의에 응할 의사가 없음이 명백한 경우 소송이 유일한 해결 수단이 된다.

☞ **의료분쟁 대비 준비사항**

① 의료사고에 대한 사실관계 파악	병원 측에 진료기록부 열람 및 사본 발급신청
	의료인/병원 담당자에게 의료사고의 경위와 내용에 대한 설명 요청
	의료사고의 원인, 결과, 향후 발생될 수 있는 문제(사망, 의식불명, 장애의 정도, 기타) 확인
	의료과실의 존재 가능성에 대한 의료인/병원 측의 입장 파악
	환자 측이 의료인의 진료(진단 검사 치료 및 경과관찰 등)가 적절하지 않다고 생각한 부분과 의료인/병원의 설명이 다른 부분과 그 이유 파악
	의료인/병원 측의 합의의사 유무 파악
② 의료사고 쟁점 정리	환자 측이 생각하는 의료인의 구체적인 과실 내용과 주요 쟁점 작성
	환자 측이 받은 치료부터 의료사고 피해(악결과) 발생 시까지의 경과를 (가능한) 일자별로 작성
	주장하는 내용에 대한 객관적인 증거자료 수집
③ 분쟁 대처에 필요한 서류 준비	진료기록 일체(병원 측에 진료기록 열람·사본 발급신청) – 해당 의료기관의 의무기록 사본(영상기록 포함) – 이송 의료기관의 의무기록 사본(영상기록 포함) 소견· 　진단서

72 제조물책임

> C(22세)는 잠자리에 들기 위해 전기장판을 켰는데 뭔가 타는 것 같은 이상한 냄새가 나서 이리저리 주위를 살피던 중 전기장판 온도조절기에서 불꽃이 튀는 것을 발견했다. 온도조절기에서 발생한 스파크로 인해 침대 매트리스와 이불에 불이 옮겨 붙었고 깜짝 놀란 C는 바로 전원을 뽑고 침대에 물을 부어 급하게 불을 껐다. 이 과정에서 C는 손에 약간의 화상을 입게 되었다. 전기장판을 자세히 살펴보니 전기장판과 온도조절기를 연결하는 전기선이 끊어져 있었다. 전기장판을 구입한지 일주일 밖에 되지 않았는데, 연결부위가 끊어진 것은 제조상의 결함이라고 생각하여 제조업체(돌돌매트)에 항의를 하였는데, 제조업체는 고객이 잘못 사용하여 발생한 문제라며 자신들은 책임이 없다고 주장하고 있다.

질문

1. C가 제조업체 돌돌매트에 전기장판에 대한 제조물책임을 묻기 위해서 어떠한 법적 요건이 충족되어야 하는가?
2. 만약, 돌돌매트의 제조물책임이 인정된다면 C에 대한 손해배상의 범위는 무엇인가?
3. 제조물책임으로 인한 손해배상청구권의 소멸시효는 어떻게 되는가?

제조업자[319]가 제조물의 결함으로 인해 생명, 신체, 재산상의 손해를 입은 사람에 대하여 고의나 과실에 관계없이 손해배상책임을 지는 것을 '제조물책임'이라

---

[319] 제조업자란 제조물의 제조·가공 또는 수입을 업(業)으로 하는 자, 제조물에 성명·상호·상표 또는 그 밖에 식별(識別) 가능한 기호 등을 사용하여 자신을 제조물의 제조·가공 또는 수입을 업(業)으로 하는 자로 표시한 자 또는 그러한 자로 오인(誤認)하게 할 수 있는 표시를 한 자를 말한다. 「제조물 책임법」 제2조 제3항.

고 한다.[320] 상품의 결함으로 인한 손해의 경우, 피해자와 제조업자 사이에 계약관계가 존재하지 않으므로 채무불이행책임을 물을 수 없고, 불법행위로 인한 책임을 묻기 위해서는 제조물의 결함, 과실, 결함과 과실 사이에 인과관계를 모두 증명해야 하는 부담이 있다. 따라서 한국(2002.7.1 시행)을 포함한 선진국들은 「제조물책임법」[321]을 제정하여 소비자의 피해를 구제하고 있다.[322]

제조업자에게 제조물책임을 묻기 위해서 피해자(소비자 또는 제3자)는 제조물에 결함이 있다는 사실, 그리고 그 결함으로 인해 손해가 발생했다는 사실(인과관계)을 증명해야 하고, 이것이 증명되면 제조업자는 자신의 고의 또는 과실 유무에 상관없이 손해배상책임을 진다(무과실책임). 그런데, 제조물은 대부분이 고도의 기술을 바탕으로 제조되고, 이에 대한 정보가 제조업자에게 편중되어 있어서 비전문가인 피해자가 제조물의 결함 여부 등을 과학적, 기술적으로 입증하는 것이 매우 어려웠다. 대법원은 이러한 사정을 고려하여 소비자의 입증책임을 완화하는 취지의 판결을 내렸고,[323] 그러한 판결의 취지를 반영하여 피해자의 입증책임을 완화하는 「제조물 책임법」 개정안이 2018년 3월 30일 국회를 통과하여, 2018년 4월 19일부터 시행되었다.[324]

동법 제3조의2에 따르면, 피해자가 ① 해당 제조물이 정상적으로 사용되는 상태에서 피해자의 손해가 발생하였다는 사실, ② 그 손해가 제조업자의 실질적인 지배영역에 속한 원인으로부터 초래되었다는 사실, ③ 그 손해가 해당 제조물의 결함 없이는 통상적으로 발생하지 아니한다는 사실을 증명한 경우, 제조물을 공급할 당시 해당 제조물에 결함이 있었고, 그 제조물의 결함으로 손해가 발생한 것으로 추정한다.

---

320) 「제조물책임법」 제1조(목적).
321) 현대의 대량생산, 대량소비에 따른 소비자 피해를 구제하기 위해 제조물에 객관적 결함이 있고, 그로 인한 손해가 발생한 경우 제조업자의 과실 여부를 따지지 않고, 배상책임을 지우는 무과실책임의 도입과 이를 통해 제품의 안전성을 제고하기 위하여 제조물책임법이 2000년 1월 12일 제정되었고, 2002년 7월 1일부터 시행되었다. 김준호, *supra* note 23, pp.1304~1305.
322) 법무부·한국법교육센터, *supra* note 86, p.221.
323) 대법원 2004.3.12. 선고 2003다16771판결.
324) 2018년 4월 19일부터 시행된 개정법의 주요 내용은 징벌적 손해배상제 도입(제3조 제2항), 공급업자의 책임 확대(제3조 제3항), 피해자의 입증책임 완화 (제3조의 2)를 포함한다.

제조업자의 배상책임은 피해자의 생명, 신체 또는 재산에 대한 손해에 한정된다. 결함이 있는 제조물 자체는 제조물 구입처인 유통업자나 판매자에게 하자담보책임에 따라 배상받아야 한다. 「제조물 책임법」에 의한 손해배상청구권은 피해자가 피해 사실 및 손해배상책임을 지는 제조업자를 알게 된 때로부터 3년 이내, 제조업자가 그 제조물을 공급한 때로부터 10년 이내에 행사하여야 한다. 신체에 누적되어 사람의 건강을 해치는 물질에 의하여 발생한 손해 또는 일정한 잠복기간이 지난 후에 나타나는 손해에 대하여는 그 손해가 발생한 날로부터 위 기간 내에 손해배상을 청구하면 된다.[325]

> ※ **관련 법률:「제조물 책임법」**
>
> **제1조(목적)** 이 법은 제조물의 결함으로 발생한 손해에 대한 제조업자 등의 손해배상책임을 규정함으로써 피해자 보호를 도모하고 국민생활의 안전 향상과 국민경제의 건전한 발전에 이바지함을 목적으로 한다.
> [전문개정 2013. 5. 22.]
>
> **제2조(정의)** 이 법에서 사용하는 용어의 뜻은 다음과 같다.
> 1. "제조물"이란 제조되거나 가공된 동산(다른 동산이나 부동산의 일부를 구성하는 경우를 포함한다)을 말한다.
> 2. "결함"이란 해당 제조물에 다음 각 목의 어느 하나에 해당하는 제조상·설계상 또는 표시상의 결함이 있거나 그 밖에 통상적으로 기대할 수 있는 안전성이 결여되어 있는 것을 말한다.
>   가. "제조상의 결함"이란 제조업자가 제조물에 대하여 제조상·가공상의 주의의무를 이행하였는지에 관계없이 제조물이 원래 의도한 설계와 다르게 제조·가공됨으로써 안전하지 못하게 된 경우를 말한다.
>   나. "설계상의 결함"이란 제조업자가 합리적인 대체설계(代替設計)를 채용하였더라면 피해나 위험을 줄이거나 피할 수 있었음에도 대체설계를 채용하지 아니하여 해당 제조물이 안전하지 못하게 된 경우를 말한다.

---

325) 「제조물책임법」 제7조(소멸시효 등).

다. "표시상의 결함"이란 제조업자가 합리적인 설명·지시·경고 또는 그 밖의 표시를 하였더라면 해당 제조물에 의하여 발생할 수 있는 피해나 위험을 줄이거나 피할 수 있었음에도 이를 하지 아니한 경우를 말한다.
3. "제조업자"란 다음 각 목의 자를 말한다.
　가. 제조물의 제조·가공 또는 수입을 업(業)으로 하는 자
　나. 제조물에 성명·상호·상표 또는 그 밖에 식별(識別) 가능한 기호 등을 사용하여 자신을 가목의 자로 표시한 자 또는 가목의 자로 오인(誤認)하게 할 수 있는 표시를 한 자
　　[전문개정 2013. 5. 22.]

제3조(제조물 책임) ① 제조업자는 제조물의 결함으로 생명·신체 또는 재산에 손해(그 제조물에 대하여만 발생한 손해는 제외한다)를 입은 자에게 그 손해를 배상하여야 한다.

② 제1항에도 불구하고 제조업자가 제조물의 결함을 알면서도 그 결함에 대하여 필요한 조치를 취하지 아니한 결과로 생명 또는 신체에 중대한 손해를 입은 자가 있는 경우에는 그 자에게 발생한 손해의 3배를 넘지 아니하는 범위에서 배상책임을 진다. 이 경우 법원은 배상액을 정할 때 다음 각 호의 사항을 고려하여야 한다. 〈신설 2017. 4. 18.〉

1. 고의성의 정도
2. 해당 제조물의 결함으로 인하여 발생한 손해의 정도
3. 해당 제조물의 공급으로 인하여 제조업자가 취득한 경제적 이익
4. 해당 제조물의 결함으로 인하여 제조업자가 형사처벌 또는 행정처분을 받은 경우 그 형사처벌 또는 행정처분의 정도
5. 해당 제조물의 공급이 지속된 기간 및 공급 규모
6. 제조업자의 재산상태
7. 제조업자가 피해구제를 위하여 노력한 정도

③ 피해자가 제조물의 제조업자를 알 수 없는 경우에 그 제조물을 영리 목적으로 판매·대여 등의 방법으로 공급한 자는 제1항에 따른 손해를 배상하여야 한다. 다만, 피해자 또는 법정대리인의 요청을 받고 상당한 기간 내에 그 제조업자 또는 공급한 자를 그 피해자 또는 법정대리인에게 고지(告知)한 때에는 그러하지 아니하다. 〈개정 2017. 4. 18.〉

[전문개정 2013. 5. 22.]

제3조의2(결함 등의 추정) 피해자가 다음 각 호의 사실을 증명한 경우에는 제조물을 공급할 당시 해당 제조물에 결함이 있었고 그 제조물의 결함으로 인하여 손해가 발생한 것으로 추정한다. 다만, 제조업자가 제조물의 결함이 아닌 다른 원인으로 인하여 그 손해가 발생한 사실을 증명한 경우에는 그러하지 아니하다.

1. 해당 제조물이 정상적으로 사용되는 상태에서 피해자의 손해가 발생하였다는 사실
2. 제1호의 손해가 제조업자의 실질적인 지배영역에 속한 원인으로부터 초래되었다는 사실
3. 제1호의 손해가 해당 제조물의 결함 없이는 통상적으로 발생하지 아니한다는 사실

[본조신설 2017. 4. 18.]

제4조(면책사유) ① 제3조에 따라 손해배상책임을 지는 자가 다음 각 호의 어느 하나에 해당하는 사실을 입증한 경우에는 이 법에 따른 손해배상책임을 면(免)한다.
1. 제조업자가 해당 제조물을 공급하지 아니하였다는 사실
2. 제조업자가 해당 제조물을 공급한 당시의 과학·기술 수준으로는 결함의 존재를 발견할 수 없었다는 사실
3. 제조물의 결함이 제조업자가 해당 제조물을 공급한 당시의 법령에서 정하는 기준을 준수함으로써 발생하였다는 사실
4. 원재료나 부품의 경우에는 그 원재료나 부품을 사용한 제조물 제조업자의 설계 또는 제작에 관한 지시로 인하여 결함이 발생하였다는 사실

② 제3조에 따라 손해배상책임을 지는 자가 제조물을 공급한 후에 그 제조물에 결함이 존재한다는 사실을 알거나 알 수 있었음에도 그 결함으로 인한 손해의 발생을 방지하기 위한 적절한 조치를 하지 아니한 경우에는 제1항제2호부터 제4호까지의 규정에 따른 면책을 주장할 수 없다.

[전문개정 2013. 5. 22.]

제5조(연대책임) 동일한 손해에 대하여 배상할 책임이 있는 자가 2인 이상인 경우에는 연대하여 그 손해를 배상할 책임이 있다.

[전문개정 2013. 5. 22.]

제6조(면책특약의 제한) 이 법에 따른 손해배상책임을 배제하거나 제한하는 특약(特約)은 무효로 한다. 다만, 자신의 영업에 이용하기 위하여 제조물을 공급받은 자가 자신의 영업용 재산에 발생한 손해에 관하여 그와 같은 특약을 체결한 경우에는 그러하지 아니하다.

[전문개정 2013. 5. 22.]

제7조(소멸시효 등) ① 이 법에 따른 손해배상의 청구권은 피해자 또는 그 법정대리인이 다음 각 호의 사항을 모두 알게 된 날부터 3년간 행사하지 아니하면 시효의 완성으로 소멸한다.
1. 손해

2. 제3조에 따라 손해배상책임을 지는 자

② 이 법에 따른 손해배상의 청구권은 제조업자가 손해를 발생시킨 제조물을 공급한 날부터 10년 이내에 행사하여야 한다. 다만, 신체에 누적되어 사람의 건강을 해치는 물질에 의하여 발생한 손해 또는 일정한 잠복기간(潛伏期間)이 지난 후에 증상이 나타나는 손해에 대하여는 그 손해가 발생한 날부터 기산(起算)한다.

[전문개정 2013. 5. 22.]

제8조(「민법」의 적용) 제조물의 결함으로 인한 손해배상책임에 관하여 이 법에 규정된 것을 제외하고는 「민법」에 따른다.

[전문개정 2013. 5.]

제 4 편

>>> 근로생활

제4편 근로생활

73 근로계약서 교부 의무

A는 학교를 졸업한 후 3년간 무역회사에서 근무하다 좀 쉬고 싶어 사표를 내고 6개월간 해외로 배낭여행을 떠났다. 여행에서 돌아온 A는 쉽게 일자리를 구할 것이라고 예상했는데 마땅한 일자리가 없어 귀국 후 6개월간 일을 하지 못한 채 저금한 돈을 까먹으며 생활하게 되었다. 모아 놓은 돈이 다 떨어질 무렵, A는 어렵사리 구직에 성공하였다. 새로 취업한 곳은 가공식품을 제조하여 외국으로 수출하는 회사로 약 35명의 직원이 근무하고 있었다. A는 회사의 인사과 과장의 연락을 받고 회사를 방문하여 사장과 면담한 후 바로 채용되었다. 인사과 과장은 근무시간은 주 5일, 오전 9시에서 오후 6시까지, 연봉은 상여금 포함 4천만 원, 그리고 매달 월 15만 원의 식대가 보조된다는 설명을 하였고, 다음 주 월요일부터 출근하라고 하였다. 그러나 별도의 근로계약서는 작성하지 않았다.

 질문

1. 구두로 체결한 근로계약은 법적 효력이 있는가?
2. 회사는 A에게 근로계약서를 교부해야 할 의무가 있는가?
3. 회사가 근로계약서를 교부하지 않으면 어떤 처벌을 받게 되는가?

근로계약은 근로자가 사용자[326]에게 근로를 제공하고 사용자는 이에 대하여 임금을 지급하는 것을 목적으로 체결된 계약을 말한다. 근로계약은 「민법」의 고용계약(제655조)의 유형에 속하는 것이지만 노동관계법의 보호 대상이 된다는 특성을 갖는다. 근로자들은 노동력을 행사하고, 그 대가로 임금을 받아 생계의 수단으로 삼게 되므로 고용관계는 인간다운 생활을 하는 것과 밀접히 관련이 있다. 근로계약의 당사자인 사용자와 근로자는 대등한 관계에 있지 않으므로 근로계약을 계약자유의 원칙에만 맡기는 데 한계가 있다. 따라서 「헌법」 제32조는 인간의 존엄성을 보장하도록 근로조건의 기준을 법률로 정할 것을 규정하고 있는데 그에 관한 대표적인 법률이 「근로기준법」이다.

「근로기준법」은 상시 5명 이상을 사용하는 모든 사업이나 사업장에 적용한다. 동법은 근로기준을 정하는 것을 목적으로 하는데,[327] 동법에서 정하는 기준에 미치지 못하는 근로조건을 정한 계약은 그 부분에 한하여 무효로 하고, 무효가 된 부분은 동법에서 정한 기준을 따르게 되어 있다.[328] 근로계약 자체가 무효가 되는 것은 아니다.

근로계약의 형식은 구두 또는 서면으로 가능하다. 그러나 「근로기준법」에 따라 사용자는 근로계약 체결 시 구체적인 근로조건을 명시하여 근로자에게 서면으로 교부해야 할 의무가 있는데, 그러한 의무를 위반하면 500만 원 이하의 벌금형이 부과된다.[329] 「기간제 및 단시간 근로자 보호등에 관한 법률(약칭: 기간제법)」에 따라 기간제 근로자[330] 또는 단시간근로자[331]와 근로계약을 체결할 때도 마찬가지로 근로조건을 서면으로 명시해야 하는데, 이를 위반한 사용자에게는 500만 원 이하의 과태료가 부과된다.[332] 2014년 7월 1일부터 서면 근로계약서를 체결하지 않아 법 위반사항이 발견되면 즉시 과태료가 부과되므로, 비정규직 근로자에 대하여 서면 근로계약서를 작성하지 않는 관행에 대한 행정지도가 가능하게 되었다.

---

326) 사용자는 사업주 또는 사업 경영 담당자, 그 밖에 근로자에 관한 사항에 대하여 사업주를 위하여 행위하는 자를 말한다. 「근로기준법」 제2조 제1항 제2호.
327) 「근로기준법」 제1조(목적).
328) 「근로기준법」 제15조(이 법을 위반한 근로계약).
329) 2026년 적용 최저임금은 시간급 10,320원, 월급(주 40시간, 월 209시간 기준) 2,156,880원이다. 고용노동부, "2026년 적용 최저임금안 시간급 10,320원", 보도자료(2025년 7월 1일).
330) 기간제근로자라 함은 기간의 정함이 있는 근로계약을 체결한 근로자를 말한다. 「기간제 및 단시간 근로자 보호 등에 관한 법률 (약칭: 기간제법)」 제2조 제1호.
331) 단시간근로자란 1주 동안의 소정근로시간이 그 사업장에서 같은 종류의 업무에 종사하는 통상 근로자의 1주 동안의 소정근로시간에 비하여 짧은 근로자를 말한다. 「근로기준법」 제2조 제1항 제9호.
332) 「기간제법」 제24조제2항제2호.

「근로기준법」과 「기간제법」 모두 원칙적으로 상시 5명 이상을 사용하는 모든 사업이나 사업장에 적용되나 그러한 의무는 상시 4명 이하를 사용하는 모든 사업 또는 사업장에 대하여도 적용된다. 근로계약서는 임금, 근로시간 등 핵심 근로조건을 명확히 정하는 것으로, 근로자와 사업주 모두의 권리를 위해 필요하다.

　사용자가 서면으로 교부해야 하는 구체적인 근로조건은 임금의 구성항목, 계산방법·지급방법, 소정의 근로시간, 휴일, 연차유급휴가, 기타 근로조건(장소와 업무, 취업규칙[333] 중 꼭 필요한 사항 기재) 을 포함한다. 근로계약서에 명시된 근로조건이 사실과 다를 경우 근로자는 근로조건 위반을 이유로 손해의 배상을 청구할 수 있으며 즉시 근로계약을 해제할 수 있다.[334]

　위 사례의 구두로 체결한 근로계약은 법적으로 효력이 있다. 그러나 근로자를 사용하는 사용자가 근로조건을 명시한 서면을 교부하지 않으면 5백만 원 이하의 벌금형에 처해질 수 있으므로 사용자는 반드시 서면의 근로계약서를 교부하여야 한다. 근로조건을 명시한 서면 교부는 사용자의 법적 의무이므로, 근로자는 사용자에게 근로계약서의 작성 및 교부를 요구할 수 있는 권리가 있다.

☞ **취업규칙**

> 　취업규칙이란 사업장 내 다수 종업원들의 개별적 근로관계를 통일적으로 처리하기 위하여 근로자의 복무규율과 근로조건에 관해 사용자가 일방적으로 작성하여 적용하는 일반규정을 말한다. 근로기준법은 취업규칙이 근로조건 및 노사의 권리 의무를 명확히 함으로써 근로자 보호에 기여할 수 있도록 제도화하였는데, 상시 10명 이상의 근로자를 사용하는 사용자에게 취업규칙의 작성 및 신고를 의무화하였고, 취업규칙의 불이익변경 시 절차요건을 도입하였다.

---

333) 취업규칙은 사용자가 사업장에 적용하기 위해 근로자가 준수해야 할 규율과 근로조건에 대해 구체적으로 정해 놓은 사규를 말한다.
334) 「근로기준법」 제19조(근로조건의 위반).

※ 관련 법률: 「근로기준법」· 「기간제 및 단시간근로자 보호 등에 관한 법률 (약칭: 기간제법)」

「근로기준법」

제1조(목적) 이 법은 헌법에 따라 근로조건의 기준을 정함으로써 근로자의 기본적 생활을 보장, 향상시키며 균형 있는 국민경제의 발전을 꾀하는 것을 목적으로 한다.

제2조(정의) ① 이 법에서 사용하는 용어의 뜻은 다음과 같다. 〈개정 2018. 3. 20., 2019. 1. 15., 2020. 5. 26.〉
  1. "근로자"란 직업의 종류와 관계없이 임금을 목적으로 사업이나 사업장에 근로를 제공하는 사람을 말한다.
  2. "사용자"란 사업주 또는 사업 경영 담당자, 그 밖에 근로자에 관한 사항에 대하여 사업주를 위하여 행위하는 자를 말한다.
  3. "근로"란 정신노동과 육체노동을 말한다.
  4. "근로계약"이란 근로자가 사용자에게 근로를 제공하고 사용자는 이에 대하여 임금을 지급하는 것을 목적으로 체결된 계약을 말한다.
  5. "임금"이란 사용자가 근로의 대가로 근로자에게 임금, 봉급, 그 밖에 어떠한 명칭으로든지 지급하는 모든 금품을 말한다.
  6. "평균임금"이란 이를 산정하여야 할 사유가 발생한 날 이전 3개월 동안에 그 근로자에게 지급된 임금의 총액을 그 기간의 총일수로 나눈 금액을 말한다. 근로자가 취업한 후 3개월 미만인 경우도 이에 준한다.
  7. "1주"란 휴일을 포함한 7일을 말한다.
  8. "소정(所定)근로시간"이란 제50조, 제69조 본문 또는 「산업안전보건법」 제139조제1항에 따른 근로시간의 범위에서 근로자와 사용자 사이에 정한 근로시간을 말한다.
  9. "단시간근로자"란 1주 동안의 소정근로시간이 그 사업장에서 같은 종류의 업무에 종사하는 통상 근로자의 1주 동안의 소정근로시간에 비하여 짧은 근로자를 말한다.
  ② 제1항제6호에 따라 산출된 금액이 그 근로자의 통상임금보다 적으면 그 통상임금액을 평균임금으로 한다.

제3조(근로조건의 기준) 이 법에서 정하는 근로조건은 최저기준이므로 근로 관계 당사자는 이 기준을 이유로 근로조건을 낮출 수 없다.

제4조(근로조건의 결정) 근로조건은 근로자와 사용자가 동등한 지위에서 자유의사에 따라 결정하여야 한다.

제5조(근로조건의 준수) 근로자와 사용자는 각자가 단체협약, 취업규칙과 근로계약을 지키고 성실하게 이행할 의무가 있다.

제11조(적용 범위) ① 이 법은 상시 5명 이상의 근로자를 사용하는 모든 사업 또는 사업장에 적용한다. 다만, 동거하는 친족만을 사용하는 사업 또는 사업장과 가사(家事) 사용인에 대하여는 적용하지 아니한다.

② 상시 4명 이하의 근로자를 사용하는 사업 또는 사업장에 대하여는 대통령령으로 정하는 바에 따라 이 법의 일부 규정을 적용할 수 있다.

③ 이 법을 적용하는 경우에 상시 사용하는 근로자 수를 산정하는 방법은 대통령령으로 정한다. 〈신설 2008. 3. 21.〉

제15조(이 법을 위반한 근로계약) ① 이 법에서 정하는 기준에 미치지 못하는 근로조건을 정한 근로계약은 그 부분에 한정하여 무효로 한다. 〈개정 2020. 5. 26.〉

② 제1항에 따라 무효로 된 부분은 이 법에서 정한 기준에 따른다.

제16조(계약기간) 근로계약은 기간을 정하지 아니한 것과 일정한 사업의 완료에 필요한 기간을 정한 것 외에는 그 기간은 1년을 초과하지 못한다.

[법률 제8372호(2007. 4. 11.) 부칙 제3조의 규정에 의하여 이 조는 2007년 6월 30일까지 유효함]

제17조(근로조건의 명시) ① 사용자는 근로계약을 체결할 때에 근로자에게 다음 각 호의 사항을 명시하여야 한다. 근로계약 체결 후 다음 각 호의 사항을 변경하는 경우에도 또한 같다. 〈개정 2010. 5. 25.〉

1. 임금
2. 소정근로시간
3. 제55조에 따른 휴일
4. 제60조에 따른 연차 유급휴가
5. 그 밖에 대통령령으로 정하는 근로조건

② 사용자는 제1항제1호와 관련한 임금의 구성항목·계산방법·지급방법 및 제2호부터 제4호까지의 사항이 명시된 서면(「전자문서 및 전자거래 기본법」 제2조제1호에 따른 전자문서를 포함한다)을 근로자에게 교부하여야 한다. 다만, 본문에 따른 사항이 단체협약 또는 취업규칙의 변경 등 대통령령으로 정하는 사유로 인하여 변경되는 경우에는 근로자의 요구가 있으면 그 근로자에게 교부하여야 한다. 〈신설 2010. 5. 25., 2021. 1. 5.〉

제18조(단시간근로자의 근로조건) ① 단시간근로자의 근로조건은 그 사업장의 같은 종류의 업무에 종사하는 통상 근로자의 근로시간을 기준으로 산정한 비율에 따라 결정되어야 한다.
② 제1항에 따라 근로조건을 결정할 때에 기준이 되는 사항이나 그 밖에 필요한 사항은 대통령령으로 정한다.
③ 4주 동안(4주 미만으로 근로하는 경우에는 그 기간)을 평균하여 1주 동안의 소정근로시간이 15시간 미만인 근로자에 대하여는 제55조와 제60조를 적용하지 아니한다. 〈개정 2008. 3. 21.〉

제19조(근로조건의 위반) ① 제17조에 따라 명시된 근로조건이 사실과 다를 경우에 근로자는 근로조건 위반을 이유로 손해의 배상을 청구할 수 있으며 즉시 근로계약을 해제할 수 있다.
② 제1항에 따라 근로자가 손해배상을 청구할 경우에는 노동위원회에 신청할 수 있으며, 근로계약이 해제되었을 경우에는 사용자는 취업을 목적으로 거주를 변경하는 근로자에게 귀향 여비를 지급하여야 한다.

제114조(벌칙) 다음 각 호의 어느 하나에 해당하는 자는 500만원 이하의 벌금에 처한다. 〈개정 2007. 7. 27., 2008. 3. 28., 2009. 5. 21., 2012. 2. 1., 2018. 3. 20.〉
1. 제6조, 제16조, 제17조, 제20조, 제21조, 제22조제2항, 제47조, 제53조제4항 단서, 제67조제1항·제3항, 제70조제3항, 제73조, 제74조제6항, 제77조, 제94조, 제95조, 제100조 및 제103조를 위반한 자
2. 제96조제2항에 따른 명령을 위반한 자

「기간제 및 단시간근로자 보호 등에 관한 법률 (약칭: 기간제법)」

제1조(목적) 이 법은 기간제근로자 및 단시간근로자에 대한 불합리한 차별을 시정하고 기간제근로자 및 단시간근로자의 근로조건 보호를 강화함으로써 노동시장의 건전한 발전에 이바지함을 목적으로 한다.

제2조(정의) 이 법에서 사용하는 용어의 정의는 다음과 같다. 〈개정 2007. 4. 11., 2013. 3. 22., 2020. 5. 26.〉
1. "기간제근로자"라 함은 기간의 정함이 있는 근로계약(이하 "기간제 근로계약"이라 한다)을 체결한 근로자를 말한다.
2. "단시간근로자"라 함은 「근로기준법」 제2조의 단시간근로자를 말한다.

3. "차별적 처우"라 함은 다음 각 목의 사항에서 합리적인 이유 없이 불리하게 처우하는 것을 말한다.

　가. 「근로기준법」 제2조제1항제5호에 따른 임금

　나. 정기상여금, 명절상여금 등 정기적으로 지급되는 상여금

　다. 경영성과에 따른 성과금

　라. 그 밖에 근로조건 및 복리후생 등에 관한 사항

제3조(적용범위) ①이 법은 상시 5인 이상의 근로자를 사용하는 모든 사업 또는 사업장에 적용한다. 다만, 동거의 친족만을 사용하는 사업 또는 사업장과 가사사용인에 대하여는 적용하지 아니한다.

②상시 4인 이하의 근로자를 사용하는 사업 또는 사업장에 대하여는 대통령령으로 정하는 바에 따라 이 법의 일부 규정을 적용할 수 있다. 〈개정 2020. 5. 26.〉

③국가 및 지방자치단체의 기관에 대하여는 상시 사용하는 근로자의 수와 관계없이 이 법을 적용한다. 〈개정 2020. 5. 26.〉

제17조(근로조건의 서면명시) 사용자는 기간제근로자 또는 단시간근로자와 근로계약을 체결하는 때에는 다음 각 호의 모든 사항을 서면으로 명시하여야 한다. 다만, 제6호는 단시간근로자에 한정한다. 〈개정 2020. 5. 26.〉

1. 근로계약기간에 관한 사항

2. 근로시간·휴게에 관한 사항

3. 임금의 구성항목·계산방법 및 지불방법에 관한 사항

4. 휴일·휴가에 관한 사항

5. 취업의 장소와 종사하여야 할 업무에 관한 사항

6. 근로일 및 근로일별 근로시간

제24조(과태료) ①제14조(제15조의2제4항 및 제15조의3제2항에 따라 준용되는 경우를 포함한다)에 따라 확정된 시정명령을 정당한 이유 없이 이행하지 아니한 자에게는 1억원 이하의 과태료를 부과한다. 〈개정 2012. 2. 1., 2014. 3. 18., 2020. 5. 26.〉

②다음 각 호의 어느 하나에 해당하는 자에게는 500만원 이하의 과태료를 부과한다. 〈개정 2010. 6. 4., 2012. 2. 1., 2014. 3. 18., 2020. 5. 26.〉

1. 제15조제1항(제15조의2제4항 및 제15조의3제2항에 따라 준용되는 경우를 포함한다)을 위반하여 정당한 이유 없이 고용노동부장관의 이행상황 제출요구에 따르지 아니한 자
2. 제17조의 규정을 위반하여 근로조건을 서면으로 명시하지 아니한 자

③제1항 및 제2항의 규정에 따른 과태료는 대통령령으로 정하는 바에 따라 고용노동부장관이 부과·징수한다. 〈개정 2010. 6. 4., 2020. 5. 26.〉

④ 삭제 〈2018. 10. 16.〉

⑤ 삭제 〈2018. 10. 16.〉

⑥ 삭제 〈2018. 10. 16.〉

74. 미성년자의 근로계약

17세 고등학생 S는 아프신 아버지를 대신해서 생활비를 보태야 할 형편이다. 어려운 가정형편에 부모님께 말을 하지 않고, 학교를 조퇴한 후 인근 편의점에서 오후 2시부터 자정까지 일하는 알바를 구하였다. 편의점 사장은 S가 미성년자인 고등학생임을 알았는데, S의 딱한 사정을 들은 후 S에게 일자리를 주기로 하였다. 그러나 시급은 고등학생임을 고려하여 시간당 5천 원만 주겠다고 하였다.

 질문

1. 미성년자인 S는 부모님의 동의 없이 근로계약을 체결할 수 있는가?
2. 미성년자의 근로에는 최저임금을 보장하지 않아도 되는가?
3. S에게 최저임금 미만의 임금을 준 사용자는 어떤 처벌을 받는가?

　15세 이상의 미성년자는 친권자 또는 후견인의 동의를 얻어 직접 근로계약을 체결할 수 있고, 독자적으로 임금을 청구할 수 있다.[335] 친권자나 후견인은 미성년자의 근로계약을 대리할 수 없다. 미성년자가 법정대리인의 동의를 얻지 않고 체결한 근로계약은 미성년자 본인 또는 법정대리인이 취소할 수 있는 법률행위에 해당하므로 그 자체로 무효는 아니고, 취소권자가 계약을 취소하면 무효가 된다.
　사용자는 18세 미만인 사람과 근로계약을 체결한 경우 「근로기준법」 제17조의 근로조건을 서면으로 명시하여 교부하여야 한다.[336] 친권자, 후견인 또는 고용 노동부장

---

335) 「근로기준법」 제68조(임금의 청구).
336) 「근로기준법」 제67조(근로계약)제3항.

관은 근로계약이 미성년자에게 불리하다고 인정하는 경우 이를 해지할 수 있다.[337]

임금액은 원칙적으로 당사자가 합의하여 정하는 것이지만 당사자들의 자유로운 교섭에만 맡길 경우 사용자와의 관계에서 실질적으로 지위가 동등하지 않은 근로자가 불리하며, 노동시장의 상황에 따라 근로자가 저임금을 강제당할 수 있고, 저임금을 기반으로 기업 간의 불공정한 경쟁이 야기될 수 있다. 국가가 임금의 최저 수준을 정하고, 사용자에게 그 수준의 이상의 임금을 지급하도록 강제함으로써 저임금 근로자를 보호하는 제도가 최저임금제다.[338]

최저임금제는 1인 이상 근로자를 사용하는 모든 사업 또는 사업장에 적용되며,[339] 정규직·비정규직, 파트타임, 알바, 청소년 근로자, 외국인 근로자 등 근로계약의 형태나 나이의 대소, 국적에 상관없이 「근로기준법」상 근로자라면 최저임금제가 적용된다. 다만, 1년 이상의 기간을 정하여 근로계약을 체결하고 있는 수습 중인 근로자로서 수습을 시작한 날부터 3개월 이내인 사람에 대하여는 최저임금액의 10%를 감액하여 지급할 수 있다. 다만, 단순 노무업무로 고용노동부장관이 정하여 고시한 직종에 종사한 근로자(한국표준직업분류상 대분류9(단순노무종사자)에 해당하는 사람)는 수습여부 계약기간에 관계없이 최저임금액의 100%를 지급하여야 한다.

최저임금은 매년 최저임금위원회의 심의를 거쳐 노동부장관이 매년 8월 5일까지 결정하여 고시하고, 고시된 최저임금은 다음 연도 1월 1일부터 12월 31일까지 효력이 발생한다. 2025년 기준 최저임금은 시간급 10,030원, 월급(주 40시간, 월 209시간 기준) 2,096,270원이다.[340]

---

337) 「근로기준법」 제67조(근로계약)제2항.
338) 김형배·박지순, 노동법강의(제6판), 신조사(2017), pp.148~149.
339) 「최저임금법」 제3조(적용범위). 최저임금법 적용사업장이라 하더라도 정신장애나 신체장애로 근로능력이 현저히 낮은자, 그 밖에 최저임금을 적용하는 것이 적당하지 아니하다고 인정되는 자 등에 대해서는 고용노동부장관의 인가를 받아 최저임금을 적용하지 아니할 수 있다. 이때 적용제외의 인가기준은 정신 또는 신체의 장애가 업무수행에 직접적으로 현저한 지장을 주는 것이 명백한지 여부이다. 「최저임금법」 제7조(최저임금의 적용 제외) 및 「최저임금법 시행령」 제6조(최저임금의 적용 제외의 인가기준).
340) 2026년 적용 최저임금은 시간급 10,320원, 월급(주 40시간, 월 209시간 기준) 2,156,880원이다. 고용노동부, "2026년 적용 최저임금안 시간급 10,320원", 보도자료(2025년 7월 10일).

「최저임금법」은 근로자를 사용하는 모든 사업 또는 사업장에 적용되므로 S가 일하려는 편의점에도 적용되며, 알바생 등 단시간근로자를 사용하는 경우에도 적용된다. 따라서 위 사례의 경우처럼 미성년자라는 이유로 최저임금액 미만으로 주는 것은 최저임금법 위반이므로, 사용자는 근로자를 사용할 당시에 적용되는 최저임금액 이상의 임금을 지급하여야 한다. S가 최저임금액에 미달하는 시급 5천 원에 근로계약을 체결했다 하더라도 그 부분에 한하여 근로계약은 무효이며, 무효로 된 부분은 최저임금액과 동일한 임금을 지급하기로 정한 것으로 본다.[341] 최저임금액에 비해 적은 임금을 지급하거나 최저임금을 이유로 종전의 임금을 낮춘 자는 3년 이하의 징역 또는 2천만 원 이하의 벌금에 처하며, 이 경우 징역과 벌금은 병과(倂科)할 수 있다.[342]

※ 미성년근로자 보호제도[343]

미성년근로자를 보호하기 위하여 「근로기준법」은 미성년자의 근로에 대하여 다음의 제한을 두고 있다.

> ① 15세 미만인 사람(「초·중등교육법」에 따른 중학교에 재학 중인 18세 미만인 사람을 포함한다)은 근로자로 사용하지 못한다. 다만, 대통령령으로 정하는 기준에 따라 고용노동부장관이 발급한 취직인허증(就職認許證)을 지닌 사람은 근로자로 사용할 수 있다.
> ② 18세 미만자를 도덕상 또는 보건상 유해·위험한 사업에 사용하지 못한다.
> ③ 사용자는 18세 미만인 사람에 대하여는 그 연령을 증명하는 가족관계기록사항에 관한 증명서와 친권자 또는 후견인의 동의서를 사업장에 갖추어 두어야 한다.
> ④ 15세 이상 18세 미만인 사람의 근로시간은 1일에 7시간, 1주에 35시간을 초과하지 못한다. 다만, 당사자 사이의 합의에 따라 1일에 1시간, 1주에 5시간을 한도로 연장할 수 있다.
> ⑤ 18세 미만자를 오후 10시부터 오전 6시까지의 시간 및 휴일에 근로시키지 못한다. 다만, 18세 미만자의 동의가 있는 경우로서 고용노동부장관의 인가를 받으면 근로를 시킬 수 있다.

---

341) 「최저임금법」 제6조(최저임금의 효력).
342) 「최저임금법」 제28조(벌칙).
343) 「근로기준법」 제64조~제70조 참조.

※ 관련 법률: 「최저임금법」

제3조(적용 범위) ① 이 법은 근로자를 사용하는 모든 사업 또는 사업장(이하 "사업"이라 한다)에 적용한다. 다만, 동거하는 친족만을 사용하는 사업과 가사(家事) 사용인에게는 적용하지 아니한다.

② 이 법은 「선원법」의 적용을 받는 선원과 선원을 사용하는 선박의 소유자에게는 적용하지 아니한다.

[전문개정 2008. 3. 21.]

제5조(최저임금액) ① 최저임금액(최저임금으로 정한 금액을 말한다. 이하 같다)은 시간·일(日)·주(週) 또는 월(月)을 단위로 하여 정한다. 이 경우 일·주 또는 월을 단위로 하여 최저임금액을 정할 때에는 시간급(時間給)으로도 표시하여야 한다.

② 1년 이상의 기간을 정하여 근로계약을 체결하고 수습 중에 있는 근로자로서 수습을 시작한 날부터 3개월 이내인 사람에 대하여는 대통령령으로 정하는 바에 따라 제1항에 따른 최저임금액과 다른 금액으로 최저임금액을 정할 수 있다. 다만, 단순노무업무로 고용노동부장관이 정하여 고시한 직종에 종사하는 근로자는 제외한다. 〈개정 2017. 9. 19., 2020. 5. 26.〉

③ 임금이 통상적으로 도급제나 그 밖에 이와 비슷한 형태로 정하여져 있는 경우로서 제1항에 따라 최저임금액을 정하는 것이 적당하지 아니하다고 인정되면 대통령령으로 정하는 바에 따라 최저임금액을 따로 정할 수 있다.

[전문개정 2008. 3. 21.]

제6조(최저임금의 효력) ① 사용자는 최저임금의 적용을 받는 근로자에게 최저임금액 이상의 임금을 지급하여야 한다.

② 사용자는 이 법에 따른 최저임금을 이유로 종전의 임금수준을 낮추어서는 아니 된다.

③ 최저임금의 적용을 받는 근로자와 사용자 사이의 근로계약 중 최저임금액에 미치지 못하는 금액을 임금으로 정한 부분은 무효로 하며, 이 경우 무효로 된 부분은 이 법으로 정한 최저임금액과 동일한 임금을 지급하기로 한 것으로 본다.

④ 제1항과 제3항에 따른 임금에는 매월 1회 이상 정기적으로 지급하는 임금을 산입(算入)한다. 다만, 다음 각 호의 어느 하나에 해당하는 임금은 산입하지 아니한다. 〈개정 2018. 6. 12.〉

1. 「근로기준법」 제2조제1항제8호에 따른 소정(所定)근로시간(이하 "소정근로시간"이라 한다) 또는 소정의 근로일에 대하여 지급하는 임금 외의 임금으로서 고용노동부령으로 정하는 임금

2. 상여금, 그 밖에 이에 준하는 것으로서 고용노동부령으로 정하는 임금의 월 지급액 중 해당 연도 시간급 최저임금액을 기준으로 산정된 월 환산액의 100분의 25에 해당하는 부분
3. 식비, 숙박비, 교통비 등 근로자의 생활 보조 또는 복리후생을 위한 성질의 임금으로서 다음 각 목의 어느 하나에 해당하는 것
   가. 통화 이외의 것으로 지급하는 임금
   나. 통화로 지급하는 임금의 월 지급액 중 해당 연도 시간급 최저임금액을 기준으로 산정된 월 환산액의 100분의 7에 해당하는 부분

⑤ 제4항에도 불구하고 「여객자동차 운수사업법」 제3조 및 같은 법 시행령 제3조제2호다목에 따른 일반택시운송사업에서 운전업무에 종사하는 근로자의 최저임금에 산입되는 임금의 범위는 생산고에 따른 임금을 제외한 대통령령으로 정하는 임금으로 한다.

⑥ 제1항과 제3항은 다음 각 호의 어느 하나에 해당하는 사유로 근로하지 아니한 시간 또는 일에 대하여 사용자가 임금을 지급할 것을 강제하는 것은 아니다.
1. 근로자가 자기의 사정으로 소정근로시간 또는 소정의 근로일의 근로를 하지 아니한 경우
2. 사용자가 정당한 이유로 근로자에게 소정근로시간 또는 소정의 근로일의 근로를 시키지 아니한 경우

⑦ 도급으로 사업을 행하는 경우 도급인이 책임져야 할 사유로 수급인이 근로자에게 최저임금액에 미치지 못하는 임금을 지급한 경우 도급인은 해당 수급인과 연대(連帶)하여 책임을 진다.

⑧ 제7항에 따른 도급인이 책임져야 할 사유의 범위는 다음 각 호와 같다.
1. 도급인이 도급계약 체결 당시 인건비 단가를 최저임금액에 미치지 못하는 금액으로 결정하는 행위
2. 도급인이 도급계약 기간 중 인건비 단가를 최저임금액에 미치지 못하는 금액으로 낮춘 행위

⑨ 두 차례 이상의 도급으로 사업을 행하는 경우에는 제7항의 "수급인"은 "하수급인(下受給人)"으로 보고, 제7항과 제8항의 "도급인"은 "직상(直上) 수급인(하수급인에게 직접 하도급을 준 수급인)"으로 본다.
[전문개정 2008. 3. 21.]

제7조(최저임금의 적용 제외) 다음 각 호의 어느 하나에 해당하는 사람으로서 사용자가 대통령령으로 정하는 바에 따라 고용노동부장관의 인가를 받은 사람에 대하여는 제6조를 적용하지 아니한다. 〈개정 2010. 6. 4., 2020. 5. 26.〉

1. 정신장애나 신체장애로 근로능력이 현저히 낮은 사람
2. 그 밖에 최저임금을 적용하는 것이 적당하지 아니하다고 인정되는 사람

[전문개정 2008. 3. 21.]

제8조(최저임금의 결정) ① 고용노동부장관은 매년 8월 5일까지 최저임금을 결정하여야 한다. 이 경우 고용노동부장관은 대통령령으로 정하는 바에 따라 제12조에 따른 최저임금위원회(이하 "위원회"라 한다)에 심의를 요청하고, 위원회가 심의하여 의결한 최저임금안에 따라 최저임금을 결정하여야 한다. 〈개정 2010. 6. 4.〉

② 위원회는 제1항 후단에 따라 고용노동부장관으로부터 최저임금에 관한 심의 요청을 받은 경우 이를 심의하여 최저임금안을 의결하고 심의 요청을 받은 날부터 90일 이내에 고용노동부장관에게 제출하여야 한다. 〈개정 2010. 6. 4.〉

③ 고용노동부장관은 제2항에 따라 위원회가 심의하여 제출한 최저임금안에 따라 최저임금을 결정하기가 어렵다고 인정되면 20일 이내에 그 이유를 밝혀 위원회에 10일 이상의 기간을 정하여 재심의를 요청할 수 있다. 〈개정 2010. 6. 4.〉

④ 위원회는 제3항에 따라 재심의 요청을 받은 때에는 그 기간 내에 재심의하여 그 결과를 고용노동부장관에게 제출하여야 한다. 〈개정 2010. 6. 4.〉

⑤ 고용노동부장관은 위원회가 제4항에 따른 재심의에서 재적위원 과반수의 출석과 출석위원 3분의 2 이상의 찬성으로 제2항에 따른 당초의 최저임금안을 재의결한 경우에는 그에 따라 최저임금을 결정하여야 한다. 〈개정 2010. 6. 4.〉

[전문개정 2008. 3. 21.]

제10조(최저임금의 고시와 효력발생) ① 고용노동부장관은 최저임금을 결정한 때에는 지체 없이 그 내용을 고시하여야 한다. 〈개정 2010. 6. 4.〉

② 제1항에 따라 고시된 최저임금은 다음 연도 1월 1일부터 효력이 발생한다. 다만, 고용노동부장관은 사업의 종류별로 임금교섭시기 등을 고려하여 필요하다고 인정하면 효력발생 시기를 따로 정할 수 있다. 〈개정 2010. 6. 4.〉

[전문개정 2008. 3. 21.]

75. 기간제 근로계약

> P는 **기획에 한 달의 기간을 정한 근로계약으로 채용되었다. 한 달 후 그 업무에 공개채용 절차가 진행되었고, P는 새로 1년의 기간을 정한 근로계약으로 채용되었다. 계약이 한 번 갱신되어 P는 2년을 근무했다. 2년 후 다시 공개채용 절차가 진행되었는데 P는 면접에서 탈락했다. P는 자신이 기간제로 근무한 총기간이 1개월 더하기 2년으로 2년을 초과하므로 자신이 무기계약 근로자라고 주장하면서 부당해고를 당했다는 입장이다.

질문

1. P는 자신이 **기획에 2년 1개월을 기간제근로자로 근무하였으므로 「기간제 및 단시간근로자 보호 등에 관한 법률(약칭: 기간제법)」에 근거하여 기간의 정함이 없는 근로계약(무기계약)을 체결한 근로자라고 주장하는데, P는 기간제 근로자인가 아니면 무기계약 근로자인가?

"기간제근로자"라 함은 기간의 정함이 있는 근로계약(기간제 근로계약)을 체결한 근로자를 말한다. 「기간제 및 단시간근로자 보호 등에 관한 법률(약칭: 기간제법)」 제4조에 따르면 사용자는 기간제 근로자를 2년을 초과하지 아니하는 범위 안에서(기간제 근로계약의 반복갱신의 경우 그 계속근로한 총 기간이 2년을 초과하지 않는 범위 안에서) 기간제근로자를 사용할 수 있고, 사용자가 동법 제4조제1항 단서의 사유가 없거나 소멸되었음에도 불구하고 2년을 초과하여 기간제근로자로 사용하는 경우에는 그 기간제근로자는 기간의 정함이 없는 근로계약을 체결한 근로자로 본다.

위 사례의 P와 같이 2년을 초과하는 기간제 근로계약을 기간의 정함이 없는 근로계약으로 간주할 때의 판단 기준과 관련하여 이와 유사한 사건의 대법원 판례[344]는 기간제 근로계약의 대상이 되는 업무의 성격, 기간제 근로계약의 반복 또는 갱신과 관련한 당사자들의 의사, 반복 또는 갱신된 기간제 근로계약을 전후한 기간제 근로자의 업무 내용, 장소와 근로조건의 유사성, 기간제 근로계약의 종료와 반복 또는 갱신 과정에서 이루어진 절차나 그 경위 등을 종합적으로 고려할 때 당사자 사이에 기존 기간제 근로계약의 단순한 반복 또는 갱신이 아닌 새로운 근로관계가 형성되었다고 평가할 수 있는 특별한 사정이 있는 경우에는 기간제 근로자의 계속된 근로에도 불구하고 그 시점에 근로관계가 단절되었다고 보아야 하고, 그 결과 기간제법 제4조에서 말하는 '계속 근로한 총기간'을 산정할 때 그 시점을 전후한 기간제 근로계약기간을 합산할 수 없다고 보았다. 공개채용 절차를 거쳐 새로운 기간제 근로계약이 체결됨으로써 근로자와 사용자 사이에 기존 기간제 근로계약의 단순한 반복 또는 갱신이 아닌 새로운 근로관계가 형성되었다고 평가할 수 있어 그 시점에 근로관계는 단절되었고, 결국 기간제법 제4조에서 말하는 계속근로한 총기간을 산정할 때 이 새로운 기간제 근로계약이 체결된 시점을 전후한 기간제 근로계약기간을 합산할 수 없어 근로자의 계속 근로한 총기간이 2년을 초과하지 않으므로, 해당 근로자를 기간제법 제4조 제2항에 따라 기간의 정함이 없는 근로계약을 체결한 근로자로 인정하지 않았다.[345]

---

344) 대법원 2020. 8. 27. 선고 2017두61874 판결.
345) 박제성, 노동판례리뷰 : "객관적 사실인가 주관적 의사인가 – 2년을 초과하는 기간제 근로계약을 기간의 정함이 없는 근로계약으로 간주할 때의 판단기준과 관련하여– 대법원 2020. 8. 27. 선고 2017두61874 판결 –", 월간 노동리뷰(2020년 12월호), pp.85~87 참조.

※ 관련 법률: 「기간제 및 단시간근로자 보호 등에 관한 법률(약칭: 기간제법)」

제1조(목적) 이 법은 기간제근로자 및 단시간근로자에 대한 불합리한 차별을 시정하고 기간제근로자 및 단시간근로자의 근로조건 보호를 강화함으로써 노동시장의 건전한 발전에 이바지함을 목적으로 한다.

제2조(정의) 이 법에서 사용하는 용어의 정의는 다음과 같다. 〈개정 2007. 4. 11., 2013. 3. 22., 2020. 5. 26.〉

1. "기간제근로자"라 함은 기간의 정함이 있는 근로계약(이하 "기간제 근로계약"이라 한다)을 체결한 근로자를 말한다.
2. "단시간근로자"라 함은 「근로기준법」 제2조의 단시간근로자를 말한다.
3. "차별적 처우"라 함은 다음 각 목의 사항에서 합리적인 이유 없이 불리하게 처우하는 것을 말한다.
   가. 「근로기준법」 제2조제1항제5호에 따른 임금
   나. 정기상여금, 명절상여금 등 정기적으로 지급되는 상여금
   다. 경영성과에 따른 성과금
   라. 그 밖에 근로조건 및 복리후생 등에 관한 사항

제3조(적용범위) ①이 법은 상시 5인 이상의 근로자를 사용하는 모든 사업 또는 사업장에 적용한다. 다만, 동거의 친족만을 사용하는 사업 또는 사업장과 가사사용인에 대하여는 적용하지 아니한다.
②상시 4인 이하의 근로자를 사용하는 사업 또는 사업장에 대하여는 대통령령으로 정하는 바에 따라 이 법의 일부 규정을 적용할 수 있다. 〈개정 2020. 5. 26.〉
③국가 및 지방자치단체의 기관에 대하여는 상시 사용하는 근로자의 수와 관계없이 이 법을 적용한다. 〈개정 2020. 5. 26.〉

제4조(기간제근로자의 사용) ①사용자는 2년을 초과하지 아니하는 범위 안에서(기간제 근로계약의 반복갱신 등의 경우에는 그 계속근로한 총기간이 2년을 초과하지 아니하는 범위 안에서) 기간제근로자를 사용할 수 있다. 다만, 다음 각 호의 어느 하나에 해당하는 경우에는 2년을 초과하여 기간제근로자로 사용할 수 있다. 〈개정 2020. 5. 26.〉

1. 사업의 완료 또는 특정한 업무의 완성에 필요한 기간을 정한 경우
2. 휴직·파견 등으로 결원이 발생하여 해당 근로자가 복귀할 때까지 그 업무를 대신할 필요가 있는 경우

3. 근로자가 학업, 직업훈련 등을 이수함에 따라 그 이수에 필요한 기간을 정한 경우
4. 「고령자고용촉진법」 제2조제1호의 고령자와 근로계약을 체결하는 경우
5. 전문적 지식·기술의 활용이 필요한 경우와 정부의 복지정책·실업대책 등에 따라 일자리를 제공하는 경우로서 대통령령으로 정하는 경우
6. 그 밖에 제1호부터 제5호까지에 준하는 합리적인 사유가 있는 경우로서 대통령령으로 정하는 경우

②사용자가 제1항 단서의 사유가 없거나 소멸되었음에도 불구하고 2년을 초과하여 기간제근로자로 사용하는 경우에는 그 기간제근로자는 기간의 정함이 없는 근로계약을 체결한 근로자로 본다.

제5조(기간의 정함이 없는 근로자로의 전환) 사용자는 기간의 정함이 없는 근로계약을 체결하고자 하는 경우에는 해당 사업 또는 사업장의 동종 또는 유사한 업무에 종사하는 기간제근로자를 우선적으로 고용하도록 노력하여야 한다. 〈개정 2020. 5. 26.〉

76 알바와 퇴직금

> 대학교 4학년인 K는 평소 커피에 관심이 많아 바리스타 자격증도 따 두었는데, 2년 내 베이커리 카페를 창업할 계획이다. 그래서 자금도 모으고, 경험도 쌓기 위해 유명 프랜차이즈 커피숍에서 알바를 시작하였다. 그 커피숍은 프랜차이즈 회사 직영점이었는데, 회사에서 알바의 경우는 1년 동안 주당 12시간의 근로계약만 체결한다고 하여, 회사가 제시하는 대로 계약하였다. 계약기간이 만료되었으나 회사측 제안으로 동일한 조건으로 계약을 갱신하여 총 1년 10개월 근로를 제공하였다.

 질문

1. 1년 10개월 동안 근무한 K는 퇴직금을 청구할 수 있는가?
2. K는 주당 평균 12시간의 근로를 제공하였는데, 연차, 유급휴가를 쓸 수 있는 권리가 있는가?

　1년 이상 계속 근무한 근로자가 퇴직하면 퇴직금을 청구할 수 있다. 기간제근로자[346]도 1년 이상 계속 근무했다면 퇴직금을 청구할 수 있으며, 단시간근로자의 경우 4주간 평균하여 주당 근로시간이 15시간 이상이고, 계속하여 1년 이상 근무했다면 퇴직금을 받을 수 있다. 사업주는 「근로자퇴직급여보장법」에 근거하여 특별한 사정이 없는 한 근로자가 퇴직한 날짜부터 14일 이내에 퇴직금을 지급하여야 한다.[347] 이 규정은 5인 미만의 영세사업장에도 적용된다.

---

[346] 기한의 정함이 있는 근로계약을 체결한 근로자에 대하여 실무에서는 기간제 근로자 외에도 임시직, 계약직, 촉탁직 또는 단기근로자 등 다양한 표현이 사용되고 있다. 김형배·박지순, *supra* note 338, p.372.
[347] 「근로자퇴직급여보장법」 제9조(퇴직금의 지급).

"단시간근로자"란 1주 동안의 소정근로시간이 그 사업장에서 같은 종류의 업무에 종사하는 통상 근로자의 1주 동안의 소정근로시간에 비하여 짧은 근로자를 말한다.[348] 통상근로자와 단시간근로자를 구별하는 근로시간의 길이는 1주 소정의 근로시간을 기준으로 하며, 이때 근로기준법은 단시간근로자의 근로시간이 통상근로자의 근로시간에 비해 짧다고만 규정하고 있을 뿐 근로일의 범위 또는 1일 근로시간의 길이와 상관없이 1주 동안의 근로시간에서 1시간이 짧더라도 단시간근로자에 해당된다. 단시간근로자도 「근로기준법」, 「최저임금법」, 「산업안전보건법」, 「근로자퇴직급여보장법」 등의 적용을 받는데, 다만 근로시간이 짧으므로 위 법률 등의 일부 규정은 그에 비례하여 적용되고, 4주 동안을 평균하여 1주 동안의 소정의 근로시간이 15시간 미만인 근로자에 대해서는 주휴일, 연차유급휴가 등의 규정이 적용되지 않는다.[349]

위 사례의 K의 경우 1년 10개월 근로하였으나 근로시간 주당 평균 12시간이므로 퇴직금, 주휴일, 연차유급휴가를 청구할 권리가 없다.

※ 관련법률: 「기간제 및 단기간근로자 보호 등에 관한 법률 (약칭: 기간제법)」

제3장 단시간근로자

제6조(단시간근로자의 초과근로 제한) ①사용자는 단시간근로자에 대하여 「근로기준법」 제2조의 소정근로시간을 초과하여 근로하게 하는 경우에는 해당 근로자의 동의를 얻어야 한다. 이 경우 1주간에 12시간을 초과하여 근로하게 할 수 없다. 〈개정 2007. 4. 11., 2020. 5. 26.〉
②단시간근로자는 사용자가 제1항의 규정에 따른 동의를 얻지 아니하고 초과근로를 하게 하는 경우에는 이를 거부할 수 있다.
③ 사용자는 제1항에 따른 초과근로에 대하여 통상임금의 100분의 50 이상을 가산하여 지급하여야 한다. 〈신설 2014. 3. 18.〉

---

348) 「근로기준법」 제2조제1항제9호.
349) 김형배·박지순, supra note 338, p.387.

제7조(통상근로자로의 전환 등) ①사용자는 통상근로자를 채용하고자 하는 경우에는 해당 사업 또는 사업장의 동종 또는 유사한 업무에 종사하는 단시간근로자를 우선적으로 고용하도록 노력하여야 한다. 〈개정 2020. 5. 26.〉

②사용자는 가사, 학업 그 밖의 이유로 근로자가 단시간근로를 신청하는 때에는 해당 근로자를 단시간근로자로 전환하도록 노력하여야 한다. 〈개정 2020. 5. 26.〉

제4장 차별적 처우의 금지 및 시정

제8조(차별적 처우의 금지) ①사용자는 기간제근로자임을 이유로 해당 사업 또는 사업장에서 동종 또는 유사한 업무에 종사하는 기간의 정함이 없는 근로계약을 체결한 근로자에 비하여 차별적 처우를 하여서는 아니 된다. 〈개정 2020. 5. 26.〉

②사용자는 단시간근로자임을 이유로 해당 사업 또는 사업장의 동종 또는 유사한 업무에 종사하는 통상근로자에 비하여 차별적 처우를 하여서는 아니 된다. 〈개정 2020. 5. 26.〉

제9조(차별적 처우의 시정신청) ①기간제근로자 또는 단시간근로자는 차별적 처우를 받은 경우 「노동위원회법」 제1조의 규정에 따른 노동위원회(이하 "노동위원회"라 한다)에 그 시정을 신청할 수 있다. 다만, 차별적 처우가 있은 날(계속되는 차별적 처우는 그 종료일)부터 6개월이 지난 때에는 그러하지 아니하다. 〈개정 2012. 2. 1., 2020. 5. 26.〉

②기간제근로자 또는 단시간근로자가 제1항의 규정에 따른 시정신청을 하는 때에는 차별적 처우의 내용을 구체적으로 명시하여야 한다.

③제1항 및 제2항의 규정에 따른 시정신청의 절차·방법 등에 관하여 필요한 사항은 「노동위원회법」 제2조제1항의 규정에 따른 중앙노동위원회(이하 "중앙노동위원회"라 한다)가 따로 정한다.

④제8조 및 제1항부터 제3항까지의 규정과 관련한 분쟁에서 입증책임은 사용자가 부담한다. 〈개정 2020. 5. 26.〉

77. 배달 앱 종사자의 근로자성

> P사는 음식배달중개앱 ***를 운영하는 배달중개업체로, P사와 위탁계약을 맺은 배달기사들은 P사가 주휴수당, 연장근로수당 등 임금을 지급하지 않았다는 이유로 고용노동부에 진정서를 제출하였다. P사는 배달기사의 임금을 시급으로 지급하고, 회사 소유 오토바이를 배달기사에게 무상으로 대여하면서 유류비 등을 회사가 부담하고, 근무 시간·장소 등을 회사에서 지정하고 출·퇴근을 보고하는 방식으로 관리를 하고 있다.

 질문

1. P사와 음식배달위탁계약을 맺은 배달기사는 P사의 근로자로 볼 수 있는가?
2. 「근로기준법」상 근로자성을 판단하는데 고려되는 요소는 무엇인가?

현행법상 배달기사를 보호하는 직접적인 법령은 없으나, 「고용보험법」상 "플랫폼 노무제공자" 또는 「생활물류서비스산업발전법」상 "소화물배송대행서비스종사자"로서 해당 법의 적용을 받는다.[350] 예를 들어, 배달앱을 이용한 배송대행서비스를 제공하는 배달기사의 경우 플랫폼을 매개로 노무를 제공하는 사람이라는 점에서 「고용보험법」상 "플랫폼 노무제공자"에 해당하며, 또한 소화물배송대행서비스인증사업자 또는 영업점과 운송 위탁계약이나 근로계약 등을 통해 화물의 배송 등의 업무에 종사하는 사람이라는 점에서 「생활물류서비스산업발전법」상 생활물류서비스종사자 중 "소화물배송대행서비스종사자"에 해당한다.[351]

---

350) 법제처, 찾기 쉬운 생활법령: 플랫폼과 플랫폼 노무제공자 (2022년 6월 15일 검색).
351) 「고용보험법」 제77조의7 및 「생활물류서비스산업발전법」 제2조제6호.

「근로기준법」상 근로자란 직업의 종류와 관계없이 임금을 목적으로 사업이나 사업장에 근로를 제공하는 사람을 말한다. 이와는 별도로 특수형태근로종사자도 있는데, 특수형태근로종사자란 계약의 형식과 관계없이 근로자와 유사하게 노무를 제공함에도 「근로기준법」 등이 적용되지 않지만 업무상 재해로부터 보호할 필요가 있는 사람을 말한다.[352]

대법원 판례에 따르면,[353] 「근로기준법」상 근로자로 인정할 것인지(근로자성) 여부는 다음의 사항을 종합적으로 고려하여 판단한다.

① 사용자가 업무의 내용을 결정하고 업무 수행과정에서 상당한 지휘·감독을 하는지
② 취업규칙 등이 적용되는지
③ 사용자가 근무시간·장소를 지정하고 노무제공자가 이에 구속받는지
④ 노무제공자가 독립하여 자신의 계산으로 사업을 할 수 있는지
⑤ 보수의 노무대가성 유무와 기본급·고정급 유무
⑥ 노무제공 관계의 계속성과 상대방에의 전속성 유무와 정도
⑦ 근로소득세의 원천징수와 사회보장법상 근로자 지위의 인정 여부(다만, 이 요소가 인정되지 않는다고 해서 근로자성을 쉽게 부정해서는 안 됨)

서울지방고용노동청 서울북부지청은 플라이앤컴퍼니(주)(배달주문서비스인 "요기요"를 운영하는 딜리버리히어로코리아의 자회사로 배달대행서비스(요기요 플러스) 운영)와 위탁계약을 맺은 배달기사들이 주휴수당, 연장근로수당 등 임금 미지급을 이유로 제기한 진정사건에서, 해당 배달기사들의 근로자성을 인정하였는데, 본 사안의 경우에는 ① 배달기사의 임금을 시급으로 지급하고, ② 회사 소유 오토바이를 배달기사에게 무상으로 대여하면서 유류비 등을 회사가 부담하고, ③ 근무 시간·장소 등을 회사에서 지정하고 출·퇴근을 보고하는 등 그 근로자

---

352) 「산업재해보상보험법」 제125조 및 「산업안전보건법」 제77조.
353) 대법원 2006. 12. 7. 선고 2004다29736 판결 참조.

성이 인정된다고 판단하였다. 그러나 해당 사건의 경우 일반적인 배달 대행기사의 업무 실태와는 다소 차이가 있는 것으로 확인되어 이 사건 이외의 다른 배달기사와 사업자의 관계는 일률적으로 판단할 수 없고, 구체적인 사건에서 개별적으로 판단하여야 한다.[354]

---

354) 고용노동부, 노동부, 배달앱 '요기요' 배달원 근로자로 인정 관련, 2019년 11월 5일 보도자료 참조.

78 근로계약과 위약금 예정 금지

> 휴학생 P는 군 전역 후 시내의 고급레스토랑에서 하루 5시간(오후 5시~9시), 월요일 휴무일을 제외하고 주 6일, 6개월간 홀 서빙을 하는 근로계약을 레스토랑 매니저와 체결하였다. 매니저는 근로계약을 체결하면서 계약서에 시급은 만 원으로 하고, 지각을 한 번 할 때마다 시급에서 5천 원씩, 결근을 하면 1회당 일급(5만 원)의 두 배에 해당하는 금액을 월급에서 공제한다는 조항을 기재하고, P에게 그 내용을 숙지시켰다.

 질문

1. 사용자는 근로자의 위약금을 예정하는 내용의 근로계약을 체결할 수 있는가?
2. 레스토랑 매니저가 근로계약서에 기재한 지각, 결근위약금 조항은 법적으로 효력이 있는가?

근로계약을 체결할 때 사용자는 구체적인 근로조건 즉, 임금, 임금의 구성항목, 계산방법·지급방법, 소정의 근로시간, 휴일, 연차 유급휴가 등 구체적인 근로조건이 명시된 서면(전자문서 포함)을 교부하여야 한다.[355]

사용자는 근로자와 근로계약의 불이행에 대한 위약금을 정하거나 손해배상액을 예정하는 계약을 체결하지 못한다.[356] 사용자가 그러한 내용의 계약을 체결하

---

355) 「근로기준법」 제17조(근로조건의 명시) 및 「근로기준법 시행령」 제8조(명시하여야 할 근로조건).
356) 「근로기준법」 제20조(위약예정의 금지).

는 경우 5백만 원 이하의 벌금형에 처한다.[357] 그 외에도 사용자는 계속 일하는 것을 조건으로 임금을 미리 주거나 돈을 빌려주고 이를 나중에 받게 될 임금과 상계할 수 없고,[358] 사용자가 근로자에게 임금 중 일부를 저축하도록 강요하거나 저축금의 관리를 규정하는 계약을 체결할 수 없다.[359] 따라서 위 사례에서 P와 레스토랑이 체결한 근로계약에서 위약금을 예정하는 것은 불법이며, 근로계약서상의 그러한 조항은 법적 효력이 없다.

※ **관련법률:「근로기준법」**

제17조(근로조건의 명시) ① 사용자는 근로계약을 체결할 때에 근로자에게 다음 각 호의 사항을 명시하여야 한다. 근로계약 체결 후 다음 각 호의 사항을 변경하는 경우에도 또한 같다. 〈개정 2010. 5. 25.〉
 1. 임금
 2. 소정근로시간
 3. 제55조에 따른 휴일
 4. 제60조에 따른 연차 유급휴가
 5. 그 밖에 대통령령으로 정하는 근로조건
② 사용자는 제1항제1호와 관련한 임금의 구성항목·계산방법·지급방법 및 제2호부터 제4호까지의 사항이 명시된 서면(「전자문서 및 전자거래 기본법」 제2조제1호에 따른 전자문서를 포함한다)을 근로자에게 교부하여야 한다. 다만, 본문에 따른 사항이 단체협약 또는 취업규칙의 변경 등 대통령령으로 정하는 사유로 인하여 변경되는 경우에는 근로자의 요구가 있으면 그 근로자에게 교부하여야 한다. 〈신설 2010. 5. 25., 2021. 1. 5.〉

제67조(근로계약) ① 친권자나 후견인은 미성년자의 근로계약을 대리할 수 없다.
② 친권자, 후견인 또는 고용노동부장관은 근로계약이 미성년자에게 불리하다고 인정하는 경우에는 이를 해지할 수 있다. 〈개정 2010. 6. 4.〉

---

357)「근로기준법」제114조(벌칙).
358)「근로기준법」제21조(전차금 상계의 금지).
359)「근로기준법」제22조(강제 저금의 금지).

③ 사용자는 18세 미만인 사람과 근로계약을 체결하는 경우에는 제17조에 따른 근로조건을 서면(「전자문서 및 전자거래 기본법」 제2조제1호에 따른 전자문서를 포함한다)으로 명시하여 교부하여야 한다. 〈신설 2007. 7. 27., 2020. 5. 26., 2021. 1. 5.〉

제20조(위약 예정의 금지)

사용자는 근로계약 불이행에 대한 위약금 또는 손해배상액을 예정하는 계약을 체결하지 못한다.

제21조(전차금 상계의 금지)

사용자는 전차금(前借金)이나 그 밖에 근로할 것을 조건으로 하는 전대(前貸)채권과 임금을 상계하지 못한다.

제22조(강제 저금의 금지)

① 사용자는 근로계약에 덧붙여 강제 저축 또는 저축금의 관리를 규정하는 계약을 체결하지 못한다.
② 사용자가 근로자의 위탁으로 저축을 관리하는 경우에는 다음 각 호의 사항을 지켜야 한다.
1. 저축의 종류·기간 및 금융기관을 근로자가 결정하고, 근로자 본인의 이름으로 저축할 것
2. 근로자가 저축증서 등 관련 자료의 열람 또는 반환을 요구할 때에는 즉시 이에 따를 것

79. 임금명세서 교부 의무

숙성 삼겹살 전문점을 운영하는 H는 식당의 매니저 역할을 하는 계약직 직원 1명과 시간제 알바생 3명을 고용하고 있다. 그런데, 3명의 알바생 중 지난달 알바를 시작한 Y가 오더니 월급이 들어왔는데, 임금명세서가 없다며 임금명세서를 달라고 한다. H는 알바인데 무슨 임금명세서가 필요하냐며 Y에게 핀잔을 주고 돌려 보냈다.

 질문

1. H는 알바생 Y에게 임금명세서를 주지 않아도 되는가?
2. 임금명세서에는 어떤 내용을 기재해야 하는가?
3. 일용직 근로자에게도 임금명세서를 교부해야 하는가?

임금은 근로관계를 이루는 중요한 사항이지만 사용자가 임금명세서를 주지 않거나 임금 총액만 알려주는 경우, 근로자가 임금 내역 등 임금 관련 정보를 확인하기 어려운 상황이 발생하기도 하며, 임금체불 관련 분쟁이 길어지기도 한다. 이에 사용자가 임금을 지급하는 때 근로자에게 반드시 임금명세서를 주도록 「근로기준법」이 개정되어 2021년 11월 19일부터 시행되었다.

2021년 11월 19일부터 사용자는 각 사업장별로 임금대장을 작성하고 임금과 가족수당 계산의 기초가 되는 사항, 임금액, 그 밖에 대통령령으로 정하는 사항을 임금을 지급할 때마다 적어야 하고, 임금을 지급하는 때에는 근로자에게 임금의 구성항목·계산방법, 제43조제1항 단서에 따라 임금의 일부를 공제한 경우의 내역 등 대통령령으로 정하는 사항을 적은 임금명세서를 서면(「전자문서 및 전자거래 기본법」 제2조제1호에 따른 전자문서를 포함)으로 교부하여야 한다.[360]

임금명세서 교부의무는 5인 미만 사업장, 일용직·시간제 등 사업장 규모와 고용 형태에 상관없이 상시 1인 이상 근로자를 사용하는 모든 사업장에 적용되며,[361] 임금명세서 교부의무 위반 시 사용자에게 500만 원 이하의 과태료가 부과된다.[362]

☞ 임금명세서의 기재사항[363]

① 근로자의 성명, 생년월일, 사원번호 등 근로자를 특정할 수 있는 정보
② 임금지급일
③ 임금 총액
④ 기본급, 각종 수당, 상여금, 성과금, 그 밖의 임금의 구성항목별 금액(통화 이외의 것으로 지급된 임금이 있는 경우에는 그 품명 및 수량과 평가총액을 말한다)
⑤ 임금의 구성항목별 금액이 출근일수·시간 등에 따라 달라지는 경우에는 임금의 구성항목별 금액의 계산방법(연장근로, 야간근로 또는 휴일근로의 경우에는 그 시간 수를 포함한다)
⑥ 법 제43조제1항 단서에 따라 임금의 일부를 공제한 경우에는 임금의 공제 항목별 금액과 총액 등 공제내역

임금명세서는 서면 또는 「전자문서 및 전자거래 기본법」에 따른 전자문서로 교부해야 한다. 전자우편(이메일)이나 휴대전화 문자메시지(SMS, MMS), 모바일 메신저 등을 통해 임금명세서를 작성·전송하는 것도 가능하고, 사내 전산망 등에 근로자가 개별적으로 접근해 열람하고 출력할 수 있도록 올리는 것도 가능하다. 다만, 분쟁 방지 차원에서 최종 작성 이후 어느 일방이 임의로 수정할 수 없도록 가급적 읽기전용 문서로 작성하는 것이 바람직하다.

---

360) 「근로기준법」 제48조.
361) 고용노동부, *supra* note 340, p.41.
362) 「근로기준법」 제116조제2항.
363) 「근로기준법 시행령」 제27조의2(임금명세서의 기재사항).

고용노동부는 '임금명세서 만들기' 컴퓨터 모바일 프로그램을 무상 보급하고 있어 고용노동부 홈페이지에서 이용할 수 있다. 임금명세서는 PC, 스마트폰 등 정보처리시스템 상 전자문서생성 전용 프로그램(흔글, 오피스, 웹 에디터, PDF 등) 등을 활용하여 작성한 후, 이메일, 카카오톡 등 각종 전자적 방법을 이용하여 근로자에게 전송할 수 있다.

※ 관련 법률: 「근로기준법」, 「근로기준법 시행령」

「근로기준법」

제48조(임금대장 및 임금명세서) ① 사용자는 각 사업장별로 임금대장을 작성하고 임금과 가족수당 계산의 기초가 되는 사항, 임금액, 그 밖에 대통령령으로 정하는 사항을 임금을 지급할 때마다 적어야 한다. 〈개정 2021. 5. 18.〉

② 사용자는 임금을 지급하는 때에는 근로자에게 임금의 구성항목·계산방법, 제43조제1항 단서에 따라 임금의 일부를 공제한 경우의 내역 등 대통령령으로 정하는 사항을 적은 임금명세서를 서면(「전자문서 및 전자거래 기본법」 제2조제1호에 따른 전자문서를 포함한다)으로 교부하여야 한다. 〈신설 2021. 5. 18.〉

[제목개정 2021. 5. 18.]

「근로기준법 시행령」

제27조(임금대장의 기재사항) ①사용자는 법 제48조제1항에 따른 임금대장에 다음 각 호의 사항을 근로자 개인별로 적어야 한다. 〈개정 2021.10.14, 2021.11.19〉

1. 성명
2. 생년월일, 사원번호 등 근로자를 특정할 수 있는 정보
3. 고용 연월일
4. 종사하는 업무
5. 임금 및 가족수당의 계산기초가 되는 사항
6. 근로일수
7. 근로시간수

8. 연장근로, 야간근로 또는 휴일근로를 시킨 경우에는 그 시간수
9. 기본급, 수당, 그 밖의 임금의 내역별 금액(통화 외의 것으로 지급된 임금이 있는 경우에는 그 품명 및 수량과 평가총액)
10. 법 제43조제1항 단서에 따라 임금의 일부를 공제한 경우에는 그 금액

②사용기간이 30일 미만인 일용근로자에 대해서는 제1항제2호 및 제5호의 사항을 적지 않을 수 있다. 〈개정 2021.10.14〉

③다음 각 호의 어느 하나에 해당하는 근로자에 대해서는 제1항제7호 및 제8호의 사항을 적지 않을 수 있다. 〈개정 2021.10.14〉
1. 법 제11조제2항에 따른 상시 4명 이하의 근로자를 사용하는 사업 또는 사업장의 근로자
2. 법 제63조 각 호의 어느 하나에 해당하는 근로자

제27조의2(임금명세서의 기재사항) 사용자는 법 제48조제2항에 따른 임금명세서에 다음 각 호의 사항을 적어야 한다.
1. 근로자의 성명, 생년월일, 사원번호 등 근로자를 특정할 수 있는 정보
2. 임금지급일
3. 임금 총액
4. 기본급, 각종 수당, 상여금, 성과금, 그 밖의 임금의 구성항목별 금액(통화 이외의 것으로 지급된 임금이 있는 경우에는 그 품명 및 수량과 평가총액을 말한다)
5. 임금의 구성항목별 금액이 출근일수·시간 등에 따라 달라지는 경우에는 임금의 구성항목별 금액의 계산방법(연장근로, 야간근로 또는 휴일근로의 경우에는 그 시간 수를 포함한다)
6. 법 제43조제1항 단서에 따라 임금의 일부를 공제한 경우에는 임금의 공제 항목별 금액과 총액 등 공제내역

[본조신설 2021.11.19]

80 임금체불

H는 온라인 게임 개발자로 1년 전 업계 1위인 **사로 이직하였다. **사가 대규모 투자를 유치하여 경력직 사원 10명과 신입사원 20명을 공채로 뽑았는데, H는 대학 졸업 후 취업 1순위로 희망했던 회사라 야근도 수시로 해야 하는 상황이지만 그래도 자부심을 느끼고 있었다. 그런데, 이직하고 7월째 되던 달부터 월급이 밀리기 시작하였는데, 소문에 의하면 경영진의 무리한 투자로 회사가 자금난에 빠졌다고 한다. 입사하면서 시작했던 개발프로젝트가 곧 완료될 예정이라 지금 일을 그만둘 수도 없는 상황이다. 지금 7개월째 임금이 밀린 상태라 그동안 신용카드 현금서비스로 생활비를 충당하고 있었는데, 더는 어려울 것 같다.

 질문

1. 임금이란 무엇인가?
2. H가 체불임금을 받기 위해 할 수 있는 법적 조치는 무엇인가?
3. 만약 **사가 도산하여 임금을 지급할 능력이 없어지는 경우 소속 근로자들의 임금은 어떻게 보호되는가?
4. 체불임금 사업주는 어떤 처벌을 받게 되는가?

'임금'이란 사용자가 근로의 대가로 근로자에게 임금, 봉급, 그 밖에 어떠한 명칭으로든지 지급하는 모든 금품을 말한다. 대법원 판례에 따르면 사용자가 지급하는 금품이 근로의 대가로 인정되기 위해서는 첫째, 근로자에게 계속적 정기적으로 지급되어야 하고, 둘째, 근로 제공과 관련하여 사용자에게 지급 의무가 있어야 한다. 셋째, 그 지급 의무의 발생이 근로 제공과 직접적으로 또는 그것과 밀

접하게 관련된 것으로 볼 수 있어야 한다.[364] 특히, 세 번째 요건과 관련하여 근로자에게 의례적 또는 은혜적으로 지급되는 것(예를 들면 결혼축의금, 조의금 등), 근로자가 특수한 근무조건이나 환경에서 직무를 수행함으로써 추가로 드는 비용(예를 들어 작업복, 작업용품비, 차량 유지비 등)을 변상하기 위해 지급되는 실비변상적 급여는 그 근거가 단체협약이나 취업규칙에 의하여 사용자에게 지급 의무가 있다 하더라도 '근로의 대가'로 지급되는 것이라고 볼 수 없으므로 임금에 포함되지 않는다. 그 밖에도 근로자의 복지를 위해 지급되는 각종 이익이나 비용 등의 복리후생비(예를 들어 주택의 제공, 단체보험료, 복지시설이용권 등)도 근로의 대가로 지급되는 것이 아니므로 임금에 해당하지 않는다. 그러나 가족수당이나 식비 명목으로 지급되는 금품이라도 급여 규정에 그 지급기준이 명시적으로 정해져 있는 경우 임금으로 인정될 여지가 있다.[365]

임금 지급에는 ① 통화 지급의 원칙, ② 직접지급의 원칙, ③ 전액 지급의 원칙, ④ 정기지급의 원칙이 적용된다. 임금은 통화(通貨)로 직접 근로자에게 그 전액을 매월 1회 이상의 일정한 날짜를 정하여 지급하여야 한다. 다만, 법령 또는 단체협약에 특별한 규정이 있는 경우에는 임금의 일부를 공제하거나 통화 이외의 것으로 지급할 수 있다. 임금은 매월 1회 이상 날짜를 정하여 지급하여야 한지만 임시로 지급하는 임금, 수당, 그 밖에 이에 준하는 것 또는 대통령령으로 정하는 임금에 대해서는 그러하지 아니하다.[366]

2021년 11월 19일부터 개정「근로기준법」에 따라 임금명세서 교부 의무가 시행됨에 따라 사용자는 임금을 지급하는 때에는 근로자에게 임금이 구성항목 계산

---

364) 대법원 2003.2.11 선고, 2002다50828 판결, 김형배·박지순, *supra* note, 338, 재인용.
365) 고용노동부,「소규모사업장을 위한 7가지 노른자 노동법」(2022), p.13.
366)「근로기준법」제43조(임금지급).
367) 서면으로 작성된 것 외에도 전자문서법에 따라 전자적 형태로 되어 있는 임금명세서도 문서로서의 효력이 있다. 서면은「전자문서 및 전자거래 기본법」제2조제1호에 따른 전자문서를 포함하는데, 동법에 따른 '전자문서'란 정보처리시스템에 의하여 전자적 형태로 작성·변환되거나 송신·수신 또는 저장된 정보를 의미한다. 전자우편(이메일)은 컴퓨터를 이용한 정보처리시스템에 의해 전자적 형태로 작성, 송·수신, 저장된 정보를 의미하는데, 가장 일반적인 형태의 전자문서에 해당된다. 휴대전화 문자메시지(SMS, MMS)는 연산처리를 하는 정보처리장치에 의해 생성된 디지털 메시지로 작성, 송·수신, 저장된 정보를 의미하여 전자문서에 해당된다. 고용노동부, "2021.11.19. 개정근로기준법 설명자료"(2021.11), p.6.

방법, 법령 또는 단체협약에 따라 임금의 일부를 공제하는 경우의 내역 등 대통령으로 정하는 사항을 적은 임금명세서를 서면으로 교부하여야 한다.[367]

임금체불은 임금 지급기일이 경과했음에도 임금을 지급하지 않은 것을 말하는데, 근로계약을 체결한 근로자가 사용자에 대하여 임금을 청구할 권리, 즉 임금채권의 소멸시효는 3년으로, 시효기간은 그 채권을 행사할 수 있는 날로부터 진행된다.[368] 따라서 그 기간 내에 근로자가 체불임금을 단 한 번도 달라고 요구하지 않으면 임금채권을 행사할 수 없다.[369]

체불임금 사업주는 3년 이하의 징역 또는 3천만 원 이하의 벌금에 처하며, 임금 체불과 관련된 공소시효는 5년이다.[370]

근로자가 체불임금을 받기 위해 할 수 있는 다양한 조치로는 ① 사용자에게 구두 또는 서면으로 직접 임금을 청구할 수 있는데, 추후 분쟁을 대비하여 근로자가 임금을 청구하였다는 사실을 증명하기 위한 수단으로 내용증명 우편을 활용할 수 있다. ② 고용노동부장관에게 민원을 제기하거나 진정서를 제출할 수 있고, ③ 사용자를 고소할 수도 있다.[371] 진정은 밀린 임금을 받을 수 있게 해 달라는 요구이고, 고소는 사용자를 근로기준법 위반으로 처벌해 달라는 요구이다. 근로감독관은 근로자와 사용자를 대상으로 사실조사를 하고, 임금체불 사실이 확인되면 임금을 지급하라는 명령을 내리는데, 사용자가 그 명령에 따라 임금을 지급하면 사건이 종결되지만, 그 명령을 이행하지 않으면 근로감독관이 사건을 검찰에 송치한다. 체불사업주는 3년 이하의 징역 또는 3천만 원 이하의 벌금에 처한다.[372] ④ 사용자가 임금체불 사실을 인정하는 경우, 근로자는 법원에 지급명령을 신청할 수 있다. 지급명령의 신청이 이유 있다고 인정되면 법원은 당사자를 법원에 출석시키지 않고 채권자의 주장만으로 채무자에게 변제를 명하기 때문에 민사소송보

---

368) 「근로기준법」 제49조.
369) 「민법」 제157조(기간의 기산점).
370) 임금의 정기불 지급원칙 위반은 '임금의 정기 지급일'로부터 공소시효가 기산되고, 금품청산 위반은 퇴직일로부터 14일이 경과한 날부터 기산되어 5년이 경과하면 처벌할 수 없다. 고용노동부, *supra* note 365, p.16.
371) 고용노동부 홈페이지(hppt://www.moel.go.kr), 고용노동부 고객상담센터(국번없이 1350).
372) 「근로기준법」 제109조(벌칙).

다 저렴하고 신속하게 분쟁을 해결할 수 있다. 법원이 지급명령을 내린 후 사용자가 2주 이내에 이의를 제기하지 않으면 근로자는 강제집행을 신청할 수 있다. 그러나 사용자가 지급명령에 대하여 이의를 제기하면 민사소송절차를 이용하여야 한다.

⑤ 근로자가 의지할 수 있는 마지막 절차는 사용자를 상대로 임금청구소송(민사소송)을 제기하는 것이다. 민사소송을 제기하기 전에 근로자는 사용자가 재산을 처분하지 못하도록 법원에 가압류를 신청해야 하는데, 이 경우 체불임금확인서와 압류대상이 될 재산내역을 제시하여야 한다. 고용노동부는 근로자의 민사소송 편의를 돕기 위해 임금이 지급되지 않았다는 것을 확인하는 증명서류(체불임금확인서)를 발급한다.[373]

- 사용자에게 직접 임금 청구하기
- 고용노동부에 진정서를 제출하거나 사용자를 고소하기
- 법원에 지급명령 신청하기
- 법원에 사용자를 상대로 임금청구소송(민사소송) 제기하기

근로자의 대부분이 임금으로 생활하고 있으므로 근로기준법은 근로자의 임금채권에 대하여 특별한 보호를 하고 있다. 사용자가 도산 등으로 임금을 지급할 능력이 없을 경우 다른 채권보다 근로관계로 인한 임금채권이 먼저 변제되어야 한다. 근로자에게는 저당권자나 다른 채권자들보다 우선으로 임금채권을 변제받을 수 있는 권리가 있는데, 이를 '임금채권의 우선변제권'이라 한다. 그중에서 특히 최종 3개월의 임금과 재해보상금은 가장 먼저 변제되어야 하는데 이를 '임금채권의 최우선변제권'이라고 한다.[374]

---

373) 법무부, *supra* note 309, pp. 424-427.
374) 「근로기준법」 제38조(임금채권의 우선변제).

※ 대지급금제도

기업의 도산이나 책임재산 부족으로 체불된 임금, 퇴직금 및 휴업수당 등의 지급을 국가가 보장해 줌으로써 근로자의 기본생활의 안정을 도모하기 위하여 1998년 2월 20일 「임금채권보장법」이 제정되었다. 동법에 따라 국가가 임금채권보장기금을 조성하여 사업주를 대신하여 체불임금등을 지급하는 체당금제도가 운영되었는데, 2021년 10월 14일 「임금채권보장법」 및 「동법 시행령」이 개정되어 '체당금'은 '대지급금'으로, '소액체당금'은 '간이대지급금'으로 명칭이 변경되었다. 「임금채권보장법」은 근로자를 사용하는 모든 사업 및 사업장에 적용되며, 국가와 지방자치단체가 직접 수행하는 사업에는 적용되지 않는다.[375]

대지급금(舊 체당금)은 도산대지급금과 간이대지급금으로 구별되는데, 과거 체당금은 체불임금이 있는 퇴직자만 신청할 수 있었으나 간이대지급금의 경우, 퇴직자뿐만 아니라 재직자도 신청할 수 있게 변경되었다. 대지급금이란 고용주가 파산선고의 결정, 회생절차 개시의 결정 등의 사유로 퇴직한 근로자가 지급받지 못한 임금 퇴직금 휴업수당 및 출산전후휴가기간 중 급여(체불임금)의 지급을 청구하면 고용노동부장관이 고용주를 대신하여 지급하는 제도를 말한다. 도산대지급금의 경우, 정부가 사업주를 대신하여 근로자에게 지불하는 미지급 임금은 원칙적으로 최종 3개월의 임금, 최종 3년간의 퇴직급여와 최종 3개월 분의 휴업수당이다. 다만, 근로자의 퇴직 당시 연령을 고려하여 그 상한액을 제한할 수 있으며, 대지급금 금액이 적은 경우 지급하지 않을 수도 있다.[376]

산재보험 적용대상 사업장에서 6개월 이상 근로한 이후 파산의 선고, 회생절차개시의 결정, 사실상 도산인정 신청일(퇴직기준일)의 1년 전이 되는 날로부터 3년 이내에 해당 사업 또는 사업장에서 퇴직한 근로자는 체불 임금등 대지급금을 신청할 수 있다.

---

[375] 「산업재해보상보험법」 제6조가 적용되는 사업 또는 사업장에 적용되므로, 상시 1명 이상의모든 사업장에 적용된다. 「임금채권보장법」 제3조(적용범위).
[376] 「임금채권보장법」 제7조제2항.

〈대지급금 구분 및 신청 방법[377]〉

구분	내용	신청기가 및 방법
도산대지급금	회생절차 개시 파산선고의 결정 및 고용노동부장관이 미지급 임금등을 지급할 능력이 없다고 인정한 경우의 대지급금	파산선고등 또는 도산등사실인정이 있은 날부터 2년 이내에 관할지방고용노동관서를 거쳐 근로복지공단에 제출
간이대지급금	사업주가 근로자에게 미지급 임금을 지급하라는 종국판결, 지급명령, 조정 또는 결정 등에 따른 대지급금	판결 등이 있은 날로부터 1년 이내 근로복지공단에 제출
간이대지급금	고용노동부장관이 근로자에게 체불임금 등과 체불사업주등을 증명하는 체불·임금등 사업주 확인서를 발급하여 사업주의 미지급임금등이 확인된 경우의 대지급금	체불임금·사업주확인서가 최초로 발급된 날부터 6개월 이내에 근로복지공단에 제출

※ 관련 법률: 「근로기준법」, 「근로기준법시행령」

「근로기준법」

제38조(임금채권의 우선변제) ① 임금, 재해보상금, 그 밖에 근로 관계로 인한 채권은 사용자의 총재산에 대하여 질권(質權)·저당권 또는 「동산·채권 등의 담보에 관한 법률」에 따른 담보권에 따라 담보된 채권 외에는 조세·공과금 및 다른 채권에 우선하여 변제되어야 한다. 다만, 질권·저당권 또는 「동산·채권 등의 담보에 관한 법률」에 따른 담보권에 우선하는 조세·공과금에 대하여는 그러하지 아니하다. 〈개정 2010. 6. 10.〉

② 제1항에도 불구하고 다음 각 호의 어느 하나에 해당하는 채권은 사용자의 총재산에 대하여 질권·저당권 또는 「동산·채권 등의 담보에 관한 법률」에 따른 담보권에 따라 담보된 채권, 조세·공과금 및 다른 채권에 우선하여 변제되어야 한다. 〈개정 2010. 6. 10.〉

1. 최종 3개월분의 임금
2. 재해보상금

---

377) 법제처, 찾기 쉬운 생활법령 정보: 대지급금 참조.

제43조(임금 지급) ① 임금은 통화(通貨)로 직접 근로자에게 그 전액을 지급하여야 한다. 다만, 법령 또는 단체협약에 특별한 규정이 있는 경우에는 임금의 일부를 공제하거나 통화 이외의 것으로 지급할 수 있다.

② 임금은 매월 1회 이상 일정한 날짜를 정하여 지급하여야 한다. 다만, 임시로 지급하는 임금, 수당, 그 밖에 이에 준하는 것 또는 대통령령으로 정하는 임금에 대하여는 그러하지 아니하다.

제48조(임금대장 및 임금명세서) ① 사용자는 각 사업장별로 임금대장을 작성하고 임금과 가족수당 계산의 기초가 되는 사항, 임금액, 그 밖에 대통령령으로 정하는 사항을 임금을 지급할 때마다 적어야 한다. 〈개정 2021. 5. 18.〉

② 사용자는 임금을 지급하는 때에는 근로자에게 임금의 구성항목·계산방법, 제43조제1항 단서에 따라 임금의 일부를 공제한 경우의 내역 등 대통령령으로 정하는 사항을 적은 임금명세서를 서면(「전자문서 및 전자거래 기본법」 제2조제1호에 따른 전자문서를 포함한다)으로 교부하여야 한다. 〈신설 2021. 5. 18.〉

[제목개정 2021. 5. 18.]

제49조(임금의 시효) 이 법에 따른 임금채권은 3년간 행사하지 아니하면 시효로 소멸한다.

「근로기준법 시행령」

제27조(임금대장의 기재사항) ① 사용자는 법 제48조제1항에 따른 임금대장에 다음 각 호의 사항을 근로자 개인별로 적어야 한다. 〈개정 2021. 10. 14., 2021. 11. 19.〉

1. 성명
2. 생년월일, 사원번호 등 근로자를 특정할 수 있는 정보
3. 고용 연월일
4. 종사하는 업무
5. 임금 및 가족수당의 계산기초가 되는 사항
6. 근로일수
7. 근로시간수
8. 연장근로, 야간근로 또는 휴일근로를 시킨 경우에는 그 시간수
9. 기본급, 수당, 그 밖의 임금의 내역별 금액(통화 외의 것으로 지급된 임금이 있는 경우에는 그 품명 및 수량과 평가총액)
10. 법 제43조제1항 단서에 따라 임금의 일부를 공제한 경우에는 그 금액

②사용기간이 30일 미만인 일용근로자에 대해서는 제1항제2호 및 제5호의 사항을 적지 않을 수 있다. 〈개정 2021. 10. 14.〉

③다음 각 호의 어느 하나에 해당하는 근로자에 대해서는 제1항제7호 및 제8호의 사항을 적지 않을 수 있다. 〈개정 2021. 10. 14.〉

1. 법 제11조제2항에 따른 상시 4명 이하의 근로자를 사용하는 사업 또는 사업장의 근로자
2. 법 제63조 각 호의 어느 하나에 해당하는 근로자

제27조의2(임금명세서의 기재사항) 사용자는 법 제48조제2항에 따른 임금명세서에 다음 각 호의 사항을 적어야 한다.

1. 근로자의 성명, 생년월일, 사원번호 등 근로자를 특정할 수 있는 정보
2. 임금지급일
3. 임금 총액
4. 기본급, 각종 수당, 상여금, 성과금, 그 밖의 임금의 구성항목별 금액(통화 이외의 것으로 지급된 임금이 있는 경우에는 그 품명 및 수량과 평가총액을 말한다)
5. 임금의 구성항목별 금액이 출근일수·시간 등에 따라 달라지는 경우에는 임금의 구성항목별 금액의 계산방법(연장근로, 야간근로 또는 휴일근로의 경우에는 그 시간 수를 포함한다)
6. 법 제43조제1항 단서에 따라 임금의 일부를 공제한 경우에는 임금의 공제 항목별 금액과 총액 등 공제내역 [본조신설 2021. 11. 19.]

81. 업무상 재해의 요건

홈쇼핑 업체에 근무하는 M은 온라인상 상품 노출의 우선순위를 정하는 일을 담당했는데 부서 내에서 하루 단위로 판매실적을 비교 당하여 심한 스트레스에 시달렸다. 하루 12시간 이상 근무하는 날이 많았고, 부서가 바뀐 뒤에도 업무 인수인계를 위해 주당 36시간 넘는 초과근무를 한 적도 있었다. 그러던 어느 날 새벽에 귀가한 M은 집에서 자다가 심장발작으로 사망하게 되었다.

 질문

1. 집에서 자다가 심장발작으로 사망한 M의 유가족은 M의 업무상 재해를 주장할 수 있는가?
2. M의 유가족이 업무상 재해를 주장하며, 산업재해보상 보험급여(유족급여, 장의비)를 청구하려 하는데, 어디에 해야 하는가?
3. 만약 관할기관에서 M의 사망에 대한 업무상 재해를 인정하지 않는 결정을 내리면, M의 유족이 할 수 있는 법적 조치는 무엇인가?

근로자가 업무상 재해를 입은 경우 「근로기준법」의 재해보상제도나 「산업재해보상보험법(이하 '산재보험법'이라 함)」에 따른 산업재해보상보험제도를 이용할 수 있다. 전자는 근로자와 사용자 사이의 근로계약 관계를 중심으로 하여 재해가 발생하였을 경우 사용자에게 근로기준법에서 정하고 있는 일정한 보상을 해 줄 것으로 내용으로 한다. 업무상 재해로서 일정한 요건이 충족되면 근로자는 「근로기준법」 제8장(재해보상)의 해당 규정[378]을 근거로 사용자에게 재해보상을 요구

---

378) 「근로기준법」 제8장(재해보상) 제78조 ～ 제92조.

할 수 있다. 이에 비하여 후자는 국가가 보험제도를 운영하고, 사용자는 의무적으로 보험에 가입하게 하여 그 기금으로 업무상 재해를 입은 근로자가 국가로부터 보상급여를 받도록 하는 제도로 사회보장제도의 성격을 갖는다. 근로기준법에 따른 보상책임이 사용자의 책임재산을 기초로 하고 있으므로 사용자의 지급능력이 약하거나 지급할 의사가 없는 경우 근로자 보호가 실현될 수 없기 때문이다.[379]

「산재보험법」은 근로자를 사용하는 모든 사업 또는 사업장에 적용하므로,[380] 사업주가 산재보험에 가입하지 않은 경우에도 근로자는 근로복지공단에 보상급여를 신청할 수 있다. 「산재보험법」의 보험급여의 대상이 되기 위해서는 근로자의 사망이 '업무상 재해'에 해당되어야 한다. 「산재보험법」상 업무상 재해는 업무상의 사유로 인한 근로자의 부상·질병·장해 또는 사망을 말한다.[381] 업무상 재해로 인정되기 위해서는 ① 재해가 업무의 수행과 연관해서 비롯되어야 하며 (업무수행성), ② 업무와 재해 사이의 일정한 인과관계가 있어야 한다(업무기인성). 근로자의 고의·자해 또는 범죄행위로 인하여 발생한 부상·질병·장해 또는 사망은 업무상 재해로 보지 않는다.[382]

「산재보험법」상 보험급여의 종류는 ① 요양급여, ② 휴업급여, ③ 장해급여, ④ 간병급여, ⑤ 유족급여, ⑥ 상병(傷病)보상연금, ⑦ 장례비, ⑧ 직업재활급여 등이 있다.[383] 「산재보험법」에 따른 각종 보험급여청구권의 소멸시효는 3년이나 장해급여, 유족급여, 장례비, 진폐보상연금 및 진폐유족연금을 받을 권리는 5년간 행사하지 아니하면 시효의 완성으로 소멸한다.[384] 소멸시효의 기산점은 보험급여마다 다른데, 예를 들어 유족급여청구권의 경우 근로자가 사망한 다음 날이다. 시효중단의 효력은 보험급여 별로 판단된다.

---

379) 김형배·박지순, *supra* note 338, p.322.
380) 「산재보험법」 제6조(적용범위).
381) 「산재보험법」 제5조(정의) 제1호.
382) 「산재보험법」 제37조(업무상의 재해의 인정기준) 제1항~제2항.
383) 「산업재해보상보험법」 제36조(보험급여의 종류와 산정 기준 등).
384) 「산업재해보상보험법」 제112조(시효).

산재보상보험급여을 받으려면 해당 보험급여 청구서를 관할 근로복지공단에 제출하여야 한다. 관할 근로복지공단에서 보험급여의 지급 여부와 지급내용을 결정하여 청구인에게 통보한다. 그 결정에 대하여 이의가 있는 경우, 근로복지공단에 심사청구를 할 수 있으며, 그 결정에 대해서도 불복할 경우 고용노동부 산업재해보상보험심사위원회에 재심사를 청구할 수 있다. 심사결정 또는 재심사 결정에 이의가 있는 경우 결정 내용을 안 날로부터 90일 이내에 행정소송을 제기할 수 있다. 행정소송은 심사청구와 재심사청구를 단계적으로 거치지 않아도 바로 제기할 수 있다.[385]

위 사례에서 M의 유족이 산업재해보상 보험급여를 받으려면, 해당 보험급여 청구서를 관할 근로복지공단에 제출하여야 한다. 관할 근로복지공단에서 보험 급여의 지급 여부와 지급내용을 결정에 대해 이의가 있는 경우 먼저 근로복지공단에 심사청구를 할 수 있으며, 심사 결정에 불복할 경우 고용노동부 산업재해보상보험심사위원회에 재심사를 청구할 수 있다. 심사 결정 또는 재심사 결정에 이의가 있는 경우 결정 내용을 안 날로부터 90일 이내 법원에 행정소송을 제기할 수 있다.[386]

업무상 부상과 달리 업무상 질병의 경우 상대적으로 업무상 재해 여부 판정이 어려운 점이 있다. 위 사례의 경우 법원은 초과근무의 양이 많았고, 업무 강도로 인한 스트레스가 많았다는 점에 근거하여 평소 M이 가지고 있었던 질환이 급격히 진행되어 사망한 것으로 보인다며, 업무와 사망의 원인 사이에 인과관계가 존재하는 것으로 판단하여 M의 사망을 산업재해로 인정하였고, 근로복지공단이 유족급여와 장의금을 지급하지 않기로 한 결정을 취소하라고 판결하였다.

---

385) 법무부·한국법교육센터, *supra* note 86, p.434.
386) *Ibid.*

※ 관련 법률: 「산업재해보상보험법 (약칭: 산재보험법)」, 「산업재해보상보험법 시행령」

「산업재해보상보험법」

제5조(정의) 이 법에서 사용하는 용어의 뜻은 다음과 같다. 〈개정 2010. 1. 27., 2010. 5. 20., 2010. 6. 4., 2012. 12. 18., 2017. 10. 24., 2018. 6. 12., 2020. 5. 26.〉

1. "업무상의 재해"란 업무상의 사유에 따른 근로자의 부상·질병·장해 또는 사망을 말한다.
2. "근로자"·"임금"·"평균임금"·"통상임금"이란 각각 「근로기준법」에 따른 "근로자"·"임금"·"평균임금"·"통상임금"을 말한다. 다만, 「근로기준법」에 따라 "임금" 또는 "평균임금"을 결정하기 어렵다고 인정되면 고용노동부장관이 정하여 고시하는 금액을 해당 "임금" 또는 "평균임금"으로 한다.
3. "유족"이란 사망한 사람의 배우자(사실상 혼인 관계에 있는 사람을 포함한다. 이하 같다)·자녀·부모·손자녀·조부모 또는 형제자매를 말한다.
4. "치유"란 부상 또는 질병이 완치되거나 치료의 효과를 더 이상 기대할 수 없고 그 증상이 고정된 상태에 이르게 된 것을 말한다.
5. "장해"란 부상 또는 질병이 치유되었으나 정신적 또는 육체적 훼손으로 인하여 노동능력이 상실되거나 감소된 상태를 말한다.
6. "중증요양상태"란 업무상의 부상 또는 질병에 따른 정신적 또는 육체적 훼손으로 노동능력이 상실되거나 감소된 상태로서 그 부상 또는 질병이 치유되지 아니한 상태를 말한다.
7. "진폐"(塵肺)란 분진을 흡입하여 폐에 생기는 섬유증식성(纖維增殖性) 변화를 주된 증상으로 하는 질병을 말한다.
8. "출퇴근"이란 취업과 관련하여 주거와 취업장소 사이의 이동 또는 한 취업장소에서 다른 취업장소로의 이동을 말한다.

제36조(보험급여의 종류와 산정 기준 등) ① 보험급여의 종류는 다음 각 호와 같다. 다만, 진폐에 따른 보험급여의 종류는 제1호의 요양급여, 제4호의 간병급여, 제7호의 장례비, 제8호의 직업재활급여, 제91조의3에 따른 진폐보상연금 및 제91조의4에 따른 진폐유족연금으로 하고, 제91조의12에 따른 건강손상자녀에 대한 보험급여의 종류는 제1호의 요양급여, 제3호의 장해급여, 제4호의 간병급여, 제7호의 장례비, 제8호의 직업재활급여로 한다. 〈개정 2010. 5. 20., 2021. 1. 26., 2022. 1. 11.〉

1. 요양급여
2. 휴업급여

3. 장해급여

4. 간병급여

5. 유족급여

6. 상병(傷病)보상연금

7. 장례비

8. 직업재활급여

② 제1항에 따른 보험급여는 제40조, 제52조부터 제57조까지, 제60조부터 제62조까지, 제66조부터 제69조까지, 제71조, 제72조, 제91조의3 및 제91조의4에 따른 보험급여를 받을 수 있는 사람(이하 "수급권자"라 한다)의 청구에 따라 지급한다. 〈개정 2010. 5. 20., 2020. 5. 26.〉

③ 보험급여를 산정하는 경우 해당 근로자의 평균임금을 산정하여야 할 사유가 발생한 날부터 1년이 지난 이후에는 매년 전체 근로자의 임금 평균액의 증감률에 따라 평균임금을 증감하되, 그 근로자의 연령이 60세에 도달한 이후에는 소비자물가변동률에 따라 평균임금을 증감한다. 다만, 제6항에 따라 산정한 금액을 평균임금으로 보는 진폐에 걸린 근로자에 대한 보험급여는 제외한다. 〈개정 2010. 5. 20.〉

④ 제3항에 따른 전체 근로자의 임금 평균액의 증감률 및 소비자물가변동률의 산정 기준과 방법은 대통령령으로 정한다. 이 경우 산정된 증감률 및 변동률은 매년 고용노동부장관이 고시한다. 〈개정 2010. 6. 4.〉

⑤ 보험급여(진폐보상연금 및 진폐유족연금은 제외한다)를 산정할 때 해당 근로자의 근로형태가 특이하여 평균임금을 적용하는 것이 적당하지 아니하다고 인정되는 경우로서 대통령령으로 정하는 경우에는 대통령령으로 정하는 산정 방법에 따라 산정한 금액을 평균임금으로 한다. 〈개정 2010. 5. 20.〉

⑥ 보험급여를 산정할 때 진폐 등 대통령령으로 정하는 직업병으로 보험급여를 받게 되는 근로자에게 그 평균임금을 적용하는 것이 근로자의 보호에 적당하지 아니하다고 인정되면 대통령령으로 정하는 산정 방법에 따라 산정한 금액을 그 근로자의 평균임금으로 한다. 〈개정 2010. 5. 20.〉

⑦ 보험급여(장례비는 제외한다)를 산정할 때 그 근로자의 평균임금 또는 제3항부터 제6항까지의 규정에 따라 보험급여의 산정 기준이 되는 평균임금이 「고용정책 기본법」 제17조의 고용구조 및 인력수요 등에 관한 통계에 따른 상용근로자 5명 이상 사업체의 전체 근로자의

임금 평균액의 1.8배(이하 "최고 보상기준 금액"이라 한다)를 초과하거나, 2분의 1(이하 "최저 보상기준 금액"이라 한다)보다 적으면 그 최고 보상기준 금액이나 최저 보상기준 금액을 각각 그 근로자의 평균임금으로 하되, 최저 보상기준 금액이 「최저임금법」 제5조제1항에 따른 시간급 최저임금액에 8을 곱한 금액(이하 "최저임금액"이라 한다)보다 적으면 그 최저임금액을 최저 보상기준 금액으로 한다. 다만, 휴업급여 및 상병보상연금을 산정할 때에는 최저 보상기준 금액을 적용하지 아니한다. 〈개정 2018. 6. 12., 2021. 1. 26.〉

⑧ 최고 보상기준 금액이나 최저 보상기준 금액의 산정방법 및 적용기간은 대통령령으로 정한다. 이 경우 산정된 최고 보상기준 금액 또는 최저 보상기준 금액은 매년 고용노동부장관이 고시한다. 〈개정 2010. 6. 4.〉

[시행일: 2023. 1. 12.] 제36조

제37조(업무상의 재해의 인정 기준) ① 근로자가 다음 각 호의 어느 하나에 해당하는 사유로 부상·질병 또는 장해가 발생하거나 사망하면 업무상의 재해로 본다. 다만, 업무와 재해 사이에 상당인과관계(相當因果關係)가 없는 경우에는 그러하지 아니하다. 〈개정 2010. 1. 27., 2017. 10. 24., 2019. 1. 15.〉

1. 업무상 사고
   가. 근로자가 근로계약에 따른 업무나 그에 따르는 행위를 하던 중 발생한 사고
   나. 사업주가 제공한 시설물 등을 이용하던 중 그 시설물 등의 결함이나 관리소홀로 발생한 사고
   다. 삭제 〈2017. 10. 24.〉
   라. 사업주가 주관하거나 사업주의 지시에 따라 참여한 행사나 행사준비 중에 발생한 사고
   마. 휴게시간 중 사업주의 지배관리하에 있다고 볼 수 있는 행위로 발생한 사고
   바. 그 밖에 업무와 관련하여 발생한 사고

2. 업무상 질병
   가. 업무수행 과정에서 물리적 인자(因子), 화학물질, 분진, 병원체, 신체에 부담을 주는 업무 등 근로자의 건강에 장해를 일으킬 수 있는 요인을 취급하거나 그에 노출되어 발생한 질병
   나. 업무상 부상이 원인이 되어 발생한 질병
   다. 「근로기준법」 제76조의2에 따른 직장 내 괴롭힘, 고객의 폭언 등으로 인한 업무상 정신적 스트레스가 원인이 되어 발생한 질병
   라. 그 밖에 업무와 관련하여 발생한 질병

3. 출퇴근 재해
　가. 사업주가 제공한 교통수단이나 그에 준하는 교통수단을 이용하는 등 사업주의 지배관리하에서 출퇴근하는 중 발생한 사고
　나. 그 밖에 통상적인 경로와 방법으로 출퇴근하는 중 발생한 사고

② 근로자의 고의·자해행위나 범죄행위 또는 그것이 원인이 되어 발생한 부상·질병·장해 또는 사망은 업무상의 재해로 보지 아니한다. 다만, 그 부상·질병·장해 또는 사망이 정상적인 인식능력 등이 뚜렷하게 낮아진 상태에서 한 행위로 발생한 경우로서 대통령령으로 정하는 사유가 있으면 업무상의 재해로 본다. 〈개정 2020. 5. 26.〉

③ 제1항제3호나목의 사고 중에서 출퇴근 경로 일탈 또는 중단이 있는 경우에는 해당 일탈 또는 중단 중의 사고 및 그 후의 이동 중의 사고에 대하여는 출퇴근 재해로 보지 아니한다. 다만, 일탈 또는 중단이 일상생활에 필요한 행위로서 대통령령으로 정하는 사유가 있는 경우에는 출퇴근 재해로 본다. 〈신설 2017. 10. 24.〉

④ 출퇴근 경로와 방법이 일정하지 아니한 직종으로 대통령령으로 정하는 경우에는 제1항제3호나목에 따른 출퇴근 재해를 적용하지 아니한다. 〈신설 2017. 10. 24.〉

⑤ 업무상의 재해의 구체적인 인정 기준은 대통령령으로 정한다. 〈개정 2017. 10. 24.〉

[2017. 10. 24. 법률 제14933호에 의하여 2016. 9. 29. 헌법재판소에서 헌법불합치 결정된 이 조 제1항제1호다목을 삭제함.]

제63조(유족보상연금 수급자격자의 범위) ① 유족보상연금을 받을 수 있는 자격이 있는 사람(이하 "유족보상연금 수급자격자"라 한다)은 근로자가 사망할 당시 그 근로자와 생계를 같이 하고 있던 유족(그 근로자가 사망할 당시 대한민국 국민이 아닌 사람으로서 외국에서 거주하고 있던 유족은 제외한다) 중 배우자와 다음 각 호의 어느 하나에 해당하는 사람으로 한다. 이 경우 근로자와 생계를 같이 하고 있던 유족의 판단 기준은 대통령령으로 정한다. 〈개정 2010. 6. 4., 2012. 12. 18., 2017. 12. 19., 2018. 6. 12., 2020. 5. 26., 2023. 8. 8.〉

1. 부모 또는 조부모로서 각각 60세 이상인 사람
2. 자녀로서 25세 미만인 사람
2의2. 손자녀로서 25세 미만인 사람
3. 형제자매로서 19세 미만이거나 60세 이상인 사람
4. 제1호부터 제3호까지의 규정 중 어느 하나에 해당하지 아니하는 자녀·부모·손자녀·조부모 또는 형제자매로서 「장애인복지법」 제2조에 따른 장애인 중 고용노동부령으로 정한 장애 정도에 해당하는 사람

② 제1항을 적용할 때 근로자가 사망할 당시 태아(胎兒)였던 자녀가 출생한 경우에는 출생한 때부터 장래에 향하여 근로자가 사망할 당시 그 근로자와 생계를 같이 하고 있던 유족으로 본다.

③ 유족보상연금 수급자격자 중 유족보상연금을 받을 권리의 순위는 배우자·자녀·부모·손자녀·조부모 및 형제자매의 순서로 한다.

제112조(시효) ① 다음 각 호의 권리는 3년간 행사하지 아니하면 시효로 말미암아 소멸한다. 다만, 제1호의 보험급여 중 장해급여, 유족급여, 장례비, 진폐보상연금 및 진폐유족연금을 받을 권리는 5년간 행사하지 아니하면 시효의 완성으로 소멸한다. 〈개정 2010. 1. 27., 2018. 6. 12., 2021. 1. 26.〉

1. 제36조제1항에 따른 보험급여를 받을 권리
2. 제45조에 따른 산재보험 의료기관의 권리
3. 제46조에 따른 약국의 권리
4. 제89조에 따른 보험가입자의 권리
5. 제90조제1항에 따른 국민건강보험공단등의 권리

② 제1항에 따른 소멸시효에 관하여는 이 법에 규정된 것 외에는 「민법」에 따른다.

「산업재해보상보험법 시행령」

제27조(업무수행 중의 사고) ① 근로자가 다음 각 호의 어느 하나에 해당하는 행위를 하던 중에 발생한 사고는 법 제37조제1항제1호가목에 따른 업무상 사고로 본다.

1. 근로계약에 따른 업무수행 행위
2. 업무수행 과정에서 하는 용변 등 생리적 필요 행위
3. 업무를 준비하거나 마무리하는 행위, 그 밖에 업무에 따르는 필요적 부수행위
4. 천재지변·화재 등 사업장 내에 발생한 돌발적인 사고에 따른 긴급피난·구조행위 등 사회통념상 예견되는 행위

② 근로자가 사업주의 지시를 받아 사업장 밖에서 업무를 수행하던 중에 발생한 사고는 법 제37조제1항제1호가목에 따른 업무상 사고로 본다. 다만, 사업주의 구체적인 지시를 위반한 행위, 근로자의 사적(私的) 행위 또는 정상적인 출장 경로를 벗어났을 때 발생한 사고는 업무상 사고로 보지 않는다.

③ 업무의 성질상 업무수행 장소가 정해져 있지 않은 근로자가 최초로 업무수행 장소에 도

착하여 업무를 시작한 때부터 최후로 업무를 완수한 후 퇴근하기 전까지 업무와 관련하여 발생한 사고는 법 제37조제1항제1호가목에 따른 업무상 사고로 본다.

제28조(시설물 등의 결함 등에 따른 사고) ① 사업주가 제공한 시설물, 장비 또는 차량 등(이하 이 조에서 "시설물등"이라 한다)의 결함이나 사업주의 관리 소홀로 발생한 사고는 법 제37조 제1항제1호나목에 따른 업무상 사고로 본다.

② 사업주가 제공한 시설물등을 사업주의 구체적인 지시를 위반하여 이용한 행위로 발생한 사고와 그 시설물등의 관리 또는 이용권이 근로자의 전속적 권한에 속하는 경우에 그 관리 또는 이용 중에 발생한 사고는 법 제37조제1항제1호나목에 따른 업무상 사고로 보지 않는다.

제30조(행사 중의 사고) 운동경기·야유회·등산대회 등 각종 행사(이하 "행사"라 한다)에 근로자가 참가하는 것이 사회통념상 노무관리 또는 사업운영상 필요하다고 인정되는 경우로서 다음 각 호의 어느 하나에 해당하는 경우에 근로자가 그 행사에 참가(행사 참가를 위한 준비·연습을 포함한다)하여 발생한 사고는 법 제37조제1항제1호라목에 따른 업무상 사고로 본다.

1. 사업주가 행사에 참가한 근로자에 대하여 행사에 참가한 시간을 근무한 시간으로 인정하는 경우
2. 사업주가 그 근로자에게 행사에 참가하도록 지시한 경우
3. 사전에 사업주의 승인을 받아 행사에 참가한 경우
4. 그 밖에 제1호부터 제3호까지의 규정에 준하는 경우로서 사업주가 그 근로자의 행사 참가를 통상적·관례적으로 인정한 경우

제31조(특수한 장소에서의 사고) 사회통념상 근로자가 사업장 내에서 할 수 있다고 인정되는 행위를 하던 중 태풍·홍수·지진·눈사태 등의 천재지변이나 돌발적인 사태로 발생한 사고는 근로자의 사적 행위, 업무 이탈 등 업무와 관계없는 행위를 하던 중에 사고가 발생한 것이 명백한 경우를 제외하고는 법 제37조제1항제1호바목에 따른 업무상 사고로 본다.

제32조(요양 중의 사고) 업무상 부상 또는 질병으로 요양을 하고 있는 근로자에게 다음 각 호의 어느 하나에 해당하는 사고가 발생하면 법 제37조제1항제1호바목에 따른 업무상 사고로 본다. 〈개정 2018. 12. 11.〉

1. 요양급여와 관련하여 발생한 의료사고
2. 요양 중인 산재보험 의료기관(산재보험 의료기관이 아닌 의료기관에서 응급진료 등을 받는 경우에는 그 의료기관을 말한다. 이하 이 조에서 같다) 내에서 업무상 부상 또는 질병의 요양과 관련하여 발생한 사고

3. 업무상 부상 또는 질병의 치료를 위하여 거주지 또는 근무지에서 요양 중인 산재보험 의료기관으로 통원하는 과정에서 발생한 사고

제33조(제3자의 행위에 따른 사고) 제3자의 행위로 근로자에게 사고가 발생한 경우에 그 근로자가 담당한 업무가 사회통념상 제3자의 가해행위를 유발할 수 있는 성질의 업무라고 인정되면 그 사고는 법 제37조제1항제1호바목에 따른 업무상 사고로 본다.

제34조(업무상 질병의 인정기준) ① 근로자가 「근로기준법 시행령」제44조제1항 및 같은 법 시행령 별표 5의 업무상 질병의 범위에 속하는 질병에 걸린 경우(임신 중인 근로자가 유산·사산 또는 조산한 경우를 포함한다. 이하 이 조에서 같다) 다음 각 호의 요건 모두에 해당하면 법 제37조제1항제2호가목에 따른 업무상 질병으로 본다. 〈개정 2018. 12. 11.〉

1. 근로자가 업무수행 과정에서 유해·위험요인을 취급하거나 유해·위험요인에 노출된 경력이 있을 것
2. 유해·위험요인을 취급하거나 유해·위험요인에 노출되는 업무시간, 그 업무에 종사한 기간 및 업무 환경 등에 비추어 볼 때 근로자의 질병을 유발할 수 있다고 인정될 것
3. 근로자가 유해·위험요인에 노출되거나 유해·위험요인을 취급한 것이 원인이 되어 그 질병이 발생하였다고 의학적으로 인정될 것

② 업무상 부상을 입은 근로자에게 발생한 질병이 다음 각 호의 요건 모두에 해당하면 법 제37조제1항제2호나목에 따른 업무상 질병으로 본다.

1. 업무상 부상과 질병 사이의 인과관계가 의학적으로 인정될 것
2. 기초질환 또는 기존 질병이 자연발생적으로 나타난 증상이 아닐 것

③ 제1항 및 제2항에 따른 업무상 질병(진폐증은 제외한다)에 대한 구체적인 인정 기준은 별표 3과 같다.

④ 공단은 근로자의 업무상 질병 또는 업무상 질병에 따른 사망의 인정 여부를 판정할 때에는 그 근로자의 성별, 연령, 건강 정도 및 체질 등을 고려하여야 한다.

제35조(출퇴근 중의 사고) ① 근로자가 출퇴근하던 중에 발생한 사고가 다음 각 호의 요건에 모두 해당하면 법 제37조제1항제3호가목에 따른 출퇴근 재해로 본다.

1. 사업주가 출퇴근용으로 제공한 교통수단이나 사업주가 제공한 것으로 볼 수 있는 교통수단을 이용하던 중에 사고가 발생하였을 것
2. 출퇴근용으로 이용한 교통수단의 관리 또는 이용권이 근로자 측의 전속적 권한에 속하지 아니하였을 것

② 법 제37조제3항 단서에서 "일상생활에 필요한 행위로서 대통령령으로 정하는 사유"란 다음 각 호의 어느 하나에 해당하는 경우를 말한다.
1. 일상생활에 필요한 용품을 구입하는 행위
2. 「고등교육법」제2조에 따른 학교 또는 「직업교육훈련 촉진법」제2조에 따른 직업교육훈련 기관에서 직업능력 개발향상에 기여 할 수 있는 교육이나 훈련 등을 받는 행위
3. 선거권이나 국민투표권의 행사
4. 근로자가 사실상 보호하고 있는 아동 또는 장애인을 보육기관 또는 교육기관에 데려주거나 해당 기관으로부터 데려오는 행위
5. 의료기관 또는 보건소에서 질병의 치료나 예방을 목적으로 진료를 받는 행위
6. 근로자의 돌봄이 필요한 가족 중 의료기관 등에서 요양 중인 가족을 돌보는 행위
7. 제1호부터 제6호까지의 규정에 준하는 행위로서 고용노동부장관이 일상생활에 필요한 행위라고 인정하는 행위
[본조신설 2017. 12. 26.]

제35조의2(출퇴근 재해 적용 제외 직종 등) 법 제37조제4항에서 "출퇴근 경로와 방법이 일정하지 아니한 직종으로 대통령령으로 정하는 경우"란 다음 각 호의 어느 하나에 해당하는 직종에 종사하는 사람(법 제124조에 따라 자기 또는 유족을 보험급여를 받을 수 있는 자로 하여 보험에 가입한 사람으로서 근로자를 사용하지 않는 사람을 말한다)이 본인의 주거지에 업무에 사용하는 자동차 등의 차고지를 보유하고 있는 경우를 말한다. 〈개정 2020. 1. 7., 2023. 6. 27.〉
1. 「여객자동차 운수사업법」제3조제1항제3호에 따른 수요응답형 여객자동차운송사업
2. 「여객자동차 운수사업법 시행령」제3조제2호라목에 따른 개인택시운송사업
3. 퀵서비스업[소화물의 집화(集貨)·수송 과정 없이 그 배송만을 업무로 하는 사업을 말한다. 이하 같다]
[본조신설 2017. 12. 26.]

제36조(자해행위에 따른 업무상의 재해의 인정 기준) 법 제37조제2항 단서에서 "대통령령으로 정하는 사유"란 다음 각 호의 어느 하나에 해당하는 경우를 말한다. 〈개정 2020. 1. 7.〉
1. 업무상의 사유로 발생한 정신질환으로 치료를 받았거나 받고 있는 사람이 정신적 이상 상태에서 자해행위를 한 경우
2. 업무상의 재해로 요양 중인 사람이 그 업무상의 재해로 인한 정신적 이상 상태에서 자해

행위를 한 경우

3. 그 밖에 업무상의 사유로 인한 정신적 이상 상태에서 자해행위를 하였다는 상당인과관계가 인정되는 경우

제37조(사망의 추정) ① 법 제39조제1항에 따라 사망으로 추정하는 경우는 다음 각 호의 어느 하나에 해당하는 경우로 한다.

1. 선박이 침몰·전복·멸실 또는 행방불명되거나 항공기가 추락·멸실 또는 행방불명되는 사고가 발생한 경우에 그 선박 또는 항공기에 타고 있던 근로자의 생사가 그 사고 발생일부터 3개월간 밝혀지지 아니한 경우
2. 항행 중인 선박 또는 항공기에 타고 있던 근로자가 행방불명되어 그 생사가 행방불명된 날부터 3개월간 밝혀지지 아니한 경우
3. 천재지변, 화재, 구조물 등의 붕괴, 그 밖의 각종 사고의 현장에 있던 근로자의 생사가 사고 발생일부터 3개월간 밝혀지지 아니한 경우

② 제1항에 따라 사망으로 추정되는 사람은 그 사고가 발생한 날 또는 행방불명된 날에 사망한 것으로 추정한다.

③ 제1항 각 호의 사유로 생사가 밝혀지지 아니하였던 사람이 사고가 발생한 날 또는 행방불명된 날부터 3개월 이내에 사망한 것이 확인되었으나 그 사망 시기가 밝혀지지 아니한 경우에도 제2항에 따른 날에 사망한 것으로 추정한다.

④ 보험가입자는 제1항 각 호의 사유가 발생한 때 또는 사망이 확인된 때(제3항에 따라 사망한 것으로 추정하는 때를 포함한다)에는 지체 없이 공단에 근로자 실종 또는 사망확인의 신고를 하여야 한다.

⑤ 법 제39조제1항에 따라 보험급여를 지급한 후에 그 근로자의 생존이 확인되면 보험급여를 받은 사람과 보험가입자는 그 근로자의 생존이 확인된 날부터 15일 이내에 공단에 근로자 생존확인신고를 하여야 한다.

⑥ 공단은 근로자의 생존이 확인된 경우에 보험급여를 받은 사람에게 법 제39조제2항에 따른 금액을 낼 것을 알려야 한다.

⑦ 제6항에 따른 통지를 받은 사람은 그 통지를 받은 날부터 30일 이내에 통지받은 금액을 공단에 내야 한다.

82 출퇴근 중 교통사고와 업무상 재해

대기업에 자동차 부품을 납품하는 중소기업인 P사에 근무하는 A(男)는 맞벌이하는 아내가 지방으로 출장을 가게 되어 평소와 달리 아이를 어린이집에 맡기고 출근하게 되었다. 집에서 10분 거리에 있는 어린이집에 아이를 데려다주고, 그 앞 버스 정류장에서 버스를 타고 지하철역이 있는 정류장에서 내리려는 순간, 버스 옆을 지나가는 오토바이에 치이고 말았다. A는 가벼운 뇌진탕 증세와 골절 등 전치 8주의 진단을 받았다.

 질문

1. A는 자녀를 어린이집에 데려다주고 출근하다 입은 사고로 인한 재해를 '업무상 재해'로 주장하여 「산업재해보상보험법」에 따른 보험급여를 신청을 할 수 있는가?

출퇴근 중 교통사고의 업무상 재해 인정 여부와 관련하여, 출퇴근 중의 재해에 관한 위헌성 여부에 관한 2016년 9월 26일 헌법재판소의 헌법불합치 결정이 내려지기 전에는 출퇴근 중에 발생한 교통사고는 원칙적으로 업무상 재해로 인정하지 않았다. 다만, 사업주가 출퇴근용으로 제공한 교통수단이나 사업주가 제공한 것으로 볼 수 있는 교통수단을 이용하던 중에 사고가 발생하였고(개정 전 「산재보험법」 제37조 제1항 제1호 다목), 출퇴근용으로 이용한 수단의 관리 또는 이용권이 근로자 측의 전속적 권한에 속하지 않았을 경우(개정 전 「산재보험법 시행령」 제29조)에만 업무상 재해로 인정하였다.

그러나 2016년 헌법재판소는 근로자가 사업주 지배관리 아래 출퇴근 중에 발생한 사고로 부상이 발생한 경우(사업주 지배관리 하의 출퇴근 재해)만 업무상 재해로 인정하고 있는 것은 도보나 자기 소유 교통수단 또는 대중교통수단 등을 이용하여 출퇴근하는 산재보험 가입 근로자가 사업주의 지배관리 아래 있다고 볼 수 없는 통상적 경로와 방법으로 출퇴근하던 중 발생한 재해(통상의 출퇴근 재해)를 업무상 재해로 인정받지 못한다는 점에서 차별 취급이 존재하며, 이러한 차별을 정당화할 수 없는 합리적 근거가 없다는 이유로 헌법불합치 결정을 내렸다. 동 헌법불합치 결정에 따라 「산재보험법」 및 「산재보험법」 시행령의 관련 규정이 개정되었다.

위 사례의 경우 A가 출근하면서 자녀를 보육 기관에 데려다주고 출근한 행위는 「산재보험법」 제37조 제3항, 동법 시행령 제35조 제2항 제4호에 근거하여 "출퇴근경로 일탈 또는 중단이 일상생활에 필요한 행위"로 인정되는 사유이므로 A는 출퇴근재해를 주장하여 「산재보험법」에 따른 보험급여를 신청할 수 있다.

83   직장 내 성희롱 금지

> 오랜 취업 준비 끝에 유명 브랜드, 의류 회사에 취업한 A는 같은 사무실 옆 부서의 팀장 B가 회식 자리에서 동료 직원들에게 며칠 전 꿈에 A와 자는 꿈을 꾸었다고 말했다는 사실을 들었다. 기혼남성인 B가 자신을 소재로 그런 이야기를 하고 그 자리에 있는 사람들과 함께 낄낄댔다는 동료의 이야기를 듣고, 황당함과 수치심을 느낀 A는 회사의 인사팀을 찾아 B팀장 행위를 성희롱으로 신고하였다. 그런데 B는 자기가 꾼 꿈 이야기를 A도 아닌 자기 팀 직원들에게 한 것뿐인데 뭐가 문제냐는 입장이다. A는 직장 내 성희롱이라며 제대로 사과하지 않으면 문제를 제기하겠다고 한다.

 질문

1. 직장 내 성희롱이란 무엇인가?
2. B의 행위(A와 자는 꿈을 꾸었다고 직원들에게 이야기하고, 낄낄거렸던 행위)는 성희롱에 해당하는가?
3. 직장 내 성희롱 피해자는 어떤 조치를 할 수 있는가?
4. 직장 내 성희롱 신고를 받은 회사의 의무는 무엇인가?

"직장 내 성희롱"이란 사업주, 상급자 또는 근로자가 직장 내의 지위를 이용하거나 업무와 관련하여 다른 근로자에게 성적 언동 등으로 성적 굴욕감 또는 혐오감을 느끼게 하거나 성적 언동 또는 그 밖의 요구 등에 따르지 아니하였다는 이유로 고용에서 불이익을 주는 것을 말한다.[387]

---

[387] 「남녀고용평등과 일·가정 양립 지원에 관한 법률」 제2조(정의) 제2호.

직장 내 성희롱은 「남녀고용평등과 일·가정 양립 지원에 관한 법률 (약칭:남녀고용평등법)」, 「양성평등기본법」, 「국가인권위원회법」에서 규율되는데,[388] 동 법률은 성희롱 가해자 개인에 대한 처벌을 목적으로 하는 것이 아니라 피해근로자의 노동권을 침해하는 불법행위로부터 피해자의 침해된 권리를 회복하도록 보장하고, 조직 내 성희롱을 예방, 근절하여 성 평등한 안전한 일터를 구축하는 것을 목적으로 한다. 사업주는 근로자에 대한 안전한 근로환경을 제공해야 할 안전배려의무가 있으므로 직장 내 성희롱을 예방할 책임을 진다.[389]

직장 내 성희롱은 근로자의 인격권과 노동권을 침해하는 행위로 법률에서 정하는 불법행위로 형법상 성범죄와는 다르므로,[390] 행위자의 고의가 없고, 신체적 접촉이 없는 언어적, 시각적 성적 언동도 직장 내 성희롱에 해당할 수 있다.

〈노동법상 성희롱과 형법상 성범죄의 비교[391]〉

	노동법상 성희롱	형법상 성범죄
유형	언어적·육체적·시각적 성희롱	강간, 강제추행, 음행매개, 음화등제조·판매, 공연음란, 추행 등
고의 유무	의도 불필요	고의 필요
형벌 유무	근로관계에서의 불이익을 통해 규제	국가형벌권의 발동에 의해 형벌 부과
입증책임	사업주	검사
강제성	강제력이 없어도 성립	강간, 강제추행과 같은 성폭력의 경우 폭행, 협박 등의 강제력이 동원되어야 성립

사업주, 상급자 또는 근로자는 직장 내 성희롱을 하여서는 아니 된다.[392] 직장

---

388) 「남녀고용평등법」은 민간사업장에, 「양성평등기본법」은 국가기관 등(정부, 지자체, 각급학교, 공직유관단체), 「국가인권위원회법」은 민간사업장, 국가기관 등에 모두 적용된다.
389) 고용노동부, supra note 340, p. 209.
390) 성희롱은 성폭력의 범주에 포함되는데, 성폭력은 성희롱, 성추행, 성폭행 등 성(性)과 관련된 모든 행위를 대표하는 용어로, 성을 매개로 상대방의 의사에 반해 이루어지는 가해행위를 말한다.
391) 법무부·한국법교육센터, supra note 86, p.451.
392) 「남녀고용평등법」 제12조(직장 내 성희롱의 금지).

내 성희롱이 판단 기준[393]은 첫째, 해당 행위가 사업주, 상급자 또는 근로자가 직장 내의 지위를 이용하거나 업무 관련성이 있어야 한다. 업무 관련성은 근무시간 내에 근무 장소에서 발생한 것뿐만 아니라 근무시간 외에 사업장 밖에서 발생한 것도 포함된다. 출장 중인 차 안, 업무와 관련 있는 회식 장소, 야유회 장소, 업무 협의를 이유로 불러 내 밖에서 만난 상황에서 발생한 성희롱도 직장 내 성희롱으로 인정될 수 있다.

둘째, 해당 행위가 피해자가 원하지 않는 성적 언동이어야 한다. 피해자가 그러한 언동에 대하여 명시적인 거부 의사를 표현하지 않았더라도 직장 내 성희롱이 될 수 있다. "상대방이 원하지 않는 행동"은 상대방이 거부 의사를 명시적으로 표시한 경우뿐만 아니라 묵시적, 소극적으로 표시했다면 그러한 행동으로 해석될 수 있다. 피해자의 사회 경험이 부족하거나 직장 내 직급, 고용 형태, 나이, 성별, 근속기간 등의 권력관계가 불평등한 경우 피해자가 적극적으로 거부 의사를 표현하기 어렵기 때문이다. 또한 2차 피해 발생을 우려하여 피해자가 명시적으로 거부 의사를 표현하지 못하는 경우도 많다. 그러한 경우에도 행위의 양태, 피해자의 행위 관계 등을 종합적으로 검토하여 해당 행위가 상대방의 원치 않는 행동인지 여부를 판단한다.

셋째, 해당 행위가 성적 언동 또는 그 밖에 요구여야 한다. 성적 언동은 성적 의미가 내포된 경우로 육체적·언어적·시각적 성희롱을 포함한다. 성적 언동이 단 1회라 하더라도 직장 내 성희롱이 성립될 수 있다. 그런데, 여성을 비하하는 언동, 고정관념에 기반을 둔 성 역할을 강요하는 행위는 성차별적인 행위지만 그 자체로 성적 언동으로 간주 되지는 않는다.

넷째, 피해자가 가해자의 성적 언동으로 인하여 성적 굴욕감 또는 혐오감을 느끼거나 성적 언동 또는 그 밖의 요구에 불응한 것을 이유로 근로조건 또는 고용에서 불이익을 받는 등의 피해가 존재하여야 한다. 직장 내 성희롱을 판단하는 데 있어 가해자의 의도는 중요하지 않으며, 가해자의 성적 언동으로 피해자가 성적 굴욕감 또는 혐오감 등의 불쾌감을 느꼈는지가 중요하다. 그런데, 성적 굴욕감

---

393) 고용노동부, 「직장 내 성희롱 예방 대응 매뉴얼」, (2018), pp.15~24 참조.

또는 혐오감이라는 것은 개인의 주관적인 감정이므로 사람마다 다를 수 있는데 대법원 판결[394]에 따르면, 우리 사회 전체의 일반적이고, 평균적인 사람이 아니라 피해자와 같은 처지에 있는 평균적인 사람의 입장에서 성적 굴욕감이나 혐오감을 느낄 수 있는 정도였는지를 기준으로 심리, 판단해야 한다. 성적 요구에 불응한 것으로 채용 또는 근로조건을 불리하게 한 경우는 예를 들어 채용탈락, 감봉, 승진탈락, 징계, 강등, 전직, 해고 등의 고용상의 불이익은 물론 임금, 근로시간, 휴게시간, 직무배제, 직무 재배치 또는 업무 과다부여, 교육훈련 기회 제한, 복리후생이나 안전에 관한 사항, 인사평가 등 근로조건 상의 불이익까지 포함한다.

☞ **직장 내 성희롱의 유형과 예시**[395]

① **육체적 성희롱**

- ▶ 입맞춤, 포옹 또는 뒤에서 껴안는 등의 신체적 접촉행위
- ▶ 가슴·엉덩이 등 특정 신체부위를 만지는 행위
- ▶ 안마나 애무를 강요하는 행위
- 원치 않는 신체적 접촉 행위
- 블루스를 추자며 어깨, 허리, 등을 접촉하는 행위
- 안마를 해준다며 특정 신체 부위를 만지는 행위
- 안마를 해달라고 강요하는 행위
- 테이블 아래에서 발로 다리를 건드리는 행위
- "노래방 가서 술도 한잔하고 놀자"며 팔짱을 끼고 억지로 차에 태우는 행위
- 업무를 보고 있는데 의자를 끌어와 몸을 밀착시키거나 얼굴을 지나치게 가까이 들이대는 행위
- 가슴을 스치고 지나가는 행위
- 업무 과정에서 격려를 한다는 핑계로 머리나 등을 쓰다듬거나 엉덩이를 툭툭 치는 행위
- 손금을 봐준다면서 손을 끌어당겨 손을 주물럭거리거나 손깍지를 끼는 행위
- 술에 취해서 부축해 준다며 과도하게 신체적 접촉을 하는 행위

---

394) 대법원 2018.4.12. 선고, 2017두74702 판결.
395) 고용노동부, 「직장 내 성희롱 예방 대응 매뉴얼」(2020), 고용노동부, 「직장 내 성희롱 예방 대응 매뉴얼」(2018) 참조.

② 언어적 성희롱

> - ▶ 음란한 농담을 하거나 음탕하고 상스러운 이야기를 하는 행위(전화, 문자, SNS, 메신저, 이메일 등 포함)
> - ▶ 임신·출산·피임·생리현상 등과 관련하여 성적인 비유나 함의, 행위 묘사를 하는 행위
> - ▶ 외모를 평가하거나 성적으로 비유하거나 신체부위를 언급하는 행위
> - ▶ 성적인 사실 관계를 묻거나 이야기하거나 성적인 내용의 정보를 퍼뜨리는 행위
> - ▶ 성적인 관계를 강요하거나 회유하는 행위
> - ▶ 회식자리 등에서 무리하게 옆에 앉혀 술을 따르도록 강요하는 행위
> - ▶ 상대방을 성적 대상화하거나 성적 서비스 제공자로 대하는 언동
> - ▶ 사생활이나 성적 내용에 관한 소문을 유포하는 행위
> - "딱 붙은 옷 입으니까 섹시하고 좋은데? 항상 그렇게 입고 다녀. 회사 다닐 맛난다."
> - "여자가 그렇게 뚱뚱해서 어떤 남자가 좋아하겠어?"
> - "술집여자 같이 그런 옷차림이 뭐야"
> - "남자는 허벅지가 튼튼해야 하는데, 좀 부실하다."
> - "OO씨랑 사귄다며, 어디까지 갔어?"
> - "어제 또 야동 봤지?"
> - "오늘 치마 입고 왔네?, 남친이랑 어디 가? 불금이라 외박하나?"
> - "우리는 여직원이 많아서 여자 나오는 술집에 갈 필요가 없어."
> - "술은 여자가 따라야 제맛이지. OO씨가 부장님 술 좀 따라드려."

③ 시각적 성희롱

> - ▶ 음란한 사진·그림·낙서·출판물을 게시하거나 보여주는 행위 (전화, 문자, SNS, 메신저, 이메일 등 포함)
> - ▶ 자신의 특정 신체 부위를 고의적으로 노출하거나 만지는 행위
> - ▶ 상대방의 특정 신체 부위를 음란한 시선으로 쳐다보는 행위
> - 컴퓨터 모니터로 야한 사진을 보거나 바탕화면, 스크린세이버로 깔아놓는 것
> - 야한 사진이나 농담 시리즈를 카톡, 메신저 등을 통해 전송
> - 다른 직원들 앞에서 자신의 바지를 내려 상의를 바지 속으로 넣는 것
> - 음란한 시선으로 빤히 쳐다보는 것
> - 가슴, 엉덩이, 다리 등 특정 신체 부위를 빤히 쳐다보는 것

④ 기타 성희롱

사회통념상 성적 굴욕감 또는 혐오감을 느끼게 하는 것으로 인정되는 모든 행동은 성희롱에 해당될 수 있다.

- 성적 요구에 따르는 것을 조건으로 이익을 주겠다고 하는 행위 (임금 외 별도의 금원을 지급하면서 사적인 만남을 요구하는 행위)
- 원하지 않는 만남이나 교제를 강요하는 행위
- 좋아한다며 원치 않는 접촉을 계속 시도하는 행위
- 사적인 내용의 문자를 보내서 보내지 말라고 했더니 동료들 앞에서 인격적으로 무시하는 행위
- 직장 내 성희롱 행위에 대해 거절의 의사를 표시하거나 문제 제기 하였더니 불이익을 주는 행위
- 퇴폐적인 술집에서 이루어진 회식에 참석을 종용하는 행위
- 거래처 접대를 해야 한다며 원치 않는 식사, 술자리 참석을 강요하거나 거래처 직원과의 만남을 강요하는 행위
- 회식 이후 노래방에서 나오려는데, "여기서 나가려면 나랑 한번씩 포옹해야 나갈 수 있어"라며 신체적 접촉을 강요하는 행위
- 보고싶을 때마다 보려면 간직하고 있어야 한다며 사진을 보내라고 요구하는 행위
- 자신의 부부관계를 언급하며, 이혼할테니 사귀자고 강요하는 행위

직장 내 성희롱을 당하면 피해자는 가해자에 대하여 단호하게 거부 의사를 표현하고, 사안에 따라 성희롱으로 인한 문제를 어떻게 해결할지 결정한다. 행위자의 사과와 재발 방지 약속 등 합의, 행위자에 대한 징계, 처벌 또는 손해배상청구 등이 고려될 수 있다. 성희롱에 대해 직장 내 고충처리절차가 마련되어 있다면 해당 기구(담당자) 또는 그런 기구가 없다면 인사부에 신고한다. 신고할 때는 행위자의 행위에 대해 구체적으로 진술하고, 본인의 보호조치 및 피해구제를 위한 해결책을 요구할 수 있다.

직장 내 성희롱 문제에 대해 피해자가 직장 내에서 보호를 받지 못할 경우 ① 지방고용노동관서에 진정(성희롱으로 인한 사업주의 조치 요구), 노동위원회 구제신청(성희롱 피해자의 부당한 해고, 휴직, 정직, 전직 등 처분 시 구제신청 등),

국가인권위원회의 진정(성희롱 행위자와 책임자에 대한 사내 조치, 손해배상 등) 등의 비사법적 구제 절차 또는 ② 지방고용노동관서 고소/고발, 검찰 고소/고발 (형사처벌 되는 법 위반행위에 대한 처벌 요구), 법원의 민사소송(성희롱으로 인하여 발생한 손해배상청구)을 청구할 수 있다.[396] 피해구제 상담은 고용노동부 고객상담센터(☎1350), 해당 지방고용노동관서 등에서 할 수 있다.

A의 신고를 받은 회사는 사건에 대한 조사와 피해자에 대한 보호조치를 하여야 하고, 직장 내 성희롱이 발생한 경우, 성희롱의 정도, 지속성 등을 고려하여 성희롱 행위자에 대하여 적절한 징계 조치를 부과해야 한다. 사업주는 근로자가 성희롱에 대한 고충해소 요청에 따른 피해를 주장하거나 고객 등으로부터의 성적 요구 등에 불응한 것을 이유로 해고나 그 밖의 불이익한 조치를 해서는 안 된다. 직장 내 성희롱 예방과 조치에 관한 사업주의 의무와 위반 시 처분 내용은 다음과 같다.

※ 직장 내 성희롱 관련 사업주의 의무와 위반 시 처분[397]

성희롱 금지 (제12조)	사업주, 상급자 또는 근로자는 직장 내 성희롱을 하여서는 아니 된다.	1천만원 이하의 과태료 (제39조제1항)
직장 내 성희롱 예방교육 (제13조제1항)	직장 내 성희롱 예방교육을 매년 실시하여야 한다.	500만원 이하의 과태료 (제39조제2항)
직장 내 성희롱 예방교육자료 게시의무 (제13조제3항)	성희롱 예방교육의 내용을 근로자가 자유롭게 열람할 수 있는 장소에 항상 게시하거나 갖추어 두어야 한다.	500만원 이하의 과태료 (제39조제2항)
직장 내 성희롱 조사의무 (제14조제2항)	직장 내 성희롱 발생 사실을 알게 된 경우에는 지체 없이 조사를 하여야 하며, 이 경우 피해근로자등이 수치심을 느끼지 않도록 하여야 한다.	500만원 이하의 과태료 (제39조제2항)

---

396) 고용노동부, 「직장내 성희롱 예방교육 리플렛」(2020년 8월) 참조.
397) *Ibid*.

직장 내 성희롱 피해자 보호 (제14조제4항)	직장 내 성희롱 발생 사실이 확인된 때에는 피해근로자가 요청하면 근무장소의 변경, 배치 전환, 유급휴가 명령 등 적절한 조치를 하여야 한다.	500만원 이하의 과태료 (제39조제2항)
직장 내 성희롱 가해자 조치 (제14조제5항)	직장 내 성희롱 발생 사실이 확인된 때에는 지체 없이 성희롱 행위를 한 사람에 대하여 징계, 근무장소의 변경 등 필요한 조치를 하여야 한다.	500만원 이하의 과태료 (제39조제2항)
직장 내 성희롱 피해자 불리한 처우 금지 (제14조제6항)	직장 내 성희롱 신고근로자 및 피해근로자등에게 불리한 처우를 하여서는 아니 된다. 1. 파면 등 신분상실 해당 조치 2. 징계 등 부당한 인사조치 3. 직무 미부여 등 본인의 의사에 반하는 인사조치 4. 성과평가 등 금품 차별 지급 5. 교육훈련 기회 제한 6. 집단 따돌림 등 정신적·신체적 손상 행위 또는 발생 방치 7. 그 밖의 신고근로자 및 피해근로자 의사에 반하는 불리한 처우	3년 이하의 징역 또는 3천만원 이하의 벌금 (제37조제2항)
비밀누설 금지 (제14조제7항)	직장 내 성희롱 발생 사실을 조사한 사람, 보고 받은 사람, 조사 과정에 참여한 사람 등은 조사과정에서 알게 된 비밀을 피해근로자등의 의사에 반하여 누설하여서는 아니 된다.	500만원 이하의 과태료 (제39조제2항)
고객 등에 의한 성희롱 방지 (제14조의2제1항)	고객 등에 의한 성희롱 피해자가 고충 해소를 요청할 경우 근무장소 변경, 배치전환, 유급휴가 명령 등 적절한 조치를 하여야 한다.	300만원 이하의 과태료 (제39조제3항)
고객 등에 의한 성희롱 피해자 불이익 금지 (제14조의2제2항)	근로자가 고객 등에 의한 성희롱 피해를 입었음을 주장하거나 고객 등으로부터의 성적 요구 등에 불응한 것을 이유로 해고나 그 밖의 불이익한 조치를 하여서는 아니 된다.	500만원 이하의 과태료 (제39조제2항)

※ 관련 법률: 「남녀고용평등과 일·가정 양립 지원에 관한 법률 (약칭:남녀고용평등법)」

제1조(목적) 이 법은 「대한민국헌법」의 평등이념에 따라 고용에서 남녀의 평등한 기회와 대우를 보장하고 모성 보호와 여성 고용을 촉진하여 남녀고용평등을 실현함과 아울러 근로자의 일과 가정의 양립을 지원함으로써 모든 국민의 삶의 질 향상에 이바지하는 것을 목적으로 한다.
[전문개정 2007. 12. 21.]

제2조(정의) 이 법에서 사용하는 용어의 뜻은 다음과 같다. 〈개정 2017. 11. 28., 2020. 5. 26.〉
1. "차별"이란 사업주가 근로자에게 성별, 혼인, 가족 안에서의 지위, 임신 또는 출산 등의 사유로 합리적인 이유 없이 채용 또는 근로의 조건을 다르게 하거나 그 밖의 불리한 조치를 하는 경우[사업주가 채용조건이나 근로조건은 동일하게 적용하더라도 그 조건을 충족할 수 있는 남성 또는 여성이 다른 한 성(性)에 비하여 현저히 적고 그에 따라 특정 성에게 불리한 결과를 초래하며 그 조건이 정당한 것임을 증명할 수 없는 경우를 포함한다]를 말한다. 다만, 다음 각 목의 어느 하나에 해당하는 경우는 제외한다.
   가. 직무의 성격에 비추어 특정 성이 불가피하게 요구되는 경우
   나. 여성 근로자의 임신·출산·수유 등 모성보호를 위한 조치를 하는 경우
   다. 그 밖에 이 법 또는 다른 법률에 따라 적극적 고용개선조치를 하는 경우
2. "직장 내 성희롱"이란 사업주·상급자 또는 근로자가 직장 내의 지위를 이용하거나 업무와 관련하여 다른 근로자에게 성적 언동 등으로 성적 굴욕감 또는 혐오감을 느끼게 하거나 성적 언동 또는 그 밖의 요구 등에 따르지 아니하였다는 이유로 근로조건 및 고용에서 불이익을 주는 것을 말한다.
3. "적극적 고용개선조치"란 현존하는 남녀 간의 고용차별을 없애거나 고용평등을 촉진하기 위하여 잠정적으로 특정 성을 우대하는 조치를 말한다.
4. "근로자"란 사업주에게 고용된 사람과 취업할 의사를 가진 사람을 말한다.

[전문개정 2007. 12. 21.]

제3조(적용 범위) ① 이 법은 근로자를 사용하는 모든 사업 또는 사업장(이하 "사업"이라 한다)에 적용한다. 다만, 대통령령으로 정하는 사업에 대하여는 이 법의 전부 또는 일부를 적용하지 아니할 수 있다.
② 남녀고용평등의 실현과 일·가정의 양립에 관하여 다른 법률에 특별한 규정이 있는 경우 외에는 이 법에 따른다.

[전문개정 2007. 12. 21.]

제5조(근로자 및 사업주의 책무) ① 근로자는 상호 이해를 바탕으로 남녀가 동등하게 존중받는 직장문화를 조성하기 위하여 노력하여야 한다.
② 사업주는 해당 사업장의 남녀고용평등의 실현에 방해가 되는 관행과 제도를 개선하여 남녀근로자가 동등한 여건에서 자신의 능력을 발휘할 수 있는 근로환경을 조성하기 위하여 노력하여야 한다.

③ 사업주는 일·가정의 양립을 방해하는 사업장 내의 관행과 제도를 개선하고 일·가정의 양립을 지원할 수 있는 근무환경을 조성하기 위하여 노력하여야 한다.
[전문개정 2007. 12. 21.]

제12조(직장 내 성희롱의 금지) 사업주, 상급자 또는 근로자는 직장 내 성희롱을 하여서는 아니 된다.
[전문개정 2007. 12. 21.]

제13조(직장 내 성희롱 예방 교육 등) ① 사업주는 직장 내 성희롱을 예방하고 근로자가 안전한 근로환경에서 일할 수 있는 여건을 조성하기 위하여 직장 내 성희롱의 예방을 위한 교육(이하 "성희롱 예방 교육"이라 한다)을 매년 실시하여야 한다. 〈개정 2017. 11. 28.〉
② 사업주 및 근로자는 제1항에 따른 성희롱 예방 교육을 받아야 한다. 〈신설 2014. 1. 14.〉
③ 사업주는 성희롱 예방 교육의 내용을 근로자가 자유롭게 열람할 수 있는 장소에 항상 게시하거나 갖추어 두어 근로자에게 널리 알려야 한다. 〈신설 2017. 11. 28.〉
④ 사업주는 고용노동부령으로 정하는 기준에 따라 직장 내 성희롱 예방 및 금지를 위한 조치를 하여야 한다. 〈신설 2017. 11. 28.〉
⑤ 제1항 및 제2항에 따른 성희롱 예방 교육의 내용·방법 및 횟수 등에 관하여 필요한 사항은 대통령령으로 정한다. 〈개정 2014. 1. 14., 2017. 11. 28.〉
[전문개정 2007. 12. 21.]
[제목개정 2017. 11. 28.]

제13조의2(성희롱 예방 교육의 위탁) ① 사업주는 성희롱 예방 교육을 고용노동부장관이 지정하는 기관(이하 "성희롱 예방 교육기관"이라 한다)에 위탁하여 실시할 수 있다. 〈개정 2010. 6. 4.〉
② 사업주가 성희롱 예방 교육기관에 위탁하여 성희롱 예방 교육을 하려는 경우에는 제13조제5항에 따라 대통령령으로 정하는 내용을 성희롱 예방 교육기관에 미리 알려 그 사항이 포함되도록 하여야 한다. 〈신설 2017. 11. 28.〉
③ 성희롱 예방 교육기관은 고용노동부령으로 정하는 기관 중에서 지정하되, 고용노동부령으로 정하는 강사를 1명 이상 두어야 한다. 〈개정 2010. 6. 4., 2017. 11. 28.〉
④ 성희롱 예방 교육기관은 고용노동부령으로 정하는 바에 따라 교육을 실시하고 교육이수증이나 이수자 명단 등 교육 실시 관련 자료를 보관하며 사업주나 교육 대상자에게 그 자료를 내주어야 한다. 〈개정 2010. 6. 4., 2017. 11. 28., 2020. 5. 26.〉

⑤ 고용노동부장관은 성희롱 예방 교육기관이 다음 각 호의 어느 하나에 해당하면 그 지정을 취소할 수 있다. 〈개정 2010. 6. 4., 2017. 11. 28.〉

1. 거짓이나 그 밖의 부정한 방법으로 지정을 받은 경우
2. 정당한 사유 없이 제3항에 따른 강사를 3개월 이상 계속하여 두지 아니한 경우
3. 2년 동안 직장 내 성희롱 예방 교육 실적이 없는 경우

⑥ 고용노동부장관은 제5항에 따라 성희롱 예방 교육기관의 지정을 취소하려면 청문을 하여야 한다. 〈신설 2014. 5. 20., 2017. 11. 28.〉

[전문개정 2007. 12. 21.]

제14조(직장 내 성희롱 발생 시 조치) ① 누구든지 직장 내 성희롱 발생 사실을 알게 된 경우 그 사실을 해당 사업주에게 신고할 수 있다.

② 사업주는 제1항에 따른 신고를 받거나 직장 내 성희롱 발생 사실을 알게 된 경우에는 지체 없이 그 사실 확인을 위한 조사를 하여야 한다. 이 경우 사업주는 직장 내 성희롱과 관련하여 피해를 입은 근로자 또는 피해를 입었다고 주장하는 근로자(이하 "피해근로자등"이라 한다)가 조사 과정에서 성적 수치심 등을 느끼지 아니하도록 하여야 한다.

③ 사업주는 제2항에 따른 조사 기간 동안 피해근로자등을 보호하기 위하여 필요한 경우 해당 피해근로자등에 대하여 근무장소의 변경, 유급휴가 명령 등 적절한 조치를 하여야 한다. 이 경우 사업주는 피해근로자등의 의사에 반하는 조치를 하여서는 아니 된다.

④ 사업주는 제2항에 따른 조사 결과 직장 내 성희롱 발생 사실이 확인된 때에는 피해근로자가 요청하면 근무장소의 변경, 배치전환, 유급휴가 명령 등 적절한 조치를 하여야 한다.

⑤ 사업주는 제2항에 따른 조사 결과 직장 내 성희롱 발생 사실이 확인된 때에는 지체 없이 직장 내 성희롱 행위를 한 사람에 대하여 징계, 근무장소의 변경 등 필요한 조치를 하여야 한다. 이 경우 사업주는 징계 등의 조치를 하기 전에 그 조치에 대하여 직장 내 성희롱 피해를 입은 근로자의 의견을 들어야 한다.

⑥ 사업주는 성희롱 발생 사실을 신고한 근로자 및 피해근로자등에게 다음 각 호의 어느 하나에 해당하는 불리한 처우를 하여서는 아니 된다.

1. 파면, 해임, 해고, 그 밖에 신분상실에 해당하는 불이익 조치
2. 징계, 정직, 감봉, 강등, 승진 제한 등 부당한 인사조치
3. 직무 미부여, 직무 재배치, 그 밖에 본인의 의사에 반하는 인사조치
4. 성과평가 또는 동료평가 등에서 차별이나 그에 따른 임금 또는 상여금 등의 차별 지급

5. 직업능력 개발 및 향상을 위한 교육훈련 기회의 제한
6. 집단 따돌림, 폭행 또는 폭언 등 정신적·신체적 손상을 가져오는 행위를 하거나 그 행위의 발생을 방치하는 행위
7. 그 밖에 신고를 한 근로자 및 피해근로자등의 의사에 반하는 불리한 처우
⑦ 제2항에 따라 직장 내 성희롱 발생 사실을 조사한 사람, 조사 내용을 보고 받은 사람 또는 그 밖에 조사 과정에 참여한 사람은 해당 조사 과정에서 알게 된 비밀을 피해근로자등의 의사에 반하여 다른 사람에게 누설하여서는 아니 된다. 다만, 조사와 관련된 내용을 사업주에게 보고하거나 관계 기관의 요청에 따라 필요한 정보를 제공하는 경우는 제외한다.
[전문개정 2017. 11. 28.]

제14조의2(고객 등에 의한 성희롱 방지) ① 사업주는 고객 등 업무와 밀접한 관련이 있는 사람이 업무수행 과정에서 성적인 언동 등을 통하여 근로자에게 성적 굴욕감 또는 혐오감 등을 느끼게 하여 해당 근로자가 그로 인한 고충 해소를 요청할 경우 근무 장소 변경, 배치전환, 유급휴가의 명령 등 적절한 조치를 하여야 한다. 〈개정 2017. 11. 28., 2020. 5. 26.〉
② 사업주는 근로자가 제1항에 따른 피해를 주장하거나 고객 등으로부터의 성적 요구 등에 따르지 아니하였다는 것을 이유로 해고나 그 밖의 불이익한 조치를 하여서는 아니 된다. 〈개정 2020. 5. 26.〉
[본조신설 2007. 12. 21.]

제26조(차별적 처우등의 시정신청) ① 근로자는 사업주로부터 다음 각 호의 어느 하나에 해당하는 차별적 처우 등(이하 "차별적 처우등"이라 한다)을 받은 경우 「노동위원회법」 제1조에 따른 노동위원회(이하 "노동위원회"라 한다)에 그 시정을 신청할 수 있다. 다만, 차별적 처우등을 받은 날(제1호 및 제3호에 따른 차별적 처우등이 계속되는 경우에는 그 종료일)부터 6개월이 지난 때에는 그러하지 아니하다.
1. 제7조부터 제11조까지 중 어느 하나를 위반한 행위(이하 "차별적 처우"라 한다)
2. 제14조제4항 또는 제14조의2제1항에 따른 적절한 조치를 하지 아니한 행위
3. 제14조제6항을 위반한 불리한 처우 또는 제14조의2제2항을 위반한 해고나 그 밖의 불이익한 조치
② 근로자가 제1항에 따른 시정신청을 하는 경우에는 차별적 처우등의 내용을 구체적으로 명시하여야 한다.
③ 제1항 및 제2항에 따른 시정신청의 절차·방법 등에 관하여 필요한 사항은 「노동위원회

법」 제2조제1항에 따른 중앙노동위원회(이하 "중앙노동위원회"라 한다)가 따로 정하여 고시한다.

[본조신설 2021. 5. 18.]

제27조(조사·심문 등) ① 노동위원회는 제26조에 따른 시정신청을 받은 때에는 지체 없이 필요한 조사와 관계 당사자에 대한 심문을 하여야 한다.

② 노동위원회는 제1항에 따른 심문을 하는 때에는 관계 당사자의 신청 또는 직권으로 증인을 출석하게 하여 필요한 사항을 질문할 수 있다.

③ 노동위원회는 제1항 및 제2항에 따른 심문을 할 때에는 관계 당사자에게 증거의 제출과 증인에 대한 반대심문을 할 수 있는 충분한 기회를 주어야 한다.

④ 제1항부터 제3항까지에 따른 조사·심문의 방법 및 절차 등에 관하여 필요한 사항은 중앙노동위원회가 따로 정하여 고시한다.

⑤ 노동위원회는 차별적 처우등 시정사무에 관한 전문적인 조사·연구업무를 수행하기 위하여 전문위원을 둘 수 있다. 이 경우 전문위원의 수·자격 및 보수 등에 관하여 필요한 사항은 대통령령으로 정한다.

[본조신설 2021. 5. 18.]

제28조(조정·중재) ① 노동위원회는 제27조에 따른 심문 과정에서 관계 당사자 쌍방 또는 일방의 신청이나 직권으로 조정(調停)절차를 개시할 수 있고, 관계 당사자가 미리 노동위원회의 중재(仲裁)결정에 따르기로 합의하여 중재를 신청한 경우에는 중재를 할 수 있다.

② 제1항에 따른 조정 또는 중재의 신청은 제26조에 따른 시정신청을 한 날부터 14일 이내에 하여야 한다. 다만, 노동위원회가 정당한 사유로 그 기간에 신청할 수 없었다고 인정하는 경우에는 14일 후에도 신청할 수 있다.

③ 노동위원회는 조정 또는 중재를 하는 경우 관계 당사자의 의견을 충분히 들어야 한다.

④ 노동위원회는 특별한 사유가 없으면 조정절차를 개시하거나 중재신청을 받은 날부터 60일 이내에 조정안을 제시하거나 중재결정을 하여야 한다.

⑤ 노동위원회는 관계 당사자 쌍방이 조정안을 받아들이기로 한 경우에는 조정조서를 작성하여야 하고, 중재결정을 한 경우에는 중재결정서를 작성하여야 한다.

⑥ 조정조서에는 관계 당사자와 조정에 관여한 위원 전원이 서명 또는 날인을 하여야 하고, 중재결정서에는 관여한 위원 전원이 서명 또는 날인을 하여야 한다.

⑦ 제5항 및 제6항에 따른 조정 또는 중재결정은 「민사소송법」에 따른 재판상 화해와 동일한 효력을 갖는다.

⑧ 제1항부터 제7항까지에 따른 조정·중재의 방법, 조정조서·중재결정서의 작성 등에 필요한 사항은 중앙노동위원회가 따로 정하여 고시한다.
[본조신설 2021. 5. 18.]

제29조(시정명령 등) ① 노동위원회는 제27조에 따른 조사·심문을 끝내고 차별적 처우등에 해당된다고 판정한 때에는 해당 사업주에게 시정명령을 하여야 하고, 차별적 처우등에 해당하지 아니한다고 판정한 때에는 그 시정신청을 기각하는 결정을 하여야 한다.
② 제1항에 따른 판정, 시정명령 또는 기각결정은 서면으로 하되, 그 이유를 구체적으로 명시하여 관계 당사자에게 각각 통보하여야 한다. 이 경우 시정명령을 하는 때에는 시정명령의 내용 및 이행기한 등을 구체적으로 적어야 한다.
[본조신설 2021. 5. 18.]

제29조의2(조정·중재 또는 시정명령의 내용) ① 제28조에 따른 조정·중재 또는 제29조에 따른 시정명령의 내용에는 차별적 처우등의 중지, 임금 등 근로조건의 개선(취업규칙, 단체협약 등의 제도개선 명령을 포함한다) 또는 적절한 배상 등의 시정조치 등을 포함할 수 있다.
② 제1항에 따라 배상을 하도록 한 경우 그 배상액은 차별적 처우등으로 근로자에게 발생한 손해액을 기준으로 정한다. 다만, 노동위원회는 사업주의 차별적 처우등에 명백한 고의가 인정되거나 차별적 처우등이 반복되는 경우에는 그 손해액을 기준으로 3배를 넘지 아니하는 범위에서 배상을 명령할 수 있다.
[본조신설 2021. 5. 18.]

제30조(입증책임) 이 법과 관련한 분쟁해결(제26조부터 제29조까지 및 제29조의2부터 제29조의7까지를 포함한다)에서 입증책임은 사업주가 부담한다. 〈개정 2021. 5. 18.〉
[전문개정 2007. 12. 21.]

84 직장 내 괴롭힘 금지

최근 회사 내에서 인사발령으로 새로운 팀에 배치된 2년 차 사원 A는 팀장 때문에 회사에 가면 늘 가슴이 두근두근하고, 불안하다. 팀장은 팀원의 작은 실수나 어떤 상황이 마음에 들지 않으면 화를 참지 못하고 팀원들에게 소리를 치거나 서류를 집어 던진다. 2주 전부터 수시로 다른 직원들이 보는 앞에서 A에게 "너는 정말 안될 놈이다", "너 같은 XX는 처음 본다", "머리는 장식으로 달고 다니냐"는 등의 막말과 폭언을 수시로 하였다.

 질문

1. 직장 내 괴롭힘이란 무엇인가?
2. A에게 팀장이 한 행위는 직장 내 괴롭힘에 해당하는가?
3. 직장 내 괴롭힘 신고를 받은 사업주의 의무는 무엇인가?

'직장 내 괴롭힘'이란 직장에서의 지위 또는 관계의 우위를 이용하여 다른 근로자에게 신체적·정신적 고통을 주거나 근무환경을 악화시키는 행위를 말한다.[398] 2019년 1월 15일 시행된 개정「근로기준법」에 직장 내 괴롭힘을 금지하는 규정이 최초로 삽입되었고, 이후 2021년 10월 14일부터 시행된 개정「근로기준법」에 사용자의 괴롭힘에 대한 제재[399]가 신설되었고, 사용자의 조치 의무가 강화되었으며, 사용자의 의무 위반에 대한 제재 규정이 신설되었다.

종전에는 직장 내 괴롭힘으로 볼 수 있는 특정 행위에 대한 직접적인 제재 규정을 개별법에 둔 것으로 대응해 오고 있었는데, 이러한 체계로 다양한 양상의 괴롭힘을 예방, 감독하는 데 한계가 있음을 고려하여, 직장 내 괴롭힘을 규율하기 위한 근로기준법을 개정한 것이다.

　근로기준법은 직장 내 괴롭힘을 법에 정의하고, 금지하면서도 행위자에 대한 직접적인 처벌규정은 두지 않고, 사업장별 상황에 맞게 취업규칙에 직장 내 괴롭힘 예방·대응조치를 정하고 그에 따르도록 하고 있다. 아울러 각 사업장의 취업규칙에 직장 내 괴롭힘의 예방 및 발생 시 조치 등에 관한 사항을 필수적으로 기재하여야 한다.[400]

　직장 내 괴롭힘에 대한 "행위"의 주요 판단 요소는 다음의 세 가지로, 온라인상의 행위도 포함된다.[401]

① 직장 내 지위 또는 관계 등의 우위를 이용할 것

　우위성과 관련하여, 피해근로자가 저항 또는 거절하기 어려울 개연성이 높은 상태가 인정되어야 하며, 행위자가 이러한 상태를 이용해야 한다. 기본적으로 지휘명령 관계에서 상위에 있는 경우를 말하지만, 직접적인 지휘명령 관계에 놓여 있지 않더라도 회사 내 직위, 직급 체계상 상위에 있음을 이용한다면 우위성이 인정될 수 있다.

---

398) 직장 내 괴롭힘은 그 양태가 다양하여 모든 행위를 열거, 규정할 수 없으나 KICQ(Korea Interpersonal Conflict Questionnaire) 등 직장 내 괴롭힘 피해진단 항목, 일본, 호주 등의 매뉴얼을 토대로 직장 내 괴롭힘으로 인정될 수 있는 행위를 예시하면 다음과 같다.

- 정당한 이유 없이 업무능력이나 성과를 인정하지 않거나 조롱함
- 정당한 이유 없이 훈련, 승진, 보상, 일상적인 대우 등에서 차별함
- 특정 근로자에 대하여만 근로계약서 등에 명시되어 있지 않은 모두가 꺼리는 힘든 업무를 반복적으로 부여함
- 정당한 이유 없이 부서 이동 또는 퇴사를 강요함
- 개인사에 대한 뒷담화나 소문을 퍼트림
- 다른 사람들 앞이나 온라인상에서 특정 근로자에게 모욕감을 주는 언행을 함
- 집단 따돌림
- 욕설이나 위협적인 말을 함

399) 직장 내 괴롭힘을 한 사용자, 사용자의 친족인 근로자에 대하여 천만 원 이하의 과태료가 부과된다. 직장 내 괴롭힘의 제재 대상이 되는 사용자의 친족인 근로자의 범위는 사용자의 배우자, 4촌 이내의 혈족, 4촌 이내의 인척이다. 「근로기준법」 제116조(과태료), 「근로기준법 시행령」 제59조의3(사용자의 친족인 근로자의 범위).

400) 취업규칙 기재사항으로는 ① 금지되는 직장 내 괴롭힘 행위, ② 직장 내 괴롭힘 예방교육 등 예방 활동, ③ 고충상담, ④ 사건처리절차, ⑤ 피해자 보호조치, ⑥ 가해자 제재, ⑦ 재발방지대책, ⑧ 비밀누설 등 2차 가해 방지 노력 등이 있다. 고용노동부, supra note 340, pp. 185~186.

401) 고용노동부, 직장 내 괴롭힘 판단 및 예방 대응 매뉴얼(2019년 2월) 참조.

관계의 우위와 관련하여, 사실상 우위를 점하고 있다고 판단되는 모든 관계가 포함될 수 있는데, 주로 개인 대 집단과 같은 수직적 측면, 연령, 학벌, 성별, 출신 지역, 인종 등 인적 속성, 근속연수, 전문지식 등 업무역량, 노조 직장협의회 등 근로자 조직 구성원 여부, 감사 인사부서 등 업무 직장 내 영향력, 정규직 여부 등의 요소 등이 문제가 될 수 있다. 관계의 우위성은 상대적일 수 있으므로 행위자 – 피해자 간의 이를 달리 평가해야 할 특별한 사정이 있는 지도 함께 확인하여야 한다. 지위, 관계 중 여러 요소가 복합적으로 우위성을 형성할 수 있으며, 명확하게 구분되지 않을 수도 있다. 직장 내에서의 지위나 관계 등의 우위성을 이용한 것이 아니라면 직장 내 괴롭힘에 해당하지 않는다.

② 업무상 적정범위를 넘을 것

피해자에 대한 행위자의 우위성이 인정되더라도 문제의 행위가 업무 관련성이 있는 상황에서 발생해야 한다. 업무 관련성은 '포괄적인 업무 관련성'을 의미하므로 직접적인 업무를 수행하던 중에 발생한 경우가 아니라도 업무 수행에 편승하여 이루어졌거나 업무 수행을 빙자하여 발생하였다면 업무 관련성이 인정될 수 있다.

업무상 적정범위를 넘는 것으로 인정되려면 그 행위가 사회통념에 비추어 볼 때 업무상 필요성이 인정되지 않거나 업무상 필요성이 인정되더라도 그 행위 양태가 사회통념에 비추어 볼 때 상당하지 않다고 인정되어야 한다. 업무상 지시, 주의, 명령에 불만을 느끼는 경우라 하더라도 사회통념에 비추어 필요성이 인정되면 직장 내 괴롭힘으로 인정될 수 없다.

☞ 업무상 적정범위를 넘는 상황별 예시
- 사실관계가 확인된 신체 유형력을 행사하는 폭력행사나 협박하는 행위
- 공개된 장소에서 이루어져 제3자에게 전파되어 피해자의 명예를 훼손할 정도라 판단되는 폭언, 욕설, 험담 등 언어적 행위
- 그렇지 않더라도 피해자의 인격권을 심하게 해치며, 정신적 고통을 유발할 수 있는 지속, 반복적인 폭언·욕설

- 반복적으로 개인적 심부름을 시키는 등 인간관계에서 용인될 수 있는 부탁의 수준을 넘어 행해지는 사적 용무 지시(업무상 필요성이 없는 행위)
- 집단 따돌림, 업무 수행 과정에서의 의도적 무시, 배제 등의 행위는 사회통념상 상당하지 않은 행위
- 근로계약 체결 시 명시했던 업무와 무관한 일을 근로자의 의사에 반하여 지시하는 행위가 상당 기간 반복되고, 그 지시에 정당한 이유가 인정되지 않는 경우(업무상 필요성이 없는 행위)

③ 신체적·정신적 고통을 주거나 근무환경을 악화시키는 행위

근무환경을 악화시키는 것이란 그 행위로 인하여 피해자가 능력을 발휘하는데 간과할 수 없을 정도의 지장이 발생하는 것을 의미한다. 행위자의 의도가 없었더라도 그 행위로 신체적·정신적 고통을 주거나 근무환경을 악화시켰다면 인정될 수 있다.

직장 내 괴롭힘 신고가 접수된 경우, 사용자의 조치 의무사항과 그 위반에 대한 제재의 내용은 다음과 같다.

〈사용자 조치 의무사항과 의무 위반에 대한 제재〉

사용자 조치 의무사항(근로기준법 제76조의3)	위반에 대한 제재
① 직장 내 괴롭힘 신고 접수 및 발생 사실 인지 시 지체없이 당사자 대상 객관적 조사 실시	500만 원 이하의 과태료
② 조사기간 동안 피해근로자 등에 대해 필요한 경우 근무장소의 변경, 유급휴가 등 적절한 조치실시	
③ 직장 내 괴롭힘이 확인된 때 피해근로자 요청 시 근무장소의 변경, 유급휴가 등 적절한 조치실시	
④ 직장 내 괴롭힘이 확인된 때 지체없이 행위자에 대한 징계, 근무장소 변경 등 필요한 조치실시	
⑤ 신고·피해근로자에 대한 해고, 불리한 처우 금지	3년 이하의 징역 또는 3천만원 이하의 벌금
⑥ 조사 과정에서 알게 된 비밀누설 금지	500만 원 이하의 과태료

근로자가 직장 내 괴롭힘을 신고하였으나 회사가 이를 인정하지 않으면 관할 고용노동청에 직접 신고할 수 있다. 고용노동청 근로감독관은 이를 직접 조사해 괴롭힘 여부를 판단하고, 개선 권고를 할 수 있다. 고용노동부 직장 내 괴롭힘 상담센터 (☎ 대표전화 1522-9000)를 이용할 수 있다.

※ 관련 법률: 「근로기준법」

제6장의2 직장 내 괴롭힘의 금지 〈신설 2019. 1. 15.〉

제76조의2(직장 내 괴롭힘의 금지) 사용자 또는 근로자는 직장에서의 지위 또는 관계 등의 우위를 이용하여 업무상 적정범위를 넘어 다른 근로자에게 신체적·정신적 고통을 주거나 근무환경을 악화시키는 행위(이하 "직장 내 괴롭힘"이라 한다)를 하여서는 아니 된다.
[본조신설 2019. 1. 15.]

제76조의3(직장 내 괴롭힘 발생 시 조치) ① 누구든지 직장 내 괴롭힘 발생 사실을 알게 된 경우 그 사실을 사용자에게 신고할 수 있다.
② 사용자는 제1항에 따른 신고를 접수하거나 직장 내 괴롭힘 발생 사실을 인지한 경우에는 지체 없이 당사자 등을 대상으로 그 사실 확인을 위하여 객관적으로 조사를 실시하여야 한다. 〈개정 2021. 4. 13.〉
③ 사용자는 제2항에 따른 조사 기간 동안 직장 내 괴롭힘과 관련하여 피해를 입은 근로자 또는 피해를 입었다고 주장하는 근로자(이하 "피해근로자등"이라 한다)를 보호하기 위하여 필요한 경우 해당 피해근로자등에 대하여 근무장소의 변경, 유급휴가 명령 등 적절한 조치를 하여야 한다. 이 경우 사용자는 피해근로자등의 의사에 반하는 조치를 하여서는 아니 된다.
④ 사용자는 제2항에 따른 조사 결과 직장 내 괴롭힘 발생 사실이 확인된 때에는 피해근로자가 요청하면 근무장소의 변경, 배치전환, 유급휴가 명령 등 적절한 조치를 하여야 한다.
⑤ 사용자는 제2항에 따른 조사 결과 직장 내 괴롭힘 발생 사실이 확인된 때에는 지체 없이 행위자에 대하여 징계, 근무장소의 변경 등 필요한 조치를 하여야 한다. 이 경우 사용자는 징계 등의 조치를 하기 전에 그 조치에 대하여 피해근로자의 의견을 들어야 한다.
⑥ 사용자는 직장 내 괴롭힘 발생 사실을 신고한 근로자 및 피해근로자등에게 해고나 그 밖의 불리한 처우를 하여서는 아니 된다.

⑦ 제2항에 따라 직장 내 괴롭힘 발생 사실을 조사한 사람, 조사 내용을 보고받은 사람 및 그 밖에 조사 과정에 참여한 사람은 해당 조사 과정에서 알게 된 비밀을 피해근로자등의 의사에 반하여 다른 사람에게 누설하여서는 아니 된다. 다만, 조사와 관련된 내용을 사용자에게 보고하거나 관계 기관의 요청에 따라 필요한 정보를 제공하는 경우는 제외한다. 〈신설 2021. 4. 13.〉 [본조신설 2019. 1. 15.]

85. 출산전후휴가 및 배우자의 출산휴가

국내 한 제약회사 마케팅팀 팀장으로 근무하는 O는 결혼 10년 차 여성(43세)이다. 일 때문에 너무 바빠 아이를 가질 생각을 하지 못했는데, 더 늦기 전에 아이를 갖기로 남편과 합의하고, 3년 전부터 꾸준히 시험관 시술을 시행하였다. 계속된 실패에 좌절하였지만 얼마 전 거의 포기하는 심정으로 했던 마지막 시술이 성공하여 쌍둥이를 임신하게 되었다. 현재 임신 10주 차에 접어들었는데, 늦은 나이에 경험하는 임신과 출산이 걱정되기는 하지만 주변의 축복으로 행복하게 아이를 기다리고 있다. 그런데 최근 신약 출시로 회사에 마케팅 업무가 많아져 산부인과에 정기 검진을 받으러 가기도 힘든 상황이다. 더구나 부서의 상사인 이사는 하필 회사 한창 바쁠 시기에 임신하였냐며 팀원들 보는 앞에서 수시로 타박하고, 못마땅한 시선으로 쳐다봐 체력적 부담뿐만 아니라 정신적 스트레스도 계속 쌓이고 있다. 고령의 임신이라 위험요인이 많은데, 계속되는 야근에 제대로 임신을 유지할 수 있을지, 출산을 안전하게 할 수 있을지 걱정이 많다.

질문

1. O가 쓸 수 있는 출산전후휴가기간은 얼마인가?
2. 임신 10주인 O는 고령의 임산부로 최근 건강 상태를 보아 안정이 필요하다고 느끼고 있다. 아직 출산까지는 시간이 좀 있는데, 출산전후휴가를 나눠서 사용할 수 있는가?
3. O의 배우자인 남편도 출산휴가를 사용할 수 있는가?

「근로기준법」이 적용되는 여성 근로자라면 누구라도 출산전후휴가를 사용할 수 있다. 사용자는 임신 중의 여성에게 출산 전과 출산 후를 통하여 90일의 출산 전후휴가를 주어야 한다. 이 경우, 휴가 기간의 배정은 출산 후에 45일 이상이 되어야 한다. 위 사례처럼 쌍둥이를 임신한 경우에는 120일의 출산휴가를 주어야 하며, 휴가 기간 배정은 출산 후 60일 이상이 되어야 한다.[402]

사용자는 임신 중인 ① 여성 근로자가 유산·사산의 경험이 있거나 ② 임신한 근로자가 출산전후휴가를 청구할 당시 연령이 만 40세 이상이거나 ③ 임신한 근로자가 유산의 위험이 있다는 의료기관의 진단서를 제출한 경우, 출산 전 어느 때라도 휴가를 나누어 사용할 수 있도록 하여야 한다. 이 경우 출산 후의 휴가 기간은 연속하여 45일(한꺼번에 둘 이상 자녀를 임신한경우에는 60일) 이상이 되어야 한다.[403] 따라서 위 사례의 만 40세 이상의 임산부라 출산 전에 출산전후휴가를 분할하여 사용할 수 있다. 또한 임신 12주 이내의 임산부는 유산의 위험이 높은데, 임신 후 12주 이내 또는 조산의 위험이 높은 임신 32주 이후의 여성 근로자는 1일 2시간의 근로 단축을 신청할 수 있고, 그러한 신청이 있는 경우 사용자는 이를 허용하여야 한다.[404] 2021년 5월 18일 신설된 「근로기준법」 조항(제74조제9항)에 따라 사용자는 임신 중인 여성 근로자가 1일 소정근로시간을 유지하면서 업무의 시작 및 종료 시각의 변경을 신청하는 경우 이를 허용하여야 한다. 다만, 정상적인 사업 운영에 중대한 지장을 초래하는 경우 등 대통령령으로 정하는 경우에는 그러하지 아니하다.

사용자는 근로자가 그 배우자의 출산일로부터 120일 이내에 배우자의 출산을 이유로 휴가를 고지한 경우, 20일의 유급휴가를 주어야 한다. 배우자 출산휴가는 3회에 한정하여 나누어 사용할 수 있다.[405]

---

402) 「근로기준법」 제74조(임산부의 보호) 제1항.
403) 「근로기준법」 제74조(임산부의 보호) 제2항, 「근로기준법 시행령」 제43조(유산·사산휴가의 청구 등).
404) 「근로기준법」 제74조(임산부의 보호) 제7항.
405) 「남녀고용평등과 일·가정 양립 지원에 관한 법률」 제18조의2(배우자 출산휴가)

※ 관련법률: 「근로기준법」, 「근로기준법 시행령」, 「남녀고용평등법과 일·가정 양립 지원에 관한 법률 (약칭: 남녀고용평등법)」

「근로기준법」

제74조(임산부의 보호) ① 사용자는 임신 중의 여성에게 출산 전과 출산 후를 통하여 90일(미숙아를 출산한 경우에는 100일, 한 번에 둘 이상 자녀를 임신한 경우에는 120일)의 출산전후휴가를 주어야 한다. 이 경우 휴가 기간의 배정은 출산 후에 45일(한 번에 둘 이상 자녀를 임신한 경우에는 60일) 이상이 되어야 하고, 미숙아의 범위, 휴가 부여 절차 등에 필요한 사항은 고용노동부령으로 정한다. 〈개정 2012. 2. 1., 2014. 1. 21., 2024. 10. 22.〉

② 사용자는 임신 중인 여성 근로자가 유산의 경험 등 대통령령으로 정하는 사유로 제1항의 휴가를 청구하는 경우 출산 전 어느 때라도 휴가를 나누어 사용할 수 있도록 하여야 한다. 이 경우 출산 후의 휴가 기간은 연속하여 45일(한 번에 둘 이상 자녀를 임신한 경우에는 60일) 이상이 되어야 한다. 〈신설 2012. 2. 1., 2014. 1. 21.〉

③ 사용자는 임신 중인 여성이 유산 또는 사산한 경우로서 그 근로자가 청구하면 대통령령으로 정하는 바에 따라 유산·사산 휴가를 주어야 한다. 다만, 인공 임신중절 수술(「모자보건법」 제14조제1항에 따른 경우는 제외한다)에 따른 유산의 경우는 그러하지 아니하다. 〈개정 2012. 2. 1.〉

④ 제1항부터 제3항까지의 규정에 따른 휴가 중 최초 60일(한 번에 둘 이상 자녀를 임신한 경우에는 75일)은 유급으로 한다. 다만, 「남녀고용평등과 일·가정 양립 지원에 관한 법률」 제18조에 따라 출산전후휴가급여 등이 지급된 경우에는 그 금액의 한도에서 지급의 책임을 면한다. 〈개정 2007. 12. 21., 2012. 2. 1., 2014. 1. 21.〉

⑤ 사용자는 임신 중의 여성 근로자에게 시간외근로를 하게 하여서는 아니 되며, 그 근로자의 요구가 있는 경우에는 쉬운 종류의 근로로 전환하여야 한다. 〈개정 2012. 2. 1.〉

⑥ 사업주는 제1항에 따른 출산전후휴가 종료 후에는 휴가 전과 동일한 업무 또는 동등한 수준의 임금을 지급하는 직무에 복귀시켜야 한다. 〈신설 2008. 3. 28., 2012. 2. 1.〉

⑦ 사용자는 임신 후 12주 이내 또는 32주 이후에 있는 여성 근로자(고용노동부령으로 정하는 유산, 조산 등 위험이 있는 여성 근로자의 경우 임신 전 기간)가 1일 2시간의 근로시간 단축을 신청하는 경우 이를 허용하여야 한다. 다만, 1일 근로시간이 8시간 미만인 근로자에 대하여는 1일 근로시간이 6시간이 되도록 근로시간 단축을 허용할 수 있다. 〈신설 2014. 3. 24., 2024. 10. 22.〉

⑧ 사용자는 제7항에 따른 근로시간 단축을 이유로 해당 근로자의 임금을 삭감하여서는 아

니 된다. 〈신설 2014. 3. 24.〉

⑨ 사용자는 임신 중인 여성 근로자가 1일 소정근로시간을 유지하면서 업무의 시작 및 종료 시각의 변경을 신청하는 경우 이를 허용하여야 한다. 다만, 정상적인 사업 운영에 중대한 지장을 초래하는 경우 등 대통령령으로 정하는 경우에는 그러하지 아니하다. 〈신설 2021. 5. 18.〉

⑩ 제7항에 따른 근로시간 단축의 신청방법 및 절차, 제9항에 따른 업무의 시작 및 종료 시각 변경의 신청방법 및 절차 등에 관하여 필요한 사항은 대통령령으로 정한다. 〈신설 2014. 3. 24., 2021. 5. 18.〉

「근로기준법 시행령」

제43조(유산·사산휴가의 청구 등) ① 법 제74조제2항 전단에서 "대통령령으로 정하는 사유"란 다음 각 호의 어느 하나에 해당하는 경우를 말한다.〈신설 2012. 6. 21.〉

1. 임신한 근로자에게 유산·사산의 경험이 있는 경우
2. 임신한 근로자가 출산전후휴가를 청구할 당시 연령이 만 40세 이상인 경우
3. 임신한 근로자가 유산·사산의 위험이 있다는 의료기관의 진단서를 제출한 경우

②법 제74조제3항에 따라 유산 또는 사산한 근로자가 유산·사산휴가를 청구하는 경우에는 휴가 청구 사유, 유산·사산 발생일 및 임신기간 등을 적은 유산·사산휴가 신청서에 의료기관의 진단서를 첨부하여 사업주에게 제출하여야 한다.〈개정 2012. 6. 21.〉

③사업주는 제2항에 따라 유산·사산휴가를 청구한 근로자에게 다음 각 호의 기준에 따라 유산·사산휴가를 주어야 한다.〈개정 2012. 6. 21., 2025. 2. 18.〉

1. 유산 또는 사산한 근로자의 임신기간(이하 "임신기간"이라 한다)이 15주 이내인 경우: 유산 또는 사산한 날부터 10일까지
2. 삭제〈2025. 2. 18.〉
3. 임신기간이 16주 이상 21주 이내인 경우 : 유산 또는 사산한 날부터 30일까지
4. 임신기간이 22주 이상 27주 이내인 경우 : 유산 또는 사산한 날부터 60일까지
5. 임신기간이 28주 이상인 경우 : 유산 또는 사산한 날부터 90일까지

「남녀고용평등법과 일·가정 양립 지원에 관한 법률 (약칭: 남녀고용평등법)」

제18조(출산전후휴가 등에 대한 지원)

① 국가는 제18조의2에 따른 배우자 출산휴가, 제18조의3에 따른 난임치료휴가, 「근로기준법」 제74조에 따른 출산전후휴가 또는 유산·사산 휴가를 사용한 근로자 중 일정한 요건에 해당하는 사람에게 그 휴가기간에 대하여 통상임금에 상당하는 금액(이하 "출산전후휴가급여등"이라 한다)을 지급할 수 있다. 〈개정 2012. 2. 1., 2019. 8. 27., 2020. 5. 26., 2024. 10. 22.〉

② 제1항에 따라 지급된 출산전후휴가급여등은 그 금액의 한도에서 제18조의2제1항, 제18조의3제1항 본문 또는 「근로기준법」 제74조제4항에 따라 사업주가 지급한 것으로 본다. 〈개정 2012. 2. 1., 2019. 8. 27., 2024. 10. 22.〉

③ 출산전후휴가급여등을 지급하기 위하여 필요한 비용은 국가재정이나 「사회보장기본법」에 따른 사회보험에서 분담할 수 있다. 〈개정 2012. 2. 1.〉

④ 근로자가 출산전후휴가급여등을 받으려는 경우 사업주는 관계 서류의 작성·확인 등 모든 절차에 적극 협력하여야 한다. 〈개정 2012. 2. 1., 2019. 8. 27.〉

⑤ 출산전후휴가급여등의 지급요건, 지급기간 및 절차 등에 관하여 필요한 사항은 따로 법률로 정한다. 〈개정 2012. 2. 1.〉

[전문개정 2007. 12. 21.][제목개정 2012. 2. 1., 2019. 8. 27.]

제18조의2(배우자 출산휴가)

① 사업주는 근로자가 배우자의 출산을 이유로 휴가(이하 "배우자 출산휴가"라 한다)를 고지하는 경우에 20일의 휴가를 주어야 한다. 이 경우 사용한 휴가기간은 유급으로 한다. 〈개정 2012. 2. 1., 2019. 8. 27., 2024. 10. 22.〉

② 제1항 후단에도 불구하고 출산전후휴가급여등이 지급된 경우에는 그 금액의 한도에서 지급의 책임을 면한다. 〈신설 2019. 8. 27.〉

③ 배우자 출산휴가는 근로자의 배우자가 출산한 날부터 120일이 지나면 사용할 수 없다. 〈개정 2019. 8. 27., 2024. 10. 22.〉

④ 배우자 출산휴가는 3회에 한정하여 나누어 사용할 수 있다. 〈신설 2019. 8. 27., 2024. 10. 22.〉

⑤ 사업주는 배우자 출산휴가를 이유로 근로자를 해고하거나 그 밖의 불리한 처우를 하여서는 아니 된다. 〈신설 2019. 8. 27.〉

[본조신설 2007. 12. 21.]

제18조의3(난임치료휴가)

① 사업주는 근로자가 인공수정 또는 체외수정 등 난임치료를 받기 위하여 휴가(이하 "난임치료휴가"라 한다)를 청구하는 경우에 연간 6일 이내의 휴가를 주어야 하며, 이 경우 최초 2일은 유급으로 한다. 다만, 근로자가 청구한 시기에 휴가를 주는 것이 정상적인 사업 운영에 중대한 지장을 초래하는 경우에는 근로자와 협의하여 그 시기를 변경할 수 있다. 〈개정 2024. 10. 22.〉

② 사업주는 난임치료휴가를 이유로 해고, 징계 등 불리한 처우를 하여서는 아니 된다.

③ 사업주는 제1항에 따라 난임치료휴가의 청구 업무를 처리하는 과정에서 알게 된 사실을 난임치료휴가를 신청한 근로자의 의사에 반하여 다른 사람에게 누설하여서는 아니된다. 〈개정 2024. 10. 22.〉

④ 난임치료휴가의 신청방법 및 절차 등은 대통령령으로 정한다. 〈신설 2024. 10. 22.〉

[본조신설 2017. 11. 28.]

86　사직의사표시의 철회

중학교 교사인 K는 사범대에 진학한 후 임용고시에 합격하여 국어 선생님이 되었다. 그런데, 막상 교사가 되고 난 후 교직이 자신의 적성에 맞지 않는다는 것을 깨닫고 늘 스트레스를 받았다. 그런 스트레스로 인하여 건강이 나빠져서 지각과 결근이 잦았고, 그로 인하여 교장과 동료 교사들은 K에게 노골적으로 눈치를 주었다. 수업 외에 처리해야 할 행정업무도 많았고, 학생 지도도 버거웠던 K는 근근이 직장생활을 해 나가고 있었다. 그런데 어느 날 자신을 만만하게 생각하여 온갖 잡무를 웃으면서 떠넘기고, 성희롱 발언도 아무렇지 않게 하는 뻔뻔한 학생부장이 학교에서 발생한 학생안전사고에 대하여 자신에게 그 책임을 떠넘기는 데 격분하여 교장실로 찾아가 그간의 문제를 토로하였다. 그러고는 학기가 끝나는 3개월 뒤에 학교를 그만두겠다는 의사를 표시하면서 작성일자를 3개월 뒤로 하는 사직서를 제출하였다. 집으로 돌아와 안정을 취한 K는 시간이 지나자 언젠가 학교를 그만둘 수도 있겠지만 지금 학생부장 때문에 교직을 그만두는 것은 억울하다는 생각이 들었다. K는 일주일 뒤 교장에게 찾아가 사직 의사를 철회하고 사직서를 돌려달라고 하였는데, 교장은 사직서를 그대로 수리하여 사직서에 작성된 날짜(3개월 후)에 면직처분을 하겠다고 한다.

질문

1. K는 홧김에 표시한 사직 의사를 철회할 수 있을까?
2. 만약 학교 측이 K의 사직 의사의 철회를 인정하지 않고, 면직처분을 한다면 K는 어떤 법적 조치를 취할 수 있는가?

근로관계는 사용자에 의한 일방적 해지(해고) 외에도 근로자 측의 사직 의사표시와 근로자와 사용자의 합의해지, 당사자의 소멸(당사자 사망, 법인격의 소멸), 정년퇴직, 기간의 정함이 있는 근로관계에서 기간의 만료 등 다양한 사유로 종료된다. 이 중 사직은 근로관계를 종료하는 가장 일반적 형태라 할 수 있다. 사직(의원사직, 자진사퇴)은 근로자의 일방적인 의사표시에 의한 근로관계의 해지로, 사용자의 해고와 대칭되는 개념이다. 근로자의 사직에 관해서는 「근로기준법」에 특별히 규정된 바가 없으므로 단체협약 또는 취업규칙에 이에 관한 규정이 있다면 그 규정을 따르면 되고, 별도의 규정이 없다면 「민법」의 일반규정이 적용된다.[406]

「민법」 제660조에 따르면, 기간의 약정이 없는 근로자의 경우 근로자는 언제든지 해지(사직)의 통고(의사표시)를 할 수 있고, 사용자가 해지의 통고를 받은 날로부터 1개월 경과하면 근로관계는 소멸된다. 기간으로 보수를 정한 때에는 상대방이 해지의 통고를 받은 당기 후의 1기를 경과함으로써 효력이 생긴다.[407]

사직의 의사표시는 특별한 사정이 없는 한 근로관계를 소멸시키는 형성권적 효력을 가진 해지이므로, 합의해지의 청약이 아니다. 따라서 그 사직의 의사가 상대방에게 도달한 때는 상대방의 동의 없이 철회할 수 없다고 보아야 한다. 사직의 의사표시는 객관적으로 명확한 것이어야 하고, 강압에 의한 것이 아니어야 한다. 일시적 감정에 의하여 표명된 퇴직의 의사표시는 진의에 의한 의사표시가 될 수 없거나[408] 강박에 의한 것일 수도 있다. 강박에 의한 의사표시는 취소할 수 있다.[409]

합의해지는 근로자와 사용자가 자유로운 합의로 근로계약을 장래에 대해서 소멸시키는 계약이다. 근로기준법의 해고에 관한 규정은 원칙적으로 합의해지에 대해서 적용되지 않지만 「민법」의 법률행위(의사표시)에 관한 규정(제103조 내지

---

406) 김형배 박지순, *supra* note 338, p.308.
407) 당기 후의 1기란 "당기후 1임금 지급기"를 의미하는데, ① 매월 1일 ~ 말일까지 임금을 받는 경우, 근로자가 5월 21일 사직의 의사를 표시했다면, 당기후 1임금 지급기인 6월 1일 ~ 30일까지 근무 후 7월 1일자로 근로관계가 종료하게 된다. ② 매월 10일 ~ 다음 달 9일 월급을 지급하는 경우, 5월 21일 사직의 의사를 표시하면, 당기후 1임금 지급기인 6월 10일 ~ 7월 9일까지 근무 후 7월 10일자로 근로관계가 종료하게 된다.
408) 「민법」 제107조(진의 아닌 의사표시).
409) 「민법」 제110조(사기, 강박에 의한 의사표시).

제105조, 제107조 이하)은 이에 적용된다. 합의해지를 위한 청약으로서의 의사표시(퇴직원의 제출)는 사용자의 승낙 의사표시가 있기 전까지는 철회할 수 있다. 원래 계약 청약의 구속력을 규정한 「민법」 제527조에 따르면 청약이 상대방에게 도달하면 이를 철회할 수 없는 것인데, 대법원 판례는 「민법」 제527조의 내용을 근로자 보호의 관점에서 수정해석을 하고 있다. 관련 대법원 판례에 따르면 근로자가 사직원을 제출하여 근로계약 관계의 해지를 청약하는 경우 그에 대한 사용자의 그 승낙의 의사표시가 근로자에게 도달하기 이전에는 그 의사표시를 철회할 수 있고, 다만 근로자의 사직 의사표시 철회가 사용자에게 예측할 수 없는 손해를 주는 등 신의칙에 반한다고 인정되는 특별한 사정이 있는 경우에 한하여 그 철회가 허용되지 않는다."고 판결하였다.[410]

위 사례의 경우 K는 사용자에 대하여 3개월 후 사직 의사를 밝힌 사직원을 제출하는 방법으로 사용자에게 근로계약관계의 합의해지를 청약한 경우에 해당한다고 볼 수 있고, 사직을 하겠다는 시점 3개월 이전에, 사직원을 제출한 지 일주일 만에 그 의사를 번복한 것은 사직 의사를 철회한 것으로 볼 수 있다. 위 대법원 판례에 근거하면 특별히 사직 의사표시의 철회를 허용하는 것이 학교 측에 예측할 수 없는 손해를 주게 되는 등 신의칙에 반한다고 인정되는 특별한 사정이 없는 한 적법하게 그 철회의 효력이 생긴 것으로 본다.

따라서 위 사례의 K는 일주일 전에 제출한 사직원의 사직 의사를 철회할 수 있고, 그러한 사직 의사의 철회에도 불구하고 학교가 사직원의 효력을 인정하여 면직처리를 한다면 학교를 상대로 의원면직처분의 무효를 확인하는 민사소송을 제기할 수 있다.

---

[410] 대법원, 1992.4.10. 선고 91다43138 판결; 대법원 2000.9.5. 선고 99두8657 판결 등.

87 정당한 해고와 부당해고

6년 차 여성 직장인 P는 화장품을 제조하고, 수출하는 회사의 재무팀에 근무하면서 그동안 경리업무를 담당하였다. 그런데, 출산휴가를 다녀오니 회사 측에서 P를 해외영업팀으로 인사발령을 내고, 해외영업 관리를 시켰다. 그런데 P는 영어나 중국어 등 업무에 필요한 외국어를 전혀 할 줄 모르고, 영업에 대해서는 전혀 알지 못했다. 입사 후 경리업무만 전담했던 P는 새로 배정된 팀에 잘 적응하지 못하였고, 팀원이 모두 바쁜 상황이라 P에게 업무를 지도해 주는 사람이 없었는데 P가 알아서 업무를 처리하기에는 한계가 있었다. 그런데, 인사발령이 난 후 3개월이 지난 시점에 시행된 상반기 업무실적평가에서 P가 최하점을 받았고, P로 인하여 덩달아 팀의 실적평가도 나빠지게 되었다. 화가 난 팀장은 P에게 팀원들이 보는 앞에서 다음 하반기 평가에서도 실적이 꼴등이면 해고라고 통보하였고, 카카오톡 메시지로도 해고될 수 있으니 앞으로 잘해야 할 것이라고 수시로 압박하였다.

 질문

1. 팀장이 P에게 한 해고통보(구두, 문자)는 법적으로 효력이 있는가?

해고란 근로자의 의사에 상관없이 사업주가 일방적으로 근로계약을 해지하는 행위로, 해고의 종류는 ① 근로자 측 사유에 의한 정당한 해고(예를 들어 근로자의 건강 이상, 능력 부족, 직무 태만, 직무규율 위반, 부정행위, 범죄 행위 등)와 ② 경영상의 이유에 의한 해고가 있다.[411]

---

411) 「근로기준법」 제23조(해고 등의 제한), 제24조(경영상 이유에 의한 해고의 제한).

「근로기준법」은 해고가 전적으로 사용자의 의사에 의해 결정되는 경우 근로자의 인간다운 삶에 대해 미치는 부정적 영향을 줄이기 위해 해고에 대한 정당한 이유와 법에 따른 절차와 형식을 요구함으로써 사용자의 해고의 자유를 제한하고 있다. 사업주가 정당한 사유 없이 근로자를 해고하면 부당해고가 되는데, 해고의 정당한 요건은 다음과 같다. 첫째, 해고에는 근로자 또는 사측에서 발생하는 정당한 이유가 있어야 한다.[412] 둘째, 해고는 취업규칙이나 단체협약에서 정한 절차와 방법에 따라 이루어져야 한다. 사업주는 근로자에게 사전에 충분한 소명의 기회를 주어야 한다. 셋째, 해고 시기와 관련하여 근로자가 업무상 부상 또는 질병의 요양 차 휴업하는 기간과 그 후 30일, 출산 전후의 여성이 산전후 휴가를 사용하는 기간과 그 후 30일 동안에는 해고할 수 없다.[413] 넷째, 해고는 근로자의 생계와 관련되므로 남용되어서는 안 되며, 형평성을 갖추어야 하는데, 동일한 사안을 두고 특정 근로자만 해고해서는 안 된다.

절차적으로 사업주는 반드시 해고 30일 전에 근로자에게 해고 사실을 구체적으로 예고해야 한다. 해고예고를 할 때 반드시 해고 날짜를 명시해야 하며, 불확실한 기한이나 조건을 붙인 예고는 효력이 없다. 만약, 사용자가 해고예고를 하지 않는다면 근로자에게 해고예고수당, 즉 30일분 이상의 통상임금을 지급해야 한다.[414] 사용자는 근로자를 해고하기 위해 해고 사유와 해고시기를 서면으로 통지해야 한다.[415]

위 사례의 경우 팀장이 P에게 구두로 하거나 카카오톡 메시지를 통하여 한 해고예고 통보는 법적으로 효력이 없다. 그러한 해고예고 통보는 조건을 붙인 해고이고, 구체적인 해고 날짜가 명시되어 있지 않으며, 해고 사유와 해고 시기를 서면의 형식이 아닌 구두, 문자 메시지 형식으로 하였기 때문이다. 또한 P의 업무능력 부족으로 인한 사유라 하더라도 P가 출산휴가를 다녀온 후 P가 출산 전에 수행했던 업무와 전혀 상관없는 부서에 배치함으로써 P에게 사실상 불이익을 준 것이라면 정당한 해고 사유로 인정될 수 없다.

---

412) 「근로기준법」 제23조(해고 등의 제한) 제1항.
413) 「근로기준법」 제23조(해고 등의 제한) 제2항.
414) 「근로기준법」 제26조(해고의 예고).
415) 「근로기준법」 제27조(해고사유 등의 서면통지).

88 정리해고

J호텔은 경영상의 필요를 이유로 기존의 객실 정비인력 중 일부 인력을 직접 고용하지 않고, 외부업체를 통해 간접 고용하기로 했다. 3년 전부터 객실관리부 소속으로 해당 업무를 수행하였던 근로자 Y는 J호텔이 도급업체로 그 소속을 변경할 것을 권했지만, 회사의 권고를 거부하였고, J호텔은 그 다음 해 '긴박한 경영상의 이유'로 Y를 포함한 8명을 정리해고하였다. 그런데, 이들을 정리해고하기 3개월 전, J호텔은 41명의 신입사원을 공개 채용하기도 하였다.

 질문

1. 정리해고를 당한 8명의 근로자는 부당해고를 주장하고 있는데, J호텔의 정리해고는 정당한 해고로 볼 수 있는가?
2. 만약 8명이 부당해고를 당했다면 이 근로자들이 할 수 있는 법적 조치는 무엇인가?

사용자가 경영상의 이유로 인해 근로자를 해고하고자 하는 경우, 다음의 요건을 충족하여야 한다. 첫째, 긴박한 경영상의 필요가 있어야 한다. 긴박성 정도에 관한 종전의 판례는 기업의 도산이 초래될 고도의 경영 위기 상태가 초래되어야 한다는 입장(대법원 1989.5.23. 선고 87다카21332 판결)이었으나 1991년 이후 대법원의 판례는 기업의 도산을 회피하기 위한 정도까지 요구하지 않으며, 객관적으로 볼 때 경영합리화 조치의 합리성이 인정되는 정도로 족하다는 완화된 입장을 취하고 있다(대법원 1991.12.10. 선고 91다8467 판결 등). 「근로기준법」에 따르면 경영악화를 방지하기 위한 사업의 양도·인수·합병은 긴박한 경영상의 필요가 있는 것으로 본다.[416] 둘째, 사용자는 경영상 해고를 하기 전에 상당 기간

해고를 피하기 위한 노력을 해야 한다. 해고 회피 노력을 전혀 하지 않은 경우 해고의 정당성을 인정받을 수 없다. 셋째, 합리적이고 공정한 해고 기준을 정하고 이에 따라 그 대상자를 선정하여야 한다. 이 경우 남녀의 성을 이유로 처벌해서는 안 된다. 넷째, 사용자는 그 사업 또는 사업장 근로자 대표에게 해고하고자 하는 날의 50일 전까지 이를 통보하고, 해고를 피하기 위한 방법과 해고 기준 등에 관하여 성실히 협의해야 한다.[417]

위 사례의 J호텔의 정리해고가 정당한 해고로 인정받기 위해서는 긴박한 경영상의 필요가 있어야 하고, 사용자가 해고를 회피하기 위한 노력을 하여야 하는데, J호텔이 정리해고 3개월 전에 41명의 신규인력을 채용하였기 때문에 긴박한 경영상의 필요가 존재한다고 보기 어렵고, 해고 대상 직원들을 파견근로자로 전환하려는 회사의 요구에 불응한 8명의 직원만 해고하였으므로 부당해고로 볼 소지가 크다. 정당한 이유 없이 근로자를 해고한 경우 사법상 무효다. 부당해고를 당한 근로자는 지방노동위원회에 부당해고 구제신청을 하거나 법원에 해고무효확인소송을 청구할 수 있다.

※ 관련 법률: 「근로기준법」, 「근로기준법 시행령」

「근로기준법」

제24조(경영상 이유에 의한 해고의 제한)
① 사용자가 경영상 이유에 의하여 근로자를 해고하려면 긴박한 경영상의 필요가 있어야 한다. 이 경우 경영 악화를 방지하기 위한 사업의 양도·인수·합병은 긴박한 경영상의 필요가 있는 것으로 본다.
② 제1항의 경우에 사용자는 해고를 피하기 위한 노력을 다하여야 하며, 합리적이고 공정한 해고의 기준을 정하고 이에 따라 그 대상자를 선정하여야 한다. 이 경우 남녀의 성을 이유로 차별하여서는 아니 된다.

---

416) 「근로기준법」 제24조(경영상 이유에 의한 해고의 제한) 제1항.
417) 「근로기준법」 제24조(경영상 이유에 의한 해고의 제한) 제2항~제3항.

③ 사용자는 제2항에 따른 해고를 피하기 위한 방법과 해고의 기준 등에 관하여 그 사업 또는 사업장에 근로자의 과반수로 조직된 노동조합이 있는 경우에는 그 노동조합(근로자의 과반수로 조직된 노동조합이 없는 경우에는 근로자의 과반수를 대표하는 자를 말한다. 이하 "근로자대표"라 한다)에 해고를 하려는 날의 50일 전까지 통보하고 성실하게 협의하여야 한다.

④ 사용자는 제1항에 따라 대통령령으로 정하는 일정한 규모 이상의 인원을 해고하려면 대통령령으로 정하는 바에 따라 고용노동부장관에게 신고하여야 한다. 〈개정 2010. 6. 4.〉

⑤ 사용자가 제1항부터 제3항까지의 규정에 따른 요건을 갖추어 근로자를 해고한 경우에는 제23조제1항에 따른 정당한 이유가 있는 해고를 한 것으로 본다.

제25조(우선 재고용 등)

① 제24조에 따라 근로자를 해고한 사용자는 근로자를 해고한 날부터 3년 이내에 해고된 근로자가 해고 당시 담당하였던 업무와 같은 업무를 할 근로자를 채용하려고 할 경우 제24조에 따라 해고된 근로자가 원하면 그 근로자를 우선적으로 고용하여야 한다.

② 정부는 제24조에 따라 해고된 근로자에 대하여 생계안정, 재취업, 직업훈련 등 필요한 조치를 우선적으로 취하여야 한다.

제26조(해고의 예고)

사용자는 근로자를 해고(경영상 이유에 의한 해고를 포함한다)하려면 적어도 30일 전에 예고를 하여야 하고, 30일 전에 예고를 하지 아니하였을 때에는 30일분 이상의 통상임금을 지급하여야 한다. 다만, 다음 각 호의 어느 하나에 해당하는 경우에는 그러하지 아니하다. 〈개정 2010. 6. 4., 2019. 1. 15.〉

1. 근로자가 계속 근로한 기간이 3개월 미만인 경우
2. 천재·사변, 그 밖의 부득이한 사유로 사업을 계속하는 것이 불가능한 경우
3. 근로자가 고의로 사업에 막대한 지장을 초래하거나 재산상 손해를 끼친 경우로서 고용노동부령으로 정하는 사유에 해당하는 경우

제27조(해고사유 등의 서면통지)

① 사용자는 근로자를 해고하려면 해고사유와 해고시기를 서면으로 통지하여야 한다.

② 근로자에 대한 해고는 제1항에 따라 서면으로 통지하여야 효력이 있다.

③ 사용자가 제26조에 따른 해고의 예고를 해고사유와 해고시기를 명시하여 서면으로 한 경우에는 제1항에 따른 통지를 한 것으로 본다. 〈신설 2014. 3. 24.〉

「근로기준법 시행령」

제10조(경영상의 이유에 의한 해고 계획의 신고)

①법 제24조제4항에 따라 사용자는 1개월 동안에 다음 각 호의 어느 하나에 해당하는 인원을 해고하려면 최초로 해고하려는 날의 30일 전까지 고용노동부장관에게 신고하여야 한다. 〈개정 2010. 7. 12.〉

1. 상시 근로자수가 99명 이하인 사업 또는 사업장 : 10명 이상
2. 상시 근로자수가 100명 이상 999명 이하인 사업 또는 사업장 : 상시 근로자수의 10퍼센트 이상
3. 상시 근로자수가 1,000명 이상 사업 또는 사업장 : 100명 이상

②제1항에 따른 신고를 할 때에는 다음 각 호의 사항을 포함하여야 한다.

1. 해고 사유
2. 해고 예정 인원
3. 근로자대표와 협의한 내용
4. 해고 일정

89 실업급여

대학 졸업 후 국내 의료기기 제조회사의 영업사원으로 10년간 근무한 P는 그 동안 자신을 못살게 괴롭혀 왔던 상사와 크게 싸우고, 홧김에 사표를 내고 회사를 그만 두었다. P는 이번 기회에 그동안 열심히 일한 자신에 대한 보상으로 1년간의 자유시간을 갖기로 하고, 대학 때부터 꿈꿔왔던 유럽 배낭여행을 떠나기로 하였다. P는 회사에 사직서를 내고, 실업급여를 받아 매달 붓는 남은 자동차 할부금과 각종 보험료, 적금을 충당할 계획이다.

 질문

1. 회사에 사직서를 제출한 P는 실업급여(구직급여)를 받을 수 있는가?
2. P가 만약 실업급여(구직급여) 수급자격을 갖춘다면, 실업급여를 받을 수 있는 기간과 급여액은 얼마나 되는가?

근로자가 근로의 기회를 상실하여 실업이라는 사고가 발생하면「고용보험법」에 따라 정부가 고용보험의 피보험자인 근로자에게 실업급여를 지급한다. '실업'이라 함은 근로자가 이직하여[418] 근로의 능력 및 의사를 가지고 있음에도 불구하고 취업하지 못한 상태에 있는 것을 말한다.[419]

실업급여(구직급여)를 받으려면 실업 인정을 받아야 하는데, 실업으로 인정되는 주된 요건은 ① 이직일 이전 18개월간 피보험 단위기간이 180일 이상이어야

---

418) 이직이라 함은 피보험자(근로자)와 사업주 사이에 고용관계가 끝나게 되는 것을 말한다.「고용보험법」제2조(정의) 제2호.
419)「고용보험법」제2조(정의) 제3호.

하고, ② 근로의 의사와 능력이 있음에도 불구하고 취업하지 못한 상태여야 하며, ③ 이직 사유가 수급자격의 제한사유(「고용보험법」 제58조)에 해당하지 않아야 한다. 또한 ④ 재취업을 위한 적극적인 노력을 해야 한다. 1개월 미만 고용되는 일용근로자가 구직급여를 지급받기 위해서는 위의 요건에 추가하여 수급자격 인정신청일이 속한 달의 직전 달 초일부터 수급자격 인정신청일까지의 근로일 수의 합이 같은 기간 동안의 총 일수의 3분의 1 미만이어야 한다.

위 사례의 경우 P는 근로자가 자발적으로 자기 사정으로 이직한 경우로 「고용보험법」 제58조제2호에 해당되어 실업급여 수급자격이 인정되지 않는다.

구직급여는 수급기간 내에 소정급여일수를 한도로 하여 지급되는데, 연령 및 고용보험 가입기간에 따라 120일에서 270일간 이직 전 평균임금의 60%가 지급된다. 1일 상한액은 66,000원, 1일 하한액은 최저임금의 80%다.

구직급여는 「고용보험법」에 따라 규정된 경우 외에는 그 구직급여의 수급자격과 관련된 이직일의 다음 날부터 계산하기 시작하여 12개월 이내에 소정급여일수를 한도로 하여 지급하기 때문에 구직급여를 받으려면 이직 후 지체 없이 직업안정기관에 출석하여 실업을 신고해야 한다.[420] 실업신고에는 구직신청과 수급자격의 인정신청을 포함하여야 한다.[421] 구직급여를 지급받으려는 자는 직업안정기관의 장으로부터 구직급여의 수급요건을 갖추었다는 사실을 인정받아야 한다.[422]

※ 관련 법률: 「고용보험법」

제40조(구직급여의 수급 요건)
① 구직급여는 이직한 근로자인 피보험자가 다음 각 호의 요건을 모두 갖춘 경우에 지급한다. 다만, 제5호와 제6호는 최종 이직 당시 일용근로자였던 사람만 해당한다. 〈개정 2019. 1. 15., 2019. 8. 27., 2020. 5. 26., 2021. 1. 5., 2022. 12. 31.〉

---

[420] 「고용보험법」 제48조(수급기간 및 수급일수) 제1항.
[421] 「고용보험법」 제42조(실업의 신고).
[422] 「고용보험법」 제43조(수급자격의 인정).

1. 제2항에 따른 기준기간(이하 "기준기간"이라 한다) 동안의 피보험 단위기간(제41조에 따른 피보험 단위기간을 말한다. 이하 같다)이 합산하여 180일 이상일 것
2. 근로의 의사와 능력이 있음에도 불구하고 취업(영리를 목적으로 사업을 영위하는 경우를 포함한다. 이하 이 장 및 제5장에서 같다)하지 못한 상태에 있을 것
3. 이직사유가 제58조에 따른 수급자격의 제한 사유에 해당하지 아니할 것
4. 재취업을 위한 노력을 적극적으로 할 것
5. 다음 각 목의 어느 하나에 해당할 것
   가. 제43조에 따른 수급자격 인정신청일이 속한 달의 직전 달 초일부터 수급자격 인정신청일까지의 근로일 수의 합이 같은 기간 동안의 총 일수의 3분의 1 미만일 것
   나. 건설일용근로자(일용근로자로서 이직 당시에 「통계법」 제22조제1항에 따라 통계청장이 고시하는 한국표준산업분류의 대분류상 건설업에 종사한 사람을 말한다. 이하 같다)로서 수급자격 인정신청일 이전 14일간 연속하여 근로내역이 없을 것
6. 최종 이직 당시의 기준기간 동안의 피보험 단위기간 중 다른 사업에서 제58조에 따른 수급자격의 제한 사유에 해당하는 사유로 이직한 사실이 있는 경우에는 그 피보험 단위기간 중 90일 이상을 일용근로자로 근로하였을 것

② 기준기간은 이직일 이전 18개월로 하되, 근로자인 피보험자가 다음 각 호의 어느 하나에 해당하는 경우에는 다음 각 호의 구분에 따른 기간을 기준기간으로 한다. 〈개정 2019. 8. 27., 2021. 1. 5.〉

1. 이직일 이전 18개월 동안에 질병·부상, 그 밖에 대통령령으로 정하는 사유로 계속하여 30일 이상 보수의 지급을 받을 수 없었던 경우: 18개월에 그 사유로 보수를 지급 받을 수 없었던 일수를 가산한 기간(3년을 초과할 때에는 3년으로 한다)
2. 다음 각 목의 요건에 모두 해당하는 경우: 이직일 이전 24개월
   가. 이직 당시 1주 소정근로시간이 15시간 미만이고, 1주 소정근로일수가 2일 이하인 근로자로 근로하였을 것
   나. 이직일 이전 24개월 동안의 피보험 단위기간 중 90일 이상을 가목의 요건에 해당하는 근로자로 근로하였을 것

제44조(실업의 인정)

①구직급여는 수급자격자가 실업한 상태에 있는 날 중에서 직업안정기관의 장으로부터 실업의 인정을 받은 날에 대하여 지급한다.

②실업의 인정을 받으려는 수급자격자는 제42조에 따라 실업의 신고를 한 날부터 계산하기

시작하여 1주부터 4주의 범위에서 직업안정기관의 장이 지정한 날(이하 "실업인정일"이라 한다)에 출석하여 재취업을 위한 노력을 하였음을 신고하여야 하고, 직업안정기관의 장은 직전 실업인정일의 다음 날부터 그 실업인정일까지의 각각의 날에 대하여 실업의 인정을 한다. 다만, 다음 각 호에 해당하는 사람에 대한 실업의 인정 방법은 고용노동부령으로 정하는 기준에 따른다. 〈개정 2010. 6. 4., 2020. 5. 26.〉

1. 직업능력개발 훈련 등을 받는 수급자격자
2. 천재지변, 대량 실업의 발생 등 대통령령으로 정하는 사유가 발생한 경우의 수급자격자
3. 그 밖에 대통령령으로 정하는 수급자격자

③제2항에도 불구하고 수급자격자가 다음 각 호의 어느 하나에 해당하면 직업안정기관에 출석할 수 없었던 사유를 적은 증명서를 제출하여 실업의 인정을 받을 수 있다.

1. 질병이나 부상으로 직업안정기관에 출석할 수 없었던 경우로서 그 기간이 계속하여 7일 미만인 경우
2. 직업안정기관의 직업소개에 따른 구인자와의 면접 등으로 직업안정기관에 출석할 수 없었던 경우
3. 직업안정기관의 장이 지시한 직업능력개발 훈련 등을 받기 위하여 직업안정기관에 출석할 수 없었던 경우
4. 천재지변이나 그 밖의 부득이한 사유로 직업안정기관에 출석할 수 없었던 경우

④직업안정기관의 장은 제1항에 따른 실업을 인정할 때에는 수급자격자의 취업을 촉진하기 위하여 재취업 활동에 관한 계획의 수립 지원, 직업소개 등 대통령령으로 정하는 조치를 하여야 한다. 이 경우 수급자격자는 정당한 사유가 없으면 직업안정기관의 장의 조치에 따라야 한다.

제48조(수급기간 및 수급일수)
①구직급여는 이 법에 따로 규정이 있는 경우 외에는 그 구직급여의 수급자격과 관련된 이직일의 다음 날부터 계산하기 시작하여 12개월 내에 제50조제1항에 따른 소정급여일수를 한도로 하여 지급한다.
②제1항에 따른 12개월의 기간 중 임신·출산·육아, 그 밖에 대통령령으로 정하는 사유로 취업할 수 없는 사람이 그 사실을 수급기간에 직업안정기관에 신고한 경우에는 12개월의 기간에 그 취업할 수 없는 기간을 가산한 기간(4년을 넘을 때에는 4년)에 제50조제1항에 따른 소정급여일수를 한도로 하여 구직급여를 지급한다. 〈개정 2020. 5. 26.〉

③ 다음 각 호의 어느 하나에 해당하는 경우에는 해당 최초 요양일에 제2항에 따른 신고를 한 것으로 본다. 〈신설 2008. 12. 31., 2020. 5. 26.〉
1. 「산업재해보상보험법」 제40조에 따른 요양급여를 받는 경우
2. 질병 또는 부상으로 3개월 이상의 요양이 필요하여 이직하였고, 이직 기간 동안 취업활동이 곤란하였던 사실이 요양기간과 부상·질병 상태를 구체적으로 밝힌 주치의사의 소견과 요양을 위하여 이직하였다는 사업주의 의견을 통하여 확인된 경우

제58조(이직 사유에 따른 수급자격의 제한)
제40조에도 불구하고 피보험자가 다음 각 호의 어느 하나에 해당한다고 직업안정기관의 장이 인정하는 경우에는 수급자격이 없는 것으로 본다. 〈개정 2010. 6. 4., 2020. 5. 26.〉
1. 중대한 귀책사유(歸責事由)로 해고된 피보험자로서 다음 각 목의 어느 하나에 해당하는 경우
    가. 「형법」 또는 직무와 관련된 법률을 위반하여 금고 이상의 형을 선고받은 경우
    나. 사업에 막대한 지장을 초래하거나 재산상 손해를 끼친 경우로서 고용노동부령으로 정하는 기준에 해당하는 경우
    다. 정당한 사유 없이 근로계약 또는 취업규칙 등을 위반하여 장기간 무단 결근한 경우
2. 자기 사정으로 이직한 피보험자로서 다음 각 목의 어느 하나에 해당하는 경우
    가. 전직 또는 자영업을 하기 위하여 이직한 경우
    나. 제1호의 중대한 귀책사유가 있는 사람이 해고되지 아니하고 사업주의 권고로 이직한 경우
    다. 그 밖에 고용노동부령으로 정하는 정당한 사유에 해당하지 아니하는 사유로 이직한 경우

90 부당노동행위

O는 충남 아산의 한 자동차 공조 장치 제조업체 K사에 신입사원으로 채용되었다. K사는 신입사원 채용 면접 시, 지원자에게 K사의 기존 노조가 강성이라며 그 노조에 가입할지 여부를 물어 본 후, 그 노조에 가입 의사가 없는 지원자만 합격시키거나 일부 지원자에게는 회사 내 친사용자 노조에 가입할 것을 요구하고, 그러한 조건을 수용하는 지원자만 합격시켰다. K사는 회사 내 친사용자 노조의 전임자에게는 급여를 지원하고, 소정의 운영경비를 제공하였지만, 강성노조에 대해서는 일체의 경비 지원이 없다.

질문

1. 기존 노조에 가입하지 않을 것을 조건으로 또는 회사가 지정하는 특정 노조에 가입할 것을 조건으로 사원을 채용하는 K사의 행위는 합법적인가?
2. 회사가 노조에 운영경비를 지급하는 행위는 합법적인가?
3. 만약 K사가 친사용자 노조와 강성노조 차별 없이 노조 전임자의 급여를 지원하거나 노조의 운영경비를 지원한다면 법적으로 문제가 없는가?

부당노동행위란 근로 3권(단결권, 단체교섭권, 단체행동권)을 보호해야 할 의무가 있는 국가가 사용자의 전형적인 근로 3권 침해행위를 유형화한 것으로, 부당노동행위가 있으면 실제로 근로 3권을 침해했는지 여부와 상관없이 위법행위가 된다. 「노동조합 및 노동관계조정법」은 ① 불이익취급, ② 황견계약(yellow dog contract), ③ 정당한 이유 없는 단체교섭의 거부, ④ 노동조합의 조직·운영에 지배·개입 및 경비원조 등을 부당노동행위로 규정하고 있다.[423]

위 사례의 경우, K사가 신입사원을 채용하면서 기존 노조에 가입하지 않을 것을 조건으로 또는 회사가 지정하는 특정 노조에 가입할 것을 조건으로 사원을 고용하였는데, K사의 그러한 행위는 ② 황견계약으로 부당노동행위에 해당한다.

또한 K사가 회사의 노조들 중 친사용자 노조에 대하여 운영경비와 노동조합의 전임자에게 급여를 지원하는 것도 ④ 노동조합의 조직·운영에 지배·개입 및 경비원조 유형의 부당노동행위에 포함된다. 따라서 회사가 회사 내 두 노동조합을 차별하지 않고, 그러한 경비를 지원하여도 그러한 행위는 불법이다. 다만, 회사가 근로자의 후생 자금 또는 경제상의 불행 기타 재액의 방지와 구제를 위하여 기금을 기부하는 것과 최소한의 규모의 노동조합사무소를 제공하는 것은 예외적으로 허용된다. 부당노동행위를 한 사용자는 2년 이하의 징역 또는 2천만 원 이하의 벌금에 처한다.[424]

사용자의 부당노동행위로 인하여 권리를 침해당한 근로자 또는 노동조합은 부당노동행위가 있은 날(계속하는 행위는 그 종료일)로부터 3월 이내에 지방노동위원회에 그 구제를 신청할 수 있다. 구제신청을 받은 지방노동위원회가 필요한 조사와 관계자 심문을 거쳐 부당노동행위가 성립한다고 판정한 때는 사용자에게 원상회복을 위한 구제명령을 발하여야 한다. 만약 부당노동행위가 성립되지 않는다고 판단하는 경우에는 그 구제신청을 기각하는 결정을 내려야 한다. 그 결정에 불복하는 당사자는 명령서 또는 결정서를 송달받은 날로부터 10일 이내에 중앙노동위원회에 재심을 청구할 수 있고, 재심에도 이의가 있는 경우 재심판정서를 송달받은 날로부터 15일 이내에 행정소송을 제기할 수 있다. 근로자와 노동조합은 노동위원회의 구제와는 별개로 민사소송을 통하여 구제를 신청할 수도 있다.[425]

---

423) 「노동조합 및 노동관계조정법」 제81조(부당노동행위).
424) 「노동조합 및 노동관계조정법」 제90조(벌칙).
425) 법무부·한국법교육센터, supra note 86, p.431;「노동조합 및 노동관계조정법」 제82조~제85조 참조.

※ **관련 법률:**「노동조합 및 노동관계조정법 (약칭: 노동조합법)」

제81조(부당노동행위)

① 사용자는 다음 각 호의 어느 하나에 해당하는 행위(이하 "不當勞動行爲"라 한다)를 할 수 없다. 〈개정 2006. 12. 30., 2010. 1. 1., 2020. 6. 9., 2021. 1. 5.〉

1. 근로자가 노동조합에 가입 또는 가입하려고 하였거나 노동조합을 조직하려고 하였거나 기타 노동조합의 업무를 위한 정당한 행위를 한 것을 이유로 그 근로자를 해고하거나 그 근로자에게 불이익을 주는 행위
2. 근로자가 어느 노동조합에 가입하지 아니할 것 또는 탈퇴할 것을 고용조건으로 하거나 특정한 노동조합의 조합원이 될 것을 고용조건으로 하는 행위. 다만, 노동조합이 당해 사업장에 종사하는 근로자의 3분의 2 이상을 대표하고 있을 때에는 근로자가 그 노동조합의 조합원이 될 것을 고용조건으로 하는 단체협약의 체결은 예외로 하며, 이 경우 사용자는 근로자가 그 노동조합에서 제명된 것 또는 그 노동조합을 탈퇴하여 새로 노동조합을 조직하거나 다른 노동조합에 가입한 것을 이유로 근로자에게 신분상 불이익한 행위를 할 수 없다.
3. 노동조합의 대표자 또는 노동조합으로부터 위임을 받은 자와의 단체협약체결 기타의 단체교섭을 정당한 이유없이 거부하거나 해태하는 행위
4. 근로자가 노동조합을 조직 또는 운영하는 것을 지배하거나 이에 개입하는 행위와 근로시간 면제한도를 초과하여 급여를 지급하거나 노동조합의 운영비를 원조하는 행위. 다만, 근로자가 근로시간 중에 제24조제2항에 따른 활동을 하는 것을 사용자가 허용함은 무방하며, 또한 근로자의 후생자금 또는 경제상의 불행 그 밖에 재해의 방지와 구제 등을 위한 기금의 기부와 최소한의 규모의 노동조합사무소의 제공 및 그 밖에 이에 준하여 노동조합의 자주적인 운영 또는 활동을 침해할 위험이 없는 범위에서의 운영비 원조행위는 예외로 한다.
5. 근로자가 정당한 단체행위에 참가한 것을 이유로 하거나 또는 노동위원회에 대하여 사용자가 이 조의 규정에 위반한 것을 신고하거나 그에 관한 증언을 하거나 기타 행정관청에 증거를 제출한 것을 이유로 그 근로자를 해고하거나 그 근로자에게 불이익을 주는 행위

② 제1항 제4호 단서에 따른 "노동조합의 자주적 운영 또는 활동을 침해할 위험" 여부를 판단할 때에는 다음 각 호의 사항을 고려하여야 한다. 〈신설 2020. 6. 9.〉

1. 운영비 원조의 목적과 경위
2. 원조된 운영비 횟수와 기간
3. 원조된 운영비 금액과 원조방법

4. 원조된 운영비가 노동조합의 총수입에서 차지하는 비율

5. 원조된 운영비의 관리방법 및 사용처 등

[2020. 6. 9. 법률 제17432호에 의하여 2018. 5. 31. 헌법재판소에서 헌법불합치 결정된 이 조를 개정함.]

제82조(구제신청)

①사용자의 부당노동행위로 인하여 그 권리를 침해당한 근로자 또는 노동조합은 노동위원회에 그 구제를 신청할 수 있다.

②제1항의 규정에 의한 구제의 신청은 부당노동행위가 있은 날(계속하는 행위는 그 終了日)부터 3월 이내에 이를 행하여야 한다.

제83조(조사등)

①노동위원회는 제82조의 규정에 의한 구제신청을 받은 때에는 지체없이 필요한 조사와 관계 당사자의 심문을 하여야 한다.

②노동위원회는 제1항의 규정에 의한 심문을 할 때에는 관계 당사자의 신청에 의하거나 그 직권으로 증인을 출석하게 하여 필요한 사항을 질문할 수 있다.

③노동위원회는 제1항의 규정에 의한 심문을 함에 있어서는 관계 당사자에 대하여 증거의 제출과 증인에 대한 반대심문을 할 수 있는 충분한 기회를 주어야 한다.

④제1항의 규정에 의한 노동위원회의 조사와 심문에 관한 절차는 중앙노동위원회가 따로 정하는 바에 의한다.

제84조(구제명령)

①노동위원회는 제83조의 규정에 의한 심문을 종료하고 부당노동행위가 성립한다고 판정한 때에는 사용자에게 구제명령을 발하여야 하며, 부당노동행위가 성립되지 아니한다고 판정한 때에는 그 구제신청을 기각하는 결정을 하여야 한다.

②제1항의 규정에 의한 판정·명령 및 결정은 서면으로 하되, 이를 당해 사용자와 신청인에게 각각 교부하여야 한다.

③관계 당사자는 제1항의 규정에 의한 명령이 있을 때에는 이에 따라야 한다.

제85조(구제명령의 확정)

①지방노동위원회 또는 특별노동위원회의 구제명령 또는 기각결정에 불복이 있는 관계 당사자는 그 명령서 또는 결정서의 송달을 받은 날부터 10일 이내에 중앙노동위원회에 그 재심을 신청할 수 있다.

②제1항의 규정에 의한 중앙노동위원회의 재심판정에 대하여 관계 당사자는 그 재심판정서의 송달을 받은 날부터 15일 이내에 행정소송법이 정하는 바에 의하여 소를 제기할 수 있다.
③제1항 및 제2항에 규정된 기간내에 재심을 신청하지 아니하거나 행정소송을 제기하지 아니한 때에는 그 구제명령·기각결정 또는 재심판정은 확정된다.
④제3항의 규정에 의하여 기각결정 또는 재심판정이 확정된 때에는 관계 당사자는 이에 따라야 한다.
⑤사용자가 제2항의 규정에 의하여 행정소송을 제기한 경우에 관할법원은 중앙노동위원회의 신청에 의하여 결정으로써, 판결이 확정될 때까지 중앙노동위원회의 구제명령의 전부 또는 일부를 이행하도록 명할 수 있으며, 당사자의 신청에 의하여 또는 직권으로 그 결정을 취소할 수 있다.

제86조(구제명령등의 효력)

노동위원회의 구제명령·기각결정 또는 재심판정은 제85조의 규정에 의한 중앙노동위원회에의 재심신청이나 행정소송의 제기에 의하여 그 효력이 정지되지 아니한다.

제 5 편

>>> 공동체 생활 : 범죄와 형벌

제5편　공동체 생활 : 범죄와 형벌

91　보이스피싱 범죄

대구에 사는 고령의 노인 Y는 집으로 걸려온 전화 한 통을 받았다. 전화를 건 사람 (K)은 금융감독원 실장 ***이라고 실명을 대며 Y의 신분증이 도용되어 즉시 예금안전 조치가 필요하다고 하였다. K는 Y에게 은행으로 가서 가지고 있는 예금 전부 인출 한 후 자택 냉장고에 보관하도록 요구하였다. 예금안전조치를 하려면 본인이 맞는지 주소 확인을 해야 한다며 Y에게 먼저 주소를 대도록 하였다. K는 피해자의 예금을 가로채기 위해 피해자가 자택을 비우도록 유인하였는데, 피해자에게 주민센터를 방문해 도용된 신분증을 재발급 받도록 하고, 금감원 직원이 자택을 방문해서 예금안전조치를 할 수 있도록 자택 현관문을 잠그지 않도록 지시하였다. Y가 신분증 재발급을 위해 자택을 비운 사이, K의 일당이 자택에 침입해 냉장고 속 예금(4천만 원)을 가로채어 잠적하였다.

 질문

1. K의 행위는 어떤 범죄에 해당하는가?
2. 보이스피싱을 당한 경우 어떻게 해야 하는가?

　피싱사기는 기망행위로 타인의 재산을 편취하는 사기범죄의 하나로 전기통신 수단을 이용한 비대면거래를 통해 금융거래 분야에서 발생하는 일종의 특수사기

범죄다. 피싱사기는 전기통신수단을 통해 개인정보를 낚아 올린다는 뜻으로 개인 정보(private) + 낚시(Fishing)을 합성한 신조어다.[426] 피싱사기는 전화뿐만 아니라 문자, 메신저, 인터넷 사이트 등 다양한 전기통신수단을 통해 이루어지고 있다.[427]

☞ 보이스피싱 사기 유형과 예방[428]

① 대면편취형

금융감독원 등 금융당국 또는 수사기관을 사칭하며 실제 돈을 전달받으러 온 경우로, 정장을 착용하고, 금융감독원 등 신분증을 패용하고, 현금 보관서류를 제공하여 신뢰를 얻고 현금을 갈취한다. 공공기관은 절대 돈을 찾아서 직접 전달받도록 하지 않으므로 응해서는 안된다.

② 절도형

돈을 찾아 집 안에 보관하라고 한 후 주민등록등본을 발급할 것을 지시하는 등의 방법으로 피해자를 집 밖으로 유인하고, 현관문 열쇠를 우체통에 넣어 두라고 하거나 현관 비밀번호를 알아내어 절취한다. 공공기관은 절대 돈을 찾아서 일정 장소에 보관하게 하지 않으므로 응해서는 안된다.

---

426) 금융감독원, 보이스피싱 지킴이 - 피싱사기 정의 (https://www.fss.or.kr/fss/main/contents.do?menuNo=200354, 2021년 6월 3일 검색).

427) 보이스피싱, 메신저피싱, 피싱사이트(불특정 다수에게 문자, 이메일을 보내 정상 홈페이지와 유사한 가짜 홈페이지로 접속을 유도하여 개인정보 및 금융정보를 편취하는 수법), 몸캠피싱(스카이프 등 스마트폰 어플 채팅을 통해 음란 화상 채팅을 하자고 접근하여 상대방의 음란한 행위를 녹화한 후 피해자의 스마트폰에 악성코드를 심어 피해자 지인의 연락처를 탈취한 다음 지인들에게 녹화해둔 영상(사진)을 유포하겠다고 협박하여 금전을 갈취하는 범죄수법), 스피어 피싱(고위 공직자, 유명인 등 특정 개인 및 회사를 대상으로 개인정보를 캐내거나 특정 정보 탈취 목적으로 피싱 공격하는 수법), 큐싱(출처가 불분명한 QR코드를 스마트폰을 찍을 경우, 악성 앱을 내려 받도록 유도하거나 악성 프로그램을 설치하게 하는 금융사기 수법), 로맨스캠 (SNS 및 이메일 등 온라인 상으로 접근하여 호감을 표시한 뒤 재력, 외모 등으로 신뢰를 형성한 후 각종 이유로 금전을 요구하는 방법의 사기)등이 있다. 경찰청 사이버수사과, 사이버범죄예방홍보물 및 방송통신위원회 와이즈유저, 피해예방교육 - 피해사례별 예방법 참조. 법제처, 찾기 쉬운 생활법령정보: 전자금융범죄 재인용(2022년 6월 1일 검색).

428) 금융감독원, *supra* note 426.

③ 정부기관 사칭형

서울지방경찰청 등 정부기관 소속임을 밝히며 금융사기 관련 범죄에 통화 상대방이 연루되었으므로 공범 또는 피해자인지 확인이 필요하다면서 주민번호, 계좌번호, 비밀번호를 요구한다. 어떠한 공공기관도 개인정보(주민번호, 계좌번호, 카드번호, 인증서 비밀번호 등)를 요청하지 않으므로 개인정보를 제공하면 안된다.

④ 대출빙자형

대출진행을 위해서 보증료, 신용등급 상향비 등을 요구하고 이를 편취하거나, 고금리 대출을 받으면 저금리대출로 바꿔준다며 고금리대출을 먼저 받게 하고 상환 명목으로 대출금을 편취한다. 전화·문자로 대출 권유받는 경우 응하지 않거나 실제 금융회사인지 여부를 먼저 확인한다.

⑤ 자녀납치형

자녀를 납치하였으므로 돈을 입금하면 안전히 귀가시킬 것을 약속하며 금전을 요구한다. 가족 협박 및 납치를 빙자한 경우, 보이스피싱일 확률이 매우 높으므로 자녀 안전을 우선 확인한다.

전자금융죄는 타인을 속여서 획득한 개인정보 및 금융거래정보를 통하여 재산상 이익을 취득하는 범죄행위로「형법」상 사기죄(제347조)에 해당한다. 사람을 기망하여 재물의 교부를 받거나 재산상의 이익을 취득하거나 제3자에게 취득하게 하면 10년 이하의 징역 또는 2천만 원 이하의 벌금에 처해진다.[429] 상습적으로 사기죄를 범하면 정한 형의 2분의 1까지 가중할 수 있으며[430], 타인의 사기죄를 방조한 자는 종범으로 처벌하며, 종범의 형은 정범의 형보다 감경한다.[431]

금융감독원 직원은 어떤 경우에도 일반 국민을 대상으로 개인금융정보의 유출

---

429)「형법」제347조(사기).
430)「형법」제351조(상습범).
431)「형법」제32조(종범).

에 따른 안전조치를 이유로 예금을 현금으로 찾아 맡기도록 하거나 물품보관함, 냉장고 등에 넣어두도록 요청하지 않는다. 만일, 금융감독원, 검찰, 경찰 등 정부기관의 직원이라고 하면서 개인금융정보 유출에 따른 안전조치를 이유로 "예금을 현금으로 찾아서 가져와라", "물품보관함 등에 넣어두라"고 한다면 100% 보이스피싱 사기조직이므로 절대 응하지 말고 즉시 경찰청(☎112)과 금융감독원(☎1332)에 신고해야 한다.[432]

한편, 보이스피싱으로 송금을 한 경우 피해자는 ① 지체없이 송금은행·입금은행 대표번호 또는 경찰청(☎112)으로 피해사실을 신고하여 지급정지를 신청하고, ② 가까운 경찰서를 방문하여 사건사고사실확인원을 발급받아(지급정지 신청 후 3일 이내 발급), ③ 사건사고사실확인원을 지급정지 신청한 은행 영업점에 제출하여야 한다. 그 서류를 제출해야 지급정지 조치가 연장된다. ④ 지급정지된 계좌(사기이용계좌)의 명의자의 소명을 거쳐 계좌에 남아 있는 피해금을 환급하는 절차를 진행한다.

메신저피싱으로 개인(신용)정보가 도용된 경우, 개인정보 유출에 따른 추가 피해를 막기 위하여 금융감독원 금융소비자포털 (FINE 파인: https://fine.fss.or.kr/main/index.jsp) 개인정보노출자 사고예방시스템[433]을 활용할 수 있다.

※ 보이스피싱 피해 연락기관 및 연락처

- 피싱사기 신고: 경찰청 (☎ 112)
- 피싱사기 관련 문의 상담: 금융감독원 (☎ 1332)
- 금융기관 등 사칭한 스팸메시지 신고: 한국인터넷진흥원(☎ 118)

---

432) 금융감독원, 민원·신고 – 보이스피싱 피해사례 – 금감원 직원 실명을 사칭한 보이스피싱 피해 발생 (https://www.fss.or.kr/fss/bbs/B0000059/view.do?nttId=35265&menuNo=200359&viewType=&sdate=&edate=&searchCnd=1&searchWrd=&pageIndex=4, 2022년 6월 1일 검색).
433) 개인정보노출자 사고예방시스템이란 신청인의 개인정보(성명, 주민등록번호 등)를 금융정보 교환망을 통해 금융회사에 전파하여 해당 신청인 명의의 특정 금융거래시 본인확인에 유의하도록 하는 시스템이다. 법제처, 찾기쉬운 생활법령정보 – 금융사고 대처방안.

92. 심부름 알바와 보이스피싱

대학 1학년생인 M은 알바를 구하던 중 친구가 고수익 알바 자리가 있다며 보내 준 SNS 당일 심부름 알바 광고를 보고 지원하였다. #고수익 알바, #당일 정산 20만 원이라는 문구를 보고, 바로 기재된 카카오톡 ID로 연락을 하였는데, 회사 측에서는 사무실에 나올 필요 없이 알려준 장소에 가서 기다리는 사람에게 물건을 받아 지정된 지하철역 사물함에 넣어두면 된다고 하였다. 당일 심부름을 하였는데, 심부름이 끝나자마자 바로 20만 원이 입금되었다. 실제 심부름에 걸린 시간은 이동시간 포함 두 시간도 되지 않았다. 꿀알바라 생각했던 M은 그 이후 일주일간 네 차례 더 심부름하고, 100만 원을 벌게 되었다. 짧은 기간에 큰돈을 벌게 되어 흥분한 M은 그 다음 주에도 심부름하러 나갔는데, 만나기로 한 장소에 나가 물건을 건네받는 순간 순식간에 경찰에 보이스피싱 현행범으로 체포되었다. M이 수거한 돈은 현금 1억 5,000만 원 상당인 것으로 밝혀졌다. M은 두 번째 심부름부터 그 물건이 현금이라는 사실을 알고 있었지만, 그 돈이 무슨 돈인지 알 수 없으며, 자신은 단순 심부름 알바를 했을 뿐이라고 주장하였다.

 질문

1. M의 심부름 알바는 범죄에 해당하는가?
2. M이 범죄인지 모르고 했다고 주장하면 처벌을 면할수 있는가?
3. M에게 돈을 건넨 피해자는 어떤 법적 조치를 취할 수 있는가?

  피해자로부터 현금을 수거하거나 받은 돈을 대신 송금해 주는 수거책으로 보이스피싱에 가담하는 경우 「형법」상 사기죄, 사기방조죄, 범죄단체조직죄 등으로 처벌받을 수 있다. 사람을 기망하여 재물의 교부를 받거나 재산상의 이익을 취득한 자는 「형법」상 사기죄로 10년 이하의 징역 또는 2천만원 이하의 벌금에 처하는데,[434] 상습으로 사기죄를 범한 자는 정한 형의 2분의 1까지 가중할 수 있다.[435] 보이스피싱의 경우 「특정경제범죄가중처벌법」이 적용되어 처벌이 더 무거울 수 있다.

법원은 M과 같이 자신이 하는 일이 보이스피싱 범죄인 줄 몰랐다는 당사자의 주장이 있다 하더라도 당시의 여러 정황을 비추어 통상의 상식을 가진 일반인을 기준으로 범죄와의 연루 사실을 조금이라도 예측할 수 있었다는 내심의 인식이 있다면 미필적 고의가 있는 것으로 보고 사기죄의 성립을 인정하고 있다.[436]

M에게 돈을 건넨 보이스피싱의 피해자는 보이스피싱 범죄를 경찰청에 신고하는 것과 별개로 해당 보이스피싱 범죄를 주도한 자뿐만 아니라 현금수거를 한 M에 대하여도 민사상 손해배상청구를 할 수 있다. 주범의 검거 여부와는 별개로 피해자가 신병이 확보된 현금 수거책인 M에게 손해배상청구를 하는 경우, M은 사기죄 공범으로 피해액에 대하여 민사적 책임을 질 수도 있다.

한편, 피싱범죄와 관련하여, 통장 및 현금카드 등이 사기범행에 사용될 것을 알고 이를 양도한 경우, 「전자금융거래법」 위반죄와는 별도로 「형법」상 사기방조죄에 따른 처벌을 받을 수 있다. 타인의 사기를 방조한 자는 종범으로 처벌하며, 종범의 형은 정범의 형보다 감경한다.[437]

---

[434] 「형법」 제347조(사기).
[435] 「형법」 제351조(상습범).
[436] 로이슈, "대구지법, 항소심서 보이스피싱 현금수거책 무죄 원심파기 실형…미필적 고의 인정"(2022년 5월 22일 인터넷판 기사).
[437] 「형법」 제32조.

※ 관련 법률:「형법」

제32조(종범) ①타인의 범죄를 방조한 자는 종범으로 처벌한다.
②종범의 형은 정범의 형보다 감경한다.

제347조(사기) ①사람을 기망하여 재물의 교부를 받거나 재산상의 이익을 취득한 자는 10년 이하의 징역 또는 2천만원 이하의 벌금에 처한다. 〈개정 1995. 12. 29.〉
②전항의 방법으로 제삼자로 하여금 재물의 교부를 받게 하거나 재산상의 이익을 취득하게 한 때에도 전항의 형과 같다.

제352조(미수범) 제347조 내지 제348조의2, 제350조, 제350조의2와 제351조의 미수범은 처벌한다. 〈개정 2016. 1. 6.〉
[전문개정 1995. 12. 29.]

93 교통사고 운전자의 법적 책임

> 택시 기사 P는 대학수학능력시험을 보러 가던 수험생을 태우고 시험장으로 가던 중 지각을 걱정하는 학생의 말에 샛길로 가려고 중앙선을 침범하여 불법유턴을 하였는데 마침 이면도로에서 나오던 오토바이 운전자와 충돌하여 오토바이 운전자 O가 크게 다쳤다. P는 사고 즉시 차에서 내려 운전자의 상태를 확인하고, 119에 신고하여 오토바이 운전자를 응급실로 이송하였지만, O는 뇌사상태에 빠지고 말았다.

 질문

1. 운전 중 교통사고가 발생하면 어떻게 해야 하는가?
2. 교통사고를 낸 운전자는 어떤 법적 책임을 지는가?

"교통사고"란 차의 교통으로 인하여 사람을 사상(死傷)하거나 물건을 손괴(損壞)하는 것을 말한다.[438] 교통사고가 발생한 경우, 도로상에서 교통사고가 발생하였다면 차량의 운전자나 그 밖의 승무원은 즉시 차를 세우고, 사상자를 구호하는 등 필요한 조치와 피해자에게 인적 사항을 제공하는 조치를 해야 한다(조치 의무).[439] 필요한 조치의 구체적인 내용은 피해의 태양과 정도 등 사고 현장의 상황에 따라 다양할 수 있다. 만일 이러한 조치 의무를 이행하지 않았다면 교통사고에 관한 수사 결과 운전자 측에서 교통사고 자체에는 아무런 잘못이 없었다고 판단되더라도 조치 의무 불이행을 이유로 형사처벌을 받을 수 있다.[440]

---

438) 「교통사고처리 특례법」 제2조제2호.
439) 「교통사고처리 특례법」 제54조(사고발생 시의 조치)제1항.
440) 법무부·한국법교육센터, *supra* note 86, p. 370.

운전자가 교통사고 후 피해자를 구호하는 등의 조치 의무를 이행한 다음에는 경찰관서에 사고 내용이나 조치 상황을 신고하여야 한다(신고 의무).[441] 다만, 신고 의무는 모든 교통사고에서 발생하는 것은 아니고 교통사고의 내용 및 주변 상황을 고려하여 경찰관의 조직적인 조치가 필요하다고 인정되는 경우에 한하여 발생한다. 교통사고 당시의 상황에 비추어 운전자의 신고 의무가 인정됨에도 신고 의무를 다하지 않는다면 이를 이유로 형사처벌을 받을 수 있다.[442]

교통사고가 발생한 경우, 사고운전자는 즉시 정차하여 피해자를 구호하고 그 밖에 필요한 조치를 할 의무가 있다. 그러나 사고운전자가 이와 같은 의무를 다하지 않고, 사고 현장을 이탈하거나 피해자를 다른 장소로 옮긴 후 도망갔다면, '구조의무 불이행죄'(도주차량, 뺑소니)가 성립하여 가중처벌된다. 또한 구조의무 불이행죄가 성립하는 경우 피해자와 합의를 하거나 종합보험에 가입되어 있다 하더라도「교통사고처리 특례법」,「특정범죄 가중처벌 등에 관한 법률」에 의해 처벌된다.[443]

사고 발생 시 운전자는 상대방의 차와 자신의 차의 최종 정지 위치를 분사용 페인트 등을 이용하여 정확하게 표시하고 사진 촬영을 해 둔다. 상대방의 차와 자신의 차의 손상 부분을 파악하고, 사진 촬영을 해 둔다. 충돌로 인해 파손 잔존물이 도로에 떨어져 있으면 낙하 위치를 정확하게 파악한 뒤 사진 촬영을 해 둔다. 도로가 파인 자국 등 도로에 생긴 흔적들을 정확히 파악하고 사진 촬영을 해 둔다. 주변에 있는 다른 차량의 사람들이나 목격자를 찾아 인적 사항을 기록 해 두고, 현장 정리가 끝난 후 가능한 한 빨리 확인을 받아 둔다.[444]

교통사고로 피해자가 사망한 경우 피해자의 유족과 합의하거나 종합보험에 가입하였다 하더라도「교통사고처리 특례법」에 의해 형사처벌을 받는다. 다만, 피해자의 유족과의 합의가 있는 경우 구속 여부의 결정이나 양형에서 고려될 수 있다.

---

441)「교통사고처리 특례법」제54조(사고발생 시의 조치)제2항.
442) 법무부 · 한국법교육센터, *supra* note 86, p. 441.
443)「특정범죄 가중처벌 등에 관한 법률 (약칭: 특정범죄가중법)」제5조의3(도주차량 운전자의 가중처벌)제1항.
444) 법무부 · 한국법교육센터, *supra* note 442.

교통사고로 자동차 손괴와 같은 대물적 손해가 발생하였거나 피해자가 상해를 입는 정도의 대인적 손해가 발생한 경우, 피해자와의 합의나 종합보험에 가입되어 있다면 형사처벌을 받지 않는다. 그러나 사고의 발생 원인 행위에 따라 「도로교통법」에 의거한 벌점 및 범칙금을 받을 수 있다.

다만 「교통사고처리 특례법」의 12개 중요 위반사고나 음주 측정 불응의 경우, 사고 후 구조의무 불이행의 경우에는(인명피해를 입힌 경우는 「특정범죄 가중처벌 등에 관한 법률」, 물적 피해만 입힌 경우는 「도로교통법」 적용) 피해자와의 합의나 종합보험 가입 여부와 관계없이 형사처벌을 받는다. 중상해에 해당한다면 피해자와 합의가 있으면 처벌되지 않으나 종합보험 가입만 되어 있는 경우라면 처벌될 수 있다. 중상해는 흔히 사람의 신체를 상해하여 생명에 대한 위험을 발생하게 하거나 신체의 상해로 인하여 불구 또는 불치, 난치에 이르게 하는 것을 말한다.

☞ 「교통사고처리 특례법」 12개 중요 위반사고 유형

① 신호등의 신호 또는 교통정리를 하는 경찰관 등의 신호를 위반하거나 통행금지 또는 일시정지를 내용으로 하는 안전표지가 표시하는 지시를 위반하여 운전하는 경우
② 중앙선을 침범하거나 고속도로 또는 자동차 전용도로에서 횡단, 유턴 또는 후진한 경우
③ 제한속도를 시속 20킬로미터 초과하여 운전한 경우
④ 앞지르기의 방법, 금지시기, 금지장소 또는 끼어들기의 금지를 위반한 경우
⑤ 철길건널목 통과방법을 위반하여 운전한 경우
⑥ 횡단보도에서의 보행자 보호의무를 위반하여 운전한 경우
⑦ 무면허운전의 경우
⑧ 음주운전, 약물운전의 경우
⑨ 보도를 침범하거나 보도 횡단방법을 위반하여 운전한 경우
⑩ 승객의 추락 방지 의무를 위반하여 운전한 경우
⑪ 어린이 보호구역에서 어린이의 안전에 유의하면서 운전하여야 할 의무를 위반하여 어린이의 신체에 상해를 입힌 경우
⑫ 화물이 떨어지지 아니하도록 필요한 조치를 하지 아니하고 운전한 경우

※ 관련 법률: 「도로교통법」

제54조(사고발생 시의 조치) ① 차 또는 노면전차의 운전 등 교통으로 인하여 사람을 사상하거나 물건을 손괴(이하 "교통사고"라 한다)한 경우에는 그 차 또는 노면전차의 운전자나 그 밖의 승무원(이하 "운전자등"이라 한다)은 즉시 정차하여 다음 각 호의 조치를 하여야 한다. 〈개정 2014. 1. 28., 2016. 12. 2., 2018. 3. 27.〉

1. 사상자를 구호하는 등 필요한 조치
2. 피해자에게 인적 사항(성명 · 전화번호 · 주소 등을 말한다. 이하 제148조 및 제156조제10호에서 같다) 제공

② 제1항의 경우 그 차 또는 노면전차의 운전자등은 경찰공무원이 현장에 있을 때에는 그 경찰공무원에게, 경찰공무원이 현장에 없을 때에는 가장 가까운 국가경찰관서(지구대, 파출소 및 출장소를 포함한다. 이하 같다)에 다음 각 호의 사항을 지체 없이 신고하여야 한다. 다만, 차 또는 노면전차만 손괴된 것이 분명하고 도로에서의 위험방지와 원활한 소통을 위하여 필요한 조치를 한 경우에는 그러하지 아니하다. 〈개정 2016. 12. 2., 2018. 3. 27.〉

1. 사고가 일어난 곳
2. 사상자 수 및 부상 정도
3. 손괴한 물건 및 손괴 정도
4. 그 밖의 조치사항 등

③ 제2항에 따라 신고를 받은 국가경찰관서의 경찰공무원은 부상자의 구호와 그 밖의 교통 위험 방지를 위하여 필요하다고 인정하면 경찰공무원(자치경찰공무원은 제외한다)이 현장에 도착할 때까지 신고한 운전자등에게 현장에서 대기할 것을 명할 수 있다.

④ 경찰공무원은 교통사고를 낸 차 또는 노면전차의 운전자등에 대하여 그 현장에서 부상자의 구호와 교통안전을 위하여 필요한 지시를 명할 수 있다. 〈개정 2018. 3. 27.〉

⑤ 긴급자동차, 부상자를 운반 중인 차, 우편물자동차 및 노면전차 등의 운전자는 긴급한 경우에는 동승자 등으로 하여금 제1항에 따른 조치나 제2항에 따른 신고를 하게 하고 운전을 계속할 수 있다. 〈개정 2018. 3. 27.〉

⑥ 경찰공무원(자치경찰공무원은 제외한다)은 교통사고가 발생한 경우에는 대통령령으로 정하는 바에 따라 필요한 조사를 하여야 한다.

[전문개정 2011. 6. 8.]

제55조(사고발생 시 조치에 대한 방해의 금지) 교통사고가 일어난 경우에는 누구든지 제54조제1항 및 제2항에 따른 운전자등의 조치 또는 신고행위를 방해하여서는 아니 된다.

[전문개정 2011. 6. 8.]

94 비접촉사고와 교통사고 뺑소니

30대 운전자 A는 스피드를 즐기며, 주행하는 차 사이를 이리저리 질주하면서 운전하는 나쁜 습관이 있다. 비 오는 어느 날 왕복 4차선 도로에서 A는 과속운전을 하면서 1차선에서 2차선으로 방향지시등을 켜지 않고 차선을 변경해 2차선에서 주행하던 차의 운전자 B가 깜짝 놀라 핸들을 꺾는 바람에 도로 옆 신호등을 박아 차량 앞 범퍼가 찌그러지고 운전자가 크게 다치는 사고가 발생하였다. A의 차량과 사고 차량의 직접적인 접촉은 없었는데, A는 옆 차량의 사고를 목격하였으나 별다른 조치 없이 가버렸다.

 질문

1. 사고 차량의 운전자 B는 블랙박스에 찍힌 A 차량번호를 확인하여 A를 뺑소니로 경찰에 신고하였는데, A에게 뺑소니 책임을 물을 수 있는가?
2. 사고를 낸 차량의 운전자가 구조의무를 이행하지 않으면(구조의무 불이행죄), 어떤 처벌을 받는가?

교통사고가 발생한 경우, 사고운전자는 즉시 정차하여 피해자를 구호하고 그 밖에 필요한 조치를 할 의무가 있다. 그러나 사고운전자가 이와 같은 의무를 다하지 않고, 사고 현장을 이탈하거나 피해자를 다른 장소로 옮긴 후 도망갔다면, '구조의무 불이행죄'(도주차량, 뺑소니)가 성립하여 가중처벌된다.[445]

그런데, 위 사례와 같이 비접촉사고의 경우 가해운전자는 직접적인 접촉이 없

---

445) 「특정범죄 가중처벌 등에 관한 법률」 제5의3(도주차량 운전자의 가중처벌)제1항.

었다는 이유로 사고에 대한 책임이 없다고 생각하고 현장을 벗어나는 경우가 많은데, 사고조사 과정에서 사고를 유발한 것이 블랙박스 또는 CCTV 등으로 확인되어 입증되면, 현장을 벗어난 사고 차량은 도주차량(뺑소니)이 되어 운전자가 구조의무 불이행죄로 처벌받을 수 있다. 비접촉 교통사고의 가해자의 경우 사고 사실을 전혀 인식하지 못했다고 주장하는데, 증거자료를 통하여 미필적인 인식이 증명되면 유죄로 인정될 수 있다. 따라서 도주차량 운전자는 최대 무기징역에까지 처할 수 있으므로 해당 사고의 원인을 제공했다는 생각이 조금이라도 드는 경우 경찰에 신고하는 것이 불필요한 의심을 피할 수 있는 방법이다.[446]

또한 구조의무 불이행죄가 성립하는 경우 피해자와 합의를 하거나 종합보험에 가입되어 있다 하더라도 「교통사고처리 특례법」, 「특정범죄 가중처벌 등에 관한 법률」에 의해 처벌된다.[447] 피해자를 사망에 이르게 하고 도주하거나, 도주 후에 피해자가 사망한 경우에는 무기 또는 5년 이상의 징역, 피해자를 상해에 이르게 한 경우에는 1년 이상의 유기징역 또는 500만원 이상 3천만원 이하의 벌금에 처한다.[448]

☞ **구조의무 불이행죄에 해당되지 않으려면 해야 할 조치**

① 교통사고가 발생한 경우, 사고운전자는 사고 장소와 가까운 지점에 즉시 정차하고, 피해자의 상해유무와 정도를 확인해야 한다.
② 피해자를 사고현장에서 구조하거나 응급조치를 하는 등 피해자 구호에 필요한 조치를 해야 한다. 경우에 따라서는 부상자를 병원에 호송하는 것까지 포함한다.
③ 피해자나 경찰관, 그 밖의 교통사고와 관계있는 사람에게 운전자의 신원을 밝혀야 한다. 구체적인 내용으로 신분을 확인시켜 주거나 전화번호를 교부하는 방법이 있다.
④ 경찰서에 사고 및 조치 내용을 신고하고 보험회사에 연락하고 교통사고를 접수해야 한다.

---

446) 뉴시스, "혼자 넘어졌는데"... 운전자 울리는 비접촉 교통사고"(2022. 6. 9. 인터넷판 기사), 뉴시스, 깜박이 안 켜고 차선 바꿔 사망사고 유발, 1심 무죄-)2심 유죄"(2021.2.16. 인터넷판 기사); ; 전북일보, "완주경찰, 과학적 수사기법으로 비접촉 뺑소니범 검거"(2019.1.28. 인터넷판 기사); 중도일보, "비접촉 교통사고 원인제공 후 도주... 법원 징역형"(2016.2.4. 인터넷판 기사) 참조.
447) 법무부 · 한국법교육센터, supra note 86, pp. 370~371.
448) 「특정범죄 가중처벌 등에 관한 법률」 제5의3(도주차량 운전자의 가중처벌).

※ 관련 법률: 「교통사고처리 특례법」, 「특정범죄 가중처벌 등에 관한 법률 (약칭: 특정범죄가중법)」

「교통사고처리 특례법」

제1조(목적) 이 법은 업무상과실(業務上過失) 또는 중대한 과실로 교통사고를 일으킨 운전자에 관한 형사처벌 등의 특례를 정함으로써 교통사고로 인한 피해의 신속한 회복을 촉진하고 국민생활의 편익을 증진함을 목적으로 한다.

[전문개정 2011. 4. 12.]

제2조(정의) 이 법에서 사용하는 용어의 뜻은 다음과 같다. 〈개정 2011. 6. 8.〉

1. "차"란 「도로교통법」 제2조제17호가목에 따른 차(車)와 「건설기계관리법」 제2조제1항제1호에 따른 건설기계를 말한다.
2. "교통사고"란 차의 교통으로 인하여 사람을 사상(死傷)하거나 물건을 손괴(損壞)하는 것을 말한다.

[전문개정 2011. 4. 12.]

제3조(처벌의 특례) ① 차의 운전자가 교통사고로 인하여 「형법」 제268조의 죄를 범한 경우에는 5년 이하의 금고 또는 2천만원 이하의 벌금에 처한다.

② 차의 교통으로 제1항의 죄 중 업무상과실치상죄(業務上過失致傷罪) 또는 중과실치상죄(重過失致傷罪)와 「도로교통법」 제151조의 죄를 범한 운전자에 대하여는 피해자의 명시적인 의사에 반하여 공소(公訴)를 제기할 수 없다. 다만, 차의 운전자가 제1항의 죄 중 업무상과실치상죄 또는 중과실치상죄를 범하고도 피해자를 구호(救護)하는 등 「도로교통법」 제54조제1항에 따른 조치를 하지 아니하고 도주하거나 피해자를 사고 장소로부터 옮겨 유기(遺棄)하고 도주한 경우, 같은 죄를 범하고 「도로교통법」 제44조제2항을 위반하여 음주측정 요구에 따르지 아니하거나(운전자가 채혈 측정을 요청하거나 동의한 경우는 제외한다), 「도로교통법」 제44조제5항을 위반하여 음주측정방해행위를 한 경우와 다음 각 호의 어느 하나에 해당하는 행위로 인하여 같은 죄를 범한 경우에는 그러하지 아니하다. 〈개정 2016. 1. 27., 2016. 12. 2., 2025. 1. 7.〉

1. 「도로교통법」 제5조에 따른 신호기가 표시하는 신호 또는 교통정리를 하는 경찰공무원등의 신호를 위반하거나 통행금지 또는 일시정지를 내용으로 하는 안전표지가 표시하는 지시를 위반하여 운전한 경우

2. 「도로교통법」 제13조제3항을 위반하여 중앙선을 침범하거나 같은 법 제62조를 위반하여 횡단, 유턴 또는 후진한 경우
3. 「도로교통법」 제17조제1항 또는 제2항에 따른 제한속도를 시속 20킬로미터 초과하여 운전한 경우
4. 「도로교통법」 제21조제1항, 제22조, 제23조에 따른 앞지르기의 방법·금지시기·금지장소 또는 끼어들기의 금지를 위반하거나 같은 법 제60조제2항에 따른 고속도로에서의 앞지르기 방법을 위반하여 운전한 경우
5. 「도로교통법」 제24조에 따른 철길건널목 통과방법을 위반하여 운전한 경우
6. 「도로교통법」 제27조제1항에 따른 횡단보도에서의 보행자 보호의무를 위반하여 운전한 경우
7. 「도로교통법」 제43조, 「건설기계관리법」 제26조 또는 「도로교통법」 제96조를 위반하여 운전면허 또는 건설기계조종사면허를 받지 아니하거나 국제운전면허증을 소지하지 아니하고 운전한 경우. 이 경우 운전면허 또는 건설기계조종사면허의 효력이 정지 중이거나 운전의 금지 중인 때에는 운전면허 또는 건설기계조종사면허를 받지 아니하거나 국제운전면허증을 소지하지 아니한 것으로 본다.
8. 「도로교통법」 제44조제1항을 위반하여 술에 취한 상태에서 운전을 하거나 같은 법 제45조를 위반하여 약물의 영향으로 정상적으로 운전하지 못할 우려가 있는 상태에서 운전한 경우
9. 「도로교통법」 제13조제1항을 위반하여 보도(步道)가 설치된 도로의 보도를 침범하거나 같은 법 제13조제2항에 따른 보도 횡단방법을 위반하여 운전한 경우
10. 「도로교통법」 제39조제3항에 따른 승객의 추락 방지의무를 위반하여 운전한 경우
11. 「도로교통법」 제12조제3항에 따른 어린이 보호구역에서 같은 조 제1항에 따른 조치를 준수하고 어린이의 안전에 유의하면서 운전하여야 할 의무를 위반하여 어린이의 신체를 상해(傷害)에 이르게 한 경우
12. 「도로교통법」 제39조제4항을 위반하여 자동차의 화물이 떨어지지 아니하도록 필요한 조치를 하지 아니하고 운전한 경우

[전문개정 2011. 4. 12.]

제4조(보험 등에 가입된 경우의 특례) ① 교통사고를 일으킨 차가 「보험업법」 제4조, 제126조, 제127조 및 제128조, 「여객자동차 운수사업법」 제60조, 제61조 또는 「화물자동차 운수사업법」 제51조에 따른 보험 또는 공제에 가입된 경우에는 제3조제2항 본문에 규정된 죄를 범한 차의 운전자에 대하여 공소를 제기할 수 없다. 다만, 다음 각 호의 어느 하나에 해당하는 경

우에는 그러하지 아니하다.
1. 제3조제2항 단서에 해당하는 경우
2. 피해자가 신체의 상해로 인하여 생명에 대한 위험이 발생하거나 불구(不具)가 되거나 불치(不治) 또는 난치(難治)의 질병이 생긴 경우
3. 보험계약 또는 공제계약이 무효로 되거나 해지되거나 계약상의 면책 규정 등으로 인하여 보험회사, 공제조합 또는 공제사업자의 보험금 또는 공제금 지급의무가 없어진 경우

② 제1항에서 "보험 또는 공제"란 교통사고의 경우 「보험업법」에 따른 보험회사나 「여객자동차 운수사업법」 또는 「화물자동차 운수사업법」에 따른 공제조합 또는 공제사업자가 인가된 보험약관 또는 승인된 공제약관에 따라 피보험자와 피해자 간 또는 공제조합원과 피해자 간의 손해배상에 관한 합의 여부와 상관없이 피보험자나 공제조합원을 갈음하여 피해자의 치료비에 관하여는 통상비용의 전액을, 그 밖의 손해에 관하여는 보험약관이나 공제약관으로 정한 지급기준금액을 대통령령으로 정하는 바에 따라 우선 지급하되, 종국적으로는 확정판결이나 그 밖에 이에 준하는 집행권원(執行權原)상 피보험자 또는 공제조합원의 교통사고로 인한 손해배상금 전액을 보상하는 보험 또는 공제를 말한다.

③ 제1항의 보험 또는 공제에 가입된 사실은 보험회사, 공제조합 또는 공제사업자가 제2항의 취지를 적은 서면에 의하여 증명되어야 한다.

[전문개정 2011. 4. 12.]

「특정범죄 가중처벌 등에 관한 법률 (약칭: 특정범죄가중법)」

제5조의3(도주차량 운전자의 가중처벌) ① 「도로교통법」 제2조의 자동차, 원동기장치자전거 또는 「건설기계관리법」 제26조제1항 단서에 따른 건설기계 외의 건설기계(이하 "자동차등"이라 한다)의 교통으로 인하여 「형법」 제268조의 죄를 범한 해당 자동차등의 운전자(이하 "사고운전자"라 한다)가 피해자를 구호(救護)하는 등 「도로교통법」 제54조제1항에 따른 조치를 하지 아니하고 도주한 경우에는 다음 각 호의 구분에 따라 가중처벌한다. 〈개정 2022. 12. 27.〉
1. 피해자를 사망에 이르게 하고 도주하거나, 도주 후에 피해자가 사망한 경우에는 무기 또는 5년 이상의 징역에 처한다.
2. 피해자를 상해에 이르게 한 경우에는 1년 이상의 유기징역 또는 500만원 이상 3천만원 이하의 벌금에 처한다.

② 사고운전자가 피해자를 사고 장소로부터 옮겨 유기하고 도주한 경우에는 다음 각 호의 구분에 따라 가중처벌한다.
1. 피해자를 사망에 이르게 하고 도주하거나, 도주 후에 피해자가 사망한 경우에는 사형, 무기 또는 5년 이상의 징역에 처한다.
2. 피해자를 상해에 이르게 한 경우에는 3년 이상의 유기징역에 처한다.

[전문개정 2010. 3. 31.]

95 음주운전

임용고시에 합격하여 중학교로 발령받은 신입 교사 O는 첫 월급으로 대학 동창들에게 한턱 쏘기로 하고, 학교 근처 한 횟집에서 반주를 곁들여 1차를 한 후, 새로 생긴 위스키 바에서 2차를 하고 헤어졌다. 대리기사 콜을 하였으나 주말 저녁이라 한참을 기다려도 대리기사를 잡을 수 없었다. 속이 좋지 않았던 O는 근처 편의점에 가서 약을 사려고 운전대를 잡았는데, 50미터도 못 가서 바로 순찰차에 붙잡혔다. 비틀거리는 채로 차량에 타 운전하는 모습을 지나가는 시민이 보고 순찰하는 경찰에 바로 신고한 것이다.

 질문

1. 깜짝 놀란 O는 당황하여 경찰의 음주측정 요구를 거부하였는데, 경찰의 음주측정 요구를 거부하는 행위는 범죄에 해당하는가?
2. O는 약을 사려고 잠깐 운전대를 잡은 것이고, 운전하자마자 적발된 것이라며 억울하다고 주장하는데 O의 행위는 음주운전에 해당하는가?
3. 음주 측정 결과 O의 혈중 알코올 농도는 0.09%인데, 그 정도 수준이면 어떤 처벌을 받게 되는가?

술에 취한 상태에서 자동차 등을 운전하는 것을 음주운전이라 한다. 「도로교통법」에 따르면 누구든지 술[449]에 취한 상태에서 자동차 등 또는 자전거를 운전하여

---

449) 술이란 에틸알코올이 1%(1도) 이상 함유된 음료수를 말한다. 술의 강도는 도수로 정하는데 음료에 포함된 알코올 함유량이 많으면 독한 술이고 적으면 약한 술이다.

서는 아니 된다. 운전이 금지되는 술에 취한 상태의 기준은 운전자의 혈중알코올 농도가 0.03퍼센트 이상인 경우로 한다.

경찰관은 교통안전과 위험방지를 위해 필요하다고 인정되는 경우 술에 취한 상태에서 자동차 등을 운전하였다고 인정할만한 상당한 이유가 있는 경우 음주측정을 할 수 있다. 이때 '상당한 이유'가 있는지 여부는 개별 운전자마다 그의 외관, 태도, 운전 행태 등 객관적인 사정을 종합하여 판단한다. 운전자는 경찰공무원의 측정에 응해야 한다. 음주 측정은 호흡 조사에 의한 방법으로 이루어진다.[450] 운전자가 경찰관의 음주 측정 요구를 거절하면「도로교통법」상 음주측정불응죄가 성립하는데, 그 경우 1년 이상 5년 이하의 징역이나 500만 원 이상 2천만 원 이하의 벌금에 처한다. 다만, 음주측정요구를 거부할 수 있는 정당한 사유가 인정되면 형사처벌을 받지 않을 수 있다.

음주운전으로 적발되면 운전자는 보험료 인상과 자기부담금과 같은 민사적 책임,[451] 5년 이하의 징역 또는 2천만 원 이하의 벌금과 같은 형사적 책임, 운전면허 정지나 취소와 같은 행정책임 등을 모두 져야 한다.

위 사례의 O의 혈중 알코올 농도가 0.09%이므로, 1년 이상 2년 이하의 징역이나 500만 원 이상 1천만 원 이하 벌금형의 형사처벌 대상이 되고, 음주운전으로 타인을 다치게 하거나 재물을 손괴 한 사실은 없으므로, 타인에 대한 손해배상책임을 발생하지 않지만, 자신의 자동차보험료가 할증될 수 있다. 이와는 별도로 O는 교육공무원이므로「국가공무원법」이 정한 품위유지의무 위반으로 징계처분을 받을 수 있는데, 음주운전의 경우 중징계 처분이 내려진다.

---

450)「도로교통법」제44조(술에 취한 상태에서의 운전 금지).
451) 음주운전은 1회 적발 시 10%, 2회 적발 시 20% 보험료가 할증되고, 음주운전 교통사고 시에는 종합보험에 가입되어 있어도 대인사고 1,000만 원, 대물사고 500만 원의 자기부담금을 부담해야 한다. 보험료는 본인 명의 자동차보험에 한하여 할증된다.

☞ **형사처벌(도로교통법 제148조의2 제3항)**

혈중 알코올 0.2% 이상	2년 이상 5년 이하의 징역이나 1천만 원 이상 2천만 원 이하의 벌금
혈중 알코올 농도 0.08% 이상 0.2% 미만	1년 이상 2년 이하의 징역이나 500만 원 이상 1천만 원 이하의 벌금
혈중 알코올 농도 0.03% 이상 0.08% 미만	1년 이하의 징역이나 500만 원 이하의 벌금
측정 거부	1년 이상 5년 이하 징역이나 500만 원 이상 2천만 원 이하 벌금

☞ **음주운전 시 운전면허 행정처분**[452]

음주운전으로 적발되면 행정처분을 받게 되는데 음주운전 기준에 따라 면허가 일정기간 정지되거나 면허가 취소된다.

구분		단순음주	대물사고	대인사고
1회	0.03%~0.08% 미만	벌점 100점	벌점 100점 (벌점110점)	면허 취소 (결격 기간 2년)
	0.08%~0.2% 미만	면허 취소 (결격 기간 1년)	면허 취소 (결격 기간 2년)	면허 취소 (결격 기간 2년)
	0.2%이상			
	음주 측정 거부			
2회 이상		면허 취소 (결격 기간 2년)	면허 취소(결격 기간 3년)	
음주운전 인사사고 후 도주				면허 취소 (결격 기간 5년)
사망사고				

---

452) 도로교통공단, 교통안전정보 – 음주운전 측정 및 처벌기준(https://www.koroad.or.kr/kp_web/drunkDriveInfo4.do, 2022년 6월 1일 방문).

※ 관련 법률: 「도로교통법」

제44조(술에 취한 상태에서의 운전 금지) ① 누구든지 술에 취한 상태에서 자동차등(「건설기계관리법」 제26조제1항 단서에 따른 건설기계 외의 건설기계를 포함한다. 이하 이 조, 제45조, 제47조, 제50조의3, 제93조제1항제1호부터 제4호까지 및 제148조의2에서 같다), 노면전차 또는 자전거를 운전하여서는 아니 된다. 〈개정 2018. 3. 27., 2023. 10. 24.〉

② 경찰공무원은 교통의 안전과 위험방지를 위하여 필요하다고 인정하거나 제1항을 위반하여 술에 취한 상태에서 자동차등, 노면전차 또는 자전거를 운전하였다고 인정할 만한 상당한 이유가 있는 경우에는 운전자가 술에 취하였는지를 호흡조사로 측정할 수 있다. 이 경우 운전자는 경찰공무원의 측정에 응하여야 한다. 〈개정 2014. 12. 30., 2018. 3. 27.〉

③ 제2항에 따른 측정 결과에 불복하는 운전자에 대하여는 그 운전자의 동의를 받아 혈액채취 등의 방법으로 다시 측정할 수 있다.

④ 제1항에 따라 운전이 금지되는 술에 취한 상태의 기준은 운전자의 혈중알코올농도가 0.03퍼센트 이상인 경우로 한다. 〈개정 2018. 12. 24.〉

⑤ 술에 취한 상태에 있다고 인정할 만한 상당한 이유가 있는 사람은 자동차등, 노면전차 또는 자전거를 운전한 후 제2항 또는 제3항에 따른 측정을 곤란하게 할 목적으로 추가로 술을 마시거나 혈중알코올농도에 영향을 줄 수 있는 의약품 등 행정안전부령으로 정하는 물품을 사용하는 행위(이하 "음주측정방해행위"라 한다. 이하 같다)를 하여서는 아니 된다. 〈신설 2024. 12. 3.〉

⑥ 제2항 및 제3항에 따른 측정의 방법, 절차 등 필요한 사항은 행정안전부령으로 정한다. 〈신설 2023. 1. 3., 2024. 12. 3.〉

[전문개정 2011. 6. 8.]

제148조의2(벌칙) ① 제44조제1항, 제2항 또는 제5항을 위반(자동차등 또는 노면전차를 운전한 경우로 한정한다. 다만, 개인형 이동장치를 운전한 경우는 제외한다. 이하 이 조에서 같다)하여 벌금 이상의 형을 선고받고 그 형이 확정된 날부터 10년 내에 다시 같은 조 제1항, 제2항 또는 제5항을 위반한 사람(형이 실효된 사람도 포함한다)은 다음 각 호의 구분에 따라 처벌한다. 〈개정 2023. 1. 3., 2024. 12. 3.〉

1. 제44조제2항 또는 제5항을 위반한 사람은 1년 이상 6년 이하의 징역이나 500만원 이상 3천만원 이하의 벌금에 처한다.

2. 제44조제1항을 위반한 사람 중 혈중알코올농도가 0.2퍼센트 이상인 사람은 2년 이상 6년

이하의 징역이나 1천만원 이상 3천만원 이하의 벌금에 처한다.

3. 제44조제1항을 위반한 사람 중 혈중알코올농도가 0.03퍼센트 이상 0.2퍼센트 미만인 사람은 1년 이상 5년 이하의 징역이나 500만원 이상 2천만원 이하의 벌금에 처한다.

② 다음 각 호의 어느 하나에 해당하는 사람은 1년 이상 5년 이하의 징역이나 500만원 이상 2천만원 이하의 벌금에 처한다. 〈개정 2024. 12. 3.〉

1. 술에 취한 상태에 있다고 인정할 만한 상당한 이유가 있는 사람으로서 제44조제2항에 따른 경찰공무원의 측정에 응하지 아니하는 사람(자동차등 또는 노면전차를 운전한 경우로 한정한다)

2. 술에 취한 상태에 있다고 인정할 만한 상당한 이유가 있는 사람으로서 제44조제5항을 위반하여 자동차등 또는 노면전차를 운전한 후 음주측정방해행위를 한 사람

③ 제44조제1항을 위반하여 술에 취한 상태에서 자동차등 또는 노면전차를 운전한 사람은 다음 각 호의 구분에 따라 처벌한다.

1. 혈중알코올농도가 0.2퍼센트 이상인 사람은 2년 이상 5년 이하의 징역이나 1천만원 이상 2천만원 이하의 벌금

2. 혈중알코올농도가 0.08퍼센트 이상 0.2퍼센트 미만인 사람은 1년 이상 2년 이하의 징역이나 500만원 이상 1천만원 이하의 벌금

3. 혈중알코올농도가 0.03퍼센트 이상 0.08퍼센트 미만인 사람은 1년 이하의 징역이나 500만원 이하의 벌금

④ 제45조제1항[약물의 영향으로 인하여 정상적으로 운전하지 못할 우려가 있는 상태에서 자동차등(개인형 이동장치는 제외한다) 또는 노면전차를 운전한 경우에 한정한다. 이하 이 항에서 같다] 또는 제2항을 위반하여 벌금 이상의 형을 선고받고 그 형이 확정된 날부터 10년 내에 다시 같은 조 제1항 또는 제2항을 위반한 사람(형이 실효된 사람도 포함한다)은 다음 각 호의 구분에 따라 처벌한다. 〈신설 2025. 4. 1.〉

1. 제45조제1항을 위반한 사람은 2년 이상 6년 이하의 징역이나 1천만원 이상 3천만원 이하의 벌금에 처한다.

2. 제45조제2항을 위반한 사람은 1년 이상 6년 이하의 징역이나 500만원 이상 3천만원 이하의 벌금에 처한다.

⑤ 제45조제1항을 위반하여 약물의 영향으로 인하여 정상적으로 운전하지 못할 우려가 있는 상태에서 자동차등(개인형 이동장치는 제외한다) 또는 노면전차를 운전한 사람은 5년 이하

의 징역이나 2천만원 이하의 벌금에 처한다. 〈개정 2025. 4. 1.〉
⑥ 약물의 영향으로 인하여 정상적으로 운전하지 못할 우려가 있는 상태에 있다고 인정할 만한 상당한 이유가 있는 사람으로서 제45조제2항에 따른 경찰공무원의 측정에 응하지 아니하는 사람은 5년 이하의 징역이나 2천만원 이하의 벌금에 처한다. 〈신설 2025. 4. 1.〉
[전문개정 2018. 12. 24.][2023. 1. 3. 법률 제19158호에 의하여 2022. 5. 26. 헌법재판소에서 위헌 결정된 이 조 제1항을 개정함.][2023. 1. 3. 법률 제19158호에 의하여 2022. 8. 31. 헌법재판소에서 위헌 결정된 이 조 제1항을 개정함.][2023. 1. 3. 법률 제19158호에 의하여 2021. 11. 25. 헌법재판소에서 위헌 결정된 이 조 제1항을 개정함.][시행일: 2026. 4. 2.]

96 아동학대

A와 B는 부부로 둘 사이에는 아이가 없었는데, 11년 전 우연한 기회에 입양에 관심을 가지게 되었고, 두 살 된 남자아이 C를 입양하였다. 그런데 입양 후 아이 키우는 것이 힘들었던 이들 부부는 C가 초등학교에 입학하면서 아이를 양육하는 것이 더 부담스러웠다. 이들은 C에게 "너 같은 XX는 살 필요가 없다. 담벼락에 머리를 찧어라. 산에 올라가 절벽에서 뛰어내려라", "너한테 애정이 없으니 잘못해도 때리지도 않고, 욕도 안 하는 거야" 등과 같은 말을 수시로 하였고, 하루에 한 끼만 밥을 주거나 겨울에 찬물로 목욕을 시키기도 하였다. 급기야 C가 초등학교 3학년이 되던 해에 C가 B에게 말대꾸를 하자 버릇을 고쳐주겠다며 집 근처 허름한 원룸에 혼자 생활하게 하면서 CCTV로 아이의 일상을 감시하였다. C는 겨울에 보일러도 틀지 못하고 냉골에서 A가 넣어 준 라면으로 끼니를 해결하며 생활하고 있다.

 질문

1. 양부모(A와 B)의 행위는 아동학대에 해당하는가?
2. 학대를 당하는 아동을 보호하려면 어떻게 해야 하는가?
3. 아동학대를 하는 사람은 어떠한 처벌을 받는가?

"아동학대"란 보호자[453]를 포함한 성인이 18세 미만의 사람인 아동의 건강 또는 복지를 해치거나 정상적 발달을 저해할 수 있는 신체적·정신적·성적 폭력이

---

453) "보호자"라 함은 친권자, 후견인, 아동을 보호·양육·교육하거나 그 의무가 있는 자 또는 업무·고용 등의 관계로 사실상 아동을 보호 감독하는 자를 의미한다.

나 가혹행위를 하는 것과 아동의 보호자가 아동을 유기하거나 방임하는 것을 말한다.[454]

☞ **아동학대의 유형**[455]

신체적 학대	□ 정의: 보호자를 포함한 성인이 아동의 건강 또는 복지를 해치거나 정상적 발달을 저해할 수 있는 신체적 폭력이나 가혹행위를 하는 것 □ 내용: 보호자를 포함한 성인이 아동에게 우발적인 사고가 아닌 상황에서 신체적 손상을 입히거나 신체적 손상을 입도록 허용한 모든 행위 □ 예시: 직접적으로 신체에 가해지는 행위. 도구를 사용하여 신체를 가해하는 행위 □ 행위: 완력을 사용하여 신체를 위협하는 행위, 신체에 유해한 물질로 신체에 가해지는 행위
정서적 학대	□ 정의: 보호자를 포함한 성인이 아동의 건강 또는 복지를 해치거나 정상적 발달을 저해할 수 있는 정신적 폭력이나 가혹행위를 하는 것 □ 내용: 보호자를 포함한 성인이 아동에게 행하는 언어적 모욕, 정서적 위협, 감금이나 억제, 기타 가학적인 행위(언어적, 정신적, 심리적 학대) □ 행위: 원망적·거부적·적대적 또는 경멸적인 언어폭력, 잠을 재우지 않는 것, 벌거벗겨 내쫓는 행위, 형제나 친구 등과 비교·차별·편애하는 행위, 가족 내에서 왕따시키는 행위, 아동이 가정폭력을 목격하도록 하는 행위 등
성적 학대	□ 정의: 보호자를 포함한 성인이 아동의 건강 또는 복지를 해치거나 정상적 발달을 저해할 수 있는 성적 폭력이나 가혹행위를 하는 것 □ 내용: 보호자를 포함한 성인이 자신의 성적 충족을 목적으로 18세 미만의 아동에게 행하는 모든 성적 행위 □ 예시: 자신의 성적 만족을 위해 아동을 관찰하거나 아동에게 성적인 노출을 하는 행위, 아동을 성적으로 추행하는 행위, 아동에게 유사성행위를 하는 행위, 성교하는 행위, 성매매를 시키거나 성매매를 매개하는 행위
방임 및 유기	□ 정의: 아동의 보호자가 아동을 유기하거나 방임하는 것 □ 내용: 방임은 보호자가 아동에게 위험한 환경에 처하거나 아동에게 필요한 의식주·의무교육·의료적 조치 등을 제공하지 않는 행위, 유기는 보호자가 아동을 보호하지 않고 버리는 행위 □ 예시: 기본적 의식주를 제공하지 않는 행위, 불결한 환경이나 위험한 상태에서 아동을 방치하는 행위, 아동의 출생신고를 하지 않는 행위 등(물리적 방임), 보호자가 아동을 특별한 사유 없이 학교(의무교육)에 보내지 않거나 아동의 무단결석을 방치하는 행위(교육적 방임), 아동을 보호하지 않고 버리는 행위, 아동을 병원에 입원시키고 사라진 경우(유기)

---

[454] 「아동학대범죄의 처벌 등에 관한 특례법 (약칭: 아동학대처벌법)」 제2조제3호, 아동복지법 제3조제7호.
[455] 안전Dream 홈페이지(https://www.safe182.go.kr/cont/homeLogContents.do?contentsNm=family_abuse_overview, 2022년 5월 25일 방문).

"아동학대범죄"란 보호자에 의한 아동학대로서 「아동학대범죄의 처벌 등에 관한 특례법」 제2조 제4호에 열거된 범죄를 말한다. 누구든지 아동학대범죄를 알게 된 경우나 그 의심이 있는 경우에는 특별시·광역시·특별자치시·도·특별자치도, 시·군·구 또는 수사기관에 신고할 수 있다.[456]

의료인, 유치원 교사, 학원의 강사 등과 같이 법률에서 신고 의무자로서 지정한 사람은 아동학대범죄를 알았거나 그 의심이 있는 경우 즉시 신고해야 하고, 신고하지 않으면 1천만 원 이하의 과태료를 부과받게 된다.[457] 시·도, 시·군·구 또는 수사기관은 정당한 사유가 없으면 즉시 조사 또는 수사에 착수하여야 한다. 또한 아동학대 신고 의무자가 보호하는 아동에 대하여 아동학대범죄를 범한 때에는 그 죄에 정한 형의 2분의 1까지 가중한다.[458]

아동학대범죄 신고를 접수한 사법경찰관리나 「아동복지법」 제22조제4항에 따른 아동학대전담공무원은 지체 없이 아동학대범죄의 현장에 출동하여야 한다. 이 경우 수사기관의 장이나 시·도지사 또는 시장·군수·구청장은 서로 동행하여 줄 것을 요청할 수 있으며, 그 요청을 받은 수사기관의 장이나 시·도지사 또는 시장·군수·구청장은 정당한 사유가 없으면 사법경찰관리나 아동학대전담공무원이 아동학대범죄 현장에 동행하도록 조치하여야 한다. 아동학대범죄 신고를 접수한 사법경찰관리나 아동학대전담공무원은 아동학대범죄가 행하여지고 있는 것으로 신고된 현장 또는 피해아동을 보호하기 위하여 필요한 장소에 출입하여 아동 또는 아동학대행위자 등 관계인에 대하여 조사를 하거나 질문을 할 수 있다.[459]

현장에 출동하거나 아동학대범죄 현장을 발견한 경우 또는 학대현장 이외의 장소에서 학대피해가 확인되고 재학대의 위험이 급박·현저한 경우, 사법경찰관리 또는 아동학대전담공무원은 피해아동·피해아동의 형제자매인 아동 및 피해아

---

456) 「아동학대처벌법」 제10조 제1항.
457) 「아동학대처벌법」 제10조 제2항, 제63조(과태료).
458) 「아동학대처벌법」 제7조(아동복지시설의 종사자 등에 대한 가중처벌).
459) 「아동학대처벌법」 제11조(현장출동).

동과 동거하는 아동(이하 "피해아동등"이라 함)의 보호를 위하여 즉시 응급조치를 취하여야 한다. 그러한 응급조치로는 ① 아동학대범죄 행위의 제지, ② 아동학대행위자를 피해아동등으로부터 격리, ③ 피해아동등을 아동학대 관련 보호시설로 인도, ④ 긴급치료가 필요한 피해아동을 의료기관으로 인도가 포함되며, 이 중 피해아동등을 아동학대 관련 보호시설로 인도하는 경우 피해아동등의 이익을 최우선으로 고려하여야 하며, 피해아동등을 보호하여야 할 필요가 있는 등 특별한 사정이 있는 경우를 제외하고는 피해아동등의 의사를 존중하여야 한다.[460]

누구든지 다음과 같은 아동학대 행위를 해서는 안 되며, 해당 금지행위를 한 경우 다음과 같은 처벌을 받는다.[461]

〈아동학대 금지행위 및 처벌 예시〉

	금지행위	처벌
1	아동을 매매하는 행위	10년 이하의 징역
2	아동에게 음란한 행위를 시키거나 이를 매개하는 행위 또는 아동에게 성적 수치심을 주는 성희롱 등 성적 학대행위	10년 이하의 징역 또는 3천만원 이하의 벌금
3	아동의 신체에 손상을 주거나 신체의 건강 및 발달을 해치는 신체적 학대행위	5년 이하의 징역 또는 5천만 원 이하의 벌금
4	아동의 정신건강 및 발달에 해를 끼치는 정서적 학대행위(「가정폭력범죄의 처벌 등에 관한 특례법」 제2조제1호에 따른 가정폭력에 아동을 노출시키는 행위로 인한 경우를 포함) - '22.6.22 시행	
5	자신의 보호 감독을 받는 아동을 유기하거나 의식주를 포함한 기본적 보호 양육 치료 및 교육을 소홀히 하는 방임행위	
6	장애를 가진 아동을 공중에게 관람시키는 행위	
7	아동에게 구걸을 시키거나 아동을 이용하여 구걸하는 행위	
8	공중의 오락 또는 흥행을 목적으로 아동의 건강 또는 안전에 유해한 곡예를 시키는 행위 또는 이를 위하여 아동을 제3자에게 인도하는 행위	1년 이하의 징역 또는 500만 원 이하의 벌금
9	정당한 권한을 가진 알선기관 외의 자가 아동의 양육을 알선하고 금품을 취득하거나 요구 또는 약속하는 행위	3년 이하의 징역 또는 2천만 원 이하의 벌금
10	아동을 위하여 증여 또는 급여된 금품을 그 목적 외의 용도로 사용하는 행위	

※ 관련 법률: 「아동학대범죄의 처벌 등에 관한 특례법 (약칭: 아동학대처벌법)」

제1장 총칙

제2조(정의) 이 법에서 사용하는 용어의 뜻은 다음과 같다. 〈개정 2016. 1. 6., 2016. 5. 29., 2021. 3. 16., 2023. 12. 26.〉

1. "아동"이란 「아동복지법」 제3조제1호에 따른 아동을 말한다.
2. "보호자"란 「아동복지법」 제3조제3호에 따른 보호자를 말한다.
3. "아동학대"란 「아동복지법」 제3조제7호에 따른 아동학대를 말한다. 다만, 「유아교육법」과 「초·중등교육법」에 따른 교원의 정당한 교육활동과 학생생활지도는 아동학대로 보지 아니한다.
4. "아동학대범죄"란 보호자에 의한 아동학대로서 다음 각 목의 어느 하나에 해당하는 죄를 말한다.
    가. 「형법」 제2편제25장 상해와 폭행의 죄 중 제257조(상해)제1항·제3항, 제258조의2(특수상해)제1항(제257조제1항의 죄에만 해당한다)·제3항(제1항 중 제257조제1항의 죄에만 해당한다), 제260조(폭행)제1항, 제261조(특수폭행) 및 제262조(폭행치사상)(상해에 이르게 한 때에만 해당한다)의 죄
    나. 「형법」 제2편제28장 유기와 학대의 죄 중 제271조(유기)제1항, 제272조(영아유기), 제273조(학대)제1항, 제274조(아동혹사) 및 제275조(유기등 치사상)(상해에 이르게 한 때에만 해당한다)의 죄
    다. 「형법」 제2편제29장 체포와 감금의 죄 중 제276조(체포, 감금)제1항, 제277조(중체포, 중감금)제1항, 제278조(특수체포, 특수감금), 제280조(미수범) 및 제281조(체포·감금 등의 치사상)(상해에 이르게 한 때에만 해당한다)의 죄
    라. 「형법」 제2편제30장 협박의 죄 중 제283조(협박)제1항, 제284조(특수협박) 및 제286조(미수범)의 죄
    마. 「형법」 제2편제31장 약취, 유인 및 인신매매의 죄 중 제287조(미성년자 약취, 유인), 제288조(추행 등 목적 약취, 유인 등), 제289조(인신매매) 및 제290조(약취, 유인, 매매, 이송 등 상해·치상)의 죄

---

460) 「아동학대처벌법」 제12조(피해아동 등에 대한 응급조치).
461) 안전Dream 신고 처벌기준(https://www.safe182.go.kr/cont/homeLogContents.do?contentsNm=family_abuse_rule, 2022년 5월 25일 방문).

바. 「형법」 제2편제32장 강간과 추행의 죄 중 제297조(강간), 제297조의2(유사강간), 제298조(강제추행), 제299조(준강간, 준강제추행), 제300조(미수범), 제301조(강간등 상해·치상), 제301조의2(강간등 살인·치사), 제302조(미성년자등에 대한 간음), 제303조(업무상위력 등에 의한 간음) 및 제305조(미성년자에 대한 간음, 추행)의 죄

사. 「형법」 제2편제33장 명예에 관한 죄 중 제307조(명예훼손), 제309조(출판물등에 의한 명예훼손) 및 제311조(모욕)의 죄

아. 「형법」 제2편제36장 주거침입의 죄 중 제321조(주거·신체 수색)의 죄

자. 「형법」 제2편제37장 권리행사를 방해하는 죄 중 제324조(강요) 및 제324조의5(미수범)(제324조의 죄에만 해당한다)의 죄

차. 「형법」 제2편제39장 사기와 공갈의 죄 중 제350조(공갈), 제350조의2(특수공갈) 및 제352조(미수범)(제350조, 제350조의2의 죄에만 해당한다)의 죄

카. 「형법」 제2편제42장 손괴의 죄 중 제366조(재물손괴등)의 죄

타. 「아동복지법」 제71조제1항 각 호의 죄(제3호의 죄는 제외한다)

파. 가목부터 타목까지의 죄로서 다른 법률에 따라 가중처벌되는 죄

하. 제4조(아동학대살해·치사), 제5조(아동학대중상해) 및 제6조(상습범)의 죄

4의2. "아동학대범죄신고등"이란 아동학대범죄에 관한 신고·진정·고소·고발 등 수사 단서의 제공, 진술 또는 증언이나 그 밖의 자료제출행위 및 범인검거를 위한 제보 또는 검거활동을 말한다.

4의3. "아동학대범죄신고자등"이란 아동학대범죄신고등을 한 자를 말한다.

5. "아동학대행위자"란 아동학대범죄를 범한 사람 및 그 공범을 말한다.

6. "피해아동"이란 아동학대범죄로 인하여 직접적으로 피해를 입은 아동을 말한다.

7. "아동보호사건"이란 아동학대범죄로 인하여 제36조제1항에 따른 보호처분(이하 "보호처분"이라 한다)의 대상이 되는 사건을 말한다.

8. "피해아동보호명령사건"이란 아동학대범죄로 인하여 제47조에 따른 피해아동보호명령의 대상이 되는 사건을 말한다.

9. "아동보호전문기관"이란 「아동복지법」 제45조에 따른 아동보호전문기관을 말한다.

9의2. "가정위탁지원센터"란 「아동복지법」 제48조에 따른 가정위탁지원센터를 말한다.

10. "아동복지시설"이란 「아동복지법」 제50조에 따라 설치된 시설을 말한다.

11. "아동복지시설의 종사자"란 아동복지시설에서 아동의 상담·지도·치료·양육, 그 밖에 아동의 복지에 관한 업무를 담당하는 사람을 말한다.

제3조(다른 법률과의 관계) 아동학대범죄에 대하여는 이 법을 우선 적용한다. 다만, 「성폭력범죄의 처벌 등에 관한 특례법」, 「아동·청소년의 성보호에 관한 법률」에서 가중처벌되는 경우에는 그 법에서 정한 바에 따른다.

제2장 아동학대범죄의 처벌에 관한 특례

제7조(아동복지시설의 종사자 등에 대한 가중처벌) 제10조제2항 각 호에 따른 아동학대 신고의무자가 보호하는 아동에 대하여 아동학대범죄를 범한 때에는 그 죄에 정한 형의 2분의 1까지 가중한다.

[본조신설 2016. 5. 29.]

제3장 아동학대범죄의 처리절차에 관한 특례

제10조(아동학대범죄 신고의무와 절차) ① 누구든지 아동학대범죄를 알게 된 경우나 그 의심이 있는 경우에는 특별시·광역시·특별자치시·도·특별자치도(이하 "시·도"라 한다), 시·군·구(자치구를 말한다. 이하 같다) 또는 수사기관에 신고할 수 있다. 〈개정 2020. 3. 24.〉

② 다음 각 호의 어느 하나에 해당하는 사람이 직무를 수행하면서 아동학대범죄를 알게 된 경우나 그 의심이 있는 경우에는 시·도, 시·군·구 또는 수사기관에 즉시 신고하여야 한다. 〈개정 2016. 5. 29., 2019. 1. 15., 2020. 3. 24., 2022. 12. 27., 2024. 12. 20.〉

1. 「아동복지법」 제10조의2에 따른 아동권리보장원(이하 "아동권리보장원"이라 한다) 및 가정위탁지원센터의 장과 그 종사자
2. 아동복지시설의 장과 그 종사자(아동보호전문기관의 장과 그 종사자는 제외한다)
3. 「아동복지법」 제13조에 따른 아동복지전담공무원
4. 「가정폭력방지 및 피해자보호 등에 관한 법률」 제5조에 따른 가정폭력 관련 상담소 및 같은 법 제7조의2에 따른 가정폭력피해자 보호시설의 장과 그 종사자
5. 「건강가정기본법」 제35조에 따른 건강가정지원센터의 장과 그 종사자
6. 「다문화가족지원법」 제12조에 따른 다문화가족지원센터의 장과 그 종사자
7. 「사회보장급여의 이용·제공 및 수급권자 발굴에 관한 법률」 제43조에 따른 사회복지전담공무원 및 「사회복지사업법」 제34조에 따른 사회복지시설의 장과 그 종사자
8. 「성매매방지 및 피해자보호 등에 관한 법률」 제9조에 따른 지원시설 및 같은 법 제17조에 따른 성매매피해상담소의 장과 그 종사자
9. 「성폭력방지 및 피해자보호 등에 관한 법률」 제10조에 따른 성폭력피해상담소, 같은 법 제12조에 따른 성폭력피해자보호시설의 장과 그 종사자 및 같은 법 제18조에 따른 성폭력피해자통합지원센터의 장과 그 종사자
10. 「119구조·구급에 관한 법률」 제2조제4호에 따른 119구급대의 대원

11. 「응급의료에 관한 법률」 제2조제7호에 따른 응급의료기관등에 종사하는 응급구조사
12. 「영유아보육법」 제7조에 따른 육아종합지원센터의 장과 그 종사자 및 제10조에 따른 어린이집의 원장 등 보육교직원
13. 「유아교육법」 제2조제2호에 따른 유치원의 장과 그 종사자
14. 아동보호전문기관의 장과 그 종사자
15. 「의료법」 제3조제1항에 따른 의료기관의 장과 그 의료기관에 종사하는 의료인 및 의료기사
16. 「장애인복지법」 제58조에 따른 장애인복지시설의 장과 그 종사자로서 시설에서 장애아동에 대한 상담·치료·훈련 또는 요양 업무를 수행하는 사람
17. 「정신건강증진 및 정신질환자 복지서비스 지원에 관한 법률」 제3조제3호에 따른 정신건강복지센터, 같은 조 제5호에 따른 정신의료기관, 같은 조 제6호에 따른 정신요양시설 및 같은 조 제7호에 따른 정신재활시설의 장과 그 종사자
18. 「청소년기본법」 제3조제6호에 따른 청소년시설 및 같은 조 제8호에 따른 청소년단체의 장과 그 종사자
19. 「청소년 보호법」 제35조에 따른 청소년 보호·재활센터의 장과 그 종사자
20. 「초·중등교육법」 제2조에 따른 학교의 장과 그 종사자
21. 「한부모가족지원법」 제19조에 따른 한부모가족복지시설의 장과 그 종사자
22. 「학원의 설립·운영 및 과외교습에 관한 법률」 제6조에 따른 학원의 운영자·강사·직원 및 같은 법 제14조에 따른 교습소의 교습자·직원
23. 「아이돌봄 지원법」 제2조제4호에 따른 아이돌보미
24. 「아동복지법」 제37조에 따른 취약계층 아동에 대한 통합서비스지원 수행인력
25. 「입양특례법」 제20조에 따른 입양기관의 장과 그 종사자
26. 「영유아보육법」 제8조에 따른 한국보육진흥원의 장과 그 종사자로서 같은 법 제30조에 따른 어린이집 평가 업무를 수행하는 사람
27. 「대안교육기관에 관한 법률」 제2조제2호에 따른 대안교육기관과 「초·중등교육법 시행령」 제54조에 따라 학교의 장으로부터 학업에 어려움을 겪는 학생들에 대한 교육을 위탁받은 교육기관 등의 장과 그 종사자

③ 누구든지 제1항 및 제2항에 따른 신고인의 인적 사항 또는 신고인임을 미루어 알 수 있는 사실을 다른 사람에게 알려주거나 공개 또는 보도하여서는 아니 된다.

④ 제2항에 따른 신고가 있는 경우 시·도, 시·군·구 또는 수사기관은 정당한 사유가 없으면 즉시 조사 또는 수사에 착수하여야 한다. 〈신설 2021. 1. 26.〉

제10조의2(불이익조치의 금지) 누구든지 아동학대범죄신고자등에게 아동학대범죄신고등을 이유로 불이익조치를 하여서는 아니 된다.

제11조의2(조사) ① 아동학대전담공무원은 피해아동의 보호 및 사례관리를 위한 조사를 할 수 있다. 이 경우 아동학대전담공무원은 아동학대행위자 및 관계인에 대하여 출석·진술 및 자료제출을 요구할 수 있으며, 아동학대행위자 및 관계인은 정당한 사유가 없으면 이에 따라야 한다. 〈개정 2021. 1. 26.〉

② 시·도지사 또는 시장·군수·구청장은 「유아교육법」 및 「초·중등교육법」에 따른 교원의 교육활동 중 행위가 아동학대범죄로 신고되어 조사 중인 사건과 관련하여 관할 교육감이 의견을 제출하는 경우 이를 「아동복지법」 제22조제3항제3호에 따른 아동학대 사례의 판단에 참고하여야 한다. 〈신설 2023. 12. 26.〉

③ 제1항에 관하여는 「행정조사기본법」 제4조, 제5조, 제9조, 제10조, 제17조, 제21조를 준용한다. 이 경우 "행정조사"는 "제1항에 따른 아동학대전담공무원의 조사"로, "행정기관"은 "시·도 또는 시·군·구"로, "조사대상자"는 "아동학대행위자 및 관계인"으로 본다. 〈개정 2023. 12. 26.〉

[본조신설 2020. 3. 24.]

제12조(피해아동 등에 대한 응급조치) ① 제11조제1항에 따라 현장에 출동하거나 아동학대범죄 현장을 발견한 경우 또는 학대현장 이외의 장소에서 학대피해가 확인되고 재학대의 위험이 급박·현저한 경우, 사법경찰관리 또는 아동학대전담공무원은 피해아동, 피해아동의 형제자매인 아동 및 피해아동과 동거하는 아동(이하 "피해아동등"이라 한다)의 보호를 위하여 즉시 다음 각 호의 조치(이하 "응급조치"라 한다)를 하여야 한다. 이 경우 제3호 또는 제5호의 조치를 하는 때에는 피해아동등의 이익을 최우선으로 고려하여야 하며, 피해아동등을 보호하여야 할 필요가 있는 등 특별한 사정이 있는 경우를 제외하고는 피해아동등의 의사를 존중하여야 한다. 〈개정 2016. 5. 29., 2020. 3. 24., 2024. 12. 20.〉

1. 아동학대범죄 행위의 제지
2. 아동학대행위자를 피해아동등으로부터 격리
3. 피해아동등을 아동학대 관련 보호시설로 인도
4. 긴급치료가 필요한 피해아동을 의료기관으로 인도
5. 피해아동등을 연고자 등에게 인도

② 사법경찰관리나 아동학대전담공무원은 제1항제3호부터 제5호까지에 따라 피해아동등을

분리·인도하여 보호하는 경우 지체 없이 피해아동등을 인도받은 보호시설·의료시설의 소재지 또는 연고자 등의 주거지를 관할하는 시·도지사 또는 시장·군수·구청장에게 그 사실을 통보하여야 한다. 〈개정 2016. 5. 29., 2020. 3. 24., 2024. 12. 20.〉

③ 제1항제2호부터 제5호까지에 따른 응급조치는 72시간을 넘을 수 없다. 다만, 본문의 기간에 공휴일이나 토요일이 포함되는 경우로서 피해아동등의 보호를 위하여 필요하다고 인정되는 경우에는 48시간의 범위에서 그 기간을 연장할 수 있다. 〈개정 2021. 1. 26., 2024. 12. 20.〉

④ 제3항에도 불구하고 검사가 제15조제2항에 따라 임시조치를 법원에 청구한 경우에는 법원의 임시조치 결정 시까지 응급조치 기간이 연장된다. 〈신설 2021. 1. 26.〉

⑤ 사법경찰관리 또는 아동학대전담공무원이 제1항에 따라 응급조치를 한 경우에는 즉시 응급조치결과보고서를 작성하여야 한다. 이 경우 사법경찰관리가 응급조치를 한 경우에는 관할 경찰관서의 장이 시·도지사 또는 시장·군수·구청장에게, 아동학대전담공무원이 응급조치를 한 경우에는 소속 시·도지사 또는 시장·군수·구청장이 관할 경찰관서의 장에게 작성된 응급조치결과보고서를 지체 없이 송부하여야 한다. 〈개정 2020. 3. 24., 2021. 1. 26.〉

⑥ 제5항에 따른 응급조치결과보고서에는 피해사실의 요지, 응급조치가 필요한 사유, 응급조치의 내용 등을 기재하여야 한다. 〈개정 2021. 1. 26.〉

⑦ 누구든지 아동학대전담공무원이나 사법경찰관리가 제1항에 따른 업무를 수행할 때에 폭행·협박이나 응급조치를 저지하는 등 그 업무 수행을 방해하는 행위를 하여서는 아니 된다. 〈개정 2020. 3. 24., 2021. 1. 26.〉

⑧ 사법경찰관리는 제1항제1호 또는 제2호의 조치를 위하여 다른 사람의 토지·건물·배 또는 차에 출입할 수 있다. 〈신설 2021. 1. 26.〉

⑨ 사법경찰관리나 아동학대전담공무원은 제1항제5호의 조치를 하는 경우 연고자 등의 동의를 얻어 가정폭력범죄, 아동학대범죄 등 범죄경력을 확인하는 등 피해아동등의 보호를 위하여 필요한 조치를 할 수 있다. 〈신설 2024. 12. 20.〉

⑩ 제1항제5호 및 제2항에 따른 연고자 등의 기준, 제9항에 따른 범죄경력 조회 및 피해아동 보호를 위하여 필요한 조치 등에 관한 구체적인 사항은 대통령령으로 정한다. 〈신설 2024. 12. 20.〉

[제목개정 2020. 3. 24.]

제13조(아동학대행위자에 대한 긴급임시조치) ① 사법경찰관은 제12조제1항에 따른 응급조치에도 불구하고 아동학대범죄가 재발될 우려가 있고, 긴급을 요하여 제19조제1항에 따른 법원

의 임시조치 결정을 받을 수 없을 때에는 직권이나 피해아동등, 그 법정대리인(아동학대행위자를 제외한다. 이하 같다), 변호사(제16조에 따른 변호사를 말한다. 제48조 및 제49조를 제외하고는 이하 같다), 시·도지사, 시장·군수·구청장 또는 아동보호전문기관의 장의 신청에 따라 제19조제1항제1호부터 제3호까지의 어느 하나에 해당하는 조치를 할 수 있다. 〈개정 2020. 3. 24.〉

② 사법경찰관은 제1항에 따른 조치(이하 "긴급임시조치"라 한다)를 한 경우에는 즉시 긴급임시조치결정서를 작성하여야 하고, 그 내용을 시·도지사 또는 시장·군수·구청장에게 지체 없이 통지하여야 한다. 〈개정 2020. 3. 24.〉

③ 제2항에 따른 긴급임시조치결정서에는 범죄사실의 요지, 긴급임시조치가 필요한 사유, 긴급임시조치의 내용 등을 기재하여야 한다.

제14조(임시조치의 청구) ① 검사는 아동학대범죄가 재발될 우려가 있다고 인정하는 경우에는 직권으로 또는 사법경찰관이나 보호관찰관의 신청에 따라 법원에 제19조제1항 각 호의 임시조치를 청구할 수 있다.

② 피해아동등, 그 법정대리인, 변호사, 시·도지사, 시장·군수·구청장 또는 아동보호전문기관의 장은 검사 또는 사법경찰관에게 제1항에 따른 임시조치의 청구 또는 그 신청을 요청하거나 이에 관하여 의견을 진술할 수 있다. 〈개정 2020. 3. 24.〉

③ 제2항에 따른 요청을 받은 사법경찰관은 제1항에 따른 임시조치를 신청하지 아니하는 경우에는 검사 및 임시조치를 요청한 자에게 그 사유를 통지하여야 한다. 〈개정 2020. 3. 24.〉

제15조(응급조치·긴급임시조치 후 임시조치의 청구) ① 사법경찰관이 제12조제1항제2호부터 제5호까지에 따른 응급조치 또는 제13조제1항에 따른 긴급임시조치를 하였거나 시·도지사 또는 시장·군수·구청장으로부터 제12조제1항제2호부터 제5호까지에 따른 응급조치가 행하여졌다는 통지를 받은 때에는 지체 없이 검사에게 제19조에 따른 임시조치의 청구를 신청하여야 한다. 〈개정 2020. 3. 24., 2024. 12. 20.〉

② 제1항의 신청을 받은 검사는 임시조치를 청구하는 때에는 응급조치가 있었던 때부터 72시간(제12조제3항 단서에 따라 응급조치 기간이 연장된 경우에는 그 기간을 말한다) 이내에, 긴급임시조치가 있었던 때부터 48시간 이내에 하여야 한다. 이 경우 제12조제5항에 따라 작성된 응급조치결과보고서 및 제13조제2항에 따라 작성된 긴급임시조치결정서를 첨부하여야 한다. 〈개정 2021. 1. 26.〉

③ 사법경찰관은 검사가 제2항에 따라 임시조치를 청구하지 아니하거나 법원이 임시조치의 결정을 하지 아니한 때에는 즉시 그 긴급임시조치를 취소하여야 한다.

제16조(피해아동에 대한 변호사 선임의 특례) ① 아동학대범죄의 피해아동 및 그 법정대리인은 형사 및 아동보호 절차상 입을 수 있는 피해를 방지하고 법률적 조력을 보장하기 위하여 변호사를 선임할 수 있다.
② 제1항에 따른 변호사는 검사 또는 사법경찰관의 피해아동 및 그 법정대리인에 대한 조사에 참여하여 의견을 진술할 수 있다. 다만, 조사 도중에는 검사 또는 사법경찰관의 승인을 받아 의견을 진술할 수 있다.
③ 제1항에 따른 변호사는 피의자에 대한 구속 전 피의자심문, 증거보전절차, 공판준비기일 및 공판절차에 출석하여 의견을 진술할 수 있다. 이 경우 필요한 절차에 관한 구체적 사항은 대법원규칙으로 정한다.
④ 제1항에 따른 변호사는 증거보전 후 관계 서류나 증거물, 소송계속 중의 관계 서류나 증거물을 열람하거나 등사할 수 있다.
⑤ 제1항에 따른 변호사는 형사 및 아동보호 절차에서 피해아동 및 그 법정대리인의 대리가 허용될 수 있는 모든 소송행위에 대한 포괄적인 대리권을 가진다.
⑥ 검사는 피해아동에게 변호사가 없는 경우 형사 및 아동보호 절차에서 피해아동의 권익을 보호하기 위하여 국선변호사를 선정하여야 한다.
[전문개정 2021. 3. 16.]

제17조(준용) ① 아동학대범죄의 조사·심리에 관하여는 「성폭력범죄의 처벌 등에 관한 특례법」 제29조부터 제32조까지, 제34조부터 제41조까지 및 「아동·청소년의 성보호에 관한 법률」 제29조를 각각 준용한다. 이 경우 "성폭력" 또는 "아동·청소년대상 성범죄"는 "아동학대범죄"로, "피해자"는 "피해아동"으로 본다. 〈개정 2020. 3. 24.〉
② 아동학대범죄사건의 형사 및 아동보호 절차에서 참고인이나 증인이 13세 미만의 아동이거나 신체적인 또는 정신적인 장애로 의사소통이나 의사표현에 어려움이 있는 경우 「성폭력범죄의 처벌 등에 관한 특례법」 제36조부터 제39조까지를 준용한다. 이 경우 "성폭력범죄"는 "아동학대범죄"로, "피해자"는 "참고인이나 증인"으로 본다. 〈신설 2020. 3. 24.〉

제17조의2(증인에 대한 신변안전조치) ① 검사는 아동학대범죄사건의 증인이 피고인 또는 그 밖의 사람으로부터 생명·신체에 해를 입거나 입을 염려가 있다고 인정될 때에는 관할 경찰서장에게 증인의 신변안전을 위하여 필요한 조치를 할 것을 요청하여야 한다.
② 증인은 검사에게 제1항의 조치를 하도록 청구할 수 있다.
③ 재판장은 검사에게 제1항의 조치를 하도록 요청할 수 있다.
④ 제1항의 요청을 받은 관할 경찰서장은 즉시 증인의 신변안전을 위하여 필요한 조치를 하고 그 사실을 검사에게 통보하여야 한다.
[본조신설 2021. 1. 26.]

97. 디지털 성범죄

A와 B는 클럽에서 만난 연인 사이로 한 달 정도 만나다 헤어졌다. 사귀는 동안 두 사람 사이에 성관계가 있었는데, A의 집에서 성관계를 가질 당시 A가 성관계 영상을 본인의 휴대전화로 직접 촬영하였다. 당시 B는 그 사실을 알고 있었지만 별다른 제지를 하지 못했고, 헤어진 뒤 그 사실을 잊고 있었다. 그런데, A는 그 영상을 C에게 돈을 받고 팔았고, C는 전송받은 영상을 유료 회원제로 운영되는 온라인사이트에 올렸다.

 질문

1. A가 휴대폰 카메라를 이용하여 연인관계였던 B와의 성관계 영상을 찍은 것은 불법인가?
2. A가 그 영상을 돈을 받고 C에게 판 행위는 범죄인가?
3. C가 그 영상을 온라인에 유포한 행위는 범죄인가?
4. A와 C의 행위가 범죄에 해당한다면, 어떤 처벌을 받는가?
5. 디지털 성범죄의 피해자는 어떻게 해야 하는가?

디지털 성범죄란 카메라 등 디지털 기기를 이용해 상대방의 동의 없이 신체 일부나 성적인 장면을 불법 촬영하거나, 불법촬영물 등을 유포·유포협박·저장·전시 또는 유통·소비하는 행위 및 사이버 공간에서 타인의 성적 자율권과 인격권을 침해하는 행위를 모두 포괄하는 성범죄를 의미한다.[462]

---

[462] 「아동·청소년의 성보호에 관한 법률」 제25조의2제1항. 디지털 성범죄란 「성폭력처벌법」 제14조, 제14조의2, 제14조의3에 근거한 불법촬영, 비동의유포, 유포협박, 불법합성 등을 의미한다.

☞ **디지털 성범죄의 유형 예시**

불법 촬영	유포·재유포	유포협박
• 신체 일부, 성관계 장면을 의사에 반하여 촬영 • 지하철, 화장실 등 공공장소에 카메라를 설치하여 촬영	• 성적 촬영물을 성인사이트, 소셜미디어 등에 게시 • 지인에게 제공, 공유 • 촬영 동의 여부와 관계 없이 당사자의 의사에 반하여 유포	• 성적 촬영물을 주변인에게 유포하겠다고 협박 • 협박을 빌미로 성행위, 추가 촬영 등 강요

합성 제작·유포	소지·구입·저장	사이버 공간 내 성적 괴롭힘
• 딥페이크 등 • 얼굴, 신체이미지 또는 음성을 성적으로 합성·편집·가공	• 불법촬영·유포물, 아동·청소년 성착취물 소지, 구입, 저장, 시청	• 디지털 성범죄 피해자의 신상 정보 등을 공개적으로 유포 • 성적 명예훼손 및 모욕

위 사례의 경우 A가 자신의 휴대폰 카메라를 이용하여 연인관계였던 B와의 성관계 영상을 찍은 행위는 B의 동의를 받지 않고 찍었다면 디지털 성범죄에 해당하며, 합의에 따라 그러한 동영상을 찍었다 하더라도 촬영에 대한 B의 동의는 유포에 대한 동의까지 포함하는 것이 아니므로, 촬영 당시 동의하여도 사후 의사에 반하여 유포, 판매한 경우라면 A는 「성폭력범죄의 처벌 등에 관한 특례법(이하 '성폭력처벌법'이라 함)」 제14조에 의해 처벌받을 수 있다. 또한 그 촬영물을 판매, 제공한 C의 행위도 동법에 의해 처벌된다. 촬영물 또는 복제물(복제물의 복제물을 포함함) 반포·판매·임대·제공 또는 공공연하게 전시·상영(이하 "반포 등"이라 함)한 자 또는 촬영 당시에는 촬영대상자의 의사에 반하지 아니한 경우(자신의 신체를 직접 촬영한 경우를 포함함)에도 사후에 그 촬영물 또는 복제물을 촬영대상자의 의사에 반하여 반포등을 한 자는 7년 이하의 징역 또는 5천만 원 이하의 벌금에 처한다.[463]

한편, 디지털 성범죄 촬영물 또는 복제물을 소지·구입·저장 또는 시청한 자도 형사처벌 대상이 되는데, 3년 이하의 징역 또는 3천만 원 이하의 벌금에 처할 수 있다.[464] 그런 영상물을 다운로드 받거나 보는 행위 역시 처벌 대상이 되는데,

---

463) 「성폭력처벌법」 제14조제2항.
464) 「성폭력처벌법」 제14조제4항.

그렇지 않으면 디지털 성범죄 피해자가 원치 않는 디지털 성범죄 촬영물 유포행위가 근절될 수 없기 때문이다.

〈디지털 성범죄의 유형과 적용법률[465]〉

유형		적용법률
촬영물 이용 성폭력	불법촬영	성폭력처벌법 제14조1항(카메라 등을 이용한 촬용)
	유포 · 재유포	성폭력처벌법 제14조2~3항 (카메라 등을 이용할 촬영) 정보통신망법 제44조의7(불법정보의 유통금지)
	유포협박	성폭력처벌법 제14조3(촬영물 등을 이용한 협박 · 강요) 형법 제283조(협박, 존속협박), 제324조(강요)
	합성 제작 · 유포	성폭력처벌법 제14조의2 1~3항(허위영상물 등의 반포 등)
	소지 · 구입 · 저장	성폭력처벌법 제14조 4항(카메라 등을 이용한 촬영)
	유통 소비	정보통신망법 제44조의7(불법정보의 유통금지 등) 정보통신망법 제42조(청소년유해매체물의 표시) 전기통신사업법 제22조의3(특수유형부가통신사업자의 기술적 조치) 전기통신사업법 제22조의5(부가통신사업자의 불법촬영물 등 유통방지) 전기통신사업법 제22조의6(유통방지 조치 등 미이행에 대한 과징금 부과) 전기통신사업법 제92조(시정명령 등) 전기통신사업법 제96조(벌칙) 전기통신사업법 제104조(과태료)
아동 청소년 대상 성폭력	성착취 · 그루밍	청소년성보호법 제11조(아동 · 청소년성착취물의 제작 · 배포 등) 청소년성보호법 제12조(아동 · 청소년 매매행위) 청소년성보호법 제13조(아동 · 청소년의 성을 사는 행위) 청소년성보호법 제14조(아동 · 청소년에 대한 강요행위등) 청소년성보호법 제15조의2(아동 · 청소년에 대한 성착취 목적 대화 등) 아동복지법 제17조 2호(금지행위) 아동복지법 제71조 1항 1호(벌칙)

유형	적용법률
사이버 공간 내 성적 괴롭힘	성폭력처벌법 제13조(통신매체를 이용한 음란행위) 성폭력처벌법 제24조(피해자의 신원과 사생활 비밀누설 금지) 청소년성보호법 제31조 3항(비밀누설 금지) 정보통신망법 제70조(벌칙) 형법 제307조(명예훼손), 제311조(모욕)

디지털 성범죄가 발생했을 때 피해자는 피해 촬영물, URL 등 증거를 확보하여, 지원기관(디지털성범죄피해자지원센터: www.women1366.kr/stopds, ☎ 02-735-8994 또는 여성긴급전화(☎1366)에 상담 신청을 하거나 피해 사실을 입증할 증거를 수집하여 경찰청(사이버범죄신고시스템(ECRM))에 신고할 수 있다.[466] N번방 사건 이후, 인터넷사업자들의 디지털 삭제, 유통방지의무를 강화하는 개정법률「전기통신사업법」이 시행되면서 디지털 성범죄물 피해자의 피해신고 삭제·요청제도가 도입되었다. 동 법에 한국여성진흥원과 방송통신위원회 고시 13개 기관이 불법촬영물등 신고삭제요청 기관·단체로 지정되었고, 인터넷 사업자별 온라인 신고메뉴 신설, 불법촬영물등 유통신고 삭제요청서(법정양식)가 지정되었다. 불법촬영물등의 피해자는 신고 삭제요청에기관 신청하거나 인터넷사업자에 직접 요청할 수 있게 되어, 디지털성범죄물에 대해 보다 신속하게 대응할 수 있게 되었다.[467]

디지털성범죄피해자지원센터는 디지털 성범죄 피해에 대한 접수 등 상담, 삭제지원 및 유포현황 모니터링, 수사·법률·의료·연계 지원을 제공하므로 센터를 이용하면 피해자는 디지털 성범죄에 관련된 종합적인 도움을 받을 수 있다.

---

465) 한국여성인권진흥원, 디지털성범죄피해자지원센터 Q & A 참조(https://d4u.stop.or.kr/qna_consulting, 2022년 5월 3일 검색); 한국여성인권진흥원, 여성폭력 Zoom-In(https://www.stop.or.kr/modedg/contentsView.do?ucont_id=CTX000068&srch_menu_nix=5hpWUOqC&srch_mu_site=CDIDX00005, 2022년 5월 3일 검색) 등 참조.
466) 가해자를 특정할 수 없는 경우, 가해자를 유추할 수 있는 최소한의 정보(유포 시기, 유포 ID 등) 확보가 필요하다. 가해자의 신원을 파악하기 어렵더라도 삭제지원에 필요한 근거자료가 수집된 경우, 디지털성범죄피해자지원센터에서 상담 및 삭제지원을 받을 수 있다. 자세한 내용은 디지털성범죄피해자지원센터 홈페이지(https://d4u.stop.or.kr) 참조.
467) 방송통신위원회, 「생활에 도움이 되는 방송통신정책 안내서」(2021.12), p.30.

※ 관련 법률:「성폭력범죄의 처벌 등에 관한 특례법 (약칭: 성폭력처벌법)」

제14조(카메라 등을 이용한 촬영) ① 카메라나 그 밖에 이와 유사한 기능을 갖춘 기계장치를 이용하여 성적 욕망 또는 수치심을 유발할 수 있는 사람의 신체를 촬영대상자의 의사에 반하여 촬영한 자는 7년 이하의 징역 또는 5천만원 이하의 벌금에 처한다. 〈개정 2018. 12. 18., 2020. 5. 19.〉

② 제1항에 따른 촬영물 또는 복제물(복제물의 복제물을 포함한다. 이하 이 조에서 같다)을 반포·판매·임대·제공 또는 공공연하게 전시·상영(이하 "반포등"이라 한다)한 자 또는 제1항의 촬영이 촬영 당시에는 촬영대상자의 의사에 반하지 아니한 경우(자신의 신체를 직접 촬영한 경우를 포함한다)에도 사후에 그 촬영물 또는 복제물을 촬영대상자의 의사에 반하여 반포등을 한 자는 7년 이하의 징역 또는 5천만원 이하의 벌금에 처한다. 〈개정 2018. 12. 18., 2020. 5. 19.〉

③ 영리를 목적으로 촬영대상자의 의사에 반하여「정보통신망 이용촉진 및 정보보호 등에 관한 법률」제2조제1항제1호의 정보통신망(이하 "정보통신망"이라 한다)을 이용하여 제2항의 죄를 범한 자는 3년 이상의 유기징역에 처한다. 〈개정 2018. 12. 18., 2020. 5. 19.〉

④ 제1항 또는 제2항의 촬영물 또는 복제물을 소지·구입·저장 또는 시청한 자는 3년 이하의 징역 또는 3천만원 이하의 벌금에 처한다. 〈신설 2020. 5. 19.〉

⑤ 상습으로 제1항부터 제3항까지의 죄를 범한 때에는 그 죄에 정한 형의 2분의 1까지 가중한다. 〈신설 2020. 5. 19.〉

98 인터넷 명예훼손(사이버 명예훼손)

- 평소 인터넷 악플을 즐겨 다는 것으로 유명한 대학생 A는 전 여자친구 B가 자신의 인스타그램에 올린 글에 "너 전 남친이랑 몰래 연락했던 게 이맘때쯤인가?"라는 댓글을 달았다.
- A는 B와 헤어진 뒤 B에게 앙심을 품고, B가 수업을 듣는 남자 교수와 잠깐 나눈 사적인 메신저 대화 내용을 B 몰래 저장하여 둔 것을 복사하여 같은 학교 남학생들이 모여있는 카카오톡 단체방에 올리며, 두 사람 관계가 심상치 않다는 글을 썼다.
- A는 한 여자 연예인의 결혼 관련 온라인 기사에 "꽃뱀도 시집만 잘 가면 땡이구나"라는 댓글을 썼다.
- A는 동네에 자주 가는 단골 분식집에 전화하여 좋은 리뷰를 써 줄테니 주문한 3만 원 상당의 음식을 무료로 달라고 요구하였다. 음식점 주인이 거절하자 이에 앙심을 품고, 한 배달 앱의 해당 분식집 후기란에 별점 테러를 하면서 주방이 비위생적이라 직접 가서 보면 못 먹을 음식이라 주의가 요구된다는 글을 남겼다.

질문

1. 인터넷 명예훼손이란 무엇인가?
2. 위 A의 행위는 모두 인터넷 명예훼손에 해당하는가?
3. 인터넷 명예훼손 행위를 한 자는 어떤 처벌을 받는가?
4. 인터넷 명예훼손의 피해자가 할 수 있는 법적 조치는 무엇인가?

인터넷 명예훼손(사이버 명예훼손)이란 사람을 비방(誹謗)할 목적으로 정보통신망을 통하여 공연히 사실 또는 거짓의 사실을 적시하여 타인의 명예를 훼손하는 행위로써, '사이버공간에서 행해지는 명예훼손'을 말한다. 형법에 명예훼손에 관한 처벌 규정(제307조)[468]이 존재하므로, 명예훼손은 인터넷 등을 통하지 않더라도 성립될 수 있다. 그런데, 사이버 명예훼손은 일반 명예훼손 보다 그 위험성이 크기 때문에 특별법(「정보통신망 이용촉진 및 정보보호 등에 관한 법률」(이하 '정보통신망법'이라 함))으로 더 중하게 처벌하고 있다.

「정보통신망법」에 따르면, 정보통신서비스 제공자가 제공하는 정보통신서비스를 이용하는 자(이용자)는 사생활 침해 또는 명예훼손 등 타인의 권리를 침해하는 정보를 정보통신망에 유통시켜서는 아니 된다.[469] 동법 제70조(벌칙)에 따르면, 사람을 비방할 목적으로 정보통신망을 통하여 공공연하게 사실을 드러내어 다른 사람의 명예를 훼손한 자는 3년 이하의 징역 또는 3천만원 이하의 벌금에 처하고, 거짓의 사실을 드러내어 다른 사람의 명예를 훼손한 자는 7년 이하의 징역, 10년 이하의 자격정지 또는 5천만 원 이하의 벌금에 처한다. 두 가지 경우 모두 죄는 피해자가 구체적으로 밝힌 의사에 반하여 공소를 제기할 수 없는 반의사불벌죄[470]에 해당한다. 그런데, 「형법」 제310조(위법성의 조각)는 제307조제1항의 행위가 진실한 사실로서 오로지 공공의 이익[471]에 관한 때에는 처벌하지 아니한다고 하여 '위법성조각사유'를 규정하고 있는데, 인터넷 명예훼손죄에도 해당한다.

인터넷 명예훼손은 인터넷 게시판이나 카페 또는 트위터 등에 공개적으로 작성한 게시글이 타인의 명예를 훼손하는 경우 성립될 수 있다. 예를 들어, 일반 개인 또는 연예인이나 스포츠선수와 같은 공인, 기업체·공공기관·학교 등 법인이

---

468) 「형법」 제307조(명예훼손) ①공연히 사실을 적시하여 사람의 명예를 훼손한 자는 2년 이하의 징역이나 금고 또는 500만원 이하의 벌금에 처한다. 〈개정 1995. 12. 29.〉
②공연히 허위의 사실을 적시하여 사람의 명예를 훼손한 자는 5년 이하의 징역, 10년 이하의 자격정지 또는 1천만원 이하의 벌금에 처한다. 〈개정 1995. 12. 29.〉
469) 「정보통신망 이용촉진 및 정보보호 등에 관한 법률 (약칭: 정보통신망법)」 제44조(정보통신망에서의 권리보호)제1항.
470) 반의사불벌죄란 고소권자의 고소가 없어도 공소를 제기할 수 있으나, 피해자가 명백하게 가해자의 처벌을 원하지 않는다는 의사표시를 하면 처벌할 수 없게 되는 범죄를 말한다.
471) '공공의 이익'에 관한 것인지 여부는 당해 적시 사실의 구체적 내용, 당해 사실의 공표가 이루어진 상대방의 범위, 그 표현의 방법 등 그 표현 자체에 관한 제반 사정을 감안 함과 동시에 그 표현에 의하여 훼손되거나 훼손될 수 있는 타인의 명예에 대한 침해의 정도도 비교·고려하여 결정된다. 방송통신심의위원회, 「2012 사이버권리침해 대응 안내서」(2012.11), p.17.

나 단체에 대한 비방 내용을 포털사이트 게시판 등 불특정 또는 다수가 볼 수 있는 공간에 게시하는 경우가 이에 해당할 수 있다.[472] 인터넷명예훼손의 대표적인 유형으로 ① 비방(공개적으로 타인에 대해 나쁘다고 말하거나 헐뜯는 행위), ② 폭로(타인과 관련된 부정이나 비밀과 관련하여 특정 사실 또는 허위의 사실을 유포하는 행위), ③ 사생활 침해(타인과 관련된 부정이나 비밀과 관련하여 특정 사실 또는 허위의 사실을 유포하는 행위) 등이 있다.

대법원 판결[473]에 따르면, 명예훼손죄는 어떤 특정한 사람 또는 인격을 보유하는 단체에 대하여 그 명예를 훼손함으로써 성립하는 것이므로 그 피해자가 특정한 것임을 요한다. 다만, ○○ 시민 또는 ○○ 도민 등과 같은 막연한 표시에 의해서는 명예훼손죄를 구성하지 아니한다고 할 것이지만, 집합적 명사를 쓴 경우에도 그것에 의하여 그 범위에 속하는 특정인을 가리키는 것이 명백하면, 이는 각자의 명예를 훼손하는 행위라고 볼 수 있다.

명예는 한 개인의 인간적, 사회적 가치에 대한 사회적 평가를 의미하는데, 그러한 개인의 사회적 가치에 대한 외부적 평가를 훼손시키는 행위가 명예훼손이라고 할 수 있다. 명예의 주체는 자연인, 법인, 사자(死者)가 있는데, 사자의 경우 사이버 명예의 주체로 인정되지 않지만 형법상 명예훼손의 주체로는 인정될 수 있다.[474] 실제로 명예를 훼손하였다는 결과가 발생할 것을 요건으로 하지 않으므로 타인의 명예를 훼손할 위험을 증대시켰다고 볼 수 있는 경우에만 명예훼손이 될 수 있다.

---

472) 방송통신심의위원회, *ibid.*, p.13.
473) 대법원 2000. 10. 10. 선고 99도5407 판결.
474) 「형법」 제308조(사자의 명예훼손).

☞ 사이버명예훼손죄: 비방할 목적, 사실 또는 허위의 사실 적시, 공연성

• 비방할 목적

「정보통신망법」에 의한 인터넷명예훼손죄는 가해자의 고의 이외에 비방할 목적이 있어야 성립할 수 있는데, 비방할 목적이란, 타인의 명예를 훼손시키기 위해 인격적인 평가를 저하시키려는 의도이며, 자신의 행위가 공연히 사실 또는 거짓의 사실을 적시하여 타인의 명예를 훼손할 가능성이 있음을 인식하고 감수하는 정도를 넘어 목적으로 삼는 것을 말한다. 비방할 목적을 인정하기 어려운 경우 형법 제307조의 명예훼손죄가 성립 가능성이 검토될 수 있다.

"사람을 비방할 목적"은 가해(加害)의 의사 내지 목적을 요하는 것으로서, 사람을 비방할 목적이 있는지 여부는 해당 적시 사실의 내용과 성질, 해당 사실의 공표가 이루어진 상대방의 범위, 그 표현의 방법 등 그 표현 자체에 관한 제반 사정을 감안함과 동시에 그 표현에 의하여 훼손되거나 훼손될 수 있는 명예의 침해 정도 등을 비교, 고려하여 결정된다.[475]

• 사실 또는 허위사실의 적시

또한 사실 또는 허위사실의 적시가 있어야 하는데, 이는 타인의 인격에 대한 사회적 가치 내지 평가가 침해될 가능성이 있을 정도로 구체성을 띠어야 한다. '사실'이란 현실화되고, 입증이 가능한 과거 또는 현재의 구체적인 사건이나 상태를 의미하고, 장래의 사건은 포함되지 않는다. '적시'란 명예훼손적 사실을 사회나 외부에 표시, 주장, 발설, 전달하는 일체의 행위를 의미한다. 적시된 사실의 진위 여부는 명예훼손의 결정에 중요한 것은 아니지만 허위사실을 적시한 경우 형량이 가중된다.

• 공연성

인터넷명예훼손죄로 처벌하려면, '공연성'이 있어야 하는데, 대법원 판례에 따르면, 공연성은 "불특정인 또는 다수인이 인식할 수 있는 상태로 공개되는 것"으로 해석할 수 있

---

[475] 대법원 2006. 8. 25. 선고 2006도648 판결; 법제처, 찾기 쉬운 생활법령정보: 인터넷 명예훼손 100문 100답 참조(2022년 5월 20일 검색).

다. 여기서 '다수인'이란 단순히 2인 이상이 아니라 개인의 명예가 사회적으로 훼손되었다고 평가될 수 있을 정도의 상당수의 사람을 말한다. 다만, 대법원은 1인에게 사실을 적시하였더라도 순차적으로 연속하여 불특정 또는 다수인에게 전파될 가능성만 있으면 공연을 인정하고 있다.

정보통신망을 통해 유통되는 정보 중 사생활 침해 또는 명예훼손 등 개인의 권리를 침해하는 정보로 인해 피해를 입은 경우, 방송통신심의위원회 전화(1377) 및 홈페이지(remedy.kocsc.or.kr) 등을 통해 피해구제를 신청할 수 있으며, 피해자는 사건의 성격과 원하는 구제 유형에 따라 접수단계에서부터 권리침해정보 심의(권리침해정보의 시정 요구를 원하는 경우), 명예훼손 분쟁조정(상대방의 사과나 손해배상 등 당사자 간 분쟁조정을 원하는 경우), 이용자 정보 제공청구(민·형사상 소를 제기하기 위해 상대방 정보가 필요한 경우) 등 적절한 피해구제 기능을 직접 선택할 수 있다.[476]

인터넷 명예훼손의 피해자는 가해자를 상대로 법적으로 형사책임과 민사책임을 물을 수 있다. 가해자에게 형사책임을 묻기 위해서는 경찰청 사이버테러대응센터(www.netan.go.kr)에 신고를 하거나 직접 경찰서를 방문해 고소장을 제출하면 되고, 민사책임을 묻기 위해서는 불법행위로 인한 손해배상책임(위자료 청구 포함)을 가해자에게 청구할 수 있다.

> ※ 관련 법률: 「정보통신망 이용촉진 및 정보보호 등에 관한 법률 (약칭: 정보통신망법)」
>
> **제1조(목적)** 이 법은 정보통신망의 이용을 촉진하고 정보통신서비스를 이용하는 자를 보호함과 아울러 정보통신망을 건전하고 안전하게 이용할 수 있는 환경을 조성하여 국민생활의 향상과 공공복리의 증진에 이바지함을 목적으로 한다. 〈개정 2020. 2. 4.〉
> [전문개정 2008. 6. 13.]

---

476) 방송통신심의위원회, 제4기 방송통신심의위원회 백서(2021), p.226.

제2조(정의) ① 이 법에서 사용하는 용어의 뜻은 다음과 같다. 〈개정 2004. 1. 29., 2007. 1. 26., 2007. 12. 21., 2008. 6. 13., 2010. 3. 22., 2014. 5. 28., 2020. 6. 9.〉

1. "정보통신망"이란 「전기통신사업법」 제2조제2호에 따른 전기통신설비를 이용하거나 전기통신설비와 컴퓨터 및 컴퓨터의 이용기술을 활용하여 정보를 수집·가공·저장·검색·송신 또는 수신하는 정보통신체제를 말한다.
2. "정보통신서비스"란 「전기통신사업법」 제2조제6호에 따른 전기통신역무와 이를 이용하여 정보를 제공하거나 정보의 제공을 매개하는 것을 말한다.
3. "정보통신서비스 제공자"란 「전기통신사업법」 제2조제8호에 따른 전기통신사업자와 영리를 목적으로 전기통신사업자의 전기통신역무를 이용하여 정보를 제공하거나 정보의 제공을 매개하는 자를 말한다.
4. "이용자"란 정보통신서비스 제공자가 제공하는 정보통신서비스를 이용하는 자를 말한다.
5. "전자문서"란 컴퓨터 등 정보처리능력을 가진 장치에 의하여 전자적인 형태로 작성되어 송수신되거나 저장된 문서형식의 자료로서 표준화된 것을 말한다.
6. 삭제 〈2020. 2. 4.〉
7. "침해사고"란 다음 각 목의 방법으로 정보통신망 또는 이와 관련된 정보시스템을 공격하는 행위로 인하여 발생한 사태를 말한다.
   가. 해킹, 컴퓨터바이러스, 논리폭탄, 메일폭탄, 서비스거부 또는 고출력 전자기파 등의 방법
   나. 정보통신망의 정상적인 보호·인증 절차를 우회하여 정보통신망에 접근할 수 있도록 하는 프로그램이나 기술적 장치 등을 정보통신망 또는 이와 관련된 정보시스템에 설치하는 방법
8. 삭제 〈2015. 6. 22.〉
9. "게시판"이란 그 명칭과 관계없이 정보통신망을 이용하여 일반에게 공개할 목적으로 부호·문자·음성·음향·화상·동영상 등의 정보를 이용자가 게재할 수 있는 컴퓨터 프로그램이나 기술적 장치를 말한다.
10. "통신과금서비스"란 정보통신서비스로서 다음 각 목의 업무를 말한다.
    가. 타인이 판매·제공하는 재화 또는 용역(이하 "재화등"이라 한다)의 대가를 자신이 제공하는 전기통신역무의 요금과 함께 청구·징수하는 업무
    나. 타인이 판매·제공하는 재화등의 대가가 가목의 업무를 제공하는 자의 전기통신역

무의 요금과 함께 청구·징수되도록 거래정보를 전자적으로 송수신하는 것 또는 그 대가의 정산을 대행하거나 매개하는 업무

11. "통신과금서비스제공자"란 제53조에 따라 등록을 하고 통신과금서비스를 제공하는 자를 말한다.
12. "통신과금서비스이용자"란 통신과금서비스제공자로부터 통신과금서비스를 이용하여 재화등을 구입·이용하는 자를 말한다.
13. "전자적 전송매체"란 정보통신망을 통하여 부호·문자·음성·화상 또는 영상 등을 수신자에게 전자문서 등의 전자적 형태로 전송하는 매체를 말한다.

② 이 법에서 사용하는 용어의 뜻은 제1항에서 정하는 것 외에는 「지능정보화 기본법」에서 정하는 바에 따른다. 〈개정 2008. 6. 13., 2013. 3. 23., 2020. 6. 9.〉

제44조(정보통신망에서의 권리보호) ① 이용자는 사생활 침해 또는 명예훼손 등 타인의 권리를 침해하는 정보를 정보통신망에 유통시켜서는 아니 된다.

② 정보통신서비스 제공자는 자신이 운영·관리하는 정보통신망에 제1항에 따른 정보가 유통되지 아니하도록 노력하여야 한다.

③ 방송통신위원회는 정보통신망에 유통되는 정보로 인한 사생활 침해 또는 명예훼손 등 타인에 대한 권리침해를 방지하기 위하여 기술개발·교육·홍보 등에 대한 시책을 마련하고 이를 정보통신서비스 제공자에게 권고할 수 있다. 〈개정 2013. 3. 23., 2014. 5. 28.〉

[전문개정 2008. 6. 13.]

제44조의2(정보의 삭제요청 등) ① 정보통신망을 통하여 일반에게 공개를 목적으로 제공된 정보로 사생활 침해나 명예훼손 등 타인의 권리가 침해된 경우 그 침해를 받은 자는 해당 정보를 처리한 정보통신서비스 제공자에게 침해사실을 소명하여 그 정보의 삭제 또는 반박내용의 게재(이하 "삭제등"이라 한다)를 요청할 수 있다. 이 경우 삭제등을 요청하는 자(이하 이 조에서 "신청인"이라 한다)는 문자메시지, 전자우편 등 그 처리 경과 및 결과를 통지받을 수단을 지정할 수 있으며, 해당 정보를 게재한 자(이하 이 조에서 "정보게재자"라 한다)는 문자메시지, 전자우편 등 제2항에 따른 조치 사실을 통지받을 수단을 미리 지정할 수 있다. 〈개정 2016. 3. 22., 2023. 1. 3.〉

② 정보통신서비스 제공자는 제1항에 따른 해당 정보의 삭제등을 요청받으면 지체 없이 삭제·임시조치 등의 필요한 조치를 하고 즉시 신청인 및 정보게재자에게 알려야 한다. 이 경우 정보통신서비스 제공자는 필요한 조치를 한 사실을 해당 게시판에 공시하는 등의 방법으

로 이용자가 알 수 있도록 하여야 한다.

③ 정보통신서비스 제공자는 자신이 운영·관리하는 정보통신망에 제42조에 따른 표시방법을 지키지 아니하는 청소년유해매체물이 게재되어 있거나 제42조의2에 따른 청소년 접근을 제한하는 조치 없이 청소년유해매체물을 광고하는 내용이 전시되어 있는 경우에는 지체 없이 그 내용을 삭제하여야 한다.

④ 정보통신서비스 제공자는 제1항에 따른 정보의 삭제요청에도 불구하고 권리의 침해 여부를 판단하기 어렵거나 이해당사자 간에 다툼이 예상되는 경우에는 해당 정보에 대한 접근을 임시적으로 차단하는 조치(이하 "임시조치"라 한다)를 할 수 있다. 이 경우 임시조치의 기간은 30일 이내로 한다.

⑤ 정보통신서비스 제공자는 필요한 조치에 관한 내용·절차 등을 미리 약관에 구체적으로 밝혀야 한다.

⑥ 정보통신서비스 제공자는 자신이 운영·관리하는 정보통신망에 유통되는 정보에 대하여 제2항에 따른 필요한 조치를 하면 이로 인한 배상책임을 줄이거나 면제받을 수 있다.

[전문개정 2008. 6. 13.]

제44조의3(임의의 임시조치) ① 정보통신서비스 제공자는 자신이 운영·관리하는 정보통신망에 유통되는 정보가 사생활 침해 또는 명예훼손 등 타인의 권리를 침해한다고 인정되면 임의로 임시조치를 할 수 있다.

② 제1항에 따른 임시조치에 관하여는 제44조의2제2항 후단, 제4항 후단 및 제5항을 준용한다.

[전문개정 2008. 6. 13.]

제44조의7(불법정보의 유통금지 등) ① 누구든지 정보통신망을 통하여 다음 각 호의 어느 하나에 해당하는 정보를 유통하여서는 아니 된다. 〈개정 2011. 9. 15., 2016. 3. 22., 2018. 6. 12.〉

1. 음란한 부호·문언·음향·화상 또는 영상을 배포·판매·임대하거나 공공연하게 전시하는 내용의 정보
2. 사람을 비방할 목적으로 공공연하게 사실이나 거짓의 사실을 드러내어 타인의 명예를 훼손하는 내용의 정보
3. 공포심이나 불안감을 유발하는 부호·문언·음향·화상 또는 영상을 반복적으로 상대방에게 도달하도록 하는 내용의 정보
4. 정당한 사유 없이 정보통신시스템, 데이터 또는 프로그램 등을 훼손·멸실·변경·위조하거나 그 운용을 방해하는 내용의 정보

5. 「청소년 보호법」에 따른 청소년유해매체물로서 상대방의 연령 확인, 표시의무 등 법령에 따른 의무를 이행하지 아니하고 영리를 목적으로 제공하는 내용의 정보
6. 법령에 따라 금지되는 사행행위에 해당하는 내용의 정보
6의2. 이 법 또는 개인정보 보호에 관한 법령을 위반하여 개인정보를 거래하는 내용의 정보
6의3. 총포·화약류(생명·신체에 위해를 끼칠 수 있는 폭발력을 가진 물건을 포함한다)를 제조할 수 있는 방법이나 설계도 등의 정보
7. 법령에 따라 분류된 비밀 등 국가기밀을 누설하는 내용의 정보
8. 「국가보안법」에서 금지하는 행위를 수행하는 내용의 정보
9. 그 밖에 범죄를 목적으로 하거나 교사(敎唆) 또는 방조하는 내용의 정보

② 방송통신위원회는 제1항제1호부터 제6호까지, 제6호의2 및 제6호의3의 정보에 대하여는 심의위원회의 심의를 거쳐 정보통신서비스 제공자 또는 게시판 관리·운영자로 하여금 그 처리를 거부·정지 또는 제한하도록 명할 수 있다. 다만, 제1항제2호 및 제3호에 따른 정보의 경우에는 해당 정보로 인하여 피해를 받은 자가 구체적으로 밝힌 의사에 반하여 그 처리의 거부·정지 또는 제한을 명할 수 없다. 〈개정 2016. 3. 22., 2018. 6. 12.〉

③ 방송통신위원회는 제1항제7호부터 제9호까지의 정보가 다음 각 호의 모두에 해당하는 경우에는 정보통신서비스 제공자 또는 게시판 관리·운영자에게 해당 정보의 처리를 거부·정지 또는 제한하도록 명하여야 한다. 〈개정 2016. 3. 22., 2018. 12. 24., 2024. 12. 3.〉

1. 관계 중앙행정기관의 장의 요청[제1항제9호의 정보 중 「성폭력범죄의 처벌 등에 관한 특례법」 제14조 및 제14조의2에 따른 촬영물·편집물·합성물·가공물 또는 복제물(복제물의 복제물을 포함한다)과 「아동·청소년의 성보호에 관한 법률」 제2조제5호에 따른 아동·청소년성착취물에 대하여는 수사기관의 장의 요청을 포함한다]이 있었을 것
2. 제1호의 요청을 받은 날부터 7일 이내에 심의위원회의 심의를 거친 후 「방송통신위원회의 설치 및 운영에 관한 법률」 제21조제4호에 따른 시정 요구를 하였을 것
3. 정보통신서비스 제공자나 게시판 관리·운영자가 시정 요구에 따르지 아니하였을 것

④ 방송통신위원회는 제2항 및 제3항에 따른 명령의 대상이 되는 정보통신서비스 제공자, 게시판 관리·운영자 또는 해당 이용자에게 미리 의견제출의 기회를 주어야 한다. 다만, 다음 각 호의 어느 하나에 해당하는 경우에는 의견제출의 기회를 주지 아니할 수 있다.

1. 공공의 안전 또는 복리를 위하여 긴급히 처분을 할 필요가 있는 경우
2. 의견청취가 뚜렷이 곤란하거나 명백히 불필요한 경우로서 대통령령으로 정하는 경우

3. 의견제출의 기회를 포기한다는 뜻을 명백히 표시한 경우

⑤ 국내에 데이터를 임시적으로 저장하는 서버를 설치·운영하는 정보통신서비스 제공자 중 사업의 종류 및 규모 등이 대통령령으로 정하는 기준에 해당하는 자는 제1항 각 호에 해당하는 정보의 유통을 방지하기 위하여 다음 각 호의 기술적·관리적 조치를 하여야 한다. 〈신설 2024. 1. 23.〉

1. 제2항 및 제3항에 따른 심의위원회의 심의를 거친 제1항 각 호의 정보가 서버에 저장되어 있는지 식별하여 신속하게 접근을 제한하는 조치
2. 제1호에 따라 식별한 정보의 게재자에게 해당 정보의 유통금지를 요청하는 조치
3. 제1호에 따른 조치의 운영·관리 실태를 시스템에 자동으로 기록되도록 하고, 이를 대통령령으로 정하는 기간 동안 보관하는 조치
4. 그 밖에 제1항 각 호에 해당하는 정보의 유통을 방지하기 위하여 필요한 대통령령으로 정하는 조치

[전문개정 2008. 6. 13.]

제70조(벌칙) ① 사람을 비방할 목적으로 정보통신망을 통하여 공공연하게 사실을 드러내어 다른 사람의 명예를 훼손한 자는 3년 이하의 징역 또는 3천만원 이하의 벌금에 처한다. 〈개정 2014. 5. 28.〉

② 사람을 비방할 목적으로 정보통신망을 통하여 공공연하게 거짓의 사실을 드러내어 다른 사람의 명예를 훼손한 자는 7년 이하의 징역, 10년 이하의 자격정지 또는 5천만원 이하의 벌금에 처한다.

③ 제1항과 제2항의 죄는 피해자가 구체적으로 밝힌 의사에 반하여 공소를 제기할 수 없다.

[전문개정 2008. 6. 13.]

제70조의2(벌칙) 제48조제2항을 위반하여 악성프로그램을 전달 또는 유포하는 자는 7년 이하의 징역 또는 7천만원 이하의 벌금에 처한다.

[본조신설 2016. 3. 22.]

제71조(벌칙) ① 다음 각 호의 어느 하나에 해당하는 자는 5년 이하의 징역 또는 5천만원 이하의 벌금에 처한다. 〈개정 2016. 3. 22., 2018. 12. 24., 2024. 1. 23.〉

1. 삭제 〈2020. 2. 4.〉
2. 삭제 〈2020. 2. 4.〉
3. 삭제 〈2020. 2. 4.〉

4. 삭제 〈2020. 2. 4.〉

5. 삭제 〈2020. 2. 4.〉

6. 삭제 〈2020. 2. 4.〉

7. 삭제 〈2020. 2. 4.〉

8. 삭제 〈2020. 2. 4.〉

9. 제23조의5제1항을 위반하여 연계정보를 생성·처리한 자

10. 제23조의5제4항에 따른 목적 범위를 넘어서 연계정보를 처리한 자

11. 제48조제1항을 위반하여 정보통신망에 침입한 자

12. 제48조제3항을 위반하여 정보통신망에 장애가 발생하게 한 자

13. 제48조제4항을 위반하여 프로그램이나 기술적 장치 등을 정보통신망 또는 이와 관련된 정보시스템에 설치하거나 이를 전달·유포한 자

14. 제49조를 위반하여 타인의 정보를 훼손하거나 타인의 비밀을 침해·도용 또는 누설한 자

② 제1항제11호의 미수범은 처벌한다. 〈신설 2016. 3. 22., 2024. 1. 23.〉

[전문개정 2008. 6. 13.]

99 온라인 험담·욕설과 모욕죄

C는 대학교 동아리 회원들이 모여있는 카카오 단톡방에서 채팅하다 D와 다툼이 생겼는데, D는 그 방을 나가버렸다. C는 D가 없는 단톡방에 D의 외모와 신체적 특징을 비하하는 욕설과 D의 가정환경을 빗대 인성에 대해 험담하는 글을 남겼다. 며칠 뒤 C는 경찰에서 모욕죄로 고소당했다는 연락을 받았다. D는 당시 그 카톡방에 없었는데, 그 단톡방에 있던 회원 중 한 명이 D에게 단톡방을 보여주며 C가 D에게 욕설과 험담을 한 사실을 알려 주었다.

 질문

1. C가 지인들과 카카오 단톡방에서 D에 대해 욕설과 험담 글을 남긴 것은 사이버 모욕에 해당하는가?

사이버 모욕은 인터넷상에서 상대방에 대하여 욕설, 조롱 및 악평을 가하는 등 구체적인 사실을 적시하지 않고, 자신의 추상적 판단에 따라 상대방을 모욕하고 명예에 해를 입히는 것을 말한다.[477] 일반적으로 모욕죄란 공연히 사람을 모욕함으로써 발생되는 범죄를 말한다. 「형법」 제311조(모욕)에 따르면, 공연히 사람을 모욕한 자는 1년 이하의 징역이나 금고 또는 200만 원 이하의 벌금에 처한다. 모욕죄의 성립요건 중 하나인 공연성은 대법원 판례에 따르면, "불특정인 또는 다수인이 인식할 수 있는 상태로 공개되는 것"으로 해석할 수 있다. 여기서 '다수인'

---

477) 국가법령정보센터(https://www.law.go.kr) 법령용어사전.

이란 단순히 2인 이상이 아니라 개인의 명예가 사회적으로 훼손되었다고 평가될 수 있을 정도의 상당수의 사람을 말한다. 다만, 대법원은 1인에게 사실을 적시하였더라도 순차적으로 연속하여 불특정 또는 다수인에게 전파될 가능성만 있으면 공연성을 인정하고 있다.

특정성은 피해자가 누구인지 특정되어야 한다는 것으로, 이름을 표시하지 않아도 표현의 취지나 주위 사정에 따라 특정인을 알 수 있다면 모욕죄가 성립된다. 최근 닉네임과 관련하여 특정성이 인정되는가와 관련하여 법원의 최근 판단을 보면, 기본적으로 피해자의 인터넷 아이디만을 알 수 있을 뿐 그 아이디를 가진 사람이 누구인지 알 수 없는 경우에는 특정성이 부정되어 모욕죄나 명예훼손죄가 성립하지 않으나 게임 중 서로를 욕하다가 피해자의 주소나 생년월일, 이름이 대화창에 공개된 상태에서 다시 그 피해자에게 욕설 등을 하였다면 모욕죄가 성립될 가능성이 있다.[478]

「형법」 제311조의 모욕죄는 사람의 가치에 대한 사회적 평가를 의미하는 외부적 명예를 보호법익으로 하는 범죄로서, 모욕죄에서 말하는 모욕이란 사실을 적시하지 아니하고 사람의 사회적 평가를 저하시킬 만한 추상적 판단이나 경멸적 감정을 표현하는 것을 의미한다. 판례는 "뚱뚱해서 돼지 같은 것", "그 새끼", "빨갱이" 등의 표현은 모욕죄 성립을 긍정하였으나 "나이 처먹은 것이 무슨 자랑이냐" 등에 대해서는 모욕죄 성립을 부정하였다. 따라서 어떠한 표현이 상대방의 인격적 가치에 대한 사회적 평가를 저하시킬 만한 것이 아니라면 표현이 다소 무례한 방법으로 표시되었다 하더라도 모욕죄의 구성요건에 해당한다고 볼 수 없다.[479]

---

478) 디지털타임스, "형사 변호사가 말하는 모욕죄 성립 요건은? 단톡방에서 상대를 험담해도 모욕죄에 해당한다?" (2017.5.23. 인터넷판 기사).
479) 예를 들면 A가 관리소장실을 방문한 자리에서 B와 언쟁을 하다가 "야, 이따위로 일할래.", "나이 처먹은 게 무슨 자랑이냐."라고 말한 사안에서 법원은 A의 발언은 상대방을 불쾌하게 할 수 있는 무례하고 저속한 표현이기는 하지만 객관적으로 B의 인격적 가치에 대한 사회적 평가를 저하시킬 만한 모욕적 언사에 해당하지 않는다고 보았다. 대법원 2015. 9. 10., 선고, 2015도2229, 판결.

사이버 명예훼손과 달리, 모욕죄는 정보통신망법에 별도 처벌 규정이 없다. 따라서 예를 들어 인터넷 등 공개된 게시판과 같은 정보통신망에 구체적 사실적시 없이 저속한 욕설을 하거나 모욕하는 등의 정보를 게시하는 행위에 대해서「형법」제311조에 따른 모욕죄 규정이 적용된다. 즉, 사이버모욕죄는 정보통신망을 통해 사실을 적시하지 않고 사람의 사회적 평가를 저하시킬 만한 추상적 판단이나 경멸적 감정을 표현하여 외부적 명예를 훼손시킨 경우 성립한다.[480] 모욕죄는 보호법익이 명예라는 점에서 명예훼손죄와 동일하나 그 행위에 있어서 사실의 적시를 필요로 하지 않는다는 점에서 명예훼손죄와 구별되며, 피해자의 고소가 있어야만 공소를 제기할 수 있는 친고죄[481]라는 점에서 반의사불벌죄인 명예훼손죄와 구별된다.[482]

※ 모욕죄 인정 및 불인정 사례

- 병원의 행정실장이었던 피고인이 병원 간호과장 및 간호사 등이 있는 자리에서 병원 간병인인 피해자에게 "뚱뚱해서 돼지 같은 것이 자기 몸도 이기지 못한 것이 무슨 남을 돌보는가, 자기도 환자이면서 지도 치료받지 않으면 죽는다"고 말한 사안에서 법원은 신체적인 특징을 지칭하면서 경멸적인 언행을 한 것은 모욕죄를 구성한다고 보았다. (수원지법 2007. 1. 30. 선고, 2006고정1777 판결).

- A가 중학교 교무실에서 학생 등이 있는 자리에서 교사에게 큰 소리로 "저 아이는 지아비가 양아치니까 아들도 양아치 노릇을 한다. 내가 경찰서에 처넣을거야"라고 말한 사안에서 상대방의 기분이 상할 수 있다고 하더라도 그 내용이 너무나 막연하여 그것만으로 곧 상대방의 명예감정을 해하여「형법」상 모욕죄를 구성한다고 보기는 어렵다고 판시하였다. (대법원 2007. 2. 22. 선고, 2006도8915 판결).

---

480) 대법원 2003. 11. 28. 선고, 2003도3972 판결.
481)「형법」제312조(고소와 피해자의 의사).
482) 방송통신심의위원회, *supra* note 471, p.19 참조.

100 스토킹 범죄

- P는 게임과 인터넷 커뮤니티에서 소통 해 본 적 있는 S의 SNS를 알아내어 원치 않는 댓글을 달고, DM(다이렉트 메시지)을 반복하여 보냈다. S는 이에 거절 의사를 밝히고, P의 계정을 차단했음에도 새로운 계정을 만들어 계속 S에게 DM을 보내며, S의 신상정보 등 게임, 커뮤니티에서 언급했던 대화 내용을 반복적으로 게시하여 전송하였다.
- O는 과거 잠깐 사귀었던 직장동료 M이 O를 좋아한다며 보낸 문자를 받았다. M은 본인이 원치 않는 대답이나 반응을 보일 때 끈질기게 문자를 보내 O를 괴롭혔다. O는 수시로 전화번호를 변경하였고, M의 전화번호를 차단했으나, M은 어떻게서든 O의 번호를 알아내어 계속 문자를 보내고 있다.
- 대학생인 Y는 교양수업을 들을 때 언젠가부터 옆자리에 앉는 K가 신경이 쓰인다. 서로 모르는 사이인데, 매시간 옆자리에 앉아 자신을 힐끔힐끔 쳐다보는 것 같다. 오해일 수도 있다 생각한 Y는 좌석 위치를 바꿔 앉았는데, 위치를 바꿀 때마다 바로 자신의 옆 아니면 뒷 자리에 앉는 것을 몇 번 목격하고 소스라치게 놀랐다. 심지어 교양수업이 있는 날 건물 밖에서 자신을 기다리는 것 같은 느낌도 받았는데, 어느 날 창문을 통해 학교 앞 자취방 앞에 K가 서성대고 있는 것을 보고 소스라치게 놀랐다.

질문

1. 위의 행위들은 스토킹 행위로 볼 수 있는가?
2. 스토킹 범죄는 무엇이며, 어떤 처벌을 받는가?
3. 본인의 SNS에 상대방의 사진을 캡처하여 게시를 지속으로 한 경우, 그 행위는 스토

킹처벌법의 대상이 되는가?
4. 「스토킹처벌법」에 따라 스토킹 범죄 처리절차에서 취해지는 피해자 보호조치는 무엇인가?

「스토킹범죄의 처벌 등에 관한 법률(약칭: 스토킹처벌법)」은 2021년 4월 20일 제정되었으며, 2021년 10월 21일부터 시행되었다. 이 법은 스토킹 범죄의 처벌 및 그 절차에 관한 특례와 스토킹범죄 피해자에 대한 보호절차를 규정함으로써 피해자를 보호하고 건강한 사회질서의 확립에 이바지함을 목적으로 한다.

동법에 따르면, '스토킹 행위'란 ① 상대방의 의사에 반(反)하여 ② 정당한 이유 없이 ③ 상대방 또는 그의 동거인, 가족에 대하여 ④ 다음의 어느 하나에 해당하는 행위를 하여 ⑤ 상대방에게 불안감 또는 공포심을 일으키는 것을 말한다.[483]

> 가. 접근하거나 따라다니거나 진로를 막아서는 행위
> 나. 주거, 직장, 학교, 그 밖에 일상적으로 생활하는 장소(이하 "주거등"이라 한다) 또는 그 부근에서 기다리거나 지켜보는 행위
> 다. 우편·전화·팩스 또는 「정보통신망 이용촉진 및 정보보호 등에 관한 법률」 제2조 제1항 제1호의 정보통신망을 이용하여 물건이나 글·말·부호·음향·그림·영상·화상(이하 "물건등"이라 한다)을 도달하게 하는 행위
> 라. 직접 또는 제3자를 통하여 물건등을 도달하게 하거나 주거등 또는 그 부근에 물건등을 두는 행위
> 마. 주거등 또는 그 부근에 놓여져 있는 물건등을 훼손하는 행위

스토킹의 특성은 첫째, 가해자가 전혀 모르는 사람이기도 하지만 대부분 아는 사람 또는 친밀한 경우가 많다. 둘째, 스토킹 행위는 지속성 또는 반복성을 보이며, 점차 심각해지는 경향을 보인다. 처음에는 비교적 경미한 행위(전화나 문자 보내기, 선물 보내기, 따라다니기, 잠복하여 기다리기, 특정 장소에서 지켜보기

---

[483] 「스토킹처벌법」 제2조(정의)제1호.

등)로 시작하여, 시간이 지남에 따라 심각한 행위(주거침입, 협박, 폭언, 폭행, 납치, 강간, 살해 등)로 발전된다. 셋째, 스토킹 피해는 외부에 잘 드러나지 않지만, 일상생활에 큰 영향을 미친다.[484]

'스토킹 범죄'란 지속적 또는 반복적으로 스토킹 행위를 하는 것을 말한다.[485] 스토킹 행위가 있었다 하더라도 지속성 또는 반복성이 없다면 그 행위 자체만으로 범죄에 해당하지 않는다. 예를 들어, SNS로 모르는 사람이 만나자고 DM(메세지)를 보냈을 때 1회성에 그친 경우는 스토킹처벌법상 스토킹 범죄로 볼 수 없으나 상대방의 의사에 반하여 지속적, 반복적으로 그런 DM을 보내면 스토킹 범죄에 해당한다.[486] 그러나 1회로 이루어진 스토킹 행위라 하더라도 피해자가 신고를 하면, 경찰이 스토킹 행위에 대해 신고를 받은 경우 즉시 현장에 나가 스토킹 행위의 제지 등의 조치를 취해야 하고[487], 스토킹 행위가 지속적 또는 반복적으로 행하여질 우려가 있고, 스토킹 범죄의 예방을 위해 긴급을 요하는 경우 접근 금지 등의 긴급응급조치를 취할 수 있다.[488]

스토킹 범죄를 저지른 사람은 3년 이하의 징역 또는 3천만 원 이하의 벌금에 처한다. 흉기 또는 그 밖의 위험한 물건을 휴대하거나 이용하여 스토킹 범죄를 저지른 사람은 5년 이하의 징역 또는 5천만 원 이하의 벌금에 처한다.[489]

본인의 SNS에 상대방의 사진을 캡처하여 게시를 지속으로 한 경우, 그 행위가 「스토킹처벌법」의 대상이 되는가와 관련하여, 「스토킹처벌법」이 적용되려면 관련 행위가 상대방에게 도달해야 한다. 상대방에게 도달하지 않았다면, 스토킹처벌법

---

484) 한국여성인권진흥원, 「스토킹피해자 지원 안내서」(2021.8), p.2.
485) 「스토킹처벌법」 제2조(정의)제2호.
486) 한국여성인권진흥원, *supra* note 484, p.10.
487) 「스토킹처벌법」 제3조(스토킹행위 신고 등에 대한 응급조치).
488) 「스토킹처벌법」 제4조(긴급응급조치); 한국여성인권진흥원, *supra* note 484, p.4.
489) 「스토킹처벌법」 제18조(스토킹범죄).
490) 각 조치의 자세한 내용은 스토킹처벌법 해당 조항 및 여성인권진흥원, *supra* note 484, p.5 참조.

에 따른 처벌은 받지 않지만, 피해자가 상황을 인지하고, 거절 의사를 밝혔음에도 사진을 게시한다면 민사상 초상권 침해에 해당하여 손해배상책임 문제가 발생할 수 있다. 또한 관련 게시글에 모욕적이고, 피해자의 명예를 훼손하는 내용이 포함되어 있다면 「형법」상 모욕죄 및 「정보통신망법」상 명예훼손죄가 성립할 수 있다.

「스토킹처벌법」에 따라 스토킹범죄 처리절차에서 취해지는 피해자 보호조치로는 응급조치(제3조), 긴급응급조치(제4조), 잠정조치(제9조), 스토킹범죄 피해자 전담조사제(제17조) 등이 있다.[490]

※ 관련 법률: 「스토킹범죄의 처벌 등에 관한 법률 (약칭: 스토킹처벌법)」

제1조(목적) 이 법은 스토킹범죄의 처벌 및 그 절차에 관한 특례와 스토킹범죄 피해자에 대한 보호절차를 규정함으로써 피해자를 보호하고 건강한 사회질서의 확립에 이바지함을 목적으로 한다.

제2조(정의) 이 법에서 사용하는 용어의 뜻은 다음과 같다. 〈개정 2023. 7. 11.〉

1. "스토킹행위"란 상대방의 의사에 반(反)하여 정당한 이유 없이 다음 각 목의 어느 하나에 해당하는 행위를 하여 상대방에게 불안감 또는 공포심을 일으키는 것을 말한다.

    가. 상대방 또는 그의 동거인, 가족(이하 "상대방등"이라 한다)에게 접근하거나 따라다니거나 진로를 막아서는 행위

    나. 상대방등의 주거, 직장, 학교, 그 밖에 일상적으로 생활하는 장소(이하 "주거등"이라 한다) 또는 그 부근에서 기다리거나 지켜보는 행위

    다. 상대방등에게 우편·전화·팩스 또는 「정보통신망 이용촉진 및 정보보호 등에 관한 법률」 제2조제1항제1호의 정보통신망(이하 "정보통신망"이라 한다)을 이용하여 물건이나 글·말·부호·음향·그림·영상·화상(이하 "물건등"이라 한다)을 도달하게 하거나 정보통신망을 이용하는 프로그램 또는 전화의 기능에 의하여 글·말·부호·음향·그림·영상·화상이 상대방등에게 나타나게 하는 행위

    라. 상대방등에게 직접 또는 제3자를 통하여 물건등을 도달하게 하거나 주거등 또는 그 부근에 물건등을 두는 행위

마. 상대방등의 주거등 또는 그 부근에 놓여져 있는 물건등을 훼손하는 행위

바. 다음의 어느 하나에 해당하는 상대방등의 정보를 정보통신망을 이용하여 제3자에게 제공하거나 배포 또는 게시하는 행위

1) 「개인정보 보호법」 제2조제1호의 개인정보
2) 「위치정보의 보호 및 이용 등에 관한 법률」 제2조제2호의 개인위치정보
3) 1) 또는 2)의 정보를 편집·합성 또는 가공한 정보(해당 정보주체를 식별할 수 있는 경우로 한정한다)

사. 정보통신망을 통하여 상대방등의 이름, 명칭, 사진, 영상 또는 신분에 관한 정보를 이용하여 자신이 상대방등인 것처럼 가장하는 행위

2. "스토킹범죄"란 지속적 또는 반복적으로 스토킹행위를 하는 것을 말한다.
3. "피해자"란 스토킹범죄로 직접적인 피해를 입은 사람을 말한다.
4. "피해자등"이란 피해자 및 스토킹행위의 상대방을 말한다.

제3조(스토킹행위 신고 등에 대한 응급조치) 사법경찰관리는 진행 중인 스토킹행위에 대하여 신고를 받은 경우 즉시 현장에 나가 다음 각 호의 조치를 하여야 한다. 〈개정 2023. 7. 11.〉

1. 스토킹행위의 제지, 향후 스토킹행위의 중단 통보 및 스토킹행위를 지속적 또는 반복적으로 할 경우 처벌 서면경고
2. 스토킹행위자와 피해자등의 분리 및 범죄수사
3. 피해자등에 대한 긴급응급조치 및 잠정조치 요청의 절차 등 안내
4. 스토킹 피해 관련 상담소 또는 보호시설로의 피해자등 인도(피해자등이 동의한 경우만 해당한다)

제4조(긴급응급조치) ① 사법경찰관은 스토킹행위 신고와 관련하여 스토킹행위가 지속적 또는 반복적으로 행하여질 우려가 있고 스토킹범죄의 예방을 위하여 긴급을 요하는 경우 스토킹행위자에게 직권으로 또는 스토킹행위의 상대방이나 그 법정대리인 또는 스토킹행위를 신고한 사람의 요청에 의하여 다음 각 호에 따른 조치를 할 수 있다. 〈개정 2023. 7. 11.〉

1. 스토킹행위의 상대방등이나 그 주거등으로부터 100미터 이내의 접근 금지
2. 스토킹행위의 상대방등에 대한 「전기통신기본법」 제2조제1호의 전기통신을 이용한 접근 금지

② 사법경찰관은 제1항에 따른 조치(이하 "긴급응급조치"라 한다)를 하였을 때에는 즉시 스

토킹행위의 요지, 긴급응급조치가 필요한 사유, 긴급응급조치의 내용 등이 포함된 긴급응급조치결정서를 작성하여야 한다.

제5조(긴급응급조치의 승인 신청) ① 사법경찰관은 긴급응급조치를 하였을 때에는 지체 없이 검사에게 해당 긴급응급조치에 대한 사후승인을 지방법원 판사에게 청구하여 줄 것을 신청하여야 한다.
② 제1항의 신청을 받은 검사는 긴급응급조치가 있었던 때부터 48시간 이내에 지방법원 판사에게 해당 긴급응급조치에 대한 사후승인을 청구한다. 이 경우 제4조제2항에 따라 작성된 긴급응급조치결정서를 첨부하여야 한다.
③ 지방법원 판사는 스토킹행위가 지속적 또는 반복적으로 행하여지는 것을 예방하기 위하여 필요하다고 인정하는 경우에는 제2항에 따라 청구된 긴급응급조치를 승인할 수 있다.
④ 사법경찰관은 검사가 제2항에 따라 긴급응급조치에 대한 사후승인을 청구하지 아니하거나 지방법원 판사가 제2항의 청구에 대하여 사후승인을 하지 아니한 때에는 즉시 그 긴급응급조치를 취소하여야 한다.
⑤ 긴급응급조치기간은 1개월을 초과할 수 없다.

제6조(긴급응급조치의 통지 등) ① 사법경찰관은 긴급응급조치를 하는 경우에는 스토킹행위의 상대방등이나 그 법정대리인에게 통지하여야 한다. 〈개정 2023. 7. 11.〉
② 사법경찰관은 긴급응급조치를 하는 경우에는 해당 긴급응급조치의 대상자(이하 "긴급응급조치대상자"라 한다)에게 조치의 내용 및 불복방법 등을 고지하여야 한다.

제7조(긴급응급조치의 변경 등) ① 긴급응급조치대상자나 그 법정대리인은 긴급응급조치의 취소 또는 그 종류의 변경을 사법경찰관에게 신청할 수 있다.
② 스토킹행위의 상대방등이나 그 법정대리인은 제4조제1항제1호의 긴급응급조치가 있은 후 스토킹행위의 상대방등이 주거등을 옮긴 경우에는 사법경찰관에게 긴급응급조치의 변경을 신청할 수 있다. 〈개정 2023. 7. 11.〉
③ 스토킹행위의 상대방이나 그 법정대리인은 긴급응급조치가 필요하지 아니한 경우에는 사법경찰관에게 해당 긴급응급조치의 취소를 신청할 수 있다.
④ 사법경찰관은 정당한 이유가 있다고 인정하는 경우에는 직권으로 또는 제1항부터 제3항까지의 규정에 따른 신청에 의하여 해당 긴급응급조치를 취소할 수 있고, 지방법원 판사의 승인을 받아 긴급응급조치의 종류를 변경할 수 있다.

⑤ 사법경찰관은 제4항에 따라 긴급응급조치를 취소하거나 그 종류를 변경하였을 때에는 스토킹행위의 상대방등 및 긴급응급조치대상자 등에게 다음 각 호의 구분에 따라 통지 또는 고지하여야 한다. 〈신설 2023. 7. 11.〉

1. 스토킹행위의 상대방등이나 그 법정대리인: 취소 또는 변경의 취지 통지
2. 긴급응급조치대상자: 취소 또는 변경된 조치의 내용 및 불복방법 등 고지

⑥ 긴급응급조치(제4항에 따라 그 종류를 변경한 경우를 포함한다. 이하 이 항에서 같다)는 다음 각 호의 어느 하나에 해당하는 때에 그 효력을 상실한다. 〈개정 2023. 7. 11.〉

1. 긴급응급조치에서 정한 기간이 지난 때
2. 법원이 긴급응급조치대상자에게 다음 각 목의 결정을 한 때(스토킹행위의 상대방과 같은 사람을 피해자로 하는 경우로 한정한다)

　가. 제4조제1항제1호의 긴급응급조치에 따른 스토킹행위의 상대방등과 같은 사람을 피해자 또는 그의 동거인, 가족으로 하는 제9조제1항제2호에 따른 조치의 결정

　나. 제4조제1항제1호의 긴급응급조치에 따른 주거등과 같은 장소를 피해자 또는 그의 동거인, 가족의 주거등으로 하는 제9조제1항제2호에 따른 조치의 결정

　다. 제4조제1항제2호의 긴급응급조치에 따른 스토킹행위의 상대방등과 같은 사람을 피해자 또는 그의 동거인, 가족으로 하는 제9조제1항제3호에 따른 조치의 결정

제8조(잠정조치의 청구) ① 검사는 스토킹범죄가 재발될 우려가 있다고 인정하면 직권 또는 사법경찰관의 신청에 따라 법원에 제9조제1항 각 호의 조치를 청구할 수 있다.

② 피해자 또는 그 법정대리인은 검사 또는 사법경찰관에게 제1항에 따른 조치의 청구 또는 그 신청을 요청하거나, 이에 관하여 의견을 진술할 수 있다.

③ 사법경찰관은 제2항에 따른 신청 요청을 받고도 제1항에 따른 신청을 하지 아니하는 경우에는 검사에게 그 사유를 보고하여야 하고, 피해자 또는 그 법정대리인에게 그 사실을 지체 없이 알려야 한다. 〈개정 2023. 7. 11.〉

④ 검사는 제2항에 따른 청구 요청을 받고도 제1항에 따른 청구를 하지 아니하는 경우에는 피해자 또는 그 법정대리인에게 그 사실을 지체 없이 알려야 한다. 〈신설 2023. 7. 11.〉

제9조(스토킹행위자에 대한 잠정조치) ① 법원은 스토킹범죄의 원활한 조사·심리 또는 피해자 보호를 위하여 필요하다고 인정하는 경우에는 결정으로 스토킹행위자에게 다음 각 호의 어느 하나에 해당하는 조치(이하 "잠정조치"라 한다)를 할 수 있다. 〈개정 2023. 7. 11.〉

1. 피해자에 대한 스토킹범죄 중단에 관한 서면 경고
2. 피해자 또는 그의 동거인, 가족이나 그 주거등으로부터 100미터 이내의 접근 금지
3. 피해자 또는 그의 동거인, 가족에 대한 「전기통신기본법」 제2조제1호의 전기통신을 이용한 접근 금지
3의2. 「전자장치 부착 등에 관한 법률」 제2조제4호의 위치추적 전자장치(이하 "전자장치"라 한다)의 부착
4. 국가경찰관서의 유치장 또는 구치소에의 유치
② 제1항 각 호의 잠정조치는 병과(倂科)할 수 있다.
③ 법원은 제1항제3호의2 또는 제4호의 조치에 관한 결정을 하기 전 잠정조치의 사유를 판단하기 위하여 필요하다고 인정하는 때에는 검사, 스토킹행위자, 피해자, 기타 참고인으로부터 의견을 들을 수 있다. 의견을 듣는 방법과 절차, 그 밖에 필요한 사항은 대법원규칙으로 정한다. 〈신설 2023. 7. 11.〉
④ 제1항제3호의2에 따라 전자장치가 부착된 사람은 잠정조치기간 중 전자장치의 효용을 해치는 다음 각 호의 행위를 하여서는 아니된다. 〈신설 2023. 7. 11.〉
1. 전자장치를 신체에서 임의로 분리하거나 손상하는 행위
2. 전자장치의 전파(電波)를 방해하거나 수신자료를 변조(變造)하는 행위
3. 제1호 및 제2호에서 정한 행위 외에 전자장치의 효용을 해치는 행위
⑤ 법원은 잠정조치를 결정한 경우에는 검사와 피해자 또는 그의 동거인, 가족, 그 법정대리인에게 통지하여야 한다. 〈개정 2023. 7. 11.〉
⑥ 법원은 제1항제4호에 따른 잠정조치를 한 경우에는 스토킹행위자에게 변호인을 선임할 수 있다는 것과 제12조에 따라 항고할 수 있다는 것을 고지하고, 다음 각 호의 구분에 따른 사람에게 해당 잠정조치를 한 사실을 통지하여야 한다. 〈개정 2023. 7. 11.〉
1. 스토킹행위자에게 변호인이 있는 경우: 변호인
2. 스토킹행위자에게 변호인이 없는 경우: 법정대리인 또는 스토킹행위자가 지정하는 사람
⑦ 제1항제2호·제3호 및 제3호의2에 따른 잠정조치기간은 3개월, 같은 항 제4호에 따른 잠정조치기간은 1개월을 초과할 수 없다. 다만, 법원은 피해자의 보호를 위하여 그 기간을 연장할 필요가 있다고 인정하는 경우에는 결정으로 제1항제2호·제3호 및 제3호의2에 따른 잠정조치에 대하여 두 차례에 한정하여 각 3개월의 범위에서 연장할 수 있다. 〈개정 2023. 7. 11.〉

제10조(잠정조치의 집행 등) ① 법원은 잠정조치 결정을 한 경우에는 법원공무원, 사법경찰

관리, 구치소 소속 교정직공무원 또는 보호관찰관으로 하여금 집행하게 할 수 있다. 〈개정 2023. 7. 11.〉

② 제1항에 따라 잠정조치 결정을 집행하는 사람은 스토킹행위자에게 잠정조치의 내용, 불복방법 등을 고지하여야 한다.

③ 피해자 또는 그의 동거인, 가족, 그 법정대리인은 제9조제1항제2호의 잠정조치 결정이 있은 후 피해자 또는 그의 동거인, 가족이 주거등을 옮긴 경우에는 법원에 잠정조치 결정의 변경을 신청할 수 있다. 〈개정 2023. 7. 11.〉

④ 제3항의 신청에 따른 변경 결정의 스토킹행위자에 대한 고지에 관하여는 제2항을 준용한다. 〈신설 2023. 7. 11.〉

⑤ 제1항부터 제4항까지에서 규정한 사항 외에 제9조제1항제3호의2에 따른 잠정조치 결정의 집행 등에 관하여는 「전자장치 부착 등에 관한 법률」 제5장의2에 따른다. 〈신설 2023. 7. 11.〉

제18조(스토킹범죄) ① 스토킹범죄를 저지른 사람은 3년 이하의 징역 또는 3천만원 이하의 벌금에 처한다.

② 흉기 또는 그 밖의 위험한 물건을 휴대하거나 이용하여 스토킹범죄를 저지른 사람은 5년 이하의 징역 또는 5천만원 이하의 벌금에 처한다.

③ 삭제 〈2023. 7. 11.〉

참고문헌

| 단행본 |

고용노동부, 「22년 핵심만 담은 노무관리 가이드북」(2022).
고용노동부, 「소규모사업장을 위한 7가지 노른자 노동법」(2022).
고용노동부, 「직장 내 성희롱 예방 대응 매뉴얼」(2020).
고용노동부, 「직장내 성희롱 예방교육 리플렛」(2020년 8월).
고용노동부, 「직장 내 성희롱 예방 대응 매뉴얼」(2018).
금융감독원, 「금융소비자의 소리」(2015).
김준호, 「민법강의: 이론 사례 판례(제24판)」, 법문사(2018).
김형배·박지순, 노동법강의(제6판), 신조사(2017).
여성가족부·한국양성평등교육진흥원, 「가정폭력예방교육 표준강의안」(2021).
방송통신심의위원회, 「2012 사이버권리침해 대응 안내서」(2012.11).
법무부·한국법교육센터, 「한국인의 법과 생활 개정판」(2019).
법무부, 「한국인의 법과 생활 개정판」(2017).
허민숙, 「가정폭력 이혼과정에서의 피해자 보호를 위한 입법과제 – 자녀면접교섭을 중심으로」, 국회입법조사처, 입법·정책보고서 제61호(2020.12).
한국여성인권진흥원, 「스토킹피해자 지원 안내서」(2021.8).
한국의료분쟁조정중재원, 「의료분쟁 예방 및 해결 가이드」(2020년 11월).

| 논문 |

김상헌, "임차건물 부분의 화재가 임차 외건물부분에 재산상 손해를 발생시킨 경우, 임차인의 손해배상책임에 관하여– 대법원 2017. 5. 18. 선고 전원합의체. 2012다86895판결을 중심으로 –", 국민대학교 법학연구소, 법학논총, 제30권 제2호(2017.10).
박보영, "원인불명의 화재로 임차 외 건물 부분에 발생한 손해에 대한 임차인의 채무불이행책임– 대법원 2017. 5. 18. 선고 2012다86895(본소)·2012다86901(반소) 판결 –", 법조협회, 법조, 제68권 제2호(2019.4).
박제성, 노동판례리뷰 : "객관적 사실인가 주관적 의사인가 – 2년을 초과하는 기간제 근로계약을 기간의 정함이 없는 근로계약으로 간주할 때의 판단기준과 관련하여– 대법원 2020. 8. 27. 선고 2017두61874 판결 –", 월간 노동리뷰(2020년 12월호).

| 판례 |

대법원 1965. 9. 21. 선고 65므37 판결.
대법원 1987. 4. 14 선고 86므28 판결.
대법원 1987. 11. 24. 선고 87도1942 판결.
대법원 1990. 4. 13. 선고 89다카982 판결.
대법원, 1992. 4. 10. 선고 91다43138 판결.
대법원 1993. 4. 13. 선고 54524 판결.
대법원 1994. 4. 15. 선고 93다60953 판결.
대법원 1995. 1. 20. 선고 94다3421 판결.
대법원 1995. 4. 25. 선고 94다27251판결.
대법원 1997. 1. 24. 선고 96다43928 판결.
대법원 1997. 5. 30. 선고 97다4784 판결.
대법원 1998. 7. 24. 선고 98다12270 판결.
대법원 1999. 9. 21. 선고 99다36273 판결.
대법원 2000. 7. 4. 선고 99다64384 판결.
대법원 2000. 9. 5. 선고 99두8657 판결.
대법원 2000. 10. 10. 선고 99도5407 판결.
대법원 2001. 1. 30. 선고 2000도4942 판결.
대법원 2003. 4. 11. 선고 2002다59481 판결.
대법원 2003. 11. 28. 선고, 2003도3972 판결.
대법원 2006. 1. 13 선고 2005다64002 판결.
대법원 2006. 8. 25. 선고 2006도648 판결.
대법원 2007. 11. 29. 선고 2007다51239 판결.
대법원 2008. 4. 10. 선고 2007다76986 판결.
대법원 2009. 10. 29. 선고 2009도4783 판결.
대법원 2009. 12. 24. 선고 2009므130 판결.
대법원 2010. 12. 9. 선고 2010도891 판결.
대법원, 2012. 12. 27. 선고 2011다96932 판결.
대법원 2013. 11. 28. 선고 2010므4095 판결.
대법원 2015.2.26. 선고 2014므4734 판결.
대법원 2015. 4. 23. 선고 2014다231378.
대법원 2015. 9. 10. 선고, 2015도2229 판결.

대법원 2015. 9. 15 선고 2013므568 전원합의체 판결.
대법원 2019. 5. 30. 선고 2015다8902 판결.
대법원 2020. 6. 8. 자 2020스575 결정.
대법원 2020. 8. 27. 선고 2017두61874 판결.
대법원 2022. 6. 30. 선고 2016다237974 판결.
서울중앙지방법원 2007. 5. 31. 선고 2005가합100279, 2006가합62053 판결.
서울중앙지방법원, 2021. 6. 2. 선고 2019가합4453 판결.
제주지방법원, 2015. 6. 6. 2014 느단 513 심판.
서울가법, 2018.5.9. 선고, 2018브15 결정.

| 법률 |

「가정폭력범죄의 처벌 등에 관한 특례법(가정폭력처벌법)」

「가정폭력방지 및 피해자보호 등에 관한 법률(가정폭력방지법)」

「가사소송법」

「가사소송규칙」

「가족관계의 등록 등에 관한 법률(가족관계등록법)」

「고용보험법」

「교통사고처리 특례법」

「국가인권위원회법」

「근로기준법」

「금융소비자 보호에 관한 법률(금융소비자법)」

「기간제 및 단시간근로자 보호 등에 관한 법률(기간제법)」

「남녀고용평등과 일 · 가정 양립 지원에 관한 법률(남녀고용평등법)」

「노동조합 및 노동관계조정법」

「대부업법」

「도로교통법」

「민법」

「방문판매 등에 관한 법률」

「산업안전보건법」

「산업재해보상보험법」

「상법」

「상가건물 임대차보호법」

「성폭력범죄의 처벌 등에 관한 특례법(성폭력처벌법)」
「생명윤리 및 안전에 관한 법률(생명윤리법)」
「소액사건심판법」
「스토킹범죄의 처벌 등에 관한 법률(스토킹처벌법)」
「약관규제에 관한 법률(약관법)」
「아동ㆍ청소년의 성보호에 관한 법률」
「아동학대범죄의 처벌 등에 관한 특례법(아동학대처벌법)」
「양성평등기본법」
「양육비 이행확보 및 지원에 관한 법률」
「입양특례법」
「은행법」
「의료법」
「장기등 이식에 관한 법률」
「전자상거래 등에서의 소비자보호에 관한 법률(전자상거래법)」
「정보통신망 이용촉진 및 정보보호 등에 관한 법률(정보통신망법)」
「주택임대차보호법」
「최저임금법」
「치매관리법」
「특정범죄 가중처벌 등에 관한 법률」
「할부거래에 관한 법률」
「형법」
「호스피스 완화의료 및 임종과정에 있는 환자의 연명의료결정에 관한 법률(연명의료결정법)」

| 보도자료 |

고용노동부, "2021.11.19. 개정근로기준법 설명자료"(2021.11).
고용노동부, 노동부, 배달앱 '요기요' 배달원 근로자로 인정 관련, 2019년 11월 5일 보도자료.
금융위원회, "[보도자료] 금융소비자가 금리인하요구권을 제대로 행사할 수 있도록 운영을 개선하겠습니다."(2021년 11월 1일).
금융위원회, "[보도자료] 7월 6일 이후 착오송금(5만원~1,000만원)을 은행을 통해 반환받지 못하는 경우, 예금보험공사의 도움을 받을 수 있게 되었습니다. – 7월 6일 착오송금 반환지원 제도 시행 –"(2021년 6월 14일).
금융위원회, "카드뉴스: 금융소비자법 시행으로 달라지는 금융생활"(2021.3.25.).

김우현, "조부모의 면접교섭권", 법률신문(2016.12월 15일 인터넷판 기사).

뉴시스, "혼자 넘어졌는데"... 운전자 울리는 비접촉 교통사고"(2022. 6. 9. 인터넷판 기사).

뉴시스, 깜박이 안 켜고 차선 바꿔 사망사고 유발, 1심 무죄-)2심 유죄" (2021.2.16. 인터넷판 기사).

동아일보, [조은아 기자의 금퇴공부]복잡한 이자계산법, 불법 대부업의 덫(https://www.donga.com/news/article/all/20220530/113687051/1, 2022년 5월 31일자 인터넷판 기사) 참조.

디지털타임즈, "선이자공제 – 과도한 이자 대출 모두 불법... 고금리 피해예방 10계명 숙지해야" (2016년 7월 31일 인터넷판 기사).

디지털타임스, "형사 변호사가 말하는 모욕죄 성립 요건은? 단톡방에서 상대를 험담해도 모욕죄에 해당한다?" (2017.5.23. 인터넷판 기사).

로이슈, "대구지법, 항소심서 보이스피싱 현금수거책 무죄 원심파기 실형…미필적 고의 인정"(2022년 5월 22일 인터넷판 기사).

매일경제, "[알쏭달쏭 부동산 법률상담] 급하다고 내 돈 들여 집수리" (2018년 5월 25일 인터넷판 기사).

법률신문, "미혼부, 생모 인적사항 몰라도 출생신고...'사랑이 법' 시행" (2015년 11월 20일 인터넷판 기사).

백세시대, 성년후견제도 "치매 악화 전 후견인 지정해 두면 분쟁 소지 줄어"(2021.3.21. 인터넷판 기사).

여성신문, '미혼부 출생신고 쉬워졌다...'사랑이법' 내일부터 시행 (2015년 11월 18일 인터넷판 기사).

위클리 동아, "체류지 변경신고 한 경우 대법원 우선변제권 첫 인정" (2016년 11월 9일 인터넷판기사).

이데일리, "[김용일의 상속톡] 친권자의 재산관리권·대리권 남용·이해상반행위", (2019.10.19. 인터넷판 기사).

전북일보, "완주경찰, 과학적 수사기법으로 비접촉 뺑소니범 검거"(2019.1.28. 인터넷판 기사).

조선일보, "다른 계좌로 송금 잘못 했다? 착오송금 대응요령"(2016. 10. 25 인터넷판 기사).

중도일보, "비접촉 교통사고 원인제공 후 도주... 법원 징역형"(2016.2.4. 인터넷판 기사).

한국경제, "[대한민국을 흔들 판결들] "무의미한 연명치료 중단할 수 있다" 첫 기준 제시"(2017년 12월 11일 인터넷판 기사).

한국소비자원, "해외직구 사기 피해, 안 당하려면?", 웹진 소비자시대(2019.3).

Bizfact, 「조연행의 소비자시대」 빚의 굴레, 연대보증의 피해자, 구제가 시급하다" (2018년 5월 20일 인터넷판 기사).

| 인터넷 참고자료 |

금융감독원, 보이스피싱 지킴이 – 피싱사기 정의 (https://www.fss.or.kr/fss/main/contents.do?menuNo=200354, 2021년 6월 3일 검색).

금융감독원, 민원·신고 – 보이스피싱 피해사례 – 금감원 직원 실명을 사칭한 보이스피싱 피해 발생 (https://www.fss.or.kr/fss/bbs/B0000059/view.do?nttId=35265&menuNo=200359&viewTyp

e=&sdate=&edate=&searchCnd=1&searchWrd=&pageIndex=4, 2022년 6월 1일 검색).

금융감독원 홈페이지 채무자대리제도 안내 및 신청 (https://www.fss.or.kr/fss/main/contents.do?menuNo=200343).

도로교통공단, 교통안전정보 – 음주운전 측정 및 처벌기준(https://www.koroad.or.kr/kp_web/drunkDriveInfo4.do, 2022년 6월 1일 검색).

안전Dream 홈페이지(https://www.safe182.go.kr/cont/homeLogContents.do?contentsNm=family_abuse_overview, 2022년 5월 25일 검색).

한국여성인권진흥원, 디지털성범죄피해자지원센터 Q & A 참조(https://d4u.stop.or.kr/qna_consulting, 2022년 5월 3일 검색).

한국여성인권진흥원, 여성폭력 Zoom-In(https://www.stop.or.kr/modedg/contentsView.do?ucont_id=CTX000068&srch_menu_nix=5hpWUOqC&srch_mu_site=CDIDX00005, 2022년 5월 3일 검색).

| 기관 홈페이지 |

고용노동부(www.moel.go.kr)

공정거래위원회(www.ftc.go.kr)

금융감독원(www.fss.or.kr)

대한법률구조공단(www.klac.or.kr)

디지털성범죄피해자지원센터 홈페이지(https://d4u.stop.or.kr).

법제처, 찾기 쉬운 생활법령정보(www.easylaw.go.kr).

양육비이행관리원(www.childsupport.or.kr)

한국소비자원(www.kca.go.kr)

한국의료분쟁조정중재원(www.k-medi.or.kr)

개정3판
생활과 법률 사례연구

초　판 · 1쇄 발행　2018년 6월 28일
개정판 · 1쇄 발행　2019년 6월 28일
　　　　3쇄 발행　2020년 8월 28일
전면개정판 · 1쇄 발행　2022년 6월 28일
　　　　　　3쇄 발행　2024년 8월 28일
개정3판 · 1쇄 발행　2025년 8월 28일

지은이　· 이로리
펴낸이　· 신현철
기획 · 편집　· 이영근 · 정현주

표지디자인　· ㈜폴리곤커뮤니케이션즈

임프린트　· 세연북스
주소　· 경기도 구리시 수택천로16번길 32, 세연빌딩 2층 (수택동)
전화　· 02-539-0441
팩스　· 02-539-0442
E-mail　· seyeon.international@gmail.com
펴낸곳　· ㈜세연인터내셔널
출판등록　· 제2022-000010호 (2016년 1월 12일)

Copyright © SEYEON International Inc., 2025, Printed in Korea
ISBN 979-11-964139-6-5 (93360)

◦ 세연북스는 ㈜세연인터내셔널 출판사업부의 임프린트입니다.
　저작권법에 의하여 보호를 받는 저작물이므로 무단전제와 무단복제를 금합니다.

◦ 제본, 인쇄가 잘못되거나 파손된 책은 구입하신 곳에서 교환해드립니다.